NICARAGUA

MAR CARIBE

COSTA
RICA

Barranquilla

Maracaibo

PANAMÁ

Caracas

Medellín

VENEZUELA

Georgetown

OCÉANO
ATLÁNTICO

Cali

Bogotá

GUYANA

Paramaribo

Cayenne

COLOMBIA

GUAYANA FRANCESA

Quito

SURINAM

ECUADOR

Ecuador

Guayaquil

Manaus

Belém

Río Amazonas

PERÚ

CORDILLERA DE LOS ANDES

BRASIL

Recife

OCÉANO
PACÍFICO

Machu Picchu

Lima

Cuzco

Lago Titicaca

OCÉANO PACÍFICO

Isla Pinta

Isla Marchena

Arequipa

BOLIVIA

La Paz

Brasília

Isla San Salvador

Sucre

Isla Santa Cruz

Isla
Isabela

Isla San
Cristóbal

Puerto
Baquerizo
Moreno

PARAGUAY

São Paulo

Río de Janeiro

Trópico de
Capricornio

LAS ISLAS
GALÁPAGOS
(ECUADOR)

Antofagasta

Asunción

Puerto Iguazú

100 MILLAS

CHILE

Río Paraná

100 KILÓMETROS

Córdoba

8 MILLAS

Valparaíso

Rosario

OCÉANO
ATLÁNTICO

8 KILÓMETROS

Santiago

URUGUAY

Cabo
Cummings

ARGENTINA

Buenos
Aires

Montevideo

Hanga Roa

Río de la Plata

Mataveri

OCÉANO
PACÍFICO

Concepción

Cabo Sur

Bahía Blanca

ISLA DE PASCUA
(CHILE)

San Carlos de
Bariloche

OCÉANO
PACÍFICO

AMÉRICA DEL SUR

0   250   500   750 MILLAS

0   250   500   750 KILÓMETROS

Islas
Malvinas

Estrecho de
Magallanes

Punta Arenas

ELEVACIÓN

Tierra del Fuego

METROS	PIES
3050	10000
1525	5000
610	2000
305	1000
152.5	500
0	0

Cabo de Hornos

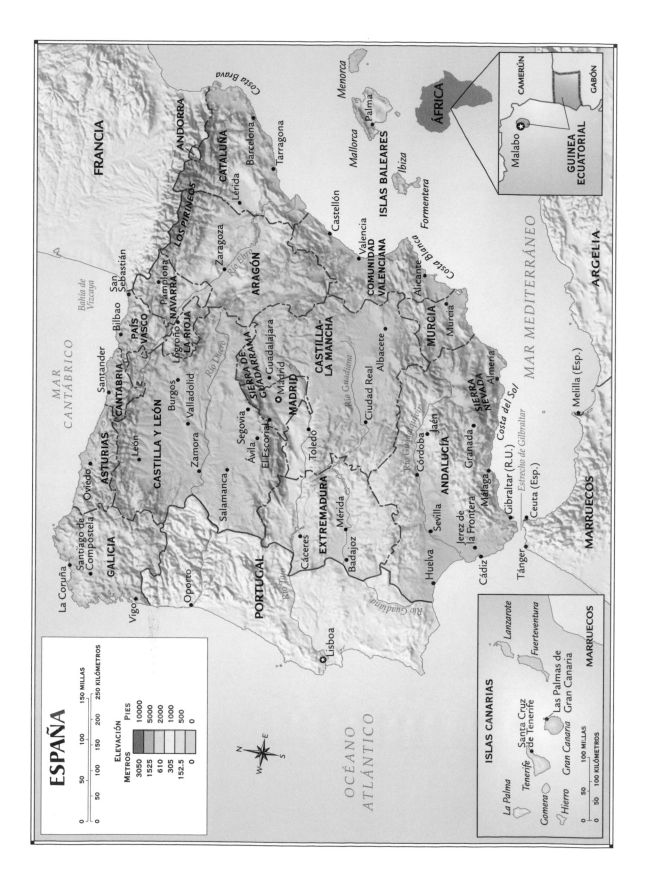

ESPAÑA

ELEVACIÓN

METROS	PIES
3050	10000
1525	5000
610	2000
305	1000
152.5	500
0	0

0   50   100   150   150 MILLAS
0   50   100   150   200   250 KILÓMETROS

N
W — E
S

OCÉANO ATLÁNTICO

MAR CANTÁBRICO

Bahía de Vizcaya

FRANCIA

ANDORRA

Costa Brava

LOS PIRINEOS

CATALUÑA

Barcelona
Tarragona
Lérida
Zaragoza

ARAGÓN

San Sebastián
Pamplona
NAVARRA
Bilbao
PAÍS VASCO
Logroño
LA RIOJA

Santander
CANTABRIA

ASTURIAS
Oviedo
Gijón

GALICIA
La Coruña
Santiago de Compostela
Vigo

CASTILLA Y LEÓN
León
Burgos
Valladolid
Zamora
Salamanca
Segovia
Ávila

Río Duero

Río Ebro

SIERRA DE GUADARRAMA
Guadalajara
El Escorial
Madrid
MADRID

CASTILLA-LA MANCHA
Toledo
Ciudad Real
Albacete

Río Guadiana

Río Tajo

PORTUGAL
Oporto
Lisboa

EXTREMADURA
Cáceres
Mérida
Badajoz

Río Guadiana

ANDALUCÍA
Sevilla
Córdoba
Jaén
Granada
SIERRA NEVADA
Huelva
Jerez de la Frontera
Cádiz
Málaga
Costa del Sol

Río Guadalquivir

Gibraltar (R.U.)
Estrecho de Gibraltar
Ceuta (Esp.)
Tánger

MARRUECOS

Castellón
Valencia
COMUNIDAD VALENCIANA
Alicante
Costa Blanca
MURCIA
Murcia
Almería

MAR MEDITERRÁNEO

ARGELIA

Menorca
Palma
Mallorca
Ibiza
Formentera
ISLAS BALEARES

Melilla (Esp.)

ÁFRICA

GUINEA ECUATORIAL
Malabo
CAMERÚN
GABÓN

ISLAS CANARIAS

La Palma
Tenerife
Santa Cruz de Tenerife
Gomera
Gran Canaria
Hierro
Las Palmas de Gran Canaria
Lanzarote
Fuerteventura

MARRUECOS

0   50   100 MILLAS
0   50   100 KILÓMETROS

Vistazos

Un curso breve

Vistazos
Un curso breve

THIRD EDITION

BILL VANPATTEN

Texas Tech University

JAMES F. LEE

University of New South Wales, Sydney, Australia

TERRY L. BALLMAN

California State University, Channel Islands

ANDREW P. FARLEY

Texas Tech University

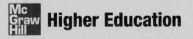

Boston   Burr Ridge, IL   Dubuque, IA   Madison, WI   New York   San Francisco   St. Louis
Bangkok   Bogotá   Caracas   Kuala Lumpur   Lisbon   London   Madrid   Mexico City
Milan   Montreal   New Delhi   Santiago   Seoul   Singapore   Sydney   Taipei   Toronto

Higher Education

Published by McGraw-Hill, an imprint of The McGraw-Hill Companies, Inc., 1221 Avenue of the Americas, New York, NY 10020. Copyright © 2010, 2006, 2002. All rights reserved. No part of this publication may be reproduced or distributed in any form or by any means, or stored in a database or retrieval system, without the prior written consent of The McGraw-Hill Companies, Inc., including, but not limited to, in any network or other electronic storage or transmission, or broadcast for distance learning.

This book is printed on acid-free paper.

1 2 3 4 5 6 7 8 9 0 DOW/DOW 0 9 8

Student Edition ISBN: 978-0-07-338522-8
Student Edition MHID: 0-07-338522-0

Instructor's Edition ISBN: 978-0-07-727297-5
Instructor's Edition MHID: 0-07-727297-8

Vice President and Editor in Chief: *Michael Ryan*
Publisher: *William R. Glass*
Sponsoring Editor: *Katherine K. Crouch*
Marketing Manager: *Jorge Arbujas*
Director of Development: *Scott Tinetti*
Developmental Editors: *Allen J. Bernier, Janina Tunac Basey*
Senior Production Editor: *Catherine Morris*
Manuscript Editor: *Danielle Havens*
Design Manager: *Margarite Reynolds*
Text Designer: *Linda Robertson*
Cover Designer: *Frances Baca*
Photo Research: *Sonia Brown*
Supplements Producer: *Louis Swaim*
Senior Production Supervisor: *Tandra Jorgensen*
Composition: *10/12 New Aster by Aptara*
Printing: *45# New Era Matte, R. R. Donnelley & Sons/Willard, OH*

Cover: Front cover: *Years of Fading Symbols* by Humberto Calzada; Back cover: Gazimal

Credits: The credits section for this book begins on page C-1 and is considered an extension of the copyright page.

Library of Congress Cataloging-in-Publication Data

   Vistazos : un curso breve / Bill VanPatten ... [et al.]. — 3rd ed.
        p. cm.
     Spanish and English.
     Abridged ed. of: Sabías que— ? / Bill VanPatten.
     Includes index.
     ISBN-13: 978-0-07-338522-8 (alk. paper)
     ISBN-10: 0-07-338522-0 (alk. paper)
      1. Spanish language—Textbooks for foreign speakers—English.
     I. VanPatten, Bill. II. VanPatten, Bill. Sabías que— ?

     PC4128.V57 2008
     468.2'421—dc22   2008046337

The Internet addresses listed in the text were accurate at the time of publication. The inclusion of a Web site does not indicate an endorsement by the authors or McGraw-Hill, and McGraw-Hill does not guarantee the accuracy of the information presented at these sites.

www.mhhe.com

CONTENTS

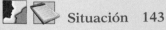

LECTURAS CULTURALES Y OTRAS ACTIVIDADES

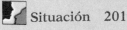
UNIDAD TRES

Contents   **xiii**

LECCIÓN FINAL ¿Adónde vamos? 323

When we wrote the first edition of *¿Sabías que... ?* in 1992, our goal was to create a package of instructional materials that would truly make a difference in the classroom to instructors frustrated with grammar-based approaches. Our thought was simply this: without a change in approach, there can be no change in classroom instruction. We believe that the overwhelming success of *¿Sabías que... ?* through five editions speaks to this thought.

Now, seventeen years later, requests from professionals around the country for a shorter version of *¿Sabías que... ?* have led us to offer the third edition of the present textbook, *Vistazos: Un curso breve.* Just like *¿Sabías que... ?*, the briefer *Vistazos:*

- encourages students to concentrate on exchanging real-life information about each other and the world around them
- makes as much use of class time as possible to communicate ideas
- is at times provocative
- is filled with engaging activities

Vistazos retains the hallmark information exchange and task-oriented nature of *¿Sabías que... ?*, but in response to professionals' requests for something shorter and simpler, we have:

- removed long readings but retained the shorter ones (**¿Sabías que... ?** boxed features)
- reduced the amount of material in the final unit and condensed it into a single **Lección final**
- trimmed selected activities or portions of activities to make them briefer and easier to manage in class

The end result is a book that can be more easily used in intensive one-semester courses or regular courses that meet only three days a week. *Vistazos* contains most basic grammar points and vocabulary topics that are typical of a first-year syllabus. With its emphasis on the meaningful use of language, it also is a fun yet serious introduction to the Spanish language and to Hispanic cultures. We hope that you'll share our enthusiasm for *Vistazos* and that you and your class will enjoy many hours of both learning Spanish and learning about each other.

Organization of the Text

Vistazos consists of a preliminary lesson (**Lección preliminar**), five units of three lessons each, and a final lesson (**Lección final**). Each of the five units presents a general theme that is explored in its three lessons.

The organization of the major sections of each lesson allows instructors to organize class meetings better and develop course syllabi (see the *Instructor's Manual* for ideas on lesson and syllabus planning). Each of these major sections is described in the Guided Tour Through *Vistazos* on the following pages. The first two lessons of every unit include:

- three **Vistazos** sections (**Vistazos I, II,** and **III**)
- vocabulary (**Vocabulario**) and grammar (**Gramática**) presentations within each **Vistazos** section
- a lesson-ending task (**Intercambio**)

The third lesson of each unit includes:

- two **Vistazos** sections
- **Vocabulario** and **Gramática** presentations
- a brief lesson-ending task (**Situación**)
- a cultural spread (**Vistazos culturales**) with follow-up activities

Lesson-Opening Page Each lesson-opening page contains an advance organizer that informs students about what they will be focusing on in the current lesson. Another feature included on each lesson-opening page is a stopsign icon that references the **Intercambio** or **Situación** activity at the end of the lesson. This offers students a "preview" of what they will learn in the lesson and gives them a task to work toward.

Vistazos I, II, III Each **Vistazos** section introduces a subtopic of the lesson theme through the **Vocabulario** and **Gramática** presentations.

Vocabulario Each **Vocabulario** presents new active vocabulary related to the lesson theme and is followed by activities that encourage students to use the new vocabulary in context.

Some **Vocabulario** sections include **Vocabulario útil** boxes. These boxes highlight additional active vocabulary that students can use in the activities of the lesson.

Gramática A highlighted box accompanying many **Gramática** sections focuses on the presentation material in an easy-to-follow format. Grammar explanations are succinct and the activities that follow allow students to use the grammar in meaning-based exchanges.

Vistazos does not offer purely mechanical grammar practice, such as transformation and substitution drills. Grammar is presented bit by bit, with points explained only as necessary for students to perform the various tasks in the lesson.

Intercambio, Situación **Intercambio** and **Situación** are the culminating activities found in the first two lessons and last lesson of each unit respectively. Designed for partner/pair or small group work, the **Intercambios** draw upon the vocabulary and grammar structures presented in the lesson while the **Situación** activities are more open-ended and may call upon vocabulary and grammar structures learned in preceding lessons as well.

Comunicación These activities are done with a partner or in small groups. Although all activities in *Vistazos* are meaning-based in nature, **Comunicación** activities involve more interaction with classmates.

¿Sabías que... ? **¿Sabías que... ?** boxes high-light facts about Hispanic cultures as well as the world around us. All **¿Sabías que... ?** boxes are accompanied by an activity or appear as part of the new **Vistazos culturales** sections.

Así se dice, Consejo práctico, Nota comunicativa **Así se dice** boxes provide additional information about Spanish vocabulary and grammar. **Consejo práctico** boxes provide helpful advice to students about learning Spanish and about approaching tasks and activities. **Nota comunicativa** boxes present words and phrases to help students complete communicative tasks.

Icons Icons identify Web and DVD activities and features, classroom activities that require a separate sheet of paper, group work or listening to information from the instructor, and activities that can be found in the Quia™ Online Textbook Activities available through CENTRO, the online learning management system for McGraw-Hill World Languages.

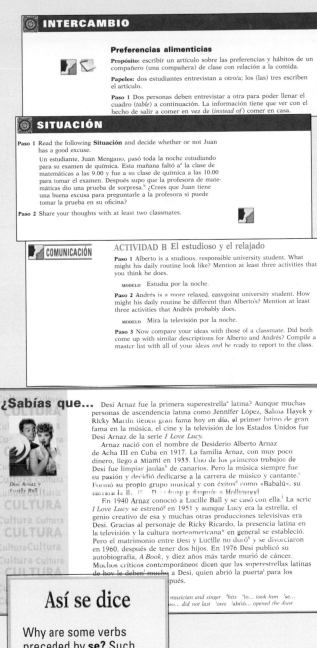

INTERCAMBIO

Preferencias alimenticias

Propósito: escribir un artículo sobre las preferencias y hábitos de un compañero (una compañera) de clase con relación a la comida.

Papeles: dos estudiantes entrevistan a otro/a; los (las) tres escriben el artículo.

Paso 1 Dos personas deben entrevistar a otra para poder llenar el cuadro (*table*) a continuación. La información tiene que ver con el hecho de salir a comer en vez de (*instead of*) comer en casa.

SITUACIÓN

Paso 1 Read the following **Situación** and decide whether or not Juan has a good excuse.

Un estudiante, Juan Mengano, pasó toda la noche estudiando para su examen de química. Esta mañana faltó a[a] la clase de matemáticas a las 9.00 y fue a su clase de química a las 10.00 para tomar el examen. Después supo que la profesora de matemáticas dio una prueba de sorpresa.[b] ¿Crees que Juan tiene una buena excusa para preguntarle a la profesora si puede tomar la prueba en su oficina?

Paso 2 Share your thoughts with at least two classmates.

COMUNICACIÓN **ACTIVIDAD B** El estudioso y el relajado

Paso 1 Alberto is a studious, responsible university student. What might his daily routine look like? Mention at least three activities that you think he does.

MODELO Estudia por la noche.

Paso 2 Andrés is a more relaxed, easygoing university student. How might his daily routine be different than Alberto's? Mention at least three activities that Andrés probably does.

MODELO Mira la televisión por la noche.

Paso 3 Now compare your ideas with those of a classmate. Did both come up with similar descriptions for Alberto and Andrés? Compile a master list with all of your ideas and be ready to report to the class.

¿Sabías que... Desi Arnaz fue la primera superestrella[a] latina? Aunque muchas personas de ascendencia latina como Jennifer López, Salma Hayek y Ricky Martin tienen gran fama hoy en día, el primer latino de gran fama en la música, el cine y la televisión de los Estados Unidos fue Desi Arnaz de la serie *I Love Lucy*.

Arnaz nació con el nombre de Desiderio Alberto Arnaz de Acha III en Cuba en 1917. La familia Arnaz, con muy poco dinero, llegó a Miami en 1933. Uno de los primeros trabajos de Desi fue limpiar jaulas[b] de canarios. Pero la música siempre fue su pasión y decidió dedicarse a la carrera de músico y cantante.[c] Formó su propio grupo musical y con éxitos[d] como «Babalú», su carrera lo llevó a... Después a Hollywood.

En 1940 Arnaz conoció a Lucille Ball y se casó con ella. La serie *I Love Lucy* se estrenó[e] en 1951 y aunque Lucy era la estrella, el genio creativo de esa y muchas otras producciones televisivas era Desi. Gracias al personaje de Ricky Ricardo, la presencia latina en la televisión y la cultura norteamericana[f] en general se estableció. Pero el matrimonio entre Desi y Lucille no duró[h] y se divorciaron en 1960, después de tener dos hijos. En 1976 Desi publicó su autobiografía, *A Book*, y diez años más tarde murió de cáncer. Muchos críticos contemporáneos dicen que las superestrellas latinas de hoy le deben[i] mucho a Desi, quien abrió la puerta[j] para los... después.

Desi Arnaz y Lucille Ball

[...] musician and singer [g]hits [...]lo... took him [e]se... [...]no... did not last [i]owe [j]abrió... opened the door

Así se dice

Why are some verbs preceded by **se?** Such verbs are called reflexive verbs, and you will learn about them in **Lección 5.** For now, take note of which verbs are used with **se. ¡OJO!** (*Careful!*) **Se** does not mean *he* or *she*. **Él** and **ella** mean *he* and *she*.

(Ella) Se levanta.
She gets up.

(Él) Se acuesta.
He goes to bed.

Vistazos culturales This informative and colorful two-page cultural section appears near the end of each unit and at the end of the **Lección preliminar** and **Lección final** and addresses a specific theme as it applies to a variety of Spanish-speaking countries. Each **Vistazos culturales** is followed by comprehension questions in **¿Qué recuerdas?** and a **Navegando la Red** activity in which students complete a project and present their findings to the class. This complete **Navegando la Red** activity as well as links to search engines are available in the Student Edition of the *Vistazos* Online Learning Center at **www. mhhe.com/vistazos3.**

Grammar Summary A grammar summary concluding each unit as well as the **Lección final** highlights the major grammar points presented in the preceding lessons and the **Lección final** respectively. It offers students a handy summary guide to help them improve upon their knowledge of grammatical structures in Spanish.

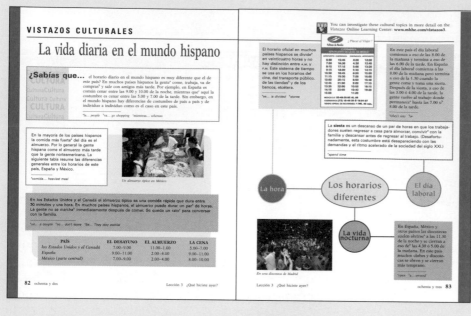

What's New in the Third Edition? We have made the following changes to *Vistazos* in response to instructor feedback on the Second Edition.

- CENTRO is the exciting new online portal for McGraw-Hill World Languages digital products. Produced in collaboration with Quia™, CENTRO offers students who have purchased the *Online Manual* and/or the *Online Textbook Activities* access to these digital products as well as to the complete *DVD*, animated Grammar Tutorials, and a link to the *Online Learning Center*, all for no additional fee! Once students and instructors set up their Quia™ account for the *Online Manual* and/or the *Online Textbook Activities*, they can use the same username and password to gain access to CENTRO at **www.mhcentro.com.**

- The **Vistazos culturales** spreads at the end of each unit now contain notes to the instructor with suggestions on how to use these readings in class. In addition, they have been edited for length and difficulty.

- More input activities have been added in the form of **¿Qué leíste?** and **¿Qué oíste?:** These recurring interactive input activities are also known as "dictoglosses." The students read or hear a paragraph in class, work together to recreate it, and then compare their version with the original version. **¿Qué leíste?** becomes **¿Qué oíste?** in **Lección 10** to indicate the shift to an aural activity.

- More production-based activities provide students with additional opportunities to speak and interact from the first lesson:

  1. **En tu opinión:** Students read about a situation and then offer their reactions to it.
  2. **En el escenario:** Students role-play different situations.
  3. **Una historia:** Students examine a series of drawings and create a story based on what they see. They are encouraged to go beyond the drawings and add background information on the characters and settings.

- New on-page annotations in the early lessons serve to explain some of the philosophical and methodological aspects of *Vistazos* to first-time instructors. For example, annotations for activities in **Lección 1** are now flagged with "Input Activity" or "Production Activity" to help familiarize first-time instructors with the natural progression from input to production activities

within each **Vocabulario** or **Gramática** section that is a key element of the *Vistazos* methodology.

- The **Los hispanos hablan** testimonials have been renamed **Videoteca** and moved to the student *Manual*. Audio-only versions of these testimonials are included in the *Audio Program*, and the video segments can still be seen on the *Video on DVD*, in CENTRO, or on the *Online Learning Center*.

- Finally, activities and other proven features have been revised to keep the program fresh and up-to-date for the many loyal users of *Vistazos*.

Supplements

As a full-service publisher of quality educational products, McGraw-Hill does much more than just sell textbooks to your students. We create and publish an extensive array of print, video, and digital supplements to support instruction on your campus. Orders of new (versus used) textbooks help us to defray the cost of developing such supplements, which is substantial. Please consult your local McGraw-Hill representative to learn about the availability of the supplements that accompany this Third Edition of *Vistazos*.

For Instructors *and* for Students

- The *Manual que acompaña Vistazos*, offers additional practice with vocabulary, grammar, and listening comprehension. A distinguishing feature of the *Manual* is the **Vamos a ver** section near the end of every third lesson that provides nonconversational listening practice. Students listen to a short presentation about a topic related to the unit themes, thus practicing the skills needed to comprehend a lecture. The *Manual* also offers a **Videoteca** activity at the end of every lesson. Formerly the **Los hispanos hablan** from the Second Edition, these activities offer video interviews with Spanish speakers from around the world as well as pre- and post-viewing activities.

- McGraw-Hill is proud to partner with Quia™ in the development of the *Online Manual que acompaña Vistazos*, Third Edition. Carefully integrated with the textbook, this robust digital version of the printed *Manual* is easy for students to use and great for instructors who want to manage students' coursework online. Identical in practice material to the print version, the *Online Manual* contains the full audio program, as well as the **Videoteca** video segments, and provides students with automatic feedback and scoring of their work. The Instructor's Workstation contains an easy-to-use gradebook and class roster system that facilitates course management.

■ The *Online Textbook Activities*, also produced by Quia™ and meant to be used in conjunction with the printed textbook, contain select activities that instructors can assign as homework and/or have students complete on their own outside of class in preparation for the partner/pair and group activities that will take place in the classroom.

■ The *Audio Program* that accompanies the *Manual* provides additional listening comprehension practice outside of the classroom and is available on audio CD and on the *Online Learning Center.*

■ The *Online Learning Center* provides practice with the grammar and vocabulary presented in the textbook. It also helps students bring the Spanish-speaking world into their language-learning experience through a variety of cultural resources.

■ The *Video Program*, now available on DVD, in CENTRO, and on the *Online Learning Center*, contains the **Videoteca** interviews as well as six exciting segments shot on location that examine particular themes within each unit and include interviews with Spanish speakers.

■ Three *cultural and literary readers* are available to supplement first- and second-year Spanish instruction. Written in Spanish, these readers offer the chance for students to broaden their knowledge of the richness of the cultures of the Spanish-speaking world as well as to increase their developing reading skills.
1. *El mundo hispano: An Introductory Cultural and Literary Reader* contains cultural information on the six major regions of the Spanish-speaking world, including the United States, as well as excerpts from Spanish-language literary classics with accompanying comprehension questions.
2. *Mundos de fantasía: Fábulas, cuentos de hadas y leyendas* contains popular Hispanic fables, fairy tales, and legends.
3. *Cocina y comidas hispanas* highlights favorite recipes from around the Hispanic world.

For Instructors Only

■ The annotated *Instructor's Edition* contains detailed suggestions for carrying out activities in class. It also offers options for expansion and follow-up.

■ The combined *Instructor's Manual and Testing Program* expands on the methodology of *Vistazos*. Among other things, it offers suggestions for carrying out the activities in the textbook and suggests ways to provide students with appropriate feedback on their compositions. The *Testing Program* includes sample quizzes for each lesson as well as unit tests.

■ The Instructor's Edition of the *Online Learning Center* contains the following resources to assist instructors in getting the most out of the *Vistazos* program.

1. *Instructor's Manual*
2. *Testing Program*
3. *Audioscript* (transcript of the *Audio Program*)
4. *Videoscript* (transcript of the *Video Program*)
5. *Digital Transparencies* (line art from the textbook)

■ *Making Communicative Language Teaching Happen,* Second Edition, by James F. Lee and Bill VanPatten presents and explains current theories and research in the field of Second Language Acquisition. It is a natural companion volume for instructors using *Vistazos.*

■ *From input to output,* by Bill VanPatten, explains in everyday, nonacademic language the progression from input to output that is central to the methodology of *Vistazos.*

CourseSmart is a new way for faculty to find and review eTextbooks. It's also a great option for students who are interested in accessing their course materials digitally and saving money. CourseSmart offers thousands of the most commonly adopted textbooks across hundreds of courses from a wide variety of higher education publishers. It is the only place for faculty to review and compare the full text of a textbook online, providing immediate access without the environmental impact of requesting a print exam copy. At CourseSmart, students can save up to 50% off the cost of a print book, reduce their impact on the environment, and gain access to powerful web tools for learning including full text search, notes and highlighting, and email tools for sharing notes between classmates. For further details contact your sales representative or go to **www.coursesmart.com.**

Acknowledgments

We would like to thank the following instructors for reviewing previous editions of *Vistazos*. The appearance of their names does not necessarily constitute an endorsement of the text or its methodology.

Kathryn Birkhead, *Pikes Peak Community College*
Joan Cammarata, *Manhattan College*
Adam Crofts, *College of Southern Idaho*
Gayle Fiedler-Vierma, *University of Southern California*
Alan G. Hartman, *Mercy College*
Todd Hernández, *Marquette University*
Heather Jones, *St. Mary's College*
Hilda M. Kachmar, *College of St. Catherine*
Ronald P. Leow, *Georgetown University*
Lunden MacDonald, *Metropolitan State College of Denver*
Frances M. Matos-Schultz, *University of Minnesota*
Susan McMillen Villar, *University of Minnesota*
Montserrat Mir, *Illinois State University*
Carla Phillips, *University of Tennessee*
Gladys Rivera, *US Naval Academy*
Renato B. Rodríguez, *Parkland College*
Amy Rossomondo, *University of Kansas-Lawrence*

We would also like to thank the following instructors and students who participated in a series of surveys and reviews of previous editions of *¿Sabías que... ?* Their insightful comments were indispensable in the development of the fifth edition of *¿Sabías que... ?* and consequently in the development of this third edition of *Vistazos*.

Matthew C. Alba, *University of New Mexico, Albuquerque*
Susan Lynne Albertal, *Southern Connecticut State University, New Haven*
Jennifer L. Baker, *State University of New York, Albany*
Emily A. Ballou, *University of Massachusetts, Amherst*
Alicia Barron, *University of New Mexico, Albuquerque*
Paloma A. Borreguero, *University of Washington*
Kathleen J. "Kit" Brown, *Ohio University, Athens*
Patricia Ann Carrano, *Southern Connecticut State University, New Haven*
Lisa C. Celona, *Southern Connecticut State University, New Haven*
Angela DeLutis-Eichenberger, *University of Maryland, College Park*
Loredana Margaret Di Stravolo, *University of Maryland, College Park*
Rafael Dumett, *University of San Francisco*
Students of Andrew Farley, *University of Notre Dame*
Gayle Fiedler-Vierma, *University of Southern California*
Roberto Fuertes-Manjón, *Midwestern State University*
Deborah Jean Gill, *Pennsylvania State University, DuBois*
Elena González Ros, *Brandeis University*
Ruth J. Hoff, *Wittenberg University*
Anthony Houston, *St. Louis University*
Manel Lacorte, *University of Maryland, College Park*
Martin Laina, *University of Notre Dame*
Rachel Ann Linville, *University of Maryland*
Frances M. Matos-Schultz, *University of Minnesota*
Kristina McCollam Wiebe, *Kansas State University*
Susan McMillen Villar, *University of Minnesota*
Alice A. Miano, *Stanford University*
James Michnowicz, *University of Virginia, Wise*
Michael Morris, *Northern Illinois University*
Donald W. Mueller, *University of Virginia, Wise*
Dora V. Older, *Brandeis University*
Zara Pastos, *Whitworth College*
Catalina Pérez Abreu, *University of New Mexico, Albuquerque*
Kelly Roberton, *Whitworth College*
Silvia Rodríguez, *College of Charleston*
Regina Roebuck, *University of Louisville*
Cristina Sanz, *Georgetown University*
Jennie Sevedge, *Whitworth College*
Paula Straile, *Hampton University, Yorktown, Virginia*
Andrea Topash-Ríos, *University of Notre Dame*
María Magdalena Uzín, *University of Maryland, Mt. Rainier*
Joseph R. Weyers, *College of Charleston*
Julie Wilhelm, *Iowa State University*

Many other individuals deserve our thanks and appreciation for their help and support. First, we thank Gregory Keating for his work on the original manuscript for the **Vistazos culturales** sections. For creating the original quizzes found on the *Online Learning Center*, we thank Deborah Gill, Gayle Vierma, and Julie Sellers. We extend special thanks to the people who shared their thoughts and generously gave their time to be interviewed for the **Vamos a ver** and **Los hispanos hablan** video segments. We also thank Laura Chastain, whose careful reading of the manuscript for details of style, clarity, and language added considerably to the quality of the final version.

Thanks are due to the entire production team at McGraw-Hill, especially Catherine Morris, Sonia Brown, Tandra Jorgensen, Louis Swaim, and Margarite Reynolds.

We are grateful to our publisher William R. Glass, our sponsoring editor Katherine K. Crouch, and to Jorge Arbujas and the rest of the McGraw-Hill Marketing and Sales team for their unflagging support and promotion of the *Vistazos* program. Very special thanks are also due to the editorial team of Scott Tinetti, Allen J. Bernier, and Janina Tunac Basey for a wonderful editing job and helping this edition move so smoothly on its path from manuscript to publication.

Last, but not least, we would like to thank our family and friends who have given us a great deal of support over the years. You know who you are and we care a great deal about you all!

ABOUT THE AUTHORS

BILL VANPATTEN is Professor and Director of Applied Linguistics and Second Language Studies at Texas Tech University. His areas of research are input and input processing in second language acquisition, sentence processing and parsing in a second language, and the effects of formal instruction on acquisition processes. He has published widely in the fields of second language acquisition and second language teaching and is a frequent conference speaker and presenter. His publications include *Making Communicative Language Teaching Happen* (with James F. Lee, 2003, McGraw-Hill), *From Input to Output: A Teacher's Guide to Second Language Acquisition* (2003, McGraw-Hill), *Processing Instruction: Theory, Research, and Practice* (2004, Lawrence Erlbaum Associates) and most recently, *Theories in Second Language Acquisition: An Introduction* (with Jessica Williams, 2007, Lawrence Erlbaum Associates). In addition to being lead author of *Vistazos* and *¿Sabías que... ?*, he is also the lead author and designer of both *Destinos* and *Sol y viento*. He has recently published his first work of fiction, a collection of short stories titled *Chicago Tales*, published by Outskirts Press.

JAMES F. LEE is Head of the Department of Spanish and Latin American Studies at the University of New South Wales, Sydney, Australia. His research interests are in the areas of second language reading comprehension, input processing, and exploring the relationship between the two. His research has appeared in a number of scholarly journals and publications, including the co-authored books with Alessandro Benati *Second Language Processing: Theory, Problems and Possible Solutions* (2007, Continuum) and *Delivering Processing Instruction in Classrooms and Virtual Contexts* (2007, Equinox). Other publications include the book *Tasks and Communicating in Language Classrooms* (2000, McGraw-Hill) and the co-authored book *Making Communicative Language Teaching Happen*, Second Edition (2003, McGraw-Hill). He has also co-authored several textbooks, including *Vistazos*, *¿Sabias que... ? Ideas: Lecturas, estrategias, actividades y composiciones* and *¿Qué te parece?: Intermediate Spanish*. He and Bill VanPatten are series editors for the McGraw-Hill Second Language Professional Series.

TERRY L. BALLMAN is Professor of Spanish and original faculty member and chair of Spanish/Languages at California State University, Channel Islands. Her teaching experience includes Spanish language and linguistics courses as well as methods courses for foreign language, ESL, and bilingual teachers. She has also coordinated lower-division language programs and supervised student teachers. A recipient of several teaching awards, Dr. Ballman is a frequent presenter of workshops and papers. She has published articles in research volumes and journals. She is a co-author of *Vistazos* and *¿Sabías que... ?* as well as project leader and co-author of *The Communicative Classroom*, a volume of the American Association of Teachers of Spanish and Portuguese Professional Development Series for K–16 Teachers.

ANDREW P. FARLEY is Associate Professor of Applied Linguistics at Texas Tech University. He received his Ph.D. in Second Language Acquisition and Teacher Education (SLATE) from the University of Illinois at Urbana-Champaign. His areas of research are input processing in second language acquisition, the effects of instruction on second language acquisition, lexical access in early bilinguals, and the acquisition of second language morphology. He has taught a variety of courses ranging from beginning Spanish language courses to graduate seminars on applied linguistics and second language acquisition. He has authored and co-authored numerous articles and book chapters and is the author of *Structured Input: Grammar Instruction for the Acquisition Oriented Classroom* (2005, McGraw-Hill), a book in the McGraw-Hill Second Language Professional Series.

DEDICATIONS

To my sister, Gloria, who has always been there for me. Love you lots, sis.

—Bill VanPatten

To Bill and Terry for their enduring friendships and the stimulation that working with them always brings me. To **las chiquitas** for the promise of what will be. And to Murphy who, when the kids scream, just gets up and calmly leaves the room.

—James F. Lee

To Brian, Alex, and Nick, the loves of my life.

—Terry L. Ballman

To Katharine and Gavin, I love you.

—Andrew P. Farley

LECCIÓN preliminar

Vistazos *digital*

 Online Textbook and *Manual*   Online Learning Center

DVD

C E N T R O
Your media center for languages   All media resources for *Vistazos,* all in one place

¿Quién eres?

In this lesson, as you will get to know your classmates, you will share information about yourself and

- ask your classmates their names and where they are from
- ask what their majors are, what classes they are taking, and which subjects they especially like or dislike
- learn the forms and uses of the verb **ser**
- learn the subject-pronoun system in Spanish
- learn to use the verb **gustar** to talk about yourself and someone you know
- learn about gender and number of articles as well as descriptive and possessive adjectives
- learn the numbers 0–30
- learn the verb form **hay**

 Before beginning this lesson, look over the **Intercambio** activity on page 17. This is the activity you will be working toward throughout the lesson.

Un saludo típico en Bogotá

VOCABULARIO

¿Cómo te llamas? ¿De dónde eres?

Introducing yourself

—**Hola. Me llamo** Luz.
 ¿Cómo te llamas?
—**Soy** Ricardo.
—¿**De dónde eres,** Ricardo?
—**De** Puerto Rico. ¿**Y tú?**
—**Soy de** California. **Mucho gusto.**
—**Encantado.**

In Spanish, you can use the following expressions to introduce yourself to others.

> Hola. Soy ____.
> *or* Me llamo ____.
> *or* Mi nombre es ____.

To find out another person's name, you can ask

> ¿Cómo te llamas?
> *or* ¿Cómo se llama usted?

¿Cómo te llamas? is used with a person your own age or with a friend or someone with whom you are on familiar speaking terms.
¿Cómo se llama usted? is generally used with someone older than yourself or when there is a bit of formality or social distance between you and the other person.

To find out where someone is from, you can ask

> ¿De dónde eres?
> *or* ¿De dónde es usted?

¿De dónde eres? is used with the same people as **¿Cómo te llamas?**
¿De dónde es usted? is used with the same people as **¿Cómo se llama usted?** (You will learn more about this in **Lección 1.**)

To respond to these questions, say

> Soy de ____ (*place*).

or simply

> De ____ (*place*).

To report someone else's information, you can say

> Se llama ____ (*name*).
> Es de ____ (*place*).

To respond to an introduction, you can say

> Mucho gusto.
> Encantado. (*if you're a man*)
> *or* Encantada. (*if you're a woman*)

ACTIVIDAD A ¡Hola!

Here are the beginnings of several conversations. Choose the expression that would most likely follow each one.

1. E1:* ¿Cómo te llamas?

   E2: _____
   - ☐ Mi nombre es Carlos.
   - ☐ Mucho gusto.
   - ☐ Soy de Chicago.

2. E1: Hola. Soy Adriana.

   E2: _____
   - ☐ Hola. ¿Cómo te llamas?
   - ☐ De Minnesota.
   - ☐ Mucho gusto. Soy Daniel.

Nota comunicativa

You know how to say *hello* to a friend, but there are a variety of other greetings that you will find useful in Spanish. Here are some very common ones.

Hola. ¿Qué tal?	*Hi. What's up? (How's it going?)*
Buenos días.	*Good morning.*
Buenas tardes.	*Good afternoon.*
Buenas noches.	*Good evening.*

To say *good-bye,* there are a number of leave-taking expressions that you can use, depending on the situation. Here are some frequently used ones.

Adiós. Hasta pronto.	*Good-bye. See you soon.*
Hasta mañana.	*See you tomorrow.*
Chau. Nos vemos.	*Ciao. We'll be seeing each other.*

ACTIVIDAD B ¿Qué sigue?°

°¿Qué... *What follows?*

Match each expression from column A with a logical response from column B.

A	B
1. _____ Hola. ¿Cómo te llamas?	**a.** De Nueva York.
2. _____ ¿De dónde eres?	**b.** Mucho gusto.
3. _____ Soy de Tucson.	**c.** Soy Rodrigo. ¿Y tú?
4. _____ Mi nombre es Teresa.	**d.** Soy la profesora Gómez.
5. _____ ¿Cómo se llama usted?	**e.** Ah, de Arizona.

---

*E1 and E2 will be used throughout *Vistazos* as abbreviations for **Estudiante 1** and **Estudiante 2.**

ACTIVIDAD C ¿Cómo te llamas? ¿De dónde eres?

Paso (*Step*) 1 Introduce yourself to three people you don't know in your class, and find out where each is from. Write down their names and hometowns.

1...   2...   3...

Paso 2 Now be prepared to introduce one or two of your classmates to everyone else. Follow the model.

MODELO   Clase, les presento a (*I'd like to introduce you to*) un amigo (una amiga). Se llama _____ y es de _____.

GRAMÁTICA

¿Ser o no ser?

Forms and uses of **ser**

—¡Ramón! ¿**Eres** tú?
—Sí, **soy** yo.

yo (*I*)	soy	nosotros/nosotras (*we*)	somos
tú (*you*)	eres	vosotros/vosotras (*you* [*pl.*])	sois*
usted (*you*)	es	ustedes (*you* [*pl.*])	son
él (*he*) / ella (*she*)	es	ellos/ellas (*they*)	son

The verb **ser** generally translates into English as *to be*. (Another verb, **estar,** also translates as *to be.* You will learn the differences between the two in later lessons.) In this lesson you have already seen some forms of **ser.** See the shaded box above for all of its forms.

Ser is a common verb in Spanish and serves to express a variety of concepts.

1. to tell what someone or something is

María **es** estudiante.

2. to say where someone or something comes from

Soy de California. ¿De dónde **eres** tú?

3. to indicate possession

¿Las fotografías? **Son** de Carmen.

4. to describe what someone or something is like

Ana Alicia **es** inteligente.

By now, you have noticed subject pronouns such as **tú** (*you*). The complete list of subject pronouns in Spanish is provided in the shaded box above. In contrast to English, Spanish allows for the deletion of subject pronouns. In many instances, subject pronouns are used only to

---

*****Vosotros** forms are not actively used in *Vistazos.* They are provided for recognition only. It will be for your instructor to decide whether or not he or she wishes for you to learn these forms.

emphasize or clarify to whom the speaker is referring. Compare the following.

Soy estudiante.   *I am a student.* (It is obvious from the verb that you are only talking about yourself.)

Yo soy estudiante pero **él** es profesor.   *I am a student but he is a professor.* (Here you are emphasizing the differences.)

ACTIVIDAD D ¿Qué opinas?°   *¿Qué... What do you think?*

Paso 1 Tell how you feel about each item or person listed. Choose from the list of adjectives provided. Use the correct form of **ser** in your responses.

MODELO   el presidente
         a. tonto (*foolish*)   **b.** inteligente   **c.** sincero →
         El presidente es inteligente.

1. mis clases
    a. interesantes   **b.** buenas (*good*)   **c.** aburridas (*boring*)
2. Nueva York
    a. atractiva   **b.** cosmopolita   **c.** espantosa (*scary*)
3. mis amigos
    a. aburridos   **b.** cómicos   **c.** simpáticos (*nice*)
4. yo
    a. una persona optimista   **b.** una persona pesimista   **c.** una persona realista

Paso 2 Compare your opinions with those of two classmates. How many opinions do you have in common?

Nota comunicativa

Here are several useful expressions to ask someone to repeat a statement that you didn't understand.

Repita, por favor.
Repeat, please.

Otra vez, por favor.
Again, please.

¿Cómo?
Pardon me?

¿Cómo dice?
What did you say?

Consejo práctico

Spanish and English share many cognates, words that look or sound alike in various languages. Generally, these words have the same meaning. See whether you can guess the meanings of these Spanish words.

bicicleta   confusión   examinar
cámara   diccionario   malicioso
cancelar   disco   revolución

When spoken, some cognates may not sound like cognates to you because of the differences between Spanish and English pronunciation. Here are some examples.

gen (*gene*)   jirafa (*giraffe*)   rifle

Some cognates are "false" cognates; their meanings are different in the two languages. Here are four common examples.

conferencia   *lecture*   librería   *bookstore*
fábrica   *factory*   pariente   *relative*

Most cognates, however, will share the same meaning and thus will be useful tools in helping you comprehend written and spoken Spanish.

☁ ACTIVIDAD E ¡A conocernos!°   *¡A... Let's get acquainted!*

Paso 1 Interview someone in the class you do not know. Be sure to greet the person, introduce yourself, find out where he or she is from, and tell where you are from.

Paso 2 With the information you obtained in **Paso 1,** complete the following paragraph.

Mi nombre es _____ y mi compañero/a de clase se llama _____. Él (Ella) es de _____ y yo soy de _____.

VISTAZOS II · Las carreras y las materias

VOCABULARIO

¿Qué estudias?

Courses of study and school subjects

Here is a list of courses of study and subjects in Spanish.

Las ciencias naturales
la astronomía	**la geografía**
la biología	**la química**
la física	

Las ciencias sociales
la antropología	**la historia**
las ciencias políticas	**la psicología**
la economía	**la sociología**

Las humanidades (Las letras)
el arte	**el francés**
la composición	**el inglés**
las comunicaciones	**el italiano**
la filosofía	**el japonés**
los idiomas, las lenguas extranjeras	**el portugués**
(*foreign languages*)	**la literatura**
el alemán (*German*)	**la música**
el árabe	**la oratoria** (*speech*)
el chino	**la religión**
el español	**el teatro**

Otras materias y especializaciones
la administración de empresas	**la enfermería** (*nursing*)
(*business administration*)	**la ingeniería**
la agricultura, la agronomía	**la justicia criminal**
el cálculo	**las matemáticas**
la computación, la informática	**el mercadeo** (*marketing*)
(*computer science*)	**el periodismo** (*journalism*)
la contabilidad (*accounting*)	
la educación física	

ACTIVIDAD A ¿Quién?°

Who?

Listen as your instructor names a subject or field of study. Can you identify who in the following list is most closely associated with each subject named?

1. Albert Einstein
2. Picasso
3. Galileo
4. Margaret Mead
5. Florence Nightingale
6. Marie Curie
7. Sigmund Freud
8. Cervantes
9. Mozart

Nota comunicativa

Here are several expressions you will find useful when you simply don't understand what someone says to you, and you would like clarification.

No entiendo.
No comprendo. } *I don't understand.*

If you understand what's been said, but don't know the answer, you can simply say

No sé. *I don't know.*

ACTIVIDAD B Las clases populares

COMUNICACIÓN

Paso 1 For each major area of study, write down the name of the subject that you think is the most popular and the one that is the least popular.

	LA MÁS POPULAR	LA MENOS POPULAR
MODELO las lenguas extranjeras	el español	el japonés
1. las ciencias naturales	_____	_____
2. las ciencias sociales	_____	_____
3. las humanidades	_____	_____

Paso 2 Circulate around the room and write down the names of as many people as you can who are taking the most popular classes you listed in **Paso 1.** If someone mentions a subject that you have listed as the least popular, write down that person's name. Do the number of names you collect support your opinion of the most and least popular subjects? Share your results with the class when you have finished.

MODELO ¿Tienes una clase de _____ este semestre?

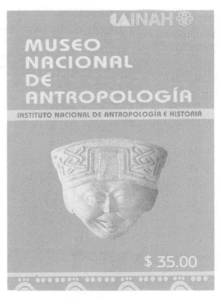

Así se dice

Have you noticed that in Spanish all nouns have grammatical gender and number? Gender means that all nouns are considered either masculine or feminine, whether they have masculine or feminine qualities or not. Number means they are either singular or plural. Like English, Spanish has articles that are used with nouns. In English, the articles are *the* (definite article) and *a/an* (indefinite articles).

DEFINITE ARTICLE	MASCULINE	FEMININE
SINGULAR	**el** diccionario	**la** computadora
PLURAL	**los** diccionarios	**las** computadoras

INDEFINITE ARTICLE	MASCULINE	FEMININE
SINGULAR	**un** profesor	**una** profesora
PLURAL	**unos** profesores	**unas** profesoras

Note that **unos** and **unas** are the equivalent of *some* in English.

As a general rule, nouns that end in -**o** are masculine and those that end in -**a** are feminine. When you learn a new noun, be sure to learn the definite article that goes with it!

GRAMÁTICA

¿Te gusta?

Discussing likes and dislikes

me gusta(n)	nos gusta(n)
te gusta(n)	os gusta(n)
le gusta(n)	les gusta(n)
le gusta(n)	les gusta(n)

—¿Qué materias **te gustan**?
—Pues, **me gusta** mucho la educación física y...

—¿Y **te gustan** las ciencias políticas?

—¡Huy, no! ¡**No me gustan para nada!**

Spanish has no exact equivalent for the English verb *to like*. Instead, the verb **gustar** (lit. *to please* or *to be pleasing*) is used. For example, to say that you like history, you would say

Me gusta la historia.   *History is pleasing to me.*

If more than one thing pleases you, the verb takes the plural form **gustan.**

Me gustan las ciencias.   *Sciences are pleasing to me.*

To ask another person about his or her likes, you can say

¿**Te gusta** la clase de español?
¿**Te gustan** las matemáticas?

To report on what he or she says, you can say

Le gusta la clase de español.   *Spanish class pleases him* (*her*).
Le gustan las matemáticas.   *Math pleases him* (*her*).

If you mention the person's name, you must place an **a** before the name.

A Roberto **le gustan** las ciencias.
A Luisa **le gusta** la clase de oratoria.

Me, te, and **le** are called indirect object pronouns. As you can see, they precede the verb forms **gusta** or **gustan.** (You will learn more about indirect object pronouns in later lessons.)

ACTIVIDAD C ¿La misma persona?

For each pair of sentences, indicate what subject best completes each sentence. Then indicate whether each pair of sentences is likely to be said by the same person (**Probablemente es la misma persona**) or by different persons (**Probablemente son dos personas diferentes**).

1. Me gustan _____.

   a. la química   **b.** las matemáticas   **c.** el arte

   No me gusta _____.

   a. el cálculo   **b.** las ciencias sociales   **c.** los idiomas

   Probablemente _____.

   a. es la misma persona   **b.** son dos personas diferentes

2. Me gusta mucho _____.

   a. los cursos de computación   **b.** la sociología   **c.** las humanidades

   En general, me gustan _____.

   a. el francés   **b.** la ingeniería   **c.** las ciencias sociales

   Probablemente _____.

   a. es la misma persona   **b.** son dos personas diferentes

ACTIVIDAD D Una encuesta°

survey

Paso 1 Here is a rating scale for your likes and dislikes regarding subjects of study. Circle a number to indicate how you feel about each subject. Fill in the blank with any other subject you may be taking.

	5 (CINCO) Me gusta(n) mucho.	4 (CUATRO) Me gusta(n).	3 (TRES) Me da igual. (It's all the same to me.)	2 (DOS) No me gusta(n).	1 (UNO) No me gusta(n) para nada.
Administración de empresas	5	4	3	2	1
Computación	5	4	3	2	1
Física	5	4	3	2	1
Historia	5	4	3	2	1
Idiomas	5	4	3	2	1
Inglés	5	4	3	2	1
Matemáticas	5	4	3	2	1
Química	5	4	3	2	1
_____	5	4	3	2	1

Paso 2 Based on your responses in **Paso 1,** complete the following sentences. Make sure one of your answers is *not* true!

    a. Me gusta(n) mucho...   **c.** No me gusta(n) para nada...
    b. Me gusta(n)...

Paso 3 Read your statements to a partner. Can he or she guess which statement is false?

    MODELO   E1: Me gusta mucho la física.
           E2: Sí. Eso es cierto. (*That's true.*)
            o ¡Eso es falso! (*That's false!*)

COMUNICACIÓN

ACTIVIDAD E ¿Te gusta(n)... ?

Paso 1 Pair up with a classmate to ask about his or her likes or dislikes with regard to the subjects in the survey in **Actividad D.** Be sure to introduce yourself if you haven't already done so.

    MODELO   E1: ¿Te gusta(n)... ?
           E2: Sí, mucho. (No, para nada. / Sí. Me gusta[n], pero no mucho.)

Paso 2 Based on your classmate's responses in **Paso 1,** report to the class how he or she feels about the following subjects.

    a. los idiomas   **c.** la historia
    b. la física   **d.** las matemáticas

    MODELO   A Tatiana le gusta(n) mucho...

VOCABULARIO

¿Qué carrera haces?

Talking about your major

To inquire about a classmate's major, you can ask

¿Qué estudias?	*What are you studying?*
¿Qué carrera haces?	*What's your major?* (Lit. *What career are you doing?*)

To tell what your major is, you can use either of the following expressions.

Estudio biología.	*I'm studying biology.*
Soy estudiante de historia.	*I'm a history student.*

If you don't have a major yet, you can say

No lo sé todavía.	*I don't know yet.* (*I still don't know.*)

—Mamá, quiero presentarte aª Segismundo, mi **compañero de cuarto.**
—Mucho gusto, Segismundo.
—Igualmente, señora Méndez.
—**¿Qué carrera haces,** Segismundo?
—**Estudio** ingeniería.
—¡Qué bien!

ªquiero... *I want to introduce you to*

ACTIVIDAD F ¿Cómo respondes?°

¿Cómo... How do you answer?

Give a logical response based on the contexts provided.

1. —¿Qué estudias?
   —_____. (*You're a history major.*)
2. —¿Qué carrera haces?
   —_____. (*You haven't declared a major.*)
3. —¿Estudias psicología?
   —_____. (*No, you're studying journalism.*)

ACTIVIDAD G ¿Sabías que... ?

Read the **¿Sabías que... ?** selection. Then answer these questions.

1. ¿Es administración de empresas la carrera más popular en tu universidad?
2. ¿Es posible tomar (*to take*) «cursos electivos» en tu carrera? Si existe un requisito (*requirement*), ¿es posible seleccionar entre (*among*) varios cursos diferentes?

¿Sabías que... la carrera más popular entre los estudiantes universitarios de Latinoamérica es derechoª? En los Estados Unidos,ᵇ la carrera más popular es administración de empresas.

En muchos países de habla española,ᶜ un estudiante escogeᵈ la carrera al comienzoᵉ de los estudios universitarios. En esta situación, el plan de estudios es predeterminado y el estudiante no tiene muchas oportunidades para explorar «cursos electivos». No existe el concepto de «educación general».

ª*law* ᵇEstados... *United States* ᶜpaíses... *Spanish-speaking countries* ᵈ*chooses* ᵉal... *at the beginning*

COMUNICACIÓN

ACTIVIDAD H ¡A conocernos mejor!°

¡A... *Let's get better acquainted!*

Using everything you now know how to say in Spanish, introduce yourself to three people in the class whom you haven't met yet. Ask them for the information requested in the chart and fill it in.

NOMBRE	DE...	CARRERA
_____	_____	_____
_____	_____	_____
_____	_____	_____

VISTAZOS III · Más sobre las clases

GRAMÁTICA

¿Son buenas tus clases?

Describing people and things

Descriptive Adjectives

sincer**o**	interesant**e**
sincer**a**	interesant**e**
sincer**os**	interesant**es**
sincer**as**	interesant**es**

As you have probably noticed, Spanish nouns (for example, **la historia, los idiomas**) show gender and number. Similarly, descriptive adjectives, which are words that describe someone or something (for example, **interesante, sincero, optimista**), also show gender and number.

	MASCULINE	FEMININE
Singular	un amigo sincero	una clase aburrida
Plural	unos amigos sinceros	unas clases aburridas

Adjectives that end in **-e** and most that end in consonants only show number.

	MASCULINE	FEMININE
Singular	un amigo inteligente	una clase difícil
Plural	unos amigos inteligentes	unas clases difíciles

Have you noticed that these descriptive adjectives tend to follow the noun rather than precede it?

Possessive Adjectives

SINGULAR	PLURAL
mi *MY*	mis
tu *his/ her*	tus
su *your*	sus
nuestro/a *our*	nuestros/as

You may have noticed that certain possessive adjectives, those that indicate ownership, show number (singular or plural) only. One exception is **nuestro** (*our*), which reflects both number and gender agreement: **nuestro profesor, nuestras clases.**

Mi clase es interesante.
¿Son aburridas **tus clases**?
Nuestra profesora es inteligente.
Nuestros compañeros son dedicados.

Notice that **su** and **sus** can be used to describe what belongs to him, her, or them. Do not think that **sus** means only *their!* (You will learn more about the possessive adjectives **su** and **sus** in later lessons.)

su	clase	*his (her, their) class*
sus	clases	*his (her, their) classes*

ACTIVIDAD A ¿Cuál° es tu opinión?   *What*

Indicate your opinion by checking each statement as true (**cierto**) or false (**falso**). As you do the activity, notice the form and placement of the adjectives.

	CIERTO	FALSO
1. La cafetería de la universidad es buena.	☐	☐
2. Mis profesores son justos (*fair*).	☐	☐
3. Los estudiantes de mi clase de español son dedicados.	☐	☐
4. Mi clase de español es interesante.	☐	☐

 ACTIVIDAD B ¿De qué habla tu profesor(a)?°

¿De... What is your professor talking about?

Listen as your instructor makes a statement. Based on what you know about descriptive adjectives, decide which of the choices on the following page refers to what the statement is talking about.

MODELO PROFESOR(A): Son muy serios.
      ESTUDIANTE: **a.** la profesora   **c.** el libro
                b. las enciclopedias   **d.** los profesores

1. a. la historia
   b. las comunicaciones
   c. el arte
   d. los idiomas

2. a. la profesora
   b. las profesoras
   c. el profesor
   d. los profesores

3. a. la clase
   b. las computadoras
   c. el inglés
   d. los estudiantes

4. a. la música
   b. las ciencias políticas
   c. el cálculo
   d. los estudios

COMUNICACIÓN

ACTIVIDAD C Entrevista

Interview two classmates to find out how they feel about each item or person listed. The people interviewed can choose an adjective from the list provided. Make sure your classmates use logical adjectives in their correct form. Jot down each person's responses. Remember to greet each person before asking him or her the question below.

MODELO E1: ¡Hola! ¿Qué opinas de tus clases (profesores)?
         E2: Son…

Adjetivos

aburrido/a	divertido/a (*fun*)	interesante	regular
bueno/a	inteligente	malo/a (*bad*)	tonto/a

	E1	E2
1. tus clases (profesores) este semestre	_____	_____
2. la pizza de (nombre de un restaurante)	_____	_____
3. los políticos (*politicians*) en la capital	_____	_____
4. los vídeos de YouTube™	_____	_____

Así se dice

Not all adjectives in Spanish follow a noun. Here are some adjectives that generally precede nouns.

poco/a (*little*)	Juan tiene **poco** tiempo (*time*) para estudiar.
pocos/as (*few*)	Hay **pocas** profesoras de ingeniería.
mucho/a (*much*)	El chico (*boy*) tiene **mucha** paciencia.
muchos/as (*many*)	**Muchos** estudiantes son de California.
algunos/as (*some*)	**Algunos** estudiantes son de Colorado.
este/a (*this*)	**Este** libro es interesante.
ese/a (*that*)	**Esa** materia es fascinante.
estos/as (*these*)	**Estos** estudiantes son de China.
esos/as (*those*)	**Esas** chicas son de Bolivia.

VOCABULARIO

¿Cuántos créditos?

—**¿Cuántas** clases **tienes** este semestre, Vicente?
—**Cuatro. Tengo doce** créditos en total.

—Pues yo **tengo diecinueve.** ¡Mucho trabajo!

—**¿Diecinueve** créditos? ¡Pobrecito!

Knowing the numbers 0 through 30 will enable you to talk about the number of classes and credits you are taking this term.

0 cero	8 ocho	16 dieciséis	24 veinticuatro
1 uno	9 nueve	17 diecisiete	25 veinticinco
2 dos	10 diez	18 dieciocho	26 veintiséis
3 tres	11 once	19 diecinueve	27 veintisiete
4 cuatro	12 doce	20 veinte	28 veintiocho
5 cinco	13 trece	21 veintiuno*	29 veintinueve
6 seis	14 catorce	22 veintidós	30 treinta
7 siete	15 quince	23 veintitrés	

ACTIVIDAD D ¿Cuántos créditos?

Your instructor will read a series of questions. Base your answer on the courses and credit systems at your institution.

> MODELO PROFESOR(A): Si un estudiante tiene una clase de matemáticas, una de biología y una de alemán, ¿cuántos créditos tiene?
> ESTUDIANTE: Tiene doce.

1... 2... 3... 4... 5...

ACTIVIDAD E ¿Cuántas clases?

COMUNICACIÓN

¿Cuántas? is used to express *How many?* when the item in question is feminine plural (**las clases, las ciencias**). **¿Cuántos?** is used with

---

*Veintiuno** becomes **veintiún** when used with masculine nouns (**veintiún profesores**) and **veintiuna** when used with feminine nouns (**veintiuna profesoras**).

masculine plural items (**los estudiantes, los números**). Following the model, interview as many classmates as possible and fill in the chart. Don't forget to introduce yourself if you haven't met the person yet!

MODELO   E1:   E2:
      Hola. Me llamo _____.
      ¿Cómo te llamas?   Me llamo _____.
      ¿Cuántas clases tienes?   Tengo _____.
      ¿Y cuántos créditos?   _____ créditos.

NOMBRE DEL ESTUDIANTE (DE LA ESTUDIANTE)	NÚMERO DE CLASES	NÚMERO DE CRÉDITOS
_____	_____	_____
_____	_____	_____
_____	_____	_____

GRAMÁTICA

¿Hay muchos estudiantes en tu universidad?

The verb form **hay**

To express the concept *there is* or *there are*, Spanish uses the verb form **hay** (pronounced like English *eye*). **Hay** is used for both singular (*there is*) and plural (*there are*). In Spanish, **h** is silent, so do not pronounce it when you say the word **hay.**

—¿Cuántos estudiantes **hay** en tu clase de inglés?
—**Hay** veintiocho.

⬤ ACTIVIDAD F ¿Cierto o falso?

Is each statement about your Spanish class true (**cierto**) or false (**falso**)?

	CIERTO	FALSO
1. Hay treinta estudiantes en mi clase de español.	☐	☐
2. Hay más hombres (*men*) que mujeres (*women*) en esta clase.	☐	☐
3. Hay en total tres exámenes (*tests*) en esta clase.	☐	☐
4. Hay estudiantes que tienen seis clases este semestre (trimestre).	☐	☐

◻ ACTIVIDAD G ¿Dónde hay... ?

Interview a classmate to find out his or her responses to the following questions. Jot down your partner's answers. Then, switch roles. Do you agree?

1. ¿En qué clases hay muchos estudiantes?
2. ¿En qué clases hay pocos estudiantes?
3. ¿Dónde hay mucha actividad en el *campus*?
4. ¿Dónde hay poca actividad en el *campus*?
5. ¿ ?

Para mi profesor(a)

Propósito (*Purpose*): to provide your instructor with some basic information on a classmate

Papeles (*Roles*): two people, the interviewer and one who is interviewed

Paso 1 Look over the following chart. A little later you will jot down the information about a classmate (**un compañero [una compañera] de clase**).

Paso 2 Before you begin, think about the questions you will need to ask your classmate. How do you ask in Spanish what a person's major is? How do you find out how many credits someone is taking? Think through all of your questions before you interview your partner.

Paso 3 Pair up with someone. As you conduct the interview, jot down all the information you receive.

Me llamo _____.

MI COMPAÑERO/A DE CLASE

Mi compañero/a de clase se llama _____.

Es de _____ (*place*).

Su especialización: _____

Clases que tiene este semestre (trimestre): _____
_____
_____
_____

Total de sus créditos este semestre (trimestre): _____

Su materia favorita: _____

Paso 4 Turn in the information to your instructor. You have just done your instructor a big favor—you've helped him or her get to know the members of the class!

Así se dice

Written accent marks in Spanish usually show a shift from normal patterns of stress in spoken words and tell you on which vowel to place stress if a word does not follow these patterns. However, a handful of words are pronounced the same whether they carry a written accent or not. The words are different in meaning, so the written accent is a spelling device. Have you noticed any of the following in **Lección preliminar?**

sí (*yes*) si (*if*)
tú (*you*) tu (*your*)
qué   que (*that*
(*what*)   [*conjunction*])
cómo   como
(*how*)   (*like, as*)

See whether you can spot others like this as you learn Spanish.

El español como lengua mundial

¿Sabías que... después del inglés el español es la lengua de más difusión mundial[a]? Aunque muchos dicen que el chino es la lengua más hablada[b] del mundo, con más de mil millones[c] de hablantes,[d] el español se habla en muchos otros países[e] en cinco continentes. En total, unos 450 millones de personas hablan español en el mundo entero. Con tantos[f] hablantes y con tanta difusión, hay mucha variación dialectal.

[a]*in the world* [b]*spoken* [c]*mil... one billion* [d]*speakers* [e]*countries* [f]*so many*

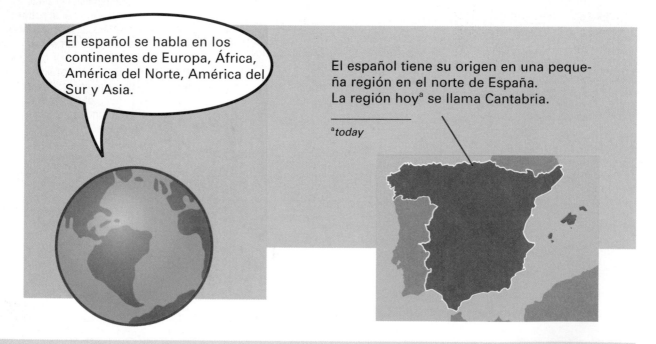

El español se habla en los continentes de Europa, África, América del Norte, América del Sur y Asia.

El español tiene su origen en una pequeña región en el norte de España. La región hoy[a] se llama Cantabria.

[a]*today*

Países de habla española y su población* en millones de habitantes

Argentina	40,7	El Salvador	7,1	Panamá	3,3
Bolivia	9,2	España	40,5	Paraguay	6,8
Chile	16,5	Guatemala	13,0	Perú	29,2
Colombia	45,0	Guinea Ecuatorial	0,41	Puerto Rico	4,0
Costa Rica	4,2	Honduras	7,6	República Dominicana	9,5
Cuba	11,4	México	110,0	Uruguay	3,5
Ecuador	13,9	Nicaragua	5,8	Venezuela	26,4
Estados Unidos	51,7				

*Poblaciones estimadas en el año 2008.

You can investigate these cultural topics in more detail on the *Vistazos* Online Learning Center: **www.mhhe.com/vistazos3**.

En México, Venezuela y muchos otros países: **una naranja**[a] En Puerto Rico: **una china**

———
[a]*orange*

En España: **guisantes**[a]
En México: **chícharos**

———
[a]*peas*

En Colombia, Cuba, el Perú y los Estados Unidos: **Uds. son**
En España: **vosotros sois** o **Uds. son**

El vocabulario

En Nicaragua: **un niño**[a]
En España: **un nene**
En Chile: **una guagua**

———
[a]*child (young boy, infant)*

En España, México y muchos otros países: **tú eres**
En la Argentina, el Uruguay y Costa Rica: **vos sos**

La gramática

Las diferencias dialectales

En el Perú, México y muchos otros países: **s** final pronunciado casi siempre[a]
- tú ere**s**
- lo**s** e**s**tudiante**s**
- veintidó**s** libro**s**

En el Caribe y el sur de España: **s** final no pronunciado con mucha frecuencia
- tú ere'
- lo' e'tudiante'
- veintidó' libro'

———
[a]*always*

La pronunciación

En el Paraguay, El Salvador y muchos otros países:
- Hasta **lue**go.[a]

En el norte de España:
- Hasta **luo**go.

———
[a]*Hasta... See you later.*

En Los Ángeles (chicanos) y muchos otros lugares:[a] **ll** y **y** pronunciados como la *y* de *yoga* en inglés
- **Y**o me **y**amo [llamo] Juan.

En la Argentina y el Uruguay: **ll** y **y** pronunciados como la *s* de *treasure* o como la *ss* de *mission* en inglés
- **Zh**o me **zh**amo Juan.
- **Sh**o me **sh**amo Juan.

———
[a]*places*

ACTIVIDAD ¿Qué recuerdas?

Indicate whether each statement is true (**cierto**) or false (**falso**).

	CIERTO	FALSO
1. En Puerto Rico una **china** es una naranja.	☐	☐
2. Hay más hispanohablantes (personas que hablan español) en México que en cualquier otro (*any other*) país del mundo.	☐	☐
3. El chino se habla en más países que el español.	☐	☐
4. En el Caribe la tendencia es pronunciar claramente la **-s** final de las palabras.	☐	☐
5. En la Argentina y el Uruguay se dice **vos sos** y en Cuba y España se dice **tú eres.**	☐	☐
6. El español se originó en Sevilla, España.	☐	☐
7. El país de habla española más pequeño (por su población total) es la Guinea Ecuatorial.	☐	☐

NAVEGANDO LA RED

Complete *one* of the following activities. Then present your information to the class.

1. Look for about eight Spanish words spoken by Chicanos in the United States and jot down their equivalents in English.

2. Look for information about the **Real Academia Española.** Then jot down the following details.
   a. cuándo se fundó (*when it was founded*)
   b. en qué ciudad (*city*) está
   c. su misión

3. Choose a country or dialect from the Spanish-speaking world and look for 5–6 Spanish words that are unique to that country or dialect.

¡Hola! — Hello!

¿Cómo te llamas?
¿Cómo se llama usted? } What's your name?
¿Cuál es tu nombre?

Me llamo _____. } My name is _____.
Mi nombre es _____.

Soy _____. — I'm _____.

Se llama _____. } His/Her name is _____.
Su nombre es _____.

Mucho gusto. } Pleased to meet you.
Encantado/a.

Igualmente. — Likewise.

¿De dónde eres? } Where are you from?
¿De dónde es usted?

Soy de _____. — I'm from _____.

¿Y tú? } And you?
¿Y usted?

Saludos y despedidas — Greetings and Leave-takings

Buenos días. — Good morning.
Buenas tardes. — Good afternoon.
Buenas noches. — Good evening.
¿Qué tal? — What's up? How's it going?

Adiós. — Good-bye.
Chau. — Ciao.
Hasta mañana. — See you tomorrow.
Hasta pronto. — See you soon.
Nos vemos. — We'll be seeing each other.

En (la) clase — In Class

¿Cómo? — Pardon me?
¿Cómo dice? — What did you say?
¿Cómo se dice _____ en español? — How do you say _____ in Spanish?
No comprendo. } I don't understand.
No entiendo.
No sé. — I don't know.
Otra vez, por favor. — Again, please.
Repita, por favor. — Repeat, please.
Tengo una pregunta, por favor. — I have a question, please.

Verbos — Verbs

hay — there is, there are
ser (*irreg.*) — to be
tengo — I have
tienes — you have

Carreras y materias — Majors and Subjects

Las ciencias naturales — Natural Sciences
la astronomía — astronomy
la biología — biology
la física — physics
la geografía — geography
la química — chemistry

Las ciencias sociales — Social Sciences
la antropología — anthropology
las ciencias políticas — political science
la economía — economics
la historia — history
la psicología — psychology
la sociología — sociology

Las humanidades (Las letras) — Humanities (Letters)
el arte — art
la composición — writing
las comunicaciones — communications
la filosofía — philosophy
los idiomas }
las lenguas extranjeras } foreign languages
  el alemán — German
  el árabe — Arabic
  el chino — Chinese
  el español — Spanish
  el francés — French
  el inglés — English
  el italiano — Italian
  el japonés — Japanese
  el portugués — Portuguese
la literatura — literature
la música — music
la oratoria — speech
la religión — religion
el teatro — theater

Otras materias y especializaciones	Other Subjects and Majors
la administración de empresas	business administration
la agricultura la agronomía	agriculture
el cálculo	calculus
la computación	computer science
la contabilidad	accounting
la educación física	physical education
la enfermería	nursing
la informática	computer science
la ingeniería	engineering
la justicia criminal	criminal justice
las matemáticas	mathematics
el mercadeo	marketing
el periodismo	journalism

Más sobre las clases	More About Classes
el/la compañero/a de clase	classmate
el/la estudiante	student
el libro	book
el/la profesor(a)	professor

¿Qué carrera haces?	What is your major?
¿Qué estudias?	What are you studying?
Estudio _____.	I am studying _____.
Soy estudiante de _____.	I am a(n) _____ student.
No lo sé todavía.	I don't know yet.

Preferencias	Preferences
¿Te gusta(n) _____?	Do you like _____?
Sí. Me gusta(n) _____.	Yes, I like _____.
No me gusta(n) _____.	I don't like _____.
No me gusta(n) para nada.	I don't like it (them) at all.

Los números 0 a 30
Numbers 0–30

cero	ocho	dieciséis	veinticuatro
uno	nueve	diecisiete	veinticinco
dos	diez	dieciocho	veintiséis
tres	once	diecinueve	veintisiete
cuatro	doce	veinte	veintiocho
cinco	trece	veintiuno	veintinueve
seis	catorce	veintidós	treinta
siete	quince	veintitrés	

Pronombres de sujeto	Subject Pronouns
yo	I
tú	you (fam. s.)
usted, Ud.	you (form. s.)
él, ella	he, she
nosotros/as	we
vosotros/as	you (fam. pl. Sp.)
ustedes, Uds.	you (form. pl.)
ellos, ellas	they

Adjetivos descriptivos	Descriptive Adjectives
aburrido/a	boring
bueno/a	good
espantoso/a	scary
malo/a	bad
tonto/a	foolish

Cognados: atractivo/a, cómico/a, cosmopolita, famoso/a, favorito/a, insincero/a, inteligente, interesante, optimista, pesimista, raro/a, realista, serio/a, sincero/a

Adjetivos de posesión	Possessive Adjectives
mi(s)	my
tu(s)	your (fam. s.)
su(s)	your (form. s., pl.), his, her, their

Adjetivos de cantidad	Quantifying Adjectives
algunos/as	some
mucho/a	much
muchos/as	many
poco/a	little
pocos/as	few

Adjetivos demostrativos	Demonstrative Adjectives
este/a	this
estos/as	these
ese/a	that
esos/as	those

Artículos indefinidos	Indefinite Articles	el examen	test
un(a)	a, an	el país	country
unos/as	some	aquí	here
		¿cuántos/as?	how many?
Artículos definidos	Definite Articles	de	of; from
el, la ⎫	the	gracias	thank you, thanks
los, las ⎭		mucho	a lot, very much
		muy	very
Otras palabras y expresiones útiles	Other Useful Words and Expressions	no	no
		o	or
el/la amigo/a	friend	por favor	please
el/la chico/a	boy, girl	que	that, when
el/la compañero/a de cuarto	roommate	¿qué?	what?
		¿quién?	who?, whom?
		sí	yes
		y	and

Entre nosotros

El camión (1929) *por Frida Kahlo*

Perfil[a] *de la artista*

NOMBRE: Frida Kahlo

PAÍS DE ORIGEN: México

FECHA DE NACIMIENTO: 6 de julio, 1907

FECHA DE MUERTE: 13 de julio, 1954

Frida Kahlo, pintora de extraordinarias imágenes, es hoy día la pintora mexicana más conocida[b] del mundo. Su vida fue[c] una aventura fascinante, lo cual se captó en la película *Frida*, con Salma Hayek como protagonista.

---

[a]*Profile*   [b]*la… the most well-known female Mexican painter*   [c]*Su… Her life was*

LECCIÓN 1

Vistazos *digital*

 Quia — Online Textbook and *Manual*   **WWW** — Online Learning Center

DVD — Video on DVD

CENTRO — *Your media center for languages* — All media resources for *Vistazos,* all in one place

¿Cómo es tu horario?

In this lesson, you'll focus on daily routines and schedules. You will also

◆ describe, ask, and answer questions and make comparisons related to people's daily routines

◆ talk about time and the days of the week

◆ learn how to form the singular forms of present tense verbs

◆ learn to express when and how often you do something

 ALTO Before beginning this lesson, look over the **Intercambio** activity on page 43. This is the activity you will be working toward throughout the lesson.

En una cafetería en México, D.F. (Quecas = Quesadillas)

VOCABULARIO

¿Cómo es una rutina?

Talking about daily routines

El horario de Elena Chávez, estudiante de biología en la Universidad de Miami.

1. Elena **se levanta** temprano.

2. **Hace** ejercicio aeróbico.

3. **Desayuna** café con leche.

4. **Asiste** a clase.

5. **Trabaja** en un laboratorio por la tarde.

6. **Regresa** a casa.

7. **Da** un paseo con su perro Duque.

8. **Juega** con el perro.

9. **Come** pizza en casa.

10. **Lee** su correo electrónico.

11. **Estudia** mucho.

12. **Se acuesta** a las once.

El horario de Tomás Menéndez, diseñador (*designer*) de software
y estudiante de noche en la Universidad de Santo Domingo.

1. Tomás **se despierta** tarde.

2. **Lee** el periódico.

3. **Va** en carro a la oficina
La Computación.

4. **Habla** por teléfono.

5. **Almuerza** con una amiga.

6. **Sale** de la oficina.

7. **Asiste** a una clase.

8. **Duerme** en clase.

9. **Cena** con dos amigos.

10. **Mira** la televisión en casa.

11. **Escucha** música y
estudia.

12. **Se acuesta** muy tarde.

Consejo práctico

Although learning how to speak is the goal of many students of Spanish, acquisition of a language is actually dependent on opportunities to hear or read language in context. For this reason, in *Vistazos* you always begin learning new vocabulary or grammar by listening to or reading the new items in context.

Vocabulario útil

¿Cuándo?	When?		
por la mañana	in the morning	**temprano**	early
por la tarde	in the afternoon	**tarde**	late
por la noche	in the evening, at night		

Otros términos	Other Terms		
enviar (envío), mandar	to send	**recibir**	to receive
navegar la Red	to surf the Net	**los mensajes**	(e-mail) messages

Note in the **Vocabulario útil** box above that the word **tarde** as a noun means *afternoon* (**la tarde**), and as an adverb means *late*. (**Tomás se despierta tarde.**)

ACTIVIDAD A ¿Cierto o falso?

Look at the drawings of Elena and Tomás on pages 26–27 and listen as your instructor reads statements about them. Is each statement **cierto** or **falso**? Correct the false statements.

MODELOS PROFESOR(A): En el número siete, Elena da un paseo con su perro Duque.

ESTUDIANTE: Cierto.

PROFESOR(A): En el número cuatro, Tomás lee el periódico.

ESTUDIANTE: Falso. Habla por teléfono.

COMUNICACIÓN

ACTIVIDAD B El estudioso y el relajado

Paso 1 Alberto is a studious, responsible university student. What might his daily routine look like? Mention at least three activities that you think he does.

MODELO Estudia por la noche.

Paso 2 Andrés is a more relaxed, easygoing university student. How might his daily routine be different than Alberto's? Mention at least three activities that Andrés probably does.

MODELO Mira la televisión por la noche.

Paso 3 Now compare your ideas with those of a classmate. Did both come up with similar descriptions for Alberto and Andrés? Compile a master list with all of your ideas and be ready to report to the class.

GRAMÁTICA

¿Trabaja o no?

Talking about what someone else does

(yo)	-o	(nosotros/as)	-amos, -emos, -imos
(tú)	-as, -es	(vosotros/as)	-áis, -éis, -ís
(usted)	-a, -e	(ustedes)	-an, -en
(él/ella)	trabaja se acuesta come escribe	(ellos/ellas)	-an, -en

As in many languages, Spanish verbs (words that express actions, states, processes, and other events) consist of a stem (the part that indicates the action, state, or event) and an ending. In the verb form **trabaja**, **trabaj-** is the stem (it means *work*) and **-a** is the ending that tells you several things: present tense, third person singular (some other person is doing the working).

Verbs can be conjugated, that is, they can indicate who or what the subject is (as in **trabaja**) or they can be in the infinitive. Infinitives in English are usually indicated with *to: to run, to get up, to sleep*. Spanish infinitives end in **-r** and belong to one of three classes: **-ar (trabajar)**, **-er (leer)**, or **-ir (salir).**

To talk about someone else, a conjugated verb is used. It is called *third person singular*. Take the stem and add **-a** or **-e** as shown in the shaded box. (Note that **-er** and **-ir** verbs share the same ending in this case.)

Some Spanish verbs have stem vowel changes. You will simply have to memorize these.

o → ue
acostarse → se ac**ue**sta
dormir → d**ue**rme

e → ie
tener (*to have*) → t**ie**ne

e → i
pedir (*to ask for, request*) → p**i**de

If you see a third person singular verb form that has a **ue, ie,** or **i** in the stem, chances are that in the stem of the infinitive there is an **o, e,** or **e,** respectively!

Así se dice

Why are some verbs preceded by **se?** Such verbs are called reflexive verbs, and you will learn about them in **Lección 5.** For now, take note of which verbs are used with **se. ¡OJO!** (*Careful!*) **Se** does not mean *he* or *she.* **Él** and **ella** mean *he* and *she.*

(Ella) Se levanta.
She gets up.

(Él) Se acuesta.
He goes to bed.

Consejo práctico

Remember that the best way to learn a new Spanish word is by associating it with its meaning. For example, to learn **se levanta,** you might visualize someone getting out of bed. Try to avoid relating Spanish words to English words.

Why are the verb
presentations in *Vistazos*
broken up? Why do you
only learn one piece of
the verb (e.g., third
person singular) at a
time? In this part of the
lesson, you are focusing
on hearing, reading, and
talking about someone
else's daily routine (e.g.,
that of Elena or Tomás).
Later in this lesson you
will talk about your own
daily routine and will then
learn the first person, or
yo, verb forms. By
focusing your attention
on one verb form at a
time, your chances of
learning the verb forms
and the context in which
they are used are greatly
increased!

COMUNICACIÓN

Here are other stem changing verbs you will find useful.

o → ue
jugar* (*to play*)
poder (*to be able to, can*)
volver (*to return*)

e → i
vestirse (*to get dressed*)

e → ie
pensar (*to think*)
entender (*to understand*)
querer (*to want*)
preferir (*to prefer*)
venir (*to come*)

Notice that the present tense in Spanish is used to talk about
(1) habitual actions and (2) things that are happening *right now.*

ACTIVIDAD C ¿Son típicos o no?

Based on your general assumptions about professors and students,
decide if each of the following statements relates more to a typical
professor or a typical student. Which statements apply to both? (Note
that all verbs in the following statements are stem changers.)

P = El profesor típico (La profesora típica)…
E = El estudiante típico (La estudiante típica)…

1. _____ se acuesta temprano.
2. _____ se viste de manera (*manner*) informal.
3. _____ prefiere la música *rock* a (*to*) la música clásica.
4. _____ almuerza en la cafetería.
5. _____ pide explicación cuando no entiende la lección.
6. _____ no duerme lo suficiente (*enough*).†

ACTIVIDAD D ¿Y los perros°?

dogs

See whether you can talk about the daily life of a dog by using correct
verb forms in logical sentences. Although you may use any of the daily
activities and verbs you have learned so far, here are some new verbs
and words that may be useful. Afterwards, decide if the same is true
for a cat (**un gato**).

Vocabulario útil

beber	to drink	**el agua**	water	**al…**	to the . . . / at the . . .
correr	to run	**el cartero**	mail carrier	**con**	with
ladrar	to bark	**la pelota**	ball		

*****Jugar** follows the pattern of **o → ue** verbs although its stem vowel is **u.** It is the only
verb in Spanish that does so.

†Negative sentences are formed by placing **no** before the conjugated verb. If there is a
reflexive verb like **se levanta** or **se acuesta,** the **no** precedes the **se.** Notice that Spanish
does not have a support verb equivalent to *does* or *do.*

Tomás **no se acuesta** temprano. *Tomás doesn't go to bed early.*
Elena **no trabaja** por la mañana. *Elena doesn't work mornings.*

VOCABULARIO

¿Con qué frecuencia?

Talking about how often people do things

You have learned how to say whether an event takes place in the morning, afternoon, or evening. To talk about routine activities that occur every day (night, and so forth) you can use either **todos los _____** or **todas las _____**.*

> Tomás...
>
> se levanta tarde **todas las mañanas.**
> almuerza en un café **todas las tardes.**
> se acuesta tarde **todas las noches.**
> escucha música **todos los días.**

Tomás lee el periódico **todas las mañanas.**

To refer to a frequent activity, you can use the words **frecuentemente, generalmente, regularmente,** and **normalmente.**

> Elena come pizza **frecuentemente.**

To talk about how often you do an activity, you may use the following expressions.

siempre	always
con frecuencia	frequently
a veces	sometimes
de vez en cuando	from time to time
pocas (raras) veces	rarely
nunca	never

Así se dice

Do you remember the irregular verb **ser** from **Lección preliminar** (soy, eres, es, es, somos, sois, son, son)? Another highly irregular verb is **ir** (*to go*).

(yo)	voy	(nosotros/as)	vamos
(tú)	vas	(vosotros/as)	vais
(Ud.)	va	(Uds.)	van
(él/ella)	va	(ellos/ellas)	van

---

*__Todos los__ and __todas las__ are equivalent to *every* in English in these contexts.

ACTIVIDAD A ¿Cierto o falso?

Read the following statements about a typical week in the life of a student at your institution. Are they **cierto** or **falso** in your opinion?

El estudiante norteamericano
(La estudiante norteamericana)...

	C	F
1. se levanta temprano todos los días.	☐	☐
2. no va a clases regularmente y frecuentemente está ausente (*is absent*).	☐	☐
3. siempre duerme ocho horas todas las noches.	☐	☐
4. normalmente escribe sus composiciones a computadora.	☐	☐
5. no mira (*doesn't watch*) nunca la televisión.	☐	☐
6. lee novelas cuando (*when*) no estudia.	☐	☐
7. se acuesta muy tarde con frecuencia.	☐	☐

ACTIVIDAD B Mi profesor(a) de español

Paso 1 Interview a classmate to find out how often he or she thinks your Spanish instructor does the following activities. Use a different expression from the following list in each question and answer.

todos los días
todas las mañanas (tardes, noches)
frecuentemente, regularmente, generalmente
a veces
pocas (raras) veces
nunca

MODELO mira la televisión →
　　　　 E1: ¿Mira la televisión frecuentemente el profesor (la profesora)?
　　　　 E2: Sí, todos los días.
　　　　　　　(No. No mira la televisión frecuentemente.)

1. desayuna
2. come chocolates
3. mira la televisión en español
4. habla por teléfono
5. se acuesta temprano
6. navega la Red

Paso 2 Be prepared to read aloud to the class your questions and answers from **Paso 1**. After your classmates share their opinions about the instructor's routine, he or she will say if you were right!

VOCABULARIO

¿Qué día de la semana?

Days of the week

LOS **DÍAS LABORALES** (*WORKDAYS*)

lunes   martes   miércoles   jueves   viernes

LOS DÍAS DEL **FIN DE SEMANA** (*WEEKEND DAYS*)

sábado   domingo

To ask what day it is, you say

¿Qué día es hoy?

To respond, say

Hoy es domingo.
(**Mañana es** lunes.)

Así se dice

As you've noticed, speaking and understanding Spanish does not involve a word-for-word translation of English. Here's an example of this. When you want to express *on Monday* or *on Mondays*, you simply use a definite article (**el** or **los**) and not **en.**

Mi profesora tiene horas de oficina **los martes.**

Hay un examen **el miércoles.**

ACTIVIDAD C Las clases de Elena

Your instructor will make a series of statements about Elena's class schedule. Indicate whether they are **cierto** or **falso,** according to the schedule below.

1... 2... 3... 4... 5... 6...

LUNES	MARTES	MIÉRCOLES	JUEVES	VIERNES
Biología II	Biología II	Biología II	Biología II	
	Cálculo avanzado	Cálculo avanzado		
Entomología		Entomología		Entomología
Geografía de las Américas		Geografía de las Américas	La destrucción del planeta	Geografía de las Américas

ACTIVIDAD D La semana del profesor (de la profesora)

COMUNICACIÓN

As a class, see whether you can piece together your instructor's weekly schedule by asking only yes/no questions. As you get information, write it into a calendar like the one on the following page. See how much the class can find out in eight to ten minutes.

MODELOS   ¿Tiene usted una clase los lunes por la mañana?

¿Tiene usted horas de oficina los lunes? ¿los martes?

	LUNES	MARTES	MIÉRCOLES	JUEVES	VIERNES
por la mañana					
por la tarde					
por la noche					

GRAMÁTICA

¿Y yo?

Talking about your own activities

(yo)	trabaj**o**	(nosotros/as)	-amos, -emos, -imos
	me acuest**o**		
	com**o**		
	escrib**o**		
(tú)	-as, -es	(vosotros/as)	-áis, -éis, -ís
(usted)	-a, -e	(ustedes)	-an, -en
(él/ella)	-a, -e	(ellos/ellas)	-an, -en

—**Estudio** por la tarde o por la noche. No **salgo** porque **me levanto** muy temprano todas las mañanas.

—Normalmente no **duermo** mucho porque **trabajo** mucho y **estudio.**

You have already learned to form verbs ending in **-a** and **-e** to talk about someone else's daily activities. To talk about what *you* do, most verbs will end in **-o,** as illustrated in the shaded box. Note that stem vowel changes also appear in the **yo** form of the verb, also called *first person singular.*

> Normalmente, **estudio** por la noche.
> **Duermo** una hora todas las tardes.
> **Me levanto** temprano los sábados.

Did you catch that a verb that takes **se** in the third person form will take **me** in the first person singular form? Here is another example.

> Normalmente, **me acuesto** a las once y media.

Several of the verbs with which you are familiar have slightly altered stems.

> **Hago** ejercicio con frecuencia.
> No **salgo** mucho con mis amigos.
> **Tengo** mucho trabajo esta semana.

Remember the irregularity of **ir?**

> **Voy** al laboratorio para practicar el español.

Another common verb, **decir** (*to say; to tell*) is also highly irregular. It has more than one kind of change!

> —¿Qué **dices?**
> —¿Yo? Yo no **digo** nada.

ACTIVIDAD E ¿En qué orden?

Paso 1 Number these activities from 1 to 10 in the order in which *you* would do them.

_____ Me acuesto.
_____ Voy en carro a la universidad.
_____ Ceno.
_____ Regreso a casa (al apartamento, a la residencia [*dormitory*]).
_____ Leo el periódico.
_____ Estudio.
_____ Almuerzo.
_____ Desayuno.
_____ Navego la Red.
_____ Hago ejercicio por quince minutos.

Paso 2 Tell the class the order you decided on. Did many of your classmates put the activities in a similar order? Is there a more logical order than the one you came up with?

Así se dice

You will encounter another irregularity in Spanish. Most verbs in Spanish that end in **-cer** or **-cir** will end in **-zco** in the **yo** form.

> **conocer** (*to know*):
> No **conozco**
>   al presidente.

> **conducir** (*to drive*):
> **Conduzco**
>   rápidamente.

See whether you can give the **yo** form for the following verbs.

> **producir** (*to produce*)
> **traducir** (*to translate*)
> **deducir** (*to deduce*)

Así se dice

An important use of **por** is with expressions of time to mean *during.*

> **por** la mañana (tarde, noche)

Por can also be used to express a period of time during which something happens. In this case, its equivalent expression in English is *for.*

> Estudio **por** dos horas cada noche.
> Hago ejercicio **por** una hora al día.

Don't be fooled that *for* is always expressed by **por.** As you will learn, Spanish has at least two equivalents for *for,* **por** and **para.** You will learn more about **por** and **para** as you work through *Vistazos.*

Paso 3 Given the information you received from your classmates, which statement applies to you?

☐ Mi horario es un horario típico.

☐ Mi horario no es un horario típico.

COMUNICACIÓN

ACTIVIDAD F ¿Qué leíste?

Paso 1 Quickly read the paragraph that your instructor displays to the class. Try to remember as much of the information as possible, but do not take notes.

Paso 2 In groups of three, recreate the paragraph as best as you can remember, writing out a final version to share with the class.

ACTIVIDAD G Tú y yo

Paso 1 Here is a list of typical daily activities. See if you can find someone in the class who matches you on at least three. Follow the model.

caminar (*to walk*) a la universidad
dormir en una clase
llegar (*to arrive*) tarde al trabajo (a una clase)
soñar (ue) despierto (*to daydream*)
tomar (*to drink*) café

MODELOS   E1: Siempre tomo café por la mañana. ¿Y tú?
          E2: Yo también. / Yo no.

          E1: No duermo en la clase de español. ¿Y tú?
          E3: Yo sí. / Yo tampoco. (*Neither do I.*)

Paso 2 When you have found someone with whom you share three activities, report to the class.

MODELO   Yo siempre tomo café. Roberto también.

Esta mujer lee su correo electrónico mientras toma su primer (first) café del día.

VOCABULARIO

¿A qué hora... ?

Telling when something happens

To express what time of day you do something, use the expressions **a la** and **a las.**

—Asisto a mi primera clase **a las ocho.**

—Almuerzo con mi amigo **a la una.**

Use **cuarto** and **media** to express *quarter hour* and *half hour*.

y cuarto
y media
menos cuarto

—Llego a la oficina **a las diez menos cuarto.**

—Estudio **a las once y media.**

To express other times, add the number of minutes to the hour or subtract the number of minutes from the next hour.

—Leo mi correo electrónico **a las cinco menos diez.**

—Hablo con una amiga **a las diez y veinte.**

ACTIVIDAD A ¿A qué hora?

Elena mentions at what time she does certain activities. How does she logically complete each statement? Match the time to the appropriate activity. (See the drawings on page 26 for reference.)

1. _____ Hago ejercicio aeróbico...
2. _____ Trabajo en el laboratorio...
3. _____ Prefiero levantarme...
4. _____ Escribo la tarea...
5. _____ Me acuesto...

a. a las once de la noche.
b. a las nueve de la noche.
c. a las seis de la mañana.
d. a las dos de la tarde.
e. a las seis y media de la mañana.

¿A qué hora sale el autobús?

ACTIVIDAD B ¿Sabías que... ?

Paso 1 Read the **¿Sabías que... ?** selection on page 39. Then answer the following questions.

1. ¿Quién tiene una vida «más activa» por la noche, el español o el norteamericano?

2. ¿Quién cena (*eats dinner*) temprano y quién cena tarde?

3. ¿Quién pasa (*spends*) todo el día en el trabajo sin salir?

Paso 2 Using the following question, see whether you can find five people in class who prefer the Spanish schedule.

MODELO ¿Cuál de los dos horarios prefieres, el horario español o el norteamericano?

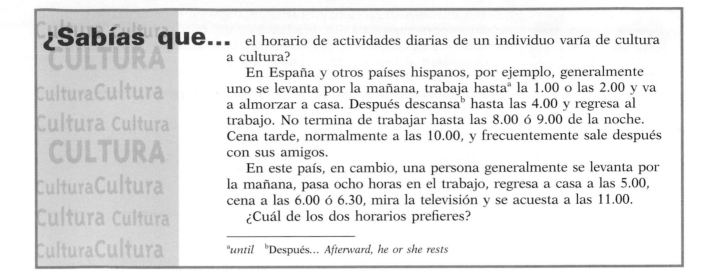

¿Sabías que... el horario de actividades diarias de un individuo varía de cultura a cultura?

En España y otros países hispanos, por ejemplo, generalmente uno se levanta por la mañana, trabaja hasta[a] la 1.00 o las 2.00 y va a almorzar a casa. Después descansa[b] hasta las 4.00 y regresa al trabajo. No termina de trabajar hasta las 8.00 ó 9.00 de la noche. Cena tarde, normalmente a las 10.00, y frecuentemente sale después con sus amigos.

En este país, en cambio, una persona generalmente se levanta por la mañana, pasa ocho horas en el trabajo, regresa a casa a las 5.00, cena a las 6.00 ó 6.30, mira la televisión y se acuesta a las 11.00.

¿Cuál de los dos horarios prefieres?

[a]*until* [b]*Después... Afterward, he or she rests*

ACTIVIDAD C Tu primera clase

COMUNICACIÓN

Get into pairs. In two minutes, ask your partner when his or her first class is on each day of the week. Jot down his or her responses. Then switch roles. Be prepared to report the results to the class.

MODELO **E1:** ¿A qué hora es tu primera clase los lunes?
E2: A las nueve.

G R A M Á T I C A

¿Y tú? ¿Y usted?

Addressing others

(yo)	-o	(nosotros/as)	-amos, -emos, -imos
(tú)	estudi**as** te levant**as** le**es** asist**es**	(vosotros/as)	-áis, -éis, -ís
(Ud.)	estudi**a** se levant**a** le**e** asist**e**	(Uds.)	-an, -en
(él/ella)	-a, -e	(ellos/ellas)	-an, -en

—Pepe, **tú sales** de la universidad a las dos, ¿no?
—Sí. ¿Por qué **preguntas**?

—Profesora, ¿**es Ud.** del Perú?
—No, Eva. Soy de Bolivia.
    ¿Y **tú**?

You may have noticed that Spanish has several ways of expressing *you*. **Tú** implies less social distance between the speakers. **Usted** (generally abbreviated **Ud.**) indicates a more formal relationship and more social distance. The rules of usage vary from country to country and even within countries, but you can follow this rule of thumb: Use **tú** with your family, friends, anyone close to your own age—and with your pets. Use **Ud.** with everyone else.

For example, to ask a classmate about something, use **tú.** To get the **tú** verb form, add an **-s** to the final vowels **-a** or **-e** of the third person forms.

¿**Miras** la televisión todas las noches?
¿**Cenas** en restaurantes frecuentemente?

Certain verbs are used with **te.**

¿A qué hora **te levantas**?
¿**Te acuestas** tarde o temprano?

When speaking with someone whom you address as **Ud.,** use the same verb form as with **él** or **ella.**

¿**Trabaja** Ud. en la biblioteca?
Ud. **sale** con los amigos todos los días.

Note the use of **se** with some verbs in the **Ud.** form.

¿**Se levanta** Ud. tarde frecuentemente?
¿A qué hora **se acuesta** Ud.?

ACTIVIDAD D ¿Y tú? ¿Y Ud.

Paso 1 Look at the following questions. Check the box that indicates whether each question is appropriate to ask a friend (**Para un amigo [una amiga]**) or your instructor (**Para mi profesor[a]**).

	PARA UN AMIGO (UNA AMIGA)	PARA MI PROFESOR(A)
1. ¿Te levantas temprano los lunes?	☐	☐
2. ¿Habla varios idiomas?	☐	☐
3. ¿Va frecuentemente al cine (*movies*)?	☐	☐
4. ¿Miras la televisión todos los días?	☐	☐
5. ¿Haces ejercicio regularmente?	☐	☐
6. ¿Empiezas (*Do you begin*) todas las mañanas de buen humor (*in a good mood*)?	☐	☐
7. ¿Lee el periódico todos los días?	☐	☐

Paso 2 Choose two of the questions from **Paso 1** that you checked as being appropriate to ask a friend. Pose these two questions to a classmate.

Paso 3 Now, choose two of the questions from **Paso 1** that you checked as being appropriate to ask your professor. Be ready to ask these questions if called on.

Consejo práctico

Are you speaking Spanish with anyone outside of class? If not, get the phone numbers of three or four of your classmates. Then, call one and do any one of the activities that asks you to interview someone. You might be asked to do this at times in the *Manual*. This is a good habit to get into. Ten minutes on the phone once a day and you've added significant practice over the course of your language study!

ACTIVIDAD E ¿A qué hora?

Pair up with a classmate you haven't already interviewed to find out at what time (**a qué hora**) he or she does the following things. Write down the information. Then switch roles.

MODELO   E1: ¿A qué hora almuerzas?
           E2: A las doce.

¿A qué hora...

1. te levantas los lunes?
2. vas a tu clase favorita?
3. te acuestas los jueves?
4. vas a la universidad los miércoles?
5. regresas a casa los viernes?
6. miras la televisión, generalmente?
7. ¿ ?

GRAMÁTICA

¿Qué necesitas hacer?

Talking about what you need or have to do on a regular basis

In order to talk about activities that you have to do, need to do, should (ought) to do, prefer to do, want to do, and can do, use the appropriate verb in its conjugated form followed by an infinitive. Look at the following examples.

Elena **tiene que** (*has*) trabajar todas las tardes.
¿Necesitas (*Do you need*) estudiar mucho?
Debo (*I should*) leer el periódico más.
Prefiero (*I prefer*) estudiar en la biblioteca (*library*).

Notice that when a reflexive verb such as **acostarse** or **levantarse** is used, the pronoun can follow and be attached to the infinitive.

Tomás **no puede** (*cannot*) acostarse temprano.
Elena **quiere** (*wants*) levantarse temprano todos los días.

(Reflexive verbs will be discussed in more detail in later chapters.)

Tomás **tiene que trabajar...**

...y **estudiar** todos los días.

ACTIVIDAD F ¿Quién?

Read each of the following statements, then indicate whether each more likely refers to a student, a dog, or a professor.

a. una estudiante **b.** un perro **c.** un profesor

1. _____ Debe estudiar todos los días.
2. _____ Necesita corregir (*correct*) tarea con frecuencia.
3. _____ Puede dormir dieciocho horas al día.
4. _____ Quiere sacar buenas notas (*grades*) en sus clases.
5. _____ Tiene que proteger (*protect*) la casa.
6. _____ Prefiere salir con los amigos, pero (*but*) no sale porque tiene que estudiar para un examen.
7. _____ Debe memorizar los nombres de sus estudiantes.
8. _____ No puede hablar por teléfono, ni (*nor*) navegar la Red ni leer el correo electrónico.

ACTIVIDAD G ¿Qué haces regularmente?

Think of activities you do regularly, whether you want to do them or not. Then complete each of the following statements with truthful information about your activities. Try to think of a different activity for each item.

1. Debo _____ todos los días, pero generalmente no lo hago (*I don't do it*).
2. Tengo que _____ todas las tardes, pero no me gusta.
3. Prefiero _____ más, pero no tengo que hacerlo (*to do it*).
4. Quiero _____ frecuentemente, pero no debo hacerlo.
5. Necesito _____ todos los días.
6. No puedo _____ todas las tardes.

Así se dice

You have already learned several useful expressions such as **con frecuencia, frecuentemente, generalmente, normalmente,** and **regularmente** to express habitual or recurring actions. Another way to express actions you perform regularly is to use a form of the verb **soler** plus an infinitive. Note that **soler** has several English equivalents.

Suelo estudiar por la mañana.	*I generally study in the morning.*
¿Cuántas horas **sueles** dormir?	*How many hours do you normally sleep?*
Suelo dormir seis horas.	*I usually sleep six hours.*

ACTIVIDAD H Más actividades

Paso 1 Complete each sentence with the correct form of one of the following verbs to form truthful statements about yourself: **(no) deber, necesitar, poder, preferir, querer, soler, tener que.** Follow the model.

MODELO   Necesito dormir ocho horas todas las noches, pero no puedo.

1. _____ recibir mensajes de correo electrónico,...
2. _____ hacer ejercicio,...
3. _____ tocar (*to play*) un instrumento musical,...
4. _____ asistir a clase,...
5. _____ dormir más,...
6. _____ jugar a videojuegos (*video games*),...

Paso 2 Share your responses with a classmate. How much do you have in common with him (her)?

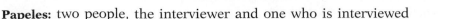

INTERCAMBIO

Preguntas para un examen

Propósito: to form series of questions about two schedules

Papeles: two people, the interviewer and one who is interviewed

Paso 1 Fill in a schedule with at least two things you do in the morning, afternoon, or evening any two days of the week (except weekends). Include such things as when you get up, when you go to bed, when you arrive at school, and when you have lunch.

	LUNES	MARTES	MIÉRCOLES	JUEVES	VIERNES
por la mañana					
por la tarde					
por la noche					

Paso 2 Interview someone with whom you have not worked in this lesson. Find out if he or she does the same or similar things as you on the same two days and jot down the information in the chart. Then make clean copies of your schedule and the schedule of the person you have just interviewed. (Don't forget to use **yo** forms for yourself and **él/ ella** forms for your partner.)

	LUNES	MARTES	MIÉRCOLES	JUEVES	VIERNES
por la mañana					
por la tarde					
por la noche					

Paso 3 Using the two schedules, make up the following test items.

three true/false statements of a comparative nature

MODELOS   Yo me levanto muy temprano por la mañana, pero Juan se levanta tarde.

Yo tengo que trabajar todos los días, pero Ana sólo necesita trabajar los jueves y viernes.

two questions that require an answer with a specific activity

MODELO   Yo prefiero hacer esta actividad por la mañana, pero Juan prefiere hacer esto por la tarde. ¿Qué es? (estudiar)

Paso 4 Turn in both the schedules and the test items to your instructor.

La vida de todos	Everyday
los días	Life
abrir	to open
acostarse (ue)	to go to bed
almorzar (ue)	to have lunch
asistir (a)	to attend
cenar	to have dinner
cerrar (ie)	to close
comer	to eat
conducir (conduzco)	to drive
conocer (conozco)	to know (*someone*)
deber + *inf.*	ought to, should, must (*do something*)
desayunar	to have breakfast
descansar	to rest
despertarse (ie)	to wake up
dormir (ue)	to sleep
entender (ie)	to understand
enviar (envío)	to send
escribir	to write
escuchar	to listen to
estudiar (R)*	to study
hablar	to speak
hablar por teléfono	to talk on the phone
hacer (*irreg.*)	to do; to make
hacer ejercicio	to exercise
hacer ejercicio aeróbico	to do aerobics
ir (*irreg.*)	to go
jugar (ue) (a)	to play (*sports*)
leer	to read
levantarse	to get up
mandar	to send
manejar	to drive
mirar (la televisión)	to look at, watch (TV)
navegar la Red	to surf the Net
necesitar	to need
pasar	to spend (*time*)
pedir (i)	to ask for, request
pensar (ie) (en)	to think (about)
poder (ue)	to be able, can
preferir (ie)	to prefer
preguntar	to ask (*a question*)
querer (ie)	to want
recibir	to receive
regresar	to return (*to a place*)
salir (*irreg.*)	to go out, leave
soler (ue) + *inf.* (*doing something*)	to be in the habit of

tener (*irreg.*)	to have
tener que + *inf.*	to have to (*do something*)
tocar (la guitarra)	to play (the guitar)
trabajar	to work
venir (*irreg.*)	to come
vestirse (i)	to get dressed
volver (ue)	to return (*to a place*)

¿Cuándo?	When?
durante	during
mañana	tomorrow
(muy) tarde	(very) late
(muy) temprano	(very) early
por la mañana	in the morning
por la tarde	in the afternoon
por la noche	in the evening, at night

¿Con qué frecuencia?	How Often?
a veces	sometimes
con frecuencia	often
de vez en cuando	from time to time
frecuentemente	frequently
generalmente	generally
normalmente	normally
nunca	never
pocas (raras) veces	rarely
regularmente	regularly
siempre	always
todas las mañanas (tardes, noches)	every morning (afternoon, night)
todos los días	every day

¿Qué día es hoy?	What Day Is It Today?
lunes	Monday
martes	Tuesday
miércoles	Wednesday
jueves	Thursday
viernes	Friday
sábado	Saturday
domingo	Sunday
el día laboral	workday
el fin de semana	weekend
Hoy es...	Today is . . .
Mañana es...	Tomorrow is . . .

---

*Words that appear with an (R) in a lesson vocabulary list are review (**Repaso**) words that were active in a previous lesson. They are included in these lists when they thematically fit the lesson.

Lección 1 ¿Cómo es tu horario?

¿Qué hora es?   What Time Is It?
Es la una.   It's one o'clock.
Son las (dos, tres).   It's (two, three) o'clock.
  menos cuarto   quarter to
  y cuarto   quarter past
  y media   half past

¿A qué hora?   At What Time?
A la una.   At one o'clock.
A las (dos, tres).   At (two, three) o'clock.

Otras palabras y expresiones útiles
la biblioteca   library
el correo electrónico   e-mail

el cuarto	room
el laboratorio	laboratory
el mensaje	(e-mail) message
el periódico	newspaper
la rutina	routine
la tarea	homework
bueno/a (buen) (R)	good
en casa	at home
con	with
en	in; at
más	more
menos	less
para	for
pero	but
por	during; for
porque	because

 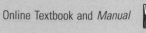
¿Qué haces los fines de semana?

The focus of this lesson is weekend activities. In exploring this topic, you will

- ◆ learn how to talk about weekend activities
- ◆ describe your ideal weekend and make comparisons about how people spend their leisure time
- ◆ learn words of negation and how to use them
- ◆ learn more about the verb **gustar** and how to talk about likes and dislikes
- ◆ talk about the weather and discuss how it affects your free time

- ◆ learn more present tense verb forms as well as the present progressive
- ◆ talk about the seasons and months
- ◆ learn to talk about things you are going to do

 Before beginning this lesson, look over the **Intercambio** activity on page 62–63. This is the activity you will be working toward throughout the lesson.

En un lago de Sevilla, España

VOCABULARIO

¿Qué hace una persona los sábados?

Talking about someone's weekend routine

El sábado de Elena

1. Por la mañana, Elena **corre** tres millas.

2. Después **chatea** con los amigos.

3. Por la tarde, **toma** café con dos amigos.

4. Por la noche, **baila** en un club de música latina.

El sábado de Tomás

1. Por la mañana, Tomás **limpia** su apartamento.

2. Luego **hace de voluntario.**

3. Por la tarde, **saca** vídeos.

4. Por la noche, **se queda** en casa. (No **sale.**)

Así se dice

As you know, the phrase **dar un paseo** means *to take a walk.* The simple verb **dar** is usually translated as *to give,* but in expressions like **dar un paseo,** you will not see the word *give* in the translation. Here are some other expressions that use **dar.**

dar igual
to be all the same, make no difference

dar la mano
to shake hands

darse cuenta de
to realize (make a mental note of)

1. Por la mañana, Elena **va** a la iglesia.

2. Después **juega** al voleibol con sus amigas.

3. Luego **nada** en el mar.

4. Más tarde, **charla** con una amiga.

El domingo de Tomás

1. Por la mañana, Tomás **lava** su ropa.

2. Luego **no hace nada** en particular.

3. Por la tarde, **va de compras** al supermercado.

4. Por la noche, **hace** la tarea para mañana.

ACTIVIDAD A ¿Qué día es?

Listen as your instructor reads statements about the typical weekend activities of Elena and Tomás. Then identify which day each statement refers to, according to the information in the drawings.

MODELO   PROFESOR(A): Tomás limpia su apartamento.
         ESTUDIANTE: Es sábado.

1...   2...   3...   4...   5...   6...

ACTIVIDAD B ¿Quién es?

Look again at the drawings. Your instructor will read several statements. Give the name of the person doing the activities described in each statement.

1...   2...   3...   4...   5...   6...   7...   8...

ACTIVIDAD C ¿Elena o Tomás?

Look again at the pictures of Elena and Tomás on pages 47–48. Indicate two or three activities you have in common with either Elena or Tomás and two or three you don't have in common. Write your activities down, using the following models. Remember to put the verbs in the correct **yo** form. In class, compare your activities to those of your classmates.

MODELOS   Yo también corro los sábados.

Normalmente no lavo mi ropa los domingos.

VOCABULARIO

¿No haces nada?

Negation and negative words

You know that the word **nunca** means *never*. A synonym of **nunca** is **jamás**. Note that **nunca** or **jamás** can precede a verb or follow it. If they follow a verb, then a **no** is required before the verb.

Nunca puedo dormir bien. / **No** puedo dormir bien **nunca.**

Jamás me quedo en casa los sábados. / **No** me quedo en casa los sábados **jamás.**

Here are some other negative words that function like **nunca** and **jamás**. Note how in English some of these words have several translations.

nada	nothing, not anything
nadie	no one, not anyone
ninguno/a	none, not any
tampoco	neither, not either

—Esto **no me gusta** para **nada. No quiero hacer nada** esta noche.
—Ay, eres imposible. **No hay nadie** como tú.

No quiero hacer **nada.**	*I don't want to do anything.*
¿Quién se levanta temprano? **¿Nadie? ¿Nadie** se levanta temprano? / ¿**No** se levanta **nadie** temprano?	*Who gets up early? No one? Doesn't anyone get up early?*
No voy a **ningún*** lugar este fin de semana.	*I'm not going anywhere this weekend.*
Yo (**no** voy a **ningún** lugar) **tampoco.**	*I'm not (going anywhere) either.*

*****Ninguno** is shortened to **ningún** before singular masculine nouns.

Lección 2   ¿Qué haces los fines de semana?

COMUNICACIÓN

ACTIVIDAD D ¿Qué hace los fines de semana?

Listen as your instructor reads statements about several types of students. Circle the letter of the person described.

1. **a.** el estudiante dedicado   **b.** el estudiante no dedicado
2. **a.** el estudiante sociable   **b.** el estudiante solitario
3. **a.** el estudiante activo   **b.** el estudiante sedentario

ACTIVIDAD E Mis fines de semana

Indicate whether each statement is true or false according to your weekend routines.

	C	F
1. Nunca me acuesto antes de (*before*) la 1.00 de la mañana los sábados.	☐	☐
2. No limpio la casa los fines de semana.	☐	☐
3. Nunca me quedo en casa los viernes por la noche.	☐	☐
4. Tampoco me quedo en casa los sábados por la noche.	☐	☐
5. No saco vídeos con mucha frecuencia.	☐	☐
6. Tampoco veo la televisión mucho.	☐	☐
7. Jamás voy a la biblioteca los sábados.	☐	☐

ACTIVIDAD F Los fines de semana del profesor (de la profesora)

Paso 1 What are your instructor's weekends like? With two other people, make up four statements using some negative expressions (**nada, nadie, nunca,** and so forth) to describe your instructor's typical weekend.

Paso 2 Each group should present its statements to the rest of the class, who then decide if each statement is true or not. Your instructor will react. Who knows him or her the best?

GRAMÁTICA

¿A quién le gusta... ?

More about likes and dislikes

To talk about another person's likes or dislikes in Spanish is to talk about what pleases him or her. To do this, use **le gusta** or **le gustan.**

A Elena **le gusta** hacer ejercicio temprano.
A mi compañero de cuarto **no le gustan** los lunes.

A Elena y a sus amigos **les gusta** bailar.

Note that in the first example, **gustar** is in the singular form (**gusta**) because **hacer ejercicio** is singular and is the subject of the sentence. Translated literally, the sentence means *Exercising early is pleasing to Elena.*

To talk about what is pleasing to two or more people, you can use **les gusta** or **les gustan.**

A mis amigos **no les gusta** levantarse temprano nunca.
A muchos argentinos **les gustan** las películas norteamericanas.

To express what is pleasing to you and someone else (pleasing to us), you should use **nos gusta** or **nos gustan.**

Nos gusta mucho pasar tiempo con la familia los fines de semana.
No nos gustan los quehaceres domésticos (*household chores*).

Remember that **gustar** does not mean *to like,* although it is often translated that way. Remember that **le, les,** or **nos** is used depending on to whom something is pleasing, and **gusta** or **gustan** is used depending on who or what is pleasing.

ACTIVIDAD G Estudiantes y profesores

The following are four statements that you might make as students. First decide in groups of three or as a class if they are true. Make any changes necessary. Then complete the second sentence in a logical manner and see how your instructor responds. (**¡OJO!** Be sure to pay attention to how **gustar** is used in each sentence and what the word order looks like!)

1. A nosotros los estudiantes no nos gusta tomar (*to take*) exámenes finales. No sabemos (*We don't know*) si a los profesores les gusta...

2. A nosotros los estudiantes no nos gusta levantarnos temprano para ir a clases. No sabemos si a los profesores les gusta...

3. A nosotros los estudiantes no nos gusta tener clases los viernes por la tarde. No sabemos si a los profesores les gusta...

4. A nosotros los estudiantes no nos gusta estudiar los sábados. Probablemente a los profesores no les gusta...

ACTIVIDAD H ¿Qué leíste?

Paso 1 Quickly read the paragraph that your instructor displays to the class. Try to remember as much of the information as possible, but do not take notes.

Paso 2 In groups of three, recreate the paragraph as best as you can remember, writing out a final version to share with the class.

Así se dice

Did you notice the **a** before names or the mention of specific people in the sentences with **gustar**? Since **gustar** actually means *to please* or *be pleasing,* the **a** is used to mark *to* whom or *to* what something is pleasing.

> **A los profesores** les gusta explicar la gramática.

> ¿**A quiénes** les gusta no hacer nada por la noche?

> **A nosotros** nos gusta lavar la ropa los sábados.

> ¿**A Uds.** les gusta limpiar la casa?

COMUNICACIÓN

ACTIVIDAD I Una encuesta

Paso 1 Find two people who answer **Sí** to the following questions and report your findings to the class.

1. ¿Te gusta levantarte muy tarde los sábados?
2. ¿Te gusta quedarte en casa los fines de semana?
3. ¿Te gustan los conciertos de música *rock*?

Paso 2 How would you and your friends respond to the questions in **Paso 1**?

MODELOS   Sí. Nos gustan los conciertos de música *rock*.

No. Nos gusta quedarnos en casa los fines de semana.

VISTAZOS II · Las otras personas

GRAMÁTICA

¿Qué hacen?

Talking about the activities of two or more people

(yo)	-o	(nosotros/as)	-amos, -emos, -imos
(tú)	-as, -es	(vosotros/as)	-áis, -éis, -ís
(Ud.)	-a, -e	(Uds.)	-an, -en
(él/ella)	-a, -e	(ellos/ellas)	limpi**an**
			se qued**an**
			corr**en**
			asist**en**

Así se dice

Don't confuse **ellos/ellas** with **Uds.** just because they share the same verb form! **Ellos/Ellas** is used to talk *about* two or more people, while **Uds.** is equivalent to *you all* and is used to talk *to* two or more people.*

¿Qué hacen tus amigos?
What are your friends doing?

¿Qué hacen Uds.?
What are you all doing?

Se quedan en casa.
They're staying home.

Uds. se quedan en casa, ¿no?
You all are staying home, right?

When your instructor describes the actions of two or more people, you may have noticed that a particular verb form is used. That is, if more than one person is the subject of the sentence, an **-n** is added to the final vowel of the verb. For example, **estudia → estudian; come → comen.** This is known as the *third person plural* or **ellos/ellas** form.

Los domingos por la tarde, Elena y sus amigas siempre **juegan** al voleibol.
Los domingos por la tarde, Tomás y un amigo **van** al supermercado.

---

*In Latin America **Uds.** is used for *you all*. In Spain **vosotros/as** is used for two or more people singularly addressed as **tú; Uds.** is used for two or more people singularly addressed as **Ud.**

Note that **se** is used before the third person plural form of verbs like **acostarse.**

> El sábado, Tomás y sus amigos **sacan** vídeos y **se quedan** en casa por la tarde.

ACTIVIDAD A ¿Quiénes?

For each statement, decide whether the weekend activity is typical of students, of people who work full-time, or could easily refer to both groups.

1. Juegan a los videojuegos.
2. Limpian la casa.
3. Se quedan en casa y miran la televisión por la noche.
4. Lavan la ropa.
5. Visitan a parientes.
6. Duermen más durante la semana y se levantan más tarde.
7. Van de compras.
8. Dan un paseo con su perro.

ACTIVIDAD B ¿Qué actividades tienen en común°?   en... *in common*

Paso 1 Here is a list of activities that some people do on weekends. Read the list and make sure you understand each item before going on to **Paso 2.**

1. Sacan muchos vídeos del videoclub y se quedan enfrente del televisor (*in front of the TV set*) todo el fin de semana.
2. Limpian la casa, lavan la ropa y van al supermercado porque no tienen tiempo durante la semana.
3. Se quedan en casa, escuchan la radio y leen sin parar (*without stopping*).
4. Practican un deporte (*sport*) o hacen ejercicio.
5. No hacen absolutamente nada. Son perezosos (*lazy*).
6. Van al cine.

Paso 2 Make a list of six questions to ask classmates about their weekend activities, based on the preceding statements.

> MODELOS   ¿Practicas algún deporte los fines de semana?
>
> ¿Haces ejercicio?

Leave space for two people's names after each question.

COMUNICACIÓN

Paso 3 The first person who finds two people who answer **Sí** for each of the six questions shouts **"¡Ya lo tengo! ¡Ya lo tengo!"** and presents the findings to the class, following the model.

MODELO _____ y _____ sacan vídeos del videoclub y se quedan enfrente del televisor todo el fin de semana.

GRAMÁTICA

¿Qué hacemos nosotros?

Talking about activities that you and others do

(yo)	-o	(nosotros/as)	limpi**amos** nos qued**amos** corr**emos** asist**imos**
(tú)	-as, -es	(vosotros/as)	-áis, -éis, -ís
(Ud.)	-a, -e	(Uds.)	-an, -en
(él/ella)	-a, -e	(ellos/ellas)	-an, -en

When talking about the actions of a group of people that includes yourself, use the following verb forms.

For **-ar** verbs, add **-amos** to the stem.
For **-er** verbs, add **-emos** to the stem.
For **-ir** verbs, add **-imos** to the stem.

For example:

gastar → **gastamos**
leer → **leemos**
salir → **salimos**

This is known as the *first person plural* or **nosotros/nosotras** form of the verb.

Todos los sábados, mi compañera de cuarto y yo **vamos*** de compras y **gastamos** (*we spend*) mucho dinero.
Luego **almorzamos** en un restaurante.
Frecuentemente, por la tarde **asistimos** a una conferencia (*lecture*) en el museo de arte.
Cuando **salimos** del museo, **regresamos** al apartamento.

Verbs with a vowel change in the stem, such as **me acuesto** and **suelo,** don't have a vowel change in the **nosotros/as** form.

Nos acostamos muy tarde todos los sábados porque **solemos** salir con los amigos.

---

*Note the **nosotros/as** forms for two irregular verbs you know: **vamos (ir)** and **somos (ser).**

Estudiantes y maestros

Donativo $20.00

MUSEO Frida Kahlo

MUSEO DIEGO RIVERA
ANAHUACALLI

Nº 11003

Londres 247 Col. Del Carmen, Coyoacán. Tel. 5554 5999

Calle Museo 150 Col. San Pablo Tepetlapa. Tel. 5617 4310

ACTIVIDAD C Dos estudiantes argentinos

In a recent interview, two brothers, both Argentine college students, described their typical weekend activities. But the activities they mentioned are not in logical order. Assign the following activities a number from 1 to 6, with 1 being the first and 6 being the last they do.

_____ Dormimos hasta muy tarde el domingo.

_____ Damos un paseo por las calles (*streets*) el viernes por la noche. Siempre hay muchas personas allí.

_____ Leemos y estudiamos el domingo por la noche.

_____ Regresamos a la universidad el domingo por la tarde.

_____ El viernes por la tarde salimos de la universidad y vamos a visitar a la familia.

_____ Salimos a bailar el sábado. Volvemos a casa a las 4.00 ó 5.00 de la mañana.

ACTIVIDAD D ¿Qué hacemos los fines de semana?

COMUNICACIÓN

Paso 1 Write three statements that describe what you and your friends or family tend to do on weekends.

MODELO   Practicamos un deporte los fines de semana.

Paso 2 Now, search for at least one classmate with whom you have in common two activities from **Paso 1.** Ask questions using **Uds.**

MODELO   Tus amigos y tú, ¿practican un deporte los fines de semana?

Paso 3 Now share your information with the class. What activities do *most* people have in common?

VOCABULARIO

¿Qué tiempo hace?

Talking about the weather

To talk about the weather and how it affects what people do, the following expressions are used in Spanish.

Hace sol. Hace buen tiempo. Está despejado.

Llueve. (Está lloviendo.) Hace mal* tiempo. Está nublado.

Hace viento.

La temperatura   El tiempo

Hace mucho calor.

Hace calor.

Hace fresco.

Hace frío.

Hace mucho frío.

Grados centígrados   Grados Fahrenheit

Nieva. (Está nevando.)

*__Bueno/a__ and __malo/a__ (*bad*) are shortened to __buen__ and __mal__ before masculine singular nouns: __un buen/mal día, una buena/mala semana.__

Lección 2   ¿Qué haces los fines de semana?

Note that the verbs **hacer** and **estar** are both translated as *to be* in these expressions. (You will learn more about **estar** later in this lesson.)

Así se dice

The Spanish word **tiempo** has at least two translations in English: *weather* and *time* (not a specific time, but time in general).

> ¿Qué **tiempo** hace en Buenos Aires ahora?
>
> ¿Cómo pasas el **tiempo** los fines de semana?

> *What's the weather like in Buenos Aires right now?*
>
> *How do you spend your time on weekends?*

Time in English has at least two translations into Spanish, **hora** and **tiempo**.

> *What time is it?*
>
> *I don't have any free time these days.*

> ¿Qué **hora** es?
>
> No tengo **tiempo** libre en estos días.

ACTIVIDAD A El tiempo

Listen as your instructor describes the weather conditions in the drawings below. Match the letter of each description with the corresponding drawing.

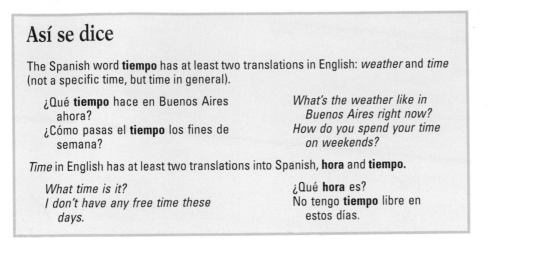

1. _____

2. _____

 3. _____

 4. _____

5. _____

6. _____

 7. _____

 8. _____

Ciudad de Buenos Aires

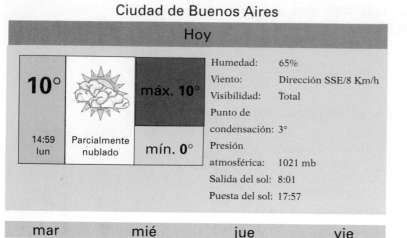

Hoy

10°		**máx. 10°**
14:59 lun	Parcialmente nublado	**mín. 0°**

Humedad: 65%
Viento: Dirección SSE/8 Km/h
Visibilidad: Total
Punto de condensación: 3°
Presión atmosférica: 1021 mb
Salida del sol: 8:01
Puesta del sol: 17:57

mar	mié	jue	vie
Parcialmente despejado máx. 8 mín. 0	Parcialmente despejado máx. 10 mín. 0	Nublado máx. 10 mín. 0	Soleado máx. 12 mín. 3

COMUNICACIÓN

 ACTIVIDAD B ¿Qué tiempo hace?

Look over the weather information above for Buenos Aires, Argentina, for a Monday. See whether you can guess the meaning of several terms, such as **parcialmente nublado, humedad, visibilidad,** and **soleado.** Then answer the questions.

1. ¿Qué tiempo hace hoy en Buenos Aires?
   a. Hace buen tiempo.
   b. Hace mal tiempo.
   c. No hace ni buen tiempo ni mal tiempo.

2. ¿En qué ciudad hace más frío?
   a. Buenos Aires   c. Mendoza
   b. Córdoba   d. Río Gallegos

3. ¿Está lloviendo en alguna ciudad?
   ☐ Sí   ☐ No

4. ¿Está nevando en alguna ciudad?
   ☐ Sí   ☐ No

ACTIVIDAD C ¿Qué te gusta hacer los fines de semana?

Paso 1 Take the survey on the following page. Then interview someone else and note his or her responses.

MODELO ¿Te gusta ir al cine los sábados si hace buen tiempo? ¿y si hace mal tiempo?

	...SI HACE BUEN TIEMPO.		...SI HACE MAL TIEMPO.	
	SÍ	NO	SÍ	NO

Los sábados

1. Me gusta ir al cine... ☐ ☐ ☐ ☐
2. Me gusta dormir mucho... ☐ ☐ ☐ ☐
3. Me gusta ir de compras y gastar dinero... ☐ ☐ ☐ ☐
4. Me gusta _____... ☐ ☐ ☐ ☐

Los domingos

1. Me gusta ir a la playa... ☐ ☐ ☐ ☐
2. Me gusta no hacer nada... ☐ ☐ ☐ ☐
3. Me gusta practicar un deporte... ☐ ☐ ☐ ☐
4. Me gusta _____... ☐ ☐ ☐ ☐

Paso 2 Now decide where you fall on the following scale.

NUESTRA REACCIÓN AL TIEMPO Y LAS ACTIVIDADES QUE HACEMOS SON IGUALES.			NUESTRA REACCIÓN AL TIEMPO Y LAS ACTIVIDADES QUE HACEMOS SON MUY DIFERENTES.	
5	4	3	2	1

VOCABULARIO

¿Cuándo comienza el verano?

Talking about seasons of the year

To talk about the months and seasons of the year, you can use these terms.

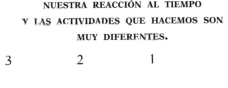

Los meses y las estaciones del año

EL OTOÑO

septiembre, octubre, noviembre

EL INVIERNO

diciembre, enero, febrero

LA PRIMAVERA

marzo, abril, mayo

EL VERANO

junio, julio, agosto

ACTIVIDAD D ¿Qué estación es?

Read over the following statements and decide which season is being described.

1. En los meses de junio, julio y agosto, suele hacer mucho calor. En esta estación, muchos estudiantes están de vacaciones.

2. Esta estación se asocia con la lluvia, las flores y el amor. Comprende los meses de marzo, abril y mayo.

3. En esta estación hay viento y las hojas (*leaves*) cambian (*change*) de color. Incluye los meses de septiembre, octubre y noviembre.

4. Los meses de esta estación son diciembre, enero y febrero, y hace frío.

ACTIVIDAD E ¿Sabías que... ?

Read the **¿Sabías que... ?** selection below. Then listen to the statements your instructor reads and say whether each refers to **España** or **la Argentina**.

MODELO   PROFESOR(A): Es enero y hace calor.
        ESTUDIANTE: Estamos en la Argentina.

¿Sabías que... en lugares como la Argentina las estaciones están invertidas en relación con la época en que ocurren en países como España y México? El mundo está dividido en dos hemisferios: el hemisferio norte y el hemisferio sur. Cuando es verano en el hemisferio norte, es invierno en el hemisferio sur. Y cuando es invierno en el hemisferio norte, es verano en el hemisferio sur. Durante las Navidades (25 de diciembre), por ejemplo, en Buenos Aires hace mucho calor y los estudiantes tienen las vacaciones de verano. ¡No hay clases y todos van a la playa!

☙ ACTIVIDAD F Encuesta

Using the following table as a guide, find out from two people about their favorite and least favorite seasons and weather. Then fill in the same information for yourself. How do the three of you compare? Write a short paragraph with the results. Here are some questions to help you begin your interview.

MODELOS   ¿Cuál es tu estación preferida?

¿Qué tiempo prefieres más?

¿Te gusta el invierno?

¿   ?

	E1	E2	YO
nombre			
estación preferida			
tiempo preferido			
estación menos preferida			
tiempo menos preferido			

GRAMÁTICA

¿Qué vas a hacer?

Introduction to expressing future events

		ir		**a**	+ *infinitive*
(yo)	voy	(nosotros/as)	vamos		
					estudiar
(tú)	vas	(vosotros/as)	vais	a	leer
(Ud.)	va	(Uds.)	van		
					salir
(él/ella)	va	(ellos/as)	van		

One of the ways to talk about what you are going to do in the future is to use the **ir a** + *infinitive* construction. **Ir** is conjugated to agree with the subject, followed by **a** and an infinitive.

El sábado mis amigos y yo **vamos a nadar.**
Elena **va a tomar** clases de verano.
Tomás y sus colegas de la oficina **van a trabajar** mucho.

—El pronóstico es que **va a llover** mucho este fin de semana.

ACTIVIDAD G ¿Qué van a hacer?

Elena y sus amigas tienen planes para las próximas vacaciones. ¿En qué orden van a hacer las siguientes actividades (1 = la primera actividad, 6 = la última actividad)?

Elena y sus amigas...

_____ van a ir al cine.
_____ van de compras.
_____ van a despertarse entre las 8.00 y 8.30.
_____ van a desayunar en un café.
_____ van a acostarse tarde.
_____ van a cenar en un restaurante cubano.

COMUNICACIÓN

ACTIVIDAD H ¿Qué van a hacer Uds.?

Paso 1 Think of a particular season (**la primavera, el verano, el otoño** or **el invierno**). Make a list of six activities: five that you plan to do during this season and one that you do *not* plan to do. Do not mention the season in your descriptions.

MODELO   Voy a _____, pero no voy a _____.

Paso 2 Read your statements to a partner, who will identify the season in which you plan (do not plan) to do your activities. Then, switch roles.

Paso 3 Complete the following paragraph, based on your partner's and your information.

_____ (*Name of partner*) y yo vamos a _____ y _____, pero no vamos a _____. _____ (Él/Ella) va a _____ y yo voy a _____.

INTERCAMBIO

¡Un fin de semana ideal!

Propósito: to guess the authorship of various descriptions of an ideal weekend

Papeles: Everyone writes something and the entire class guesses.

Paso 1 Sit back and visualize yourself spending an ideal weekend. What are you doing? For how long? With whom? What is the weather like? What month is it? Are you imagining a Saturday or Sunday?

Paso 2 Write a paragraph describing a day of your ideal weekend. Include all the information suggested in **Paso 1.** Then place your composition face down on your instructor's desk. Do not write your name on it.

Paso 3 When all students have turned in their paragraphs, go to the instructor's desk and select a composition other than your own. Silently, read the one you have chosen and circulate in the classroom, trying to find the person who wrote it.

1. First, think of all the questions you can ask to find the author. (You cannot ask **¿Qué te gusta hacer los fines de semana?**) It may help to write out some of the questions. You can begin the process of elimination by asking people whether they prefer Saturday or Sunday.

2. Do not show the composition to anyone.

3. When you think you have found the author, write that person's name at the top of the composition and write your name underneath it. Do not tell the author that you think you have found him or her. Place the composition face down on the instructor's desk.

Paso 4 When all compositions have been returned to the instructor, he or she will call on you to read the composition aloud, announce the author, and tell the clues that led you to your decision (for example, **porque le gusta practicar deportes los sábados**). Your instructor will then ask that person if he or she is the author.

Actividades para el fin de semana	Weekend Activities
bailar	to dance
correr (R)	to run
charlar	to chat
chatear	to chat, participate in a chat room
dar (*irreg.*) un paseo	to take a walk
ir (R)	to go
a la iglesia	to church
al cine	to the movies
de compras	shopping
jugar (ue) (R)	to play
al fútbol	soccer
al voleibol	volleyball
lavar (la ropa)	to wash (clothes)
limpiar (el apartamento)	to clean (the apartment)
nadar	to swim
no hacer nada	to do nothing
practicar un deporte	to practice, play a sport
quedarse (en casa)	to stay (at home)
sacar vídeos	to rent videos
tomar (un café)	to drink (a cup of coffee)
ver (*irreg.*) la televisión	to watch television

Palabras de negación	Words of Negation
jamás nunca (R)	never
nada	nothing, not anything
nadie	no one, not anyone
ninguno/a	none, not any
tampoco	neither, not either

¿Qué tiempo hace?	What's the Weather Like?
Hace (mucho) calor.	It's (very) hot.
Hace fresco.	It's cool.
Hace (mucho) frío.	It's (very) cold.
Hace sol.	It's sunny.
Hace viento.	It's windy.
Hace buen tiempo.	The weather's good.
Hace mal tiempo.	The weather's bad.
Está despejado.	It's clear.
Está nublado.	It's cloudy.
Llueve. (Está lloviendo.)	It's raining.
Nieva. (Está nevando.)	It's snowing.
la temperatura	temperature

Los meses y las estaciones del año | Months and Seasons of the Year

enero, febrero, marzo, abril, mayo, junio, julio, agosto, septiembre, octubre, noviembre, diciembre

la primavera	spring
el verano	summer
el otoño	fall, autumn
el invierno	winter

Otras palabras y expresiones útiles
---|---
la discoteca | discotheque
la fiesta | party
cada | each
después | after
hasta (muy) tarde | until (very) late
luego | then; therefore
también | also

LECCIÓN 3

Vistazos *digital*

 Online Textbook and *Manual*

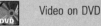 Online Learning Center

Video on DVD

CENTRO Your media center for languages All media resources for *Vistazos*, all in one place

¿Qué hiciste ayer?

In this lesson, you will look into what you and your classmates did in the recent past. As part of this lesson, you will

- ◆ ask and answer questions about last night's activities
- ◆ ask and answer questions about last weekend's activities
- ◆ talk about some special events from the past
- ◆ learn how to use a past tense called the *preterite* to ask questions and to talk about yourself and others

 Before beginning this lesson, look over the **Situación** activity on page 81. This activity will provide you with a means of using all of the Spanish you've learned so far to discuss a typical situation.

En un café de Toledo, España

VOCABULARIO

¿Qué hizo Elena ayer?

Talking about activities in the past

Ayer Elena...

1. **...se levantó** temprano.

2. **...hizo** ejercicio aeróbico.

3. **...caminó** a la universidad.

4. **...participó** en clase.

5. **...trabajó** en el laboratorio por la tarde.

6. **...volvió** a casa a las 5.00.

7. **...dio** un paseo con su perro.

8. **...leyó** su correo electrónico.

9. **...pagó** unas cuentas.

10. **...hizo** su tarea.

11. **...cenó** tarde.

12. **...se acostó** temprano.

1. **...se levantó** tarde.

2. **...leyó** el periódico.

3. **...fue** en carro a la oficina.

4. **...trabajó** mucho en la computadora.

5. ...**almorzó** con una clienta en un restaurante.

6. **...salió** de la oficina.

7. **...llegó** tarde a una clase.

8. **...se durmió** en clase.

9. **...llamó** a una amiga.

10. **...vio** la televisión y **comió.**

11. **...escuchó** música y **estudió.**

12. **...se acostó** muy tarde.

Vocabulario útil

el fin de semana pasado	last weekend
la semana pasada	last week
anoche	last night
ayer	yesterday

Consejo práctico

Elena's and Tomás' activities are presented in a past tense called the *preterite*. You will learn about the preterite in this lesson. For now, pay particular attention to the meanings of the verb forms.

Remember that, in general, it is a good idea to learn a grammar point by associating its form with its meaning in context. Memorization of verb endings may be useful for taking a test on verbs, but it is not the best way to learn grammar for communication.

ACTIVIDAD A ¿Elena o Tomás?

Paso 1 Here is a list of things that either Elena or Tomás did yesterday. According to the drawings at the beginning of this section and what you know from previous lessons, was it Elena or Tomás who did each activity?

	ELENA	TOMÁS
1. Trabajó en el laboratorio.	☐	☐
2. Hizo ejercicio aeróbico.	☐	☐
3. Se durmió en clase.	☐	☐
4. Dio un paseo en el parque.	☐	☐
5. Caminó a la universidad.	☐	☐
6. Se levantó temprano por la mañana.	☐	☐
7. Se acostó tarde por la noche.	☐	☐
8. Almorzó en un restaurante.	☐	☐

Paso 2 Ahora explica tus respuestas, utilizando el siguiente modelo.

MODELO   Creo que (*I think that*) _____ hizo ejercicio porque suele hacer ejercicio todos los días.

Así se dice

As you may have noticed, **fue** is the past tense of **va** (*he or she goes*).

Ayer Elena **fue** a la biblioteca.
Tomás **fue** a la oficina ayer por la mañana.

You have also seen **hizo** in the expression **hizo ejercicio**. Because **hacer** often means *to do,* the form **hizo** can be used to ask what someone *did.*

¿Qué **hizo** Elena ayer?
¿Qué **hizo** la profesora anoche?

ACTIVIDAD B ¿En qué orden?

Read over the following list of activities that Tomás did yesterday. Number them from 1 to 8, with 1 being the first activity Tomás did in the day and 8 being the last.

Tomás...

_____ fue a la oficina.   _____ almorzó con una clienta.
_____ se acostó.   _____ se levantó.
_____ salió de la oficina.   _____ se durmió en clase.
_____ vio la televisión.   _____ estudió.

ACTIVIDAD C En tu clase

Your instructor will select a student to come to the front of the class. Last night, did he or she do anything similar to Elena or Tomás in the drawings?

MODELO   **E1:** Creo que Roberto vio la televisión anoche.
   PROFESOR(A): Roberto, ¿es verdad?
     ROBERTO: No, no es verdad.

GRAMÁTICA

¿Salió o se quedó en casa?

Talking about what someone else did recently

(yo)	-é, -í	(nosotros/as)	-amos, -imos
(tú)	-aste, -iste	(vosotros/as)	-asteis, -isteis
(Ud.)	-ó, -ió	(Uds.)	-aron, -ieron
(él/ella)	habl**ó**	(ellos/ellas)	-aron, -ieron
	se levant**ó**		
	com**ió**		
	sal**ió**		

—¿**Salió** Alicia anoche?
—No, pero sí **estudió** hasta muy tarde.

Spanish has a past tense called the *preterite* (**el pretérito**), which has different forms from those of the present tense.

The preterite has several equivalents in English. For example, **se acostó** can either mean *he went to bed* or *he did go to bed*. Normally the preterite is used to report actions, events, and states that are viewed as having been completed in the past. You will learn other uses of the preterite in subsequent lessons. For now, you only need to know how to talk about what another person did last night, last weekend, or last week, that is, to express actions completed at some point in the past.

As you have seen, most third person preterite verbs end in a stressed or accented vowel, with **-ar** verbs ending in **-ó,** and **-er** and **-ir** verbs ending in **-ió.** (That's right, **-er** and **-ir** verbs share the same endings, making it easier for you to remember them!)

El estudiante **se levantó** tarde, **comió** en la cafetería y **salió.**

When talking about Tomás' activities, did you happen to notice that the verb **leyó** has a **y** in it? This is a spelling convention used to keep from having three consecutive vowels (**le-** + **-ió** = **leyó**).

Another aspect of the preterite is that no stem vowel changes are carried over from the present tense for **-ar** and **-er** verbs. However, **-ir** verbs with stem changes do have a vowel shift in the third person preterite forms. Two examples are **durmió** (**u** instead of **o** in the stem), and **pidió** (**i** instead of **e** in the stem).

In this **Gramática** section, you learned about third person singular **-ir** preterite verbs that have a stem vowel change. Here are several verbs that experience this change.

durmió (dormir)
pidió (pedir)
sirvió (servir = *to serve*)
corrigió (corregir = *to correct*)
se **vi**stió (vestirse)

You have already learned two irregular preterite forms, **hizo** (**hacer**) and **fue** (**ir**). Note that **ser** has the same forms as **ir** in the preterite; context will help you understand the meaning (**Ana fue al cine** vs. **José fue estudiante**). Although regular third person preterite forms have a stressed vowel at the end, most irregular verbs do not. You will learn other irregular preterite forms later.

Here is a list of verbs you will find useful. They are organized by infinitive endings, **-ar, -er,** and **-ir.**

	-ó (-ar)	**-ió (-er)**	**-ió (-ir)**
él/ella	almorzó	comió	asistió
	charló	leyó	salió
	escuchó	vio	
	estudió	volvió	
	manejó		
	sacó		
	se despertó		
	se quedó		

If you're wondering why **vio** doesn't have a written accent, it's because it's a one syllable word and doesn't need one.

ACTIVIDAD D ¿Cómo fue la noche del profesor (de la profesora)?

Paso 1 In groups of three, guess what your instructor did last night. Here are some possibilities. Your instructor may add to the list! (Make sure to pay close attention to the verb forms.)

☐ Corrigió (*He/She corrected*) unas composiciones.

☐ Salió con unos amigos (unas amigas).

☐ Charló con los vecinos.

☐ Preparó la cena.

☐ Leyó un periódico o una revista de noticias internacionales.

☐ Practicó un deporte.

☐ Habló con un(a) colega (*colleague*) por teléfono.

☐ Pagó unas cuentas (*bills*).

Paso 2 A person from one group stands up and presents that group's list of possibilities to the class. Does everyone agree with that list?

Paso 3 Once you have identified the correct activities, put them in the order in which your instructor most likely did them.

COMUNICACIÓN

ACTIVIDAD E ¿Qué leíste?

Paso 1 Quickly read the paragraph that your instructor displays to the class. Try to remember as much of the information as possible, but do not take notes.

Paso 2 In groups of three, recreate the paragraph as best as you can remember, writing out a final version to share with the class.

Así se dice

Most irregular preterite verbs do not have a stressed vowel ending. Here is a list of some common irregular third person preterite verbs.

anduvo (andar = *to walk*)
condujo (conducir)
dio (dar = *to give*)
dijo (decir = *to say, tell*)

estuvo (estar)
fue (ir, ser)
hizo (hacer)
pudo (poder)

supo (saber = *to know*)
tuvo (tener)
vino (venir)

¡OJO! The preterite of **saber** means *found out* and not *knew*. The preterite of **poder** means *managed* or *was finally able to*.

Supo eso anoche.   *She found that out last night.*
Por fin **pudo** dormir bien.   *He finally managed to sleep well.*

ACTIVIDAD F De joven...

Paso 1 Imagine what the life of one of your parents was like as a teenager. What about the life of another relative? Read the statements below and indicate whether each individual likely did these things at least once in his or her life.

	PADRE/MADRE		OTRO PARIENTE	
	SÍ	NO	SÍ	NO
1. Condujo sin licencia.	☐	☐	☐	☐
2. Hizo algo ilegal.	☐	☐	☐	☐
3. Anduvo desnudo/a (*nude*) en público.	☐	☐	☐	☐
4. Sacó F en un examen.	☐	☐	☐	☐
5. Protestó contra (*against*) algo en público.	☐	☐	☐	☐
6. Escribió un poema romántico.	☐	☐	☐	☐

Paso 2 Share one or two statements with the class regarding a parent or another relative. Whose parent (relative) did the most audacious thing?

METROPOLIS CINEMAS

GUTEMBERG No. 3, 1er. PISO, CENTRO LAS PLAZAS. TEL: 312-2920

SEMANA 8, VIERNES 17 AL JUEVES 23 DE FEBRERO DEL 2006

Sala 1 **BANDIDAS** (1:35 Mins.)
ESTRENO 11:10 1:00 2:50 4:40 6:30 8:20   TRAMITE

Sala 2 **BAMBI 2** (1:12 Mins.)
ESTRENO 11:00 12:30 2:00 3:30 5:00 6:30 8:00   11116 **AA**

Sala 3 **MEMORIAS DE UNA GEISHA** (2:24 Mins.) **DESCARRILADOS** (1:47 Mins.)
11:00 1:40 4:20   11102 **B15**   7:00 9:00   11115 **B15**

NIÑOS $23.00   ADULTOS $35.00   INSEN $23.00   MATINE $23.00   MIERCOLES $18.00
TODO EL DIA

ACTIVIDAD G ¿Qué hizo ayer?

In groups of four, agree on a famous person. (You may choose someone from the following list or think of someone else.) Using the table provided, create a list of at least eight activities that this person probably did yesterday. Do not mention the person's name in your description. Can the class guess who you are describing?

el presidente de los Estados Unidos

el gobernador (la gobernadora) de tu estado

Enrique Iglesias

Penélope Cruz

tu profesor(a) de español

¿otra persona? _____

	AYER
por la mañana	
por la tarde	
por la noche	

GRAMÁTICA

¿Salí o me quedé en casa?

Talking about what you did recently

(yo)	hablé me quedé comí salí	(nosotros/as)	-amos, -imos
(tú)	-aste, -iste	(vosotros/as)	-asteis, -isteis
(Ud.)	-ó, -ió	(Uds.)	-aron, -ieron
(él/ella)	-ó, -ió	(ellos/ellas)	-aron, -ieron

—Mire Ud., profesor, no **escribí** mi composición por muy buenas razones. Ayer **trabajé** cuatro horas en el Café San Francisco. Y anoche **toqué** la guitarra en un club, pues me gustaría ser músico, ¿sabe? Cuando **llegué** a casa, mi mamá llamó con unas noticias muy importantes y...

To talk about things you did in the past, use the first person singular (**yo**) preterite verb forms. The verb endings are **-é** for **-ar** verbs (**hablar** → **hablé**), and **-í** for **-er** and **-ir** verbs (**comer** → **comí** and **salir** → **salí**).

> Anoche no **hice** nada especial. **Me quedé** en casa sin tener nada que hacer. **Miré** la televisión un rato y **leí** el periódico. **Me acosté** temprano y **dormí** unas siete horas.

As you probably noticed, **hice** is the preterite **yo** form of **hacer.** To talk about where you went, use **fui,** a form of **ir.** Note that **ser** has the same forms as **ir** in the preterite, so **fui** can mean *I went* or *I was.* Context will determine the meaning.

> Anoche **fui** a un concierto de música andina.
> En el pasado (*past*) **fui** estudiante de francés.

Note that irregular verb forms like **hice** and **fui** have no written accent. You will become familiar with other irregular preterite verbs in this lesson.

You will notice that some verb stems undergo spelling changes in the **yo** form. Among these are **saqué, jugué,** and **llegué.** You will soon learn the reasons for these spelling changes.

You will be delighted to know that there are no stem vowel changes of any sort with preterite **yo** forms!

Here is a list of a few useful regular verbs.

	-é (-ar)	-í (-er)	-í (-ir)
	hablé	comí	asistí
	llamé	leí	dormí
yo	trabajé	corrí	salí
	estudié	volví	
	me desperté	vi	
	me quedé		

Vi, because it is a one syllable verb, does not have a written accent.

Así se dice

You have probably noticed that the verbs that undergo spelling changes in the first person preterite like **saqué** and **jugué** are **-ar** verbs that take the **-é** ending. Here are some common verbs that undergo spelling changes in the **yo** form of the preterite.

bus**qué** (buscar)
practi**qué** (practicar)
sa**qué** (sacar)

ju**gué** (jugar)
lle**gué** (llegar)

empe**cé** (empezar)

ACTIVIDAD H Yo también...

Here is a list of things done yesterday by a student who attends the same university as Elena. For each of his statements, write whether or not you did the same thing.

> MODELO Asistí a una clase de lenguas extranjeras. →
> Yo también asistí a una clase de lenguas extranjeras.
> Asistí a la clase de español.

1. Estudié un poco en la biblioteca.

2. Durante el día, comí en un restaurante de comida rápida.

3. Fui a una conferencia pública en la universidad.

4. Llamé a un amigo y hablé con él por quince minutos.

5. Jugué a los videojuegos.

6. Hice ejercicio.

7. Me acosté a las 12.00.

8. Vi un programa de noticias en la televisión.

ACTIVIDAD I Una vez...

With a partner, describe three or four activities from the following list that you have (supposedly) done in the past. Make sure at least one of the activities you describe is *not* true! It will be up to your partner to decide if each activity is true or not. The last one is for you to invent.

> MODELO E1: Una vez yo...
> E2: (No) Es cierto, ¿verdad?

1. conocer (*to meet*) a una persona famosa.

2. hacer un viaje (*to take a trip*) a un país de habla española.

3. escribir un poema de amor.

4. recibir un poema de amor.

5. mentirle* (*to lie*) a un profesor (una profesora).

6. ¿ ?

COMUNICACIÓN

Así se dice

Here are the **yo** forms for some common verbs that are irregular in the preterite.

anduve (andar)
conduje (conducir)
di (dar)
dije (decir)
estuve (estar)
fui (ir, ser)
hice (hacer)
pude (poder)
supe (saber)
tuve (tener)
vine (venir)

---

*Le is an indirect object pronoun that means *to, for,* or *from him* (*her*). In Spanish it is usually obligatory with **entregar** (*to turn in, hand over*), **dar,** and certain other verbs. **Le mentí** = *I lied to him* (*her*).

GRAMÁTICA

¿Qué hiciste anoche?

Talking to a friend about what he or she did recently

(yo)	-é, -í	(nosotros/as)	-amos, -imos
(tú)	trabaj**aste** te qued**aste** com**iste** sal**iste**	(vosotros/as)	-asteis, -isteis
(Ud.) (él/ella)	-ó, -ió -ó, -ió	(Uds.) (ellos/ellas)	-aron, -ieron -aron, -ieron

—Sí, sí. Y la última vez que no **hiciste** la tarea fue porque **trabajaste** cinco horas la noche anterior...

To ask a classmate what he or she did in the past, use the **tú** form of the preterite. **Tú** forms end in **-aste** for **-ar** verbs and **-iste** for **-er** and **-ir** verbs. **Fuiste** and **hiciste** are useful irregular **tú** forms for you to know.

> ¿Qué **hiciste** anoche? ¿Te **quedaste** en casa o **saliste**? ¿**Fuiste** a alguna fiesta?

ACTIVIDAD A ¿Y qué más?

Imagine that someone makes the following statements to you. What follow-up question would you logically ask after each statement?

1. _____ Fui al cine anoche.
2. _____ Tuve un examen esta mañana.
3. _____ Hice ejercicio esta mañana.
4. _____ Anoche comí en un restaurante elegante.
5. _____ Anoche llamé a mis padres por teléfono.
6. _____ La semana pasada no asistí a clases.

a. ¿Estuvo buena la comida?
b. ¿Hablaste mucho tiempo con ellos?
c. ¿Por qué? ¿Estuviste enfermo/a?
d. ¿Qué viste?
e. ¿Estudiaste mucho anoche?
f. ¿Corriste o nadaste?

Así se dice

Remember that when talking to someone with whom you have some social distance, you use **Ud.** The **Ud.** form in all tenses is the same as the **él/ella** verb form.

> ¿A qué hora **salió Ud.** de casa?

> ¿**Fue** en carro o **caminó** al trabajo?

✎ ACTIVIDAD B Tú y yo

Paso 1 Write four sentences about things you did yesterday.

1... 2... 3... 4...

Paso 2 Find different people in the class who did the things you listed in **Paso 1.**

ACTIVIDAD	OTRA PERSONA QUE TAMBIÉN HIZO LA ACTIVIDAD
1. _____	_____
2. _____	_____
3. _____	_____
4. _____	_____

GRAMÁTICA

¿Salieron ellos anoche?

Talking about what two or more people did recently

—¿**Salieron** ellos anoche?
—¡Sí! Y no **regresaron** a casa hasta las 3.00 de la mañana.

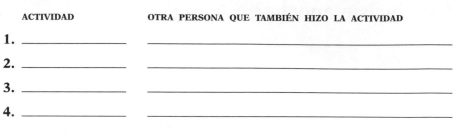

(yo)	-é, -í	(nosotros/as)	-amos, -imos
(tú)	-aste, -iste	(vosotros/as)	-asteis, -isteis
(Ud.)	-ó, -ió	(Uds.)	-aron, -ieron
(él/ella)	-ó, -ió	(ellos/ellas)	trabaj**aron**
			com**ieron**
			sal**ieron**
			se vist**ieron**

Así se dice

You may remember from **Lección 1** that when you want to ask a question of more than one person, you need to use the *second person plural* or **Uds.** forms. The **Uds.** forms are identical to the third person plural (**ellos/ellas**) forms.

¿**Salieron Uds.** o **se quedaron** en casa?

¿**Fueron Uds.** al cine o **miraron** un vídeo en casa?

When you describe what two or more people did in the past, you use the *third person plural* or **ellos/ellas** form of the preterite. All regular preterites end in **-aron** for **-ar** verbs, and **-ieron** for **-er** and **-ir** verbs.

—¿**Salieron** Rodrigo y Sonia anoche?
—No, **se quedaron** en casa y **estudiaron.**

The same stem vowel and spelling changes that occur in the third person singular also occur in the third person plural of the preterite.

Anoche los estudiantes **leyeron** mucho y **durmieron** poco.

Most irregular preterites end in **-ieron,** but there are some exceptions. Two of these are **ir** and **decir.**

Ayer mis compañeros hicieron todos los ejercicios y después **fueron** al cine.

¿**Dijeron** la verdad (*truth*) los estudiantes que estuvieron ausentes?

Así se dice

Remember that stem changes in the preterite that occur in third person singular (**él/ella**) forms also occur in third person plural (**ellos/ellas**) forms. This is also true of irregular preterite verbs. Here are third person plural preterite forms of some common stem changing and irregular verbs.

anduvieron	estuvieron	pudieron
dieron	fueron	supieron
dijeron	hicieron	tuvieron
durmieron	pidieron	vinieron

ACTIVIDAD C ¿Qué hicieron ayer?

Read the following statements and indicate which group(s) probably did each activity yesterday.

	ESTUDIANTES	PROFESORES	SECRETARIOS
1. Se acostaron tarde.	☐	☐	☐
2. Miraron una telenovela (*soup opera*).	☐	☐	☐
3. Durmieron mucho.	☐	☐	☐
4. Fueron a la biblioteca.	☐	☐	☐
5. Navegaron la Red.	☐	☐	☐

ACTIVIDAD D ¿Sabías que... ?

Paso 1 First read the entire **¿Sabías que... ?** selection on the following page. Then, underline all of the preterite third person singular (**él/ella**) and plural (**ellos/ellas**) forms that you can find. Do you know what each form means?

Paso 2 Based on what you have read, select the correct answer for each of the following statements.

1. Desi Arnaz nació en _____.

a. Cuba   **b.** México   **c.** Puerto Rico

2. La familia Arnaz salió de Cuba y se estableció en _____.

a. California   **b.** Florida   **c.** Nueva York

3. Desi comenzó su carrera profesional con _____.

a. la música   **b.** el teatro   **c.** la televisión

4. Dicen que el genio creativo de la serie *I Love Lucy* y de otras producciones de televisión fue _____.

a. Lucille Ball   **b.** Desi Arnaz

5. En 1960 Desi y Lucille _____.

a. se conocieron   **b.** se casaron   **c.** se divorciaron

6. Hoy existe _____ admiración por todas las contribuciones de Desi Arnaz, la primera superestrella latina.

a. mucha   **b.** poca

¿Sabías que...

Desi Arnaz <u>fue</u> la primera superestrella[a] latina? Aunque muchas personas de ascendencia latina como Jennifer López, Salma Hayek y Ricky Martin <u>tienen</u> gran fama hoy en día, el primer latino de gran fama en la música, el cine y la televisión de los Estados Unidos fue Desi Arnaz de la serie *I Love Lucy*.

Arnaz <u>nació</u> con el nombre de Desiderio Alberto Arnaz de Acha III en Cuba en 1917. La familia Arnaz, con muy poco dinero, llegó a Miami en 1933. Uno de los primeros trabajos de Desi fue limpiar jaulas[b] de canarios. Pero la música siempre fue su pasión y <u>decidió</u> <u>dedicarse</u> a la carrera de músico y cantante.[c] Formó su propio grupo musical y con éxitos[d] como «Babalú», su carrera lo <u>llevó</u>[e] a Broadway y después a Hollywood.

En 1940 Arnaz <u>conoció</u> a Lucille Ball y se casó con ella.[f] La serie *I Love Lucy* se estrenó[g] en 1951 y aunque Lucy era la estrella, el genio creativo de esa y muchas otras producciones televisivas era Desi. Gracias al personaje de Ricky Ricardo, la presencia latina en la televisión y la cultura norteamericana* en general se <u>estableció</u>. Pero el <u>matrimonio</u> entre Desi y Lucille no <u>duró</u>[h] y se divorciaron en 1960, después de tener dos hijos. En 1976 Desi publicó su autobiografía, *A Book*, y diez años más tarde murió de cáncer. Muchos críticos contemporáneos dicen que las superestrellas latinas de hoy le <u>deben</u>[i] mucho a Desi, quien <u>abrió</u> la puerta[j] para los latinos que llegaron después.

Desi Arnaz y Lucille Ball

[a]*superstar* [b]*cages* [c]*músico... musician and singer* [d]*hits* [e]*lo... took him* [f]*se... married her* [g]*se... debuted* [h]*no... did not last* [i]*owe* [j]*abrió... opened the door*

COMUNICACIÓN

✉ ACTIVIDAD E ¿Qué hicieron anoche?

Paso 1 Get into groups of four. Take out one sheet of paper to be shared in the group. Everyone in the group will take turns writing a sentence describing an activity some friends did last night. Each person will have 30 seconds to write a sentence. After writing a sentence, each person will fold the page so that others cannot read what has been written. After writing a sentence, that person will pass the folded paper to the person on his or her left (in a clockwise direction).

MODELO   Anoche mis amigos...

---

*Throughout *Vistazos*, the term norteamericano/a is used to refer to citizens of either Canada and the United States or of the United States only. Context will determine the intended meaning.

Lección 3   ¿Qué hiciste ayer?

Paso 2 When your instructor indicates, one member of your group should open the sheet of paper and read the sentences. As a group, put the sentences in logical order, and delete or modify sentences that do not make sense. Be ready to read your list to the class.

Paso 3 Listen to the lists written by the other groups. Be prepared to vote for:

la lista más completa
la lista más cómica

GRAMÁTICA

¿Qué hicimos nosotros?

Talking about what you and someone else did recently

(yo)	-é, -í	(nosotros/as)	almorz**amos** volv**imos** asist**imos** nos vest**imos**
(tú)	-aste, -iste	(vosotros/as)	-asteis, -isteis
(Ud.)	-ó, -ió	(Uds.)	-aron, -ieron
(él/ella)	-ó, -ió	(ellos/ellas)	-aron, -ieron

—¿Recuerdas cuando **fuimos** a España? Ay, ¡qué recuerdos (*memories*)! **Comimos** bien, **conocimos** a tantas personas interesantes, ¡y los lugares que **vimos**! ¡Quiero volver!

When you talk about what you and another person did, you use the *first person plural* or **nosotros/as** form of the preterite. All regular **-ar** preterites end in **-amos** (just like the present tense). All regular **-er** and **-ir nosotros/as** forms end in **-imos.** There are no stem vowel or other changes for these verb forms!

Ayer Pepe y yo **almorzamos** en la cafetería.
Mi compañera de cuarto y yo no **salimos** anoche.

Irregular preterite verbs end in **-imos.**

Fuimos al cine el sábado pasado.
Tuvimos un examen en la clase de química la semana pasada.

Así se dice

Remember that irregular **nosotros/as** preterite verbs end in **-imos**. Here is a list of some common irregulars.

dijimos (decir)
fuimos (ir, ser)
hicimos (hacer)
tuvimos (tener)
vinimos (venir)

See whether you can give the **nosotros/as** form of the preterite for these irregular verbs.

andar   poder
conducir   saber

 **COMUNICACIÓN**

Así se dice

You already know what **ayer, anoche,** and **la semana pasada** mean. To express a particular day of last week you use the definite article with *the day of the week* + **pasado.**

El lunes pasado fui a la casa de mis padres.

To express how long *ago* something was done, you use the verb **hace** + *a unit of time.*

Vine a esta universidad **hace un año.**

Empecé a estudiar **hace unos minutos.**

ACTIVIDAD F Todos nosotros...

Paso 1 Indicate which of the activities below you think every student in the class did yesterday and/or last night.

Todos nosotros...

☐ estudiamos.
☐ fuimos a un bar.
☐ miramos una telenovela.
☐ gastamos dinero en ropa.
☐ tuvimos un examen.
☐ comimos en un restaurante de comida rápida.

☐ hablamos por teléfono.
☐ nos acostamos antes de las 12.00.
☐ hicimos ejercicio.
☐ leímos el periódico.
☐ asistimos a dos clases (por lo menos).

Paso 2 One of you should volunteer to read aloud the list of items you checked. After each statement, those who did the activities should raise their hands. Was the volunteer correct?

Paso 3 Repeat **Pasos 1** and **2,** this time including your instructor as one of the group!

ACTIVIDAD G ¿Qué actividades hicimos?

Paso 1 Interview a classmate and find out what you each did during the week. Here is a list of sample activities. Feel free to come up with others!

asistir a una conferencia pública
bailar en una fiesta
correr cinco millas
hacer de voluntario/a

ir a un restaurante
navegar la Red
practicar un deporte
ver una telenovela

MODELO   La semana pasada, ¿bailaste en una fiesta? ¿corriste cinco millas?

Paso 2 Now with your partner find two other people who did at least two of the same activities that you two did.

MODELO   E1: Nosotros estudiamos para un examen, practicamos un deporte, vimos una telenovela y fuimos a un restaurante.
E2: Nosotros también estudiamos para un examen y practicamos un deporte, pero no vimos una telenovela ni fuimos a un restaurante.

Paso 1 Read the following **Situación** and decide whether or not Juan has a good excuse.

Un estudiante, Juan Mengano, pasó toda la noche estudiando para su examen de química. Esta mañana faltó a[a] la clase de matemáticas a las 9.00 y fue a su clase de química a las 10.00 para tomar el examen. Después supo que la profesora de matemáticas dio una prueba de sorpresa.[b] ¿Crees que Juan tiene una buena excusa para preguntarle a la profesora si puede tomar la prueba en su oficina?

Paso 2 Share your thoughts with at least two classmates.

---

[a]faltó... *he missed*   [b]prueba... *pop quiz*

La vida diaria en el mundo hispano

¿Sabías que... el horario diario en el mundo hispano es muy diferente que el de este país? En muchos países hispanos la gente[a] come, trabaja, va de compras[b] y sale con amigos más tarde. Por ejemplo, en España es común cenar entre las 9.00 y 10.00 de la noche, mientras que[c] aquí la costumbre es cenar entre las 5.00 y 7.00 de la tarde. Sin embargo, en el mundo hispano hay diferencias de costumbre de país a país y de individuo a individuo como es el caso en este país.

[a]la... *people*   [b]va... *go shopping*   [c]mientras... *whereas*

En la mayoría de los países hispanos la comida más fuerte[a] del día es el almuerzo. Por lo general la gente hispana come el almuerzo más tarde que la gente norteamericana. La siguiente tabla resume las diferencias generales entre los horarios de este país, España y México.

[a]comida... *heaviest meal*

Un almuerzo típico en México

En los Estados Unidos y el Canadá el almuerzo típico es una comida rápida que dura entre 30 minutos y una hora. En muchos países hispanos, el almuerzo puede durar un par[a] de horas. La gente no se marcha[b] inmediatamente después de comer. Se queda un rato[c] para conversar con la familia.

[a]un... *a couple*   [b]no... *don't leave*   [c]Se... *They stay awhile*

PAÍS	EL DESAYUNO	EL ALMUERZO	LA CENA
los Estados Unidos y el Canadá	7.00–9.00	11.00–1.00	5.00–7.00
España	9.00–11.00	2.00–4.00	9.00–11.00
México (parte central)	7.00–9.00	2.00–4.00	8.00–10.00

El horario oficial en muchos países hispanos se divide[a] en veinticuatro horas y no hay distinción entre A.M. y P.M. Este sistema de tiempo se usa en los horarios del cine, del transporte público, de las tiendas[b] y de los bancos, etcétera.

───────────

[a]se... *is divided* [b]*stores*

En este país el día laboral comienza a eso de las 8.00 de la mañana y termina a eso de las 6.00 de la tarde. En España el día laboral comienza a las 8.00 de la mañana pero termina a eso de la 1.30 cuando la gente come y toma una siesta. Después de la siesta, a eso de las 3.00 ó 4.00 de la tarde, la gente vuelve al trabajo donde permanece[a] hasta las 7.00 u[b] 8.00 de la tarde.

───────────

[a]*(they) stay* [b]*or*

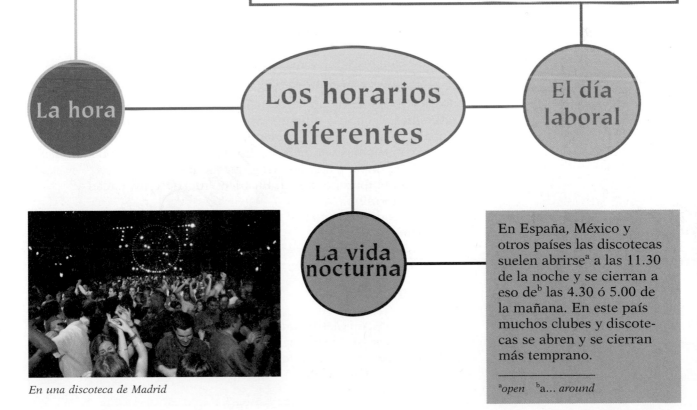

La **siesta** es un descanso de un par de horas en que los trabajadores suelen regresar a casa para almorzar, convivir[a] con la familia y descansar antes de regresar al trabajo. (Desafortunadamente, esta costumbre está desapareciendo con las demandas y el ritmo acelerado de la sociedad del siglo XXI.)

───────────

[a]*spend time*

La hora

Los horarios diferentes

El día laboral

La vida nocturna

En España, México y otros países las discotecas suelen abrirse[a] a las 11.30 de la noche y se cierran a eso de[b] las 4.30 ó 5.00 de la mañana. En este país muchos clubes y discotecas se abren y se cierran más temprano.

───────────

[a]*open* [b]a... *around*

En una discoteca de Madrid

Pullman de Morelos	¡ Placer al Viajar !

CUERNAVACA
AEROPUERTO DE LA CD. DE MEXICO

AEROPUERTO - CUERNAVACA		CUERNAVACA - AEROPUERTO	
6:30	15:45	4:00	12:00
7:30	16:30	4:30	12:40
8:15	17:15	5:00	13:20
9:15	18:00	5:30	14:15
10:30	18:45	6:00	15:00
11:15	19:30	7:00	16:00
12:00	20:15	8:00	16:40
12:45	21:00	9:00	17:15
13:30	22:00	10:00	18:15
14:15	23:00	10:40	19:30
15:00		11:20	

MEXICO D.F. **55-49-35-05 AL 08**
CUERNAVACA (73) **18-46-38 Ó 18-91-87**
TIEMPO APROX. DE RECORRIDO: **1 HR. 40 min.**

ACTIVIDAD ¿Qué recuerdas?

Answer the following questions by completing each sentence.

1. ¿A qué hora termina el día laboral en España?

   Termina a eso de las _____ u _____ de la noche.

2. ¿A qué hora suele almorzar la gente de México?

   Suele almorzar a las _____ de la tarde.

3. ¿En qué país se cierran más tarde las discotecas, en España o en este país?

   Se cierran más tarde en _____.

4. ¿A qué hora se suele cenar en España?

   Se suele cenar entre las _____ y las _____ de la noche.

5. Si necesitas tomar un tren en España que sale a las 11.30 de la noche, ¿qué hora se indicará (*will be indicated*) en el horario de trenes?

   Se indicará: _____.

NAVEGANDO LA RED

Complete *one* of the following activities. Then present your information to the class.

1. Look for information about a bank in the Spanish-speaking world. Then compare the schedule of your bank in this country with that of the bank in that country and present your findings to the class. Answer the following questions.
   a. ¿Cuál banco se abre más temprano?
   b. ¿Cuál banco se cierra más tarde?
   c. ¿Cuál banco está abierto los fines de semana? (Da los horarios.)

2. Look for information about academic calendars in two different universities, each in a different Spanish-speaking country. Then compare your university's academic calendar with the calendars of the two universities you find on the Web and present your findings to the class. Answer the following questions.
   a. ¿Cuándo empieza el año académico en cada universidad y cuándo termina?
   b. ¿Cuántos días o semanas libres (*free*) tienen durante el calendario académico?

 Vamos a ver

Now that you've completed **Unidad uno,** watch the corresponding **Vamos a ver** segment on the *Vistazos* DVD or Online Learning Center (**www.mhhe.com/vistazos3**) to further explore the themes presented in this unit. There are related pre- and post-viewing activities on the Online Learning Center.

Ayer y anoche — Yesterday and Last Night

andar (*irreg.*)	to walk
buscar	to look for
dar (*irreg.*)	to give
decir (*irreg.*)	to say; to tell
dormirse (ue, u)	to fall asleep
empezar (ie)	to begin
estar (*irreg.*)	to be
jugar (ue) a los videojuegos	to play video games
llamar (por teléfono)	to call (on the phone)
llegar	to arrive
pagar (la cuenta)	to pay (the bill)
practicar un deporte (R)	to practice, play a sport
preparar (la cena)	to prepare (dinner)
recibir (R)	to receive
recordar (ue)	to remember
saber (*irreg.*)	to know (*facts, information*)
tener un examen	to have (take) a test
ver (*irreg.*) **una telenovela**	to watch a soap opera

¿Cuándo? — When?

anoche	last night
ayer	yesterday
el fin de semana pasado	last weekend
un rato	little while, short time
la semana pasada	last week
la última vez	last time
una vez	once
hace + *time*	_____ ago

The Verb ser

(yo)	soy	(nostros/as)	somos
(tú)	eres	(vosotros/as)	sois
(Ud.)	es	(Uds.)	son
(él/ella)	es	(ellos/ellas)	son

The verb **ser** is used to:

1. express origin with **de: ¿De dónde eres?**

2. describe a person's qualities: **Tomás es muy inteligente, ¿no?**

3. state who or what a person is: **Es profesor. Soy estudiante.**

4. tell time: **Es la 1.00. / Son las 2.00.**

Remember that subject pronouns are not always required in Spanish. It is fine to say **soy estudiante.** If you say **yo soy estudiante,** you are adding emphasis or making a contrast.

The Verb estar

One of the uses of **estar** is to describe variable conditions.

Tomás **está** muy contento con su trabajo.

Estoy aburrida de mi clase de inglés.

The Verb gustar

me		nos	
te		os	
le	gusta(n)	les	gusta(n)
le		les	

1. **Gustar** does not mean *to like*. It is closest in meaning to the verb *to please*. Thus **me gusta** actually means (*something*) *pleases me*.

2. Since **gustar** means *to please,* the verb must agree in number with the thing doing the pleasing: **Me gusta esta clase. Me gustan todas las clases.**

3. A phrase with **a** can be used with this construction.

   A mí me gustan las matemáticas.

   ¿**A ti** te gustan también?

   A los profesores no les gusta corregir exámenes.

Present Tense of Regular Verbs

	-ar	-er	-ir
(yo)	me levanto	como	asisto
(tú)	te levantas	comes	asistes
(Ud.)	se levanta	come	asiste
(él/ella)	se levanta	come	asiste
(nosotros/as)	nos levantamos	comemos	asistimos
(vosotros/as)	os levantáis	coméis	asistís
(Uds.)	se levantan	comen	asisten
(ellos/ellas)	se levantan	comen	asisten

Remember that even though **Ud.** and **él/ella** share the same verb forms, **Ud.** means *you* singular (formal, socially distant) and **él/ella** refers to a third person (*he/she*). Likewise, **Uds.** means *you* plural and **ellos/ellas** refers to some other persons (*they*).

Verbs in the present tense can refer to daily or habitual actions

> Todos los días **me levanto** a las 6.00.

but can also be used to refer to an action in progress.

> —¿Qué **haces?**
> —**Preparo** la cena. ¿Por qué **preguntas?**

Verbs with Stem Vowel Changes

Verbs with stem vowel changes are changed in those forms in which the pronounced accent falls on the stem: **yo, tú, Ud., él/ella, Uds., ellos/ellas.** They do not have the change in those forms where the pronounced accent falls on the ending: **nosotros/as, vosotros/as.**

	o → ue	
dormir	du**e**rme	dormimos
		dormís
	e → ie	
tener	ti**e**ne	tenemos
		tenéis
	e → i	
vestirse	se v**i**ste	nos vestimos
		os vestís

Verbs with Irregularities

Some verbs have irregularitis in the **yo** form.

conduzco (conducir)	hago (hacer)
conozco (conocer)	sé (saber)
doy (dar)	tengo (tener)
estoy (estar)	vengo (venir)

Some verbs don't follow predicted patterns.

> ir: voy, vas, va, va,
>   vamos, vais, van, van

> estar: estoy, estás, está, está,
>   estamos, estáis, están están

Descriptive Adjectives

Adjectives tend to follow nouns. Also, adjectives must agree in gender and in number with the nouns they modify.

> un amig**o** dedicad**o**   unos amig**os** dedicad**os**
> una amig**a** dedicad**a**   unas amig**as** dedicad**as**

However, adjectives that end in **-e** and most that end in a consonant only show number agreement.

> un libro interesante   unas clase**s** difícile**s**

Possessive Adjectives

Possessive adjectives precede the noun and agree in number with the noun.

> mi profesor   mi**s** profesor**es**
> tu amiga   tu**s** amiga**s**
> su perro   su**s** perro**s**

Note that the equivalent of **su** or **sus** in English is *his, her, your,* or *their.*

Nuestro is an exception. It reflects both the number and gender of a noun.

> nuestr**o** profesor   nuestr**os** profesor**es**
> nuestr**a** profesora   nuestr**as** profesor**as**

Negation

Certain negative words like **tampoco, nunca,** and **nadie** can be placed before a verb or after. In the latter case, a **no** before the verb is requred.

> Yo **no** me levanto temprano.
>   Yo **tampoco** me levanto temprano.
>   Yo **no** me levanto temprano **tampoco.**

> ¿Quién se levanto temprano?
>   **Nadie** se levanta temprano.
>   **No** se levanta **nadie** temprano.

> ¿Cuándo haces ejercicio?
>   **Nunca** hago ejercicio.
>   **No** hago ejercicio **nunca.**

The negative word **nada** normally follows a verb and will be accompanied by **no.**

> **No** hay **nada.**

> **No** tengo **nada.**

Preterite Tense: Regular Forms

	-ar	-er	-ir
(yo)	me levanté	comí	salí
(tú)	te levantaste	comiste	saliste
(Ud.)	se levantó	comió	salió
(él/ella)	se levantó	comió	salió
(nosotros/as)	nos levantamos	comimos	salimos
(vosotros/as)	os levantasteis	comisteis	salisteis
(Uds.)	se levantaron	comieron	salieron
(ellos/ellas)	se levantaron	comieron	salieron

The preterite tense is used to talk about simple actions and events in the past that are viewed as completed. It is useful when talking about events that happened yesterday, last night, and so forth.

Preterite Tense: Irregular Verbs

Some common verbs do not have the characteristic stress on the verb ending in the preterite. These irregular verbs all share the same endings, regardless of whether they are **-ar, -er,** or **-ir** verbs.

andar:	anduv-		-e (yo)
estar:	estuv-		-iste (tú)
hacer:	hic-*		-o (Ud.)
poder:	pud-		-o (él/ella)
saber:	sup-	+	-imos (nosotros/as)
tener:	tuv-		-isteis (vosotros/as)
venir:	vin-		-ieron (Uds.)
			-ieron (ellos/ellas)

Two other irregular verbs share a common ending in the **Uds.** and **ellos/ellas** form.

conducir → condujeron

decir → dijeron

Saber in the preterite means *to find out* (lit. *at a point in time, to begin to know*)

Entonces **supe** la verdad.
Then I found out the truth.

Poder in the preterite means *to manage to, succeed in* (*doing something*)

Por fin **pude** hablar con ella.
I was finally able to speak with her. (*I had tried before, but had always failed.*)

The verbs **ser** and **ir** share the same forms in the preterite: **fui, fuiste, fue, fue, fuimos, fuisteis, fueron, fueron.** Context will determine meaning.

Lincoln **fue** presidente entre 1861 y 1865.

Lincoln **fue** al teatro.

The Verb Form **hay**

The verb form **hay** can mean *there is* and *there are*.

—¿**Hay** café?

—No, no **hay** café. Pero sí **hay** refrescos.

Necesitar + *infinitive* and **tener que** + *infinitive*

In order to talk about what you *need* or *have* to do, you use a conjugated form of **necesitar** + *infinitive* or **tener que** + *infinitive*.

Necesito estudiar mucho esta tarde.
I need to study a lot this afternoon.

Elena **tiene que trabajar** mañana.
Elena has to work tomorrow.

Other helping verbs that are followed by an infinitive include **deber, preferir,** and **querer.**

Debemos hacer ejercicio todos los días.
We should exercise every day.

Tomás y sus amigos **prefieren cenar** tarde.
Tomás and his friends prefer to eat dinner late.

¿**Quieren** Uds. **ir** al cine o **quedarse** en casa?
Do you (plural) want to go to the movies or stay at home?

---

*Hic- becomes **hiz-** when used with **Ud.** and **él/ella: hizo.**

Grammar Summary for Lección preliminar–Lección 3

Ir a + *infinitive*

One way to discuss future activities is to use the conjugated form of **ir a** + *infinitive*.

Voy a levantarme temprano mañana.
I'm going to get up early tommorrow.

Elena y sus amigos **van a bailar** el sabado.
Elena and her friends are going to dance on Saturday.

"Do"

English reuires the support verb *do* to make negatives, ask questions, and to emphasize. Spanish has no such verb, and you should not equate the English support verb *do* with **hacer.**

No sabes la respuesta.
*You **do**n't know the answer.*

¿Sueles levantarte tarde?
***Do** you normally get up late?*

¿Dormiste bien?
***Did** you sleep well?*

¡Tú sí saliste anoche!
*You **did** go out last night!*

"It"

Keep in mind that the subject *it* is not expressed in Spanish as it is in English. English is a language that requires sentences to have expressed subjects, but Spanish does not. English requires "dummy" subjects such as *it*, where Spanish needs no expressed subject.

Llueve.
***It**'s raining.*

Hace frío.
***It**'s cold.*

Son las dos y media.
***It**'s two-thirty.*

Es imposible.
***It**'s impossible.*

Nuestras familias

Las hermanas (1969) por Fernando Botero

Perfil del artista

NOMBRE: Fernando Botero

PAÍS DE ORIGEN: Colombia

FECHA DE NACIMIENTO: 1932

Botero, el más conocido de los artistas colombianos y probablemente el más conocido de los artistas latinoamericanos vivientes, nació en Medellín en 1932. Después de terminar sus estudios universitarios en 1950, se fue a España e Italia para estudiar arte. Pero fue en México, durante 1956 y 1957, donde concibió[a] y dio forma a las imágenes rotundas que se identifican con él. En la mayoría de sus obras se encuentran familias, escenas típicas y también figuras desnudas, a veces con tono satírico. Últimamente,[b] su obra ofrece temas más serios como, por ejemplo, la serie de retratos en que figura el abuso de los presos iraquíes en Abu Ghraib.

[a] *he conceived*   [b] *Recently*

Vistazos *digital*

 Online Textbook and *Manual*

 Video on DVD

Online Learning Center

CENTRO
Your media center for languages

All media resources for *Vistazos*, all in one place

¿Cómo es tu familia?

In this lesson, you will explore the topic of families. In the process, you will

◆ describe your family (size, members, names)

◆ ask your classmates about their families

◆ learn that speakers of Spanish often use two last names

◆ review interrogatives

◆ learn to use direct object pronouns

◆ learn more about the verb **estar**

 ALTO Before beginning this lesson, look over the **Intercambio** activity on page 110. This is the activity you will be working toward throughout the lesson.

Mi familia «extendida» no es muy grande, pero me gusta.

VOCABULARIO

¿Cómo es tu familia?

Talking about your immediate family

La familia de José Luis Gómez

José
45 años

Marta
44 años

José Luis
18 años

Ana
9 años

Rebeca
5 años

Carlos
2 años

Daniel
2 años

Anselmo
3 años

gemelos

José es **el padre** de José Luis.
Marta es **la madre** de José Luis.
José y Marta son **los padres**.
Ana es **una hermana** de José Luis.
Carlos es **un hermano** de José Luis.
Anselmo es **el perro** de José Luis.

José Luis tiene cuatro **hermanos**.
No tiene **hermanastros**.

José Luis, Ana, Rebeca, Carlos y Daniel son **los hijos** de Marta y
José. (Ana es **una hija;** Carlos es **un hijo.**)

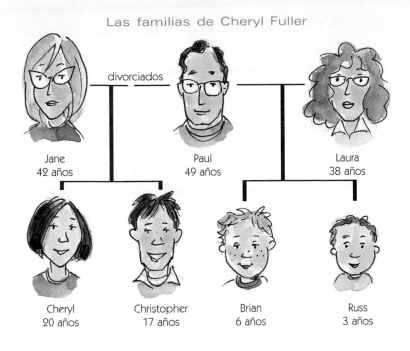

Las familias de Cheryl Fuller

divorciados

Jane
42 años

Paul
49 años

Laura
38 años

Cheryl
20 años

Christopher
17 años

Brian
6 años

Russ
3 años

Así se dice

The title of this lesson is *¿Cómo es tu familia?* **¿Cómo es… ?** asks what something is like. In short, it asks for a description. Here are some things that should come to mind when you hear **¿Cómo es (eres, son, etcétera)… ?**

  age
  color
  dimension(s)
  facial features
  height
  personality
  shape
  size

Paul es **el padre** de Cheryl.
Jane es **la madre** de Cheryl. Es una **madre soltera.**
Paul y Jane son **los padres.**
Cheryl no tiene **hermanas.**
Christopher es **el hermano** de Cheryl.

Cheryl tiene **un hermano** y dos **medio hermanos,** Brian y Russ.
También tiene **una madrastra,** Laura.

Cheryl y Christopher son **los hijos** de Paul y Jane.
Brian y Russ son **los hijos** de Paul y Laura.

Vocabulario útil

la esposa, la mujer	wife	**mayor**	older
el esposo, el marido	husband	**menor**	younger
los esposos	husband and wife	**el/la mayor**	the oldest
los gemelos	twins	**el/la menor**	the youngest
la hermanastra	stepsister		
el hermanastro	stepbrother	**tiene… años**	he/she is … years old
el padrastro	stepfather		
el padre soltero	single father		
la pareja	couple; partner		

ACTIVIDAD A ¿Cierto o falso?

Your instructor will make a series of statements about the Gómez family in the previous drawings. According to their family tree, is each statement **cierto** or **falso?**

1... **2** ... **3**... **4**... **5**... **6**... **7**...

ACTIVIDAD B ¿Quién es?

Listen as your instructor says a phrase. Relying only on the drawing of Cheryl Fuller's family tree, can you name the person(s) described by your instructor?

1... **2**... **3**... **4**... **5**... **6**... **7**... **8**...

ACTIVIDAD C ¿Los Gómez o los Fuller?°

¿Los... The Gómez family or the Fullers?

According to what you know about the Gómez and Fuller families, decide which is being referred to in each statement you hear. See if you can do this activity from memory without looking at the family trees. (Note: **Se refiere a** means *it refers to*.)

MODELO   En esta familia hay cuatro hijos. → Se refiere a los Fuller.

1... **2**... **3**... **4**... **5**... **6**...

COMUNICACIÓN

ACTIVIDAD D La familia de Alfredo

Alfredo, a friend of José Luis, has written a description of his family. Listen to the description and then draw his family tree, using the Gómez family tree as a guide. Be sure to include everyone's name and age.

ACTIVIDAD E En mi familia...

Prepare a brief oral description of your own family using Alfredo's description in **Actividad D** as a guide. Include all the members of your family and their ages.

Así se dice

By now you may have noticed that there are two ways to express *to know* in Spanish: **conocer** and **saber. Conocer** is used to express *to know* (*be acquainted with*) a person or a place. **Saber** expresses *to know facts or information.* When followed by an infinitive, **saber** also means *to know how to do something.*

—¿**Conoces** a mi hermano Jaime?
—Sí, **conozco** muy bien a Jaime. **Sabe tocar** la guitarra, ¿verdad?
—Sí. También **sabe jugar** al béisbol, **bailar, hablar** el japonés...

GRAMÁTICA

¿Cuántas hijas... ?

> ¿cuántos/as?
> ¿cómo?
> ¿dónde?
> ¿cuál(es)?
> ¿qué?
> ¿quién(es)?
> ¿cuándo?

—¿Y **cuántos** hermanos tienes,
José Luis?
—Tengo cuatro: dos hermanas
y dos hermanitos gemelos.

Interrogatives, or question words, are used to obtain information from others. You have already been introduced to the main question words in Spanish. Here is a summary of them.

¿Cuántos?	¿Cuántos hijos tienes?
¿Cuántas?	¿Cuántas hijas tienes?
¿Cómo?	¿Cómo se llama tu madre?
¿Dónde?	¿Dónde viven tus padres?
¿Cuál?	¿Cuál es tu apellido (*last name*)?
¿Cuáles?	¿Cuáles son los nombres de tus hijos?
¿Qué?	¿Qué familia es más grande, la de los Fuller o la de los Gómez?
¿Quién?	¿Quién es esa chica? ¿Es tu hermana?
¿Quiénes?	¿Quiénes son los padres de José Luis?
¿Cuándo?	¿Cuándo llamas a tu familia?

Note that both **¿qué?** and **¿cuál?** can mean *which?* For now, use **¿qué?** with a noun and **¿cuál(es)?** with **es (son)** to mean *which*.

¿Qué apellido es más común, García o Gómez?
¿Cuál es el nombre más popular, Juan o José?

ACTIVIDAD F ¿Qué familia?

Silently think of a famous family and write down that family's name without anyone seeing it. Then team up with a partner who will try to guess who that family is by asking questions.

MODELOS   ¿Cuántas personas hay en la familia en total?

¿Cuántos hijos (Cuántas hijas) hay?

¿Cuántos años tiene el hijo (la hija) mayor?

Once your partner guesses, switch roles and try to guess the family he or she has chosen.

Hay once personas en esta familia chilena. ¿Cuántas personas hay en tu familia?

COMUNICACIÓN

ACTIVIDAD G Un breve ensayo°

Un... *A brief essay*

Pair up with someone you do not know well to find out about his or her family.

Paso 1 Read the following paragraphs. Make a note of the type of information that is missing in each blank.

La familia de _____

La familia de mi compañero/a es _____.* En total son _____ personas: _____ padres y _____ hijo(s) (hija[s]). Toda la familia vive en (Los padres viven en)† _____. Su padre tiene _____ años y su madre tiene _____.

Sus hermanos asisten a _____. Se llaman _____ y _____ y tienen _____ y _____ años, respectivamente. _____ es el (la) mayor de la familia y _____ es el (la) menor.

Paso 2 Make up a series of questions to obtain all the missing information needed to construct a composite of your partner's family. It may help to write out the questions first. As you interview, jot down all the information your partner gives.

---

*Choose the appropriate word: **pequeña** (*small*), **mediana** (*medium*), **grande**.
†The family may not all live together, so choose accordingly.

ACTIVIDAD H ¿Sabías que... ?

Read the **¿Sabías que... ?** selection below. Report to the class what your name would be if you used the system found in Spanish-speaking countries. From now on, use this name on all your assignments in Spanish!

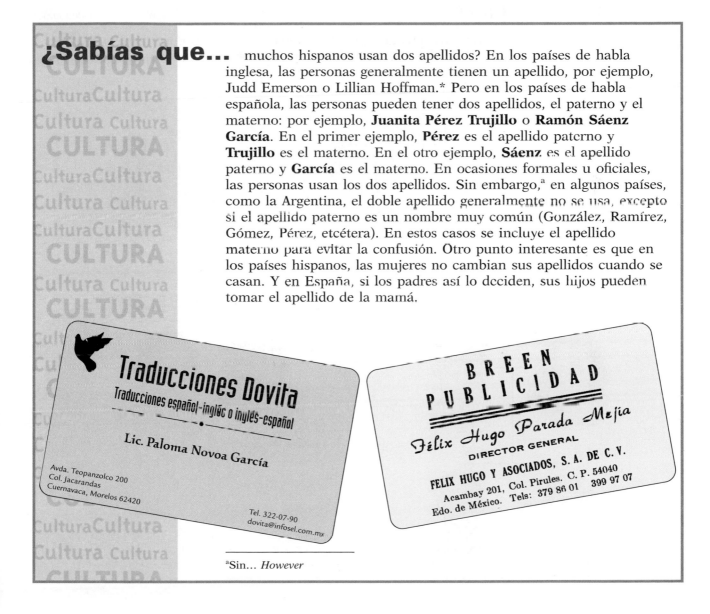

¿Sabías que...

muchos hispanos usan dos apellidos? En los países de habla inglesa, las personas generalmente tienen un apellido, por ejemplo, Judd Emerson o Lillian Hoffman.* Pero en los países de habla española, las personas pueden tener dos apellidos, el paterno y el materno: por ejemplo, **Juanita Pérez Trujillo** o **Ramón Sáenz García**. En el primer ejemplo, **Pérez** es el apellido paterno y **Trujillo** es el materno. En el otro ejemplo, **Sáenz** es el apellido paterno y **García** es el materno. En ocasiones formales u oficiales, las personas usan los dos apellidos. Sin embargo,[a] en algunos países, como la Argentina, el doble apellido generalmente no se usa, excepto si el apellido paterno es un nombre muy común (González, Ramírez, Gómez, Pérez, etcétera). En estos casos se incluye el apellido materno para evitar la confusión. Otro punto interesante es que en los países hispanos, las mujeres no cambian sus apellidos cuando se casan. Y en España, si los padres así lo deciden, sus hijos pueden tomar el apellido de la mamá.

Traducciones Dovita
Traducciones español-inglés o inglés-español

Lic. Paloma Novoa García

Avda. Teopanzolco 200
Col. Jacarandas
Cuernavaca, Morelos 62420

Tel. 322-07-90
dovita@infosel.com.mx

BREEN PUBLICIDAD

Félix Hugo Parada Mejía
DIRECTOR GENERAL

FELIX HUGO Y ASOCIADOS, S. A. DE C. V.
Acambay 201, Col. Pirules. C. P. 54040
Edo. de México. Tels: 379 86 01   399 97 07

---
[a]Sin... *However*

---

*También es frecuente en este país ver apellidos «compuestos» (Robert Bley-Vroman, Mary Smith-González). ¿Es este sistema similar o diferente al sistema hispano?

VOCABULARIO

¿Y los otros parientes?

Talking about your extended family

You have already learned vocabulary related to immediate or nuclear families. Here is a summary of some of the expressions related to extended families.

La familia «extendida» de los Gómez

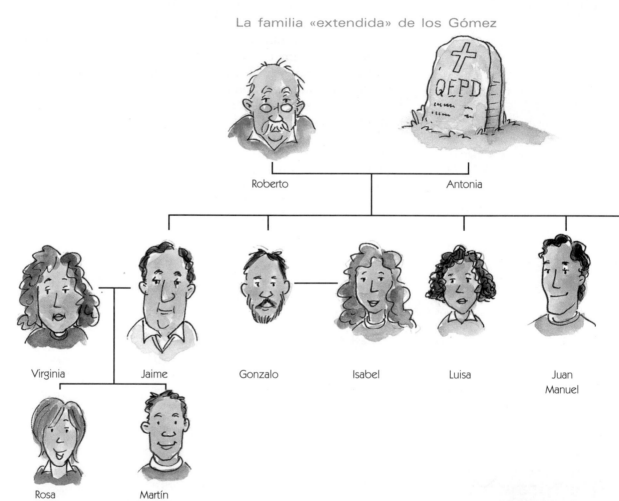

Roberto — Antonia

Virginia — Jaime Gonzalo — Isabel Luisa Juan Manuel

Rosa Martín

Enrique y Teresa y Roberto y Antonia son **los abuelos** de
José Luis.
Roberto y Antonia son sus **abuelos paternos.**
Enrique y Teresa son sus **abuelos maternos.**
Antonia es su **abuela paterna** y Teresa su **abuela materna.**
Antonia, su abuela paterna, **ya murió.**
Enrique, su **abuelo materno, ya murió.**
José Luis tiene varios **tíos:** Gonzalo, Luisa, Jaime, Juan Manuel y
Virginia.
Su **tía** favorita es Luisa. No tiene un **tío** favorito.
Su tío Jaime y su tía Virginia tienen dos hijos, Rosa y Martín.
Ellos son **los primos** de José Luis.

ACTIVIDAD A La familia «extendida»

Lee las oraciones de la página 99. Después en el dibujo (*drawing*) de la familia Gómez, busca a las personas mencionadas en las oraciones. ¿Puedes deducir el significado de todas las palabras nuevas?

ACTIVIDAD B Los parientes de José Luis

Estudia el dibujo de la familia Gómez y las palabras nuevas. Luego identifica a los miembros de la familia de la columna A. Contesta con oraciones completas, según (*according to*) el modelo.

MODELO   Rosa y Martín son los primos de José Luis.

	A			B	
1.	_____ Rosa		**a.**	una tía	
2.	_____ Roberto		**b.**	una prima	
3.	_____ Enrique		**c.**	un tío	
4.	_____ Teresa	es (son)	**d.**	la abuela materna	de José Luis.
5.	_____ Juan Manuel		**e.**	el abuelo paterno	
6.	_____ Jaime y Gonzalo		**f.**	el abuelo materno	
7.	_____ Virginia		**g.**	dos tíos	
			h.	los primos	

COMUNICACIÓN

ACTIVIDAD C El profesor (La profesora)

Usando el nuevo vocabulario y el vocabulario que ya sabes, hazle preguntas (*ask questions*) al profesor (a la profesora). ¿Cuántos datos (*bits of information*) pueden Uds. obtener en sólo cuatro minutos?

MODELOS   ¿Tiene Ud. abuelos?

¿Cómo se llaman?

VOCABULARIO

¿Tienes sobrinos?

Additional vocabulary related to family members

Here are some other words related to families. Read each Spanish definition and example. Using the family tree on pages 98–99, can you determine what each new word means?

sobrino/a: hijo o hija de tu hermano/a
José Luis es **el sobrino** de Luisa (la hermana de su padre José).

nieto/a: hijo o hija de tu hijo/a
José Luis es **el nieto** de Enrique y Teresa.

cuñado/a: esposo o esposa de tu hermano/a
Virginia es **la cuñada** de Gonzalo.

suegro/a: padre o madre de tu esposo/a
Roberto es **el suegro** de Marta.

casado/a: cuando una persona tiene esposo/a
Marta está **casada.**

divorciado/a: cuando un esposo y una esposa se separan legalmente

Gonzalo está **divorciado.**

soltero/a: una persona que no tiene esposo/a

Juan Manuel es **soltero.**

ya murió: sin vida, muerto/a

El abuelo materno de José Luis **ya murió.**

viudo/a: cuando el esposo (la esposa) ya murió

Roberto es **viudo.**

vivo/a: que tiene vida

El abuelo paterno de José Luis está **vivo.**

 ACTIVIDAD D Más sobre los Gómez

Tu profesor(a) va a leer una serie de preguntas sobre la familia Gómez. Para contestar, puedes consultar el dibujo de las páginas 98–99.

1...   2...   3...   4...   5...   6...   7...   8...

ACTIVIDAD E ¿Cierto o falso?

Estudia otra vez el dibujo de la familia «extendida» de José Luis. Luego escucha las afirmaciones del profesor (de la profesora). ¿Son ciertas o falsas?

1...   2...   3...   4...   5...   6...   7...   8...   9...   10...

COMUNICACIÓN

ACTIVIDAD F Firma aquí, por favor

¿Cómo es tu familia «extendida»? Pregúntaselo a tus compañeros de clase. Cuando alguien contesta afirmativamente, pídele que firme (*ask him* [*her*] *to sign*) tu hoja de papel.

1. ¿Tienes cuñados?

2. ¿Están vivos todos tus abuelos?

3. ¿Tienes un tío soltero o una tía soltera?

4. ¿Tienes sobrinos?

5. ¿Hay más de 30 personas en tu familia «extendida»?

6. ¿Hay una persona divorciada en tu familia?

7. ¿Tienes primos que no conoces?

8. ¿Tienes suegros?

GRAMÁTICA

¿Están casados?

More on **estar** + adjectives

You may remember from the **Lección preliminar** that the verb **estar** can be used with some adjectives when a characteristic or trait is not seen as inherent or defining of a person. However, some adjectives that are almost always used with **estar** include **casado/a, divorciado/a, muerto/a, separado/a,** and **vivo/a.** These adjectives are used with **estar** no matter how long the situation endures. They are not viewed as inherent traits of the person, rather they represent the resultant condition of some process. Interestingly, in Spanish most native speakers use **ser** with the adjective **soltero/a.** Perhaps this is because people are by nature single but then become married.

ACTIVIDAD G ¿Casados o divorciados?

Escucha los nombres de las parejas famosas que menciona tu profesor(a). Indica si **están casados** o **divorciados.**

1...   2...   3...   4...   5...   6...

ACTIVIDAD H ¿Vivos o muertos?

Escucha el nombre de cada persona famosa que menciona tu profesor(a). Indica si **está vivo/a** o **muerto/a.**

1...   2...   3...   4...   5...   6...

COMUNICACIÓN

ACTIVIDAD I En tu familia...

Piensa en tu familia. ¿Quiénes están casados? ¿Hay personas divorciadas? ¿Están vivos todos tus abuelos? ¿Alguien ya murió? Escribe cinco o seis oraciones para describir el estado de varias personas de tu familia. (Alternativa: Si prefieres, puedes hacer lo mismo [*the same*] con una familia famosa.)

VISTAZOS III · Mis relaciones con la familia

GRAMÁTICA

¿Te conocen bien?

First and second person direct object pronouns

me	nos
te	os
lo/la	los/las
lo/la	los/las

In addition to having a subject, a verb in a sentence will also often have an object. An object is generally defined as a thing or person on which an action or process is performed. Thus, in the sentence *John writes letters,* John is the subject and *letters* is the object (the action of writing is performed on the letters). In the sentence *She has an idea,* *She* is the subject (pronoun) and *an idea* is the object (the thing on which the process of having is performed). What is the subject and what is the object of the verb **miran** in the following sentence?

Los padres miran a los hijos.

If you said **padres** is the subject (parents are the ones doing the watching) and **hijos** is the object (the people being watched), you were correct. Did you notice that **los hijos** is preceded by **a?** This **a** is called the *personal* **a** and must be used in Spanish before human objects of a verb. (You will learn more about it later.)

What is the subject *pronoun* that corresponds to **padres: ellos, él,** or **nosotros?**

_____ miran a los hijos.

If you said **ellos,** you were correct again. **Los padres** is the subject *noun* and **ellos** is the subject *pronoun.* Subject pronouns are already familiar to you.

yo	nosotros/as
tú	vosotros/as
usted (Ud.)	ustedes (Uds.)
él/ella	ellos/ellas

In Spanish (and English), not only are there subject pronouns, but there are also object pronouns.

Los padres **los** miran (es decir, a los hijos).

*The parents watch **them** (that is, the kids).*

Here is the first set of subject and object pronouns in Spanish with which you will become familiar.

PRONOUNS		
	SUBJECT	OBJECT
1st person singular	**yo**	**me**
	Yo comprendo (*understand*) a mi hermano.	Mi hermano **me** comprende.
2nd person singular	**tú**	**te**
	Tú comprendes a los abuelos.	Los abuelos **te** comprenden.
1st person plural	**nosotros/as**	**nos**
	Nosotros comprendemos a los parientes.	Los parientes **nos** comprenden.

Me, te, and **nos** are objects of the verb. Can you figure out who is being understood in the first example in the righthand column? *Me.* In the second, who is being understood? *You.* And in the third, who is being understood? *Us.* Keep in mind the following two facts about object pronouns.

1. They are placed before conjugated verbs.

2. They indicate on whom or what the action or process is performed, not who or what is performing the action or process.

It's also important to keep in mind Spanish word order. In Spanish, subjects can come before or after the verb.

Juan no viene. No viene **Juan.**

Objects marked with **a** generally follow the verb.

María visita **a su hermano.**

Object pronouns must always precede a conjugated verb.

Mis tíos **me fascinan.**

However, they can be attached to the end of an infinitive or a present participle. Note that when a pronoun is attached to a participle, a written accent mark is added to maintain the original pronunciation of the participle.

Mis primos van a **visitarme** en junio.		Mis primos **me** van a visitar en junio.
Mi abuela está **escuchándome.**	*or*	Mi abuela **me** está escuchando.

Spanish also uses the pronouns **me, te,** and **nos** as indirect objects: *to whom, from whom,* and *for whom.*

Mis hermanos **me** escriben cartas muy largas.

To whom are the letters being written? To me.

¿Y **te** dan dinero tus padres?

To whom is money given? To you—or at least that's what is being asked.

You already know how to use indirect objects with the verb **gustar.**

Me gusta recibir cartas de mi familia.	*Receiving letters from my family is pleasing to me.*
¿**Te** gusta escribir cartas?	*Is writing letters pleasing to you?*

What can get tricky in correctly interpreting a sentence is that often you will see or hear a sentence in which the order is object pronoun-verb-subject, just the opposite of English!

Nos invitan a cenar las chicas.	*The girls are inviting us to eat dinner.*
No te comprende el profesor.	*The professor doesn't understand you.*

ACTIVIDAD A Los pronombres

Select the correct interpretation of each sentence. Keep in mind that Spanish has flexible word order and doesn't necessarily follow subject-verb-object order as English does.

1. Mi hermana me llama frecuentemente.

   a. I call my sister frequently. **b.** My sister calls me frequently.

2. ¿Te extrañan tus padres?

   a. Do you miss your parents? **b.** Do your parents miss you?

3. No nos escuchan los padres.

   a. Parents don't listen to us. **b.** We don't listen to parents.

4. Me conocen bien mis hermanos.

   a. My siblings know me well. **b.** I know my siblings well.

Nota comunicativa

Here are some ways of saying what you do without using complete sentences. Note: Remember that Spanish does not have a "support verb" equivalent to English *do*.

SOMEONE SAYS	YOU CAN SAY	
No comprendo a mis padres.	Yo sí.	*I do.*
	Yo tampoco.	*Neither do I.*
		(Me neither.)
Veo a mi familia con frecuencia.	Yo también.	*I do, too.*
	Yo no.	*I don't.*

ACTIVIDAD B ¿Objeto o sujeto?

Your instructor will say a series of statements. Match each statement you hear with one of the following sentences. Remember that Spanish does not always follow subject-verb-object word order!

1. a. ☐ A man is calling me.
   b. ☐ I am calling a man.

2. a. ☐ My parents visit me.
   b. ☐ I visit my parents.

3. a. ☐ I follow others.
   b. ☐ Others follow me.

4. a. ☐ We are greeting a friend.
   b. ☐ A friend is greeting us.

5. a. ☐ Our relatives don't understand us.
   b. ☐ We don't understand our relatives.

6. a. ☐ A friend is inviting you to dinner.
   b. ☐ You are inviting a friend to dinner.

7. a. ☐ The professor is watching us.
   b. ☐ We are watching the professor.

8. a. ☐ María is looking for you.
   b. ☐ You are looking for María.

9. a. ☐ Juan believes us.
   b. ☐ We believe Juan.

ACTIVIDAD C Los parientes

What are things that relatives do to us? They can bother us, visit us, criticize us, love us, and so forth.

Paso 1 Read each statement and select the ones that you think are typical.

Los parientes...

a. ☐ nos molestan (*bother*).   **d.** ☐ nos visitan.

b. ☐ nos critican.   **e.** ☐ nos quieren (*love*).

c. ☐ nos ayudan.   **f.** ☐ nos _____.

Paso 2 Now select the alternatives that you think make sense.

Los parientes...

a. ☐ pueden molestarnos, aunque (*although*) no deben hacerlo.

b. ☐ pueden criticarnos, aunque no deben hacerlo.

c. ☐ pueden ayudarnos, aunque no deben hacerlo.

d. ☐ pueden visitarnos, aunque no deben hacerlo.

e. ☐ pueden querernos, aunque no deben hacerlo.

f. ☐ pueden _____ nos, aunque no deben hacerlo.

Compare your answers with a classmate's.

Mis abuelos, mis padres y yo (árbol genealógico) (*1936*) *por Frida Kahlo* (*mexicana, 1907–1954*)

GRAMÁTICA

¿La quieres?

Third person direct object pronouns

me	nos
te	os
lo/la	**los/las**
lo/la	**los/las**

The most difficult object pronoun system for students of Spanish is the set of third person object pronouns. The third person direct object pronouns are presented in the second column of the following list of sentences.

SUBJECT	OBJECT*
Ella besa a Juan. *She kisses Juan.*	Juan **la** besa. *Juan kisses her.*
Él besa a María. *He kisses María.*	María **lo** besa. *María kisses him.*
Ellos observan a Marcos. *They observe Marcos.*	Marcos **los** observa. *Marcos observes them.*
Ellas observan a Carlitos. *They observe Carlitos.*	Carlitos **las** observa. *Carlitos observes them.*

Keeping in mind that Spanish has flexible word order, what do you think the following sentence means?

Lo escucha Roberto.

If you said *Roberto listens to him,* you were correct!

Unlike **me, te,** and **nos,** the direct object pronouns **lo, la, los,** and **las** cannot function as indirect object pronouns. This means that they do not normally express *to him, to her, to them, for him, for her, for them,* and so forth, with verbs like **dar, gustar, escribir,** and others. (You will learn about third person indirect object pronouns in a later lesson.)

ACTIVIDAD D La familia de Cheryl

Paso 1 Imagine you overheard the statements below about Cheryl Fuller, whose family tree you studied earlier in this lesson. Indicate to whom each sentence could refer from the choices given.

1. No la quiere para nada.
   - **a.** su madrastra
   - **b.** su padre

2. Lo ve todos los días.
   - **a.** su hermano Christopher
   - **b.** su madre

3. Los obedece.
   - **a.** su madre
   - **b.** sus padres

Paso 2 Now indicate the subject and object of each verb in the sentences in **Paso 1.**

---

*Third person object pronouns can also refer to animals, things, and ideas.
   ¿Mi libro? No **lo** tengo.
   ¿Mis clases? **Las** detesto.
   ¿Mis dos perros? Ay, **los** quiero muchísimo.
   ¿Mi personalidad? **La** heredé (*I inherited it*) de mi madre.

ACTIVIDAD E ¿Qué leíste?

Paso 1 Quickly read the paragraph that your instructor displays to the class. Try to remember as much of the information as possible, but do not take notes.

Paso 2 In groups of three, recreate the paragraph as best as you can remember, writing out a final version to share with the class.

ACTIVIDAD F Mis parientes

Select a *female* relative of yours (**madre, hermana, tía, abuela, esposa,** and so forth). Which of the statements describes how you feel about her?

Nombre del pariente: _____ Relación: _____

☐ La admiro.   ☐ La quiero mucho.   ☐ La detesto.

☐ La respeto.   ☐ Trato de imitarla.   ☐ La...

Now select a *male* relative and do the same!

Nombre del pariente: _____ Relación: _____

☐ Lo admiro.   ☐ Lo quiero mucho.   ☐ Lo detesto.

☐ Lo respeto.   ☐ Trato de imitarlo.   ☐ Lo...

Compare your responses with those of two other people. Did you select the same relatives? Did you mark the same feelings?

ACTIVIDAD G Lo respeto porque...

Paso 1 Using a mix of males and females, think of four well-known people that you either admire, detest, hate, or respect. Jot down their names and then write how you feel about that person using the following verbs.

admirar   detestar   odiar (*hate*)   respetar

MODELOS   Barack Obama: Lo admiro porque es inteligente.

Paris Hilton: La detesto porque es tonta y egoísta.

Paso 2 Share your statements with the rest of the class. Are any names repeated? Do you and your classmates have the same opinions?

Así se dice

Do not mistakenly use **lo** as subject pronoun *it* as in English *It is raining.* **Lo** can only be a direct object. Remember that the subject pronoun *it* is not expressed in Spanish.

Está lloviendo.
It's raining.

Son las 12.00.
It's 12:00.

but

¿**Lo** tienes?
Do you have it?

GRAMÁTICA

Llamo a mis padres

The personal **a**

Recall that Spanish uses the object marker **a.**

Los padres miran **a** los hijos.
Llamo **a** mis padres.

This object marker has no equivalent in English, but it's important in Spanish because it provides an extra clue about who did what to whom in the sentence. Because Spanish has flexible word order, the **a** reminds you that even if a noun appears before the verb it may not be the subject!

Juan llama **a** María.
A María la llama Juan. } *Juan calls María.*

Note that when an object appears before the verb, the corresponding object pronoun must also be used. If you think that this is redundant, it is! But redundancy is a natural feature of languages. For example, we put past tense endings on verbs even if we also say *yesterday* or *last night*. What does the following sentence mean? Who is doing what to whom?

A la chica la busca el chico.

You were correct if you said *The boy is looking for the girl.*

ACTIVIDAD H ¿Quién?

Select the correct English version of each sentence.

1. A mi mamá la besa mucho mi papá.

  a. My mom kisses my dad a lot.
  b. My dad kisses my mom a lot.

2. A mi papá no lo comprendo yo.

  a. I don't understand my father.
  b. My father doesn't understand me.

3. A la señora la saluda el señor.

  a. The woman greets the man.
  b. The man greets the woman.

4. A los chicos los sorprende la profesora.

  a. The professor surprises the boys.
  b. The boys surprise the professor.

ACTIVIDAD I ¿A quién?

COMUNICACIÓN

Paso 1 Contesta las siguientes preguntas. Si no quieres hablar de tu familia, puedes hablar de amigos y otras personas que no son de tu familia.

MODELOS E1: ¿A quién de tu familia admiras?
E2: A mi madre.

  o Admiro a mi madre.
  Admiro a varias personas: a mi padre, a mi madre...

1. ¿A quién de tu familia admiras?

2. ¿A quién de tu familia comprendes mejor?

3. ¿A quién de tu familia no comprendes para nada?

Paso 2 Habla con otra persona en la clase para ver si contesta igual que tú. ¿Hay ciertos sentimientos comunes a la clase, por ejemplo, admiran todos a su abuela? ¿a un tío en particular?

¿Cómo es la familia de... ?

Propósito: dibujar (*to draw*) el árbol genealógico de alguna persona en la clase.

Papeles: una persona entrevistada; el resto de la clase dividido en cinco grupos.

Paso 1 El profesor (La profesora) le va a asignar a cada grupo una de las siguientes categorías.

Categoría 1: miembros de la familia nuclear
Categoría 2: abuelos
Categoría 3: tíos, incluyendo a los esposos y esposas
Categoría 4: primos
Categoría 5: características particulares de los diferentes parientes (por ejemplo, la persona más loca [*craziest*]; ver **Así se dice**) y sus pasatiempos especiales

Cada grupo debe hacer las preguntas necesarias para obtener de la persona entrevistada toda la información sobre su categoría. Por ejemplo, se puede preguntar sobre los nombres de los parientes, su edad, dónde viven, etcétera.

Paso 2 Los grupos deben entrevistar a la persona seleccionada. Toda la clase debe escuchar sus respuestas y apuntar (*jot down*) toda la información. **¡OJO!** Si no entiendes algo, debes pedir aclaración.

Paso 3 En casa, dibuja el árbol genealógico de la persona entrevistada. Incluye todos los detalles. A continuación hay un ejemplo de cómo se puede poner el nombre de un pariente en el árbol genealógico.

Si hay tiempo, uno o dos voluntarios debe(n) presentar su dibujo a la clase y dar una descripción de dos o tres minutos de varios miembros de la familia.

Así se dice

To say *the biggest, the smallest,* and so forth, Spanish uses the *definite article* + **más** + *adjective.* To say *the least intelligent, the least shy,* and so forth, Spanish uses the *definite article* + **menos** + *adjective.* Two exceptions are **mayor** and **menor.**

el/la más inteligente
the smartest

el/la menos tímido/a
the least shy

el/la mayor
the oldest

el/la menor
the youngest

María Shay, tía, divorciada. Vive en Florida. Es la más cómica de la familia.

La familia nuclear — The Immediate Family

la esposa (mujer)	wife
el esposo (marido)	husband
los esposos	married couple
el/la hermanastro/a	stepbrother, stepsister
el/la hermano/a	brother, sister
los hermanos	brothers and sisters, siblings
el/la hijo/a	son, daughter
los hijos	children
la madrastra	stepmother
la madre	mother
la madre soltera	single mother
el/la medio/a hermano/a	half brother, half sister
el padrastro	stepfather
el padre	father
el padre soltero	single father
los padres	parents
la pareja	couple; partner

La familia «extendida» — The Extended Family

el/la abuelo/a	grandfather, grandmother
los abuelos	grandparents
el/la cuñado/a	brother-in-law, sister-in-law
el/la nieto/a	grandson, granddaughter
los nietos	grandchildren
el/la primo/a	cousin
el/la sobrino/a	nephew, niece
el/la suegro/a	father-in-law, mother-in-law
los suegros	in-laws
el/la tío/a	uncle, aunt
los tíos	aunts and uncles

Para describir a los parientes — Describing Relatives

es...	he/she is . . .
soltero/a	single
viudo/a	a widower, widow
está...	he/she is . . .
casado/a	married
divorciado/a	divorced
muerto/a	dead
vivo/a	alive
ya murió	he/she already died
mayor	older
el/la mayor	oldest
menor	younger
el/la menor	youngest

Para hacer preguntas — Asking Questions

¿cómo?	how?
¿cuál?, ¿cuáles?	which?, what?
¿cuándo? (R)	when?
¿cuántos/as? (R)	how many?
¿dónde? (R)	where?
¿qué? (R)	what?, which?
¿quién?, ¿quiénes? (R)	who?

Otras palabras y expresiones útiles

el apellido	last name
el/la gemelo/a	twin
el pariente	relative
el perro	dog
nuevo/a (R)	new
pequeño/a	small
simpático/a (R)	nice, pleasant
tener... años	to be . . . years old

LECCIÓN 5

¿A quién te pareces?

In this lesson, you will explore the topic of family resemblances. As you do so, you will

◆ learn to describe people's physical appearance and to understand descriptions given by others

◆ talk about family resemblances

◆ learn about true reflexives and reciprocal reflexive constructions and use these to talk about relationships among family members and friends

◆ continue to use adjectives

◆ learn the difference between the verbs **saber** and **conocer**

◆ learn more about the verb **estar**

◆ review comparisons with **más** and **menos**

ALTO Before beginning this lesson, look over the **Intercambio** activity on page 128. This is the activity you will be working toward throughout the lesson.

Nos parecemos, ¿no?

VOCABULARIO

¿Cómo es? (I)

Describing people's physical features

el pelo rizado

Es alto.

el pelo lacio

el pelo negro

el pelo rubio

el mentón

los ojos azules

los ojos castaños

pelirrojo

las mejillas

Es de estatura mediana.

los ojos verdes

las orejas

las pecas

el pelo canoso

Es baja.

la nariz grande

Rosario Maira   Heriberto Rodríguez   Evelyn Roman   Bobby Feldman   Marisela González

Vocabulario útil

describir	to describe	**moreno/a**	dark-haired; dark-skinned
la cara	face		
la característica física	physical characteristic, trait	**¿Cómo es?**	What does he (she) look like?
los rasgos	traits (*usually facial features*)	**más alto/a (que)**	taller (than)
		menos grande (que)	smaller (than)
		el/la más alto/a (de)	the tallest
calvo/a	bald	**el/la menos grande (de)**	the smallest

COMUNICACIÓN

ACTIVIDAD A ¿Quién es?

Da el nombre de la persona que ves en los dibujos de la página anterior.

1. ¿Quién tiene los ojos castaños?

2. ¿Quién es pelirrojo?

3. ¿Quién tiene el pelo rubio?

4. ¿Quién es moreno?

5. ¿Quién tiene las orejas grandes?

6. ¿Quién es baja?

7. ¿Quién tiene el pelo rizado?

8. ¿Quién tiene el pelo lacio?

ACTIVIDAD B Descripciones

Tu profesor(a) va a describir a una persona que está en los dibujos de la página anterior. ¿A quién describe?

ACTIVIDAD C Otras personas famosas

Descríbele las características físicas de una persona famosa a un compañero (una compañera) sin decirle el nombre de la persona famosa. Tu compañero/a debe adivinar quién es.

> MODELO E1: Es una persona baja. Tiene ojos grandes y pelo azul. Lleva el pelo muy alto. Es madre.
> E2: Es Marge Simpson.

ACTIVIDAD D Los compañeros de clase

Paso 1 Mira a las personas de la clase y observa algunas de sus características físicas. Luego cierra los ojos y escucha la descripción que da el profesor (la profesora).

Paso 2 Escribe los nombres de todas las personas en la clase que tienen los rasgos físicos que el profesor (la profesora) describe.

Paso 3 Compara tu lista con la de tus compañeros de clase. La clase debe eliminar los nombres que no deben estar en la lista y preparar una lista de finalistas.

Paso 4 Escucha mientras (*while*) el profesor (la profesora) da más información sobre la persona. De las personas que están en la lista de finalistas, ¿a quién describe?

1. (*La Guajira, Colombia*)

2. (*Madrid, España*)

3. (*Caracas, Venezuela*)

4. (*Mazatlán, México*)

Las características físicas de los hispanos varían mucho de país a país y de región a región. ¿Cómo describirías (would you describe) *a las personas de las fotos?*

GRAMÁTICA

¿Quién es más alto?

Making comparisons

Remember that **más** and **menos** can be used with adjectives and nouns to make comparisons. The invariant form of **mucho** can be used to express that the difference is great when an adjective is used but must agree when a noun is used.

> Mi herman*a* es **más alt*a* que** yo.
> Mi pel*o* es **(mucho) más rizad*o* que** el pelo de mis hermanos.
> Mi hermano tiene **(much*as*) menos pec*as* que** yo.

Don't forget that adjectives must agree with the person or thing they describe.

ACTIVIDAD E ¿Cuál es?

Paso 1 Indica qué oraciones se te aplican.

1. **a.** Soy más alto/a que mi padre (hermano, abuelo, tío, etcétera).

   b. Soy menos alto/a que mi padre (hermano, abuelo, tío, etcétera).

   c. Somos de la misma estatura.

2. **a.** Soy más alto/a que mi madre (hermana, abuela, tía, etcétera).

   b. Soy menos alto/a que mi madre (hermana, abuela, tía, etcétera).

   c. Somos de la misma estatura.

Paso 2 ¿Hay diferencias entre las respuestas de los hombres y las mujeres de la clase? ¿Suelen ser todos más altos que su madre o sólo los hombres son más altos? ¿Y en comparación con su padre?

COMUNICACIÓN

ACTIVIDAD F Las parejas

Paso 1 Utilizando los adjetivos a continuación, haz comparaciones entre tu mamá y tu papá, tu abuelo y tu abuela, tu tío y tu tía, etcétera. Puedes sustituir un adjetivo, pero debes usar por lo menos dos de la lista.

cómico/a   delgado/a   extrovertido/a   optimista*

Paso 2 Como clase compartan (*share*) sus comparaciones. Con la información compartida, ¿pueden decir si todos están de acuerdo con lo siguiente?

En un matrimonio, los opuestos se atraen (*attract each other*).

VOCABULARIO

¿Nos parecemos?

Talking about family resemblances

Twins and triplets may be identical, but most of the time brothers and sisters have only some similar physical characteristics. To talk about whether two people resemble each other, the verb **parecerse** is used.

Juan y Roberto **se parecen.**	*Juan and Roberto look like each other.*
Mi hermana y yo **nos parecemos.**	*My sister and I look like each other.*
Me parezco a mi padre.	*I look like my father.*

You can also use the adjective **parecido/a** with the verb **ser** to describe resemblances and similarities.

| Mi hermana y mi madre **son** muy **parecidas.** | *My sister and my mother are very similar (much alike).* |
| **Soy** muy **parecido** a mi padre. | *I'm very much like my father.* |

---

*Adjectives ending in **-ista** do not change according to gender. However, they do for number. Ell**os** son muy optimist**as.**

Julio Iglesias y su hijo Enrique. Los dos son cantantes. ¿En qué más se parecen?

Así se dice

Remember, don't mistake the pronouns **me, te, se,** and **nos** as subject pronouns! For example, the **nos** of **nos parecemos** does not mean *we;* rather, **nosotros** means *we* as does the ending **-mos** on the verb. Likewise, **me** does not mean *I,* **se** does not mean *he (she),* and so forth. Compare:

(Nosotros) Nos parecemos.
We look alike.

(Él) Se parece a su madre.
He looks like his mother.

ACTIVIDAD G ¿Es verdad?

¿Cuál de las siguientes oraciones describe tu situación?

SOBRE TUS HERMANOS

1. ☐ Mi(s) hermano(s) y yo nos parecemos.
2. ☐ Me parezco sólo a uno de mis hermanos.
3. ☐ No me parezco a ninguno de mis hermanos.
4. ☐ No tengo hermanos

SOBRE TUS PADRES

5. ☐ Me parezco a mi padre.
6. ☐ Me parezco a mi madre.
7. ☐ Tengo algunas características de mi padre y otras de mi madre.
8. ☐ No me parezco ni a mi madre ni a mi padre.

SOBRE TUS OTROS PARIENTES (HIJOS, ABUELOS, ETCÉTERA)

9. Mi _____ y yo nos parecemos.
10. Mi _____ se parece más a _____.

Los hijos son la imagen de sus padres

COMUNICACIÓN

ACTIVIDAD H Mi familia y yo

Trae (*Bring*) a la clase una fotografía de un miembro de tu familia. ¿Pueden identificar a la persona de tu fotografía tus compañeros de clase?

MODELO   ESTUDIANTE: La persona de la foto es el padre (el hermano, la madre, etcétera) de Jane porque se parecen.
PROFESOR(A): ¿En qué se parecen?
ESTUDIANTE: Los dos tienen los ojos azules y…

VOCABULARIO

¿Cómo es? (II)

More on describing people

En muchos cuentos de hadas (*fairy tales*) el príncipe es **guapo, delgado** y **joven.**

En cambio, el gnomo suele ser **feo, gordo** y **viejo.**

Vocabulario útil

aventurero/a	adventurous	**reservado/a**	
cómico/a		**retraído/a**	reclusive
extrovertido/a		**serio/a**	
feliz	happy	**tímido/a**	shy
gregario/a		**triste**	sad

ACTIVIDAD A ¿De quién hablo?

Escucha el adjetivo que menciona tu profesor(a). ¿A cuál de los siguientes personajes describe? Basa tu respuesta en la película *Blanca Nieves* (*Snow White*) de Disney.

a. Blanca Nieves

b. Doc y Happy (dos enanos [*dwarfs*])

c. la Bruja (*the Witch*)

d. el Príncipe

1... 2... 3... 4... 5... 6... 7... 8... 9... 10...

ACTIVIDAD B Descripciones famosas

Usando el nuevo vocabulario, da unos adjetivos para describir a los siguientes parientes famosos.

1. Martin y Charlie Sheen

2. Hillary y Chelsea Clinton

3. Julio y Enrique Iglesias

4. ¿ ?

5. ¿ ?

✎ ACTIVIDAD C Características familiares

Paso 1 Prepara una breve descripción, basándote en los modelos a continuación. La idea es ver si tienes algo en común con los miembros de tu familia en cuanto a la personalidad.

MODELOS   En mi familia nadie es tímido. Todos somos extrovertidos. Hablamos mucho y nos gusta estar con otras personas.

o

En mi familia algunos son reservados y otros no. Por ejemplo, mi papá es un poco reservado pero mi mamá es gregaria y aventurera. Yo no soy muy aventurero pero me parezco más a mi mamá.

Paso 2 Ahora comparte tu descripción con la clase. Después decidan todos si están de acuerdo con la siguiente oración.

De tal palo, tal astilla.   *Like father, like son.*

GRAMÁTICA

¿Cómo está?

Describing people's physical or mental state

You have learned that **ser** is used to describe inherent physical or personality traits—or at least a trait that the speaker views as a definitive characteristic of the person. Many of the same adjectives can be used with **estar** to express some kind of change from what is expected or what is viewed as inherent. Note that English sometimes uses a verb other than *to be* to indicate this change from what is expected.

Paco **es** gregario. Hoy **está** un poco reservado.
Paco is gregarious (by nature). Today he's (he seems) a bit reserved.

Mi tío bajó (*lost*) 30 kilos. ¡Está muy delgado!
My uncle lost 30 kilos. He looks so thin!

—Ángela, ¿qué te pasa? **Estás** muy **seria.**

When someone uses the adjective **guapo/a** with **estar,** the normal meaning is that the person described looks nice or looks better than ever and not that the person is necessarily ugly by nature.

Don't get confused thinking that **ser** implies *permanent* or that **estar** implies *temporary.* A change can be temporary *or* permanent. The matter here is the speaker's expectations and concept of the way the person (or thing) is supposed to be. Twenty years after losing 100 pounds and keeping it off, someone could say to another person:

Todavía (*Still*) estás muy delgado. ¿Cómo lo haces?

(You will learn more about this use of **estar** in later lessons.)

ACTIVIDAD D ¿Esperado o inesperado?° °*Expected or unexpected?*

Escucha las oraciones que dice tu profesor(a) mientras describe a un amigo. Indica si la descripción representa algo esperado o inesperado.

1... 2... 3... 4... 5... 6...

ACTIVIDAD E Correspondencias

En la columna A aparecen algunas oraciones que una persona le dice a otra. Escoge de la columna B la respuesta más lógica para cada oración. Sé cortés. (*Be polite.*)

A	B
1. _____ ¡Estás muy guapo!	a. ¡Qué va! Te ves bien. (*No way! You look good.*)
2. _____ Estás un poco retraído.	b. ¿Por qué? ¿Qué pasó?
3. _____ Estoy fea.	c. Gracias.
4. _____ Estoy muy feliz.	d. Tengo un examen mañana y mucha tarea también.

COMUNICACIÓN

ACTIVIDAD F ¿Cuándo cambias de personalidad?

Paso 1 Utilizando el modelo, escribe algunas oraciones sobre cómo eres y cómo cambias de personalidad en ciertas situaciones. Si prefieres, puedes hablar de un hermano (una hermana), tu mamá, tu papá, un tío (una tía), etcétera.

MODELO   en una situación formal →
Normalmente soy cómico. Pero en una situación formal, estoy muy serio.

1. entre buenos amigos
2. en público
3. en una fiesta
4. en clase
5. en una entrevista (*interview*)
6. en una primera cita (*date*)

Paso 2 Ahora comparte tus descripciones con la clase. ¿Hay semejanzas (*similarities*) en la clase?

GRAMÁTICA

¿La conoces?

Talking about knowing someone

You have already encountered the verb **saber** to express *to know*. Remember that **saber** is restricted in use to expressing the concept of knowing something such as a fact or knowing that something has happened, will happen, and so forth.

> **Sé** que mi profesor habla español.
> Todos **sabemos** el número de teléfono del profesor, ¿no?
> ¿No **sabes** si viene Tomás?

The verb **conocer** also translates into English as *to know* but means a different kind of knowing. **Conocer** is used when talking about knowing a person (as in having met that person). It can also be used to talk about *being familiar with* a place or thing.

> **Conozco** bien a mis compañeros de clase pero no **conozco** bien al profesor.
> ¿**Conoces** San José? Es muy lindo.
> No **conozco** la música de Shakira. ¿Es buena?

Saber is used to talk about people only when expressing knowledge of information about a person.

> No **sé** si Jaime es inteligente o no. De hecho (*In fact*), no **sé** mucho de Jaime.
> **Sé** muy poco de los Gómez. ¿Dónde viven?

—¿**Conoces** a Elena?
—Sí, pero no muy bien. ¿Por qué?

ACTIVIDAD G ¿Sabemos o conocemos?

Indica si cada oración debe comenzar por **Sabemos** o **Conocemos**. Luego indica si la oración es cierta (C) o falsa (F) para la clase.

	C	F
1. _____ que muchos de esta clase tienen *iPod*.	☐	☐
2. _____ bien el sistema político de este país.	☐	☐
3. _____ al presidente (a la presidenta) de la universidad.	☐	☐
4. No _____ si Jennifer López es puertorriqueña o cubana.	☐	☐
5. No _____ nada de las películas de Steven Spielberg.	☐	☐
6. _____ bastante bien el libro *Vistazos*.	☐	☐

ACTIVIDAD H ¿Conoces bien a todos?

COMUNICACIÓN

Paso 1 ¿Conoces bien a todos tus compañeros de clase? Si no, escoge a una persona que no conoces muy bien y hazle preguntas sobre los siguientes temas.

◆ el tamaño (*size*) de su familia   ◆ algo de su personalidad
◆ si prefiere los perros o los gatos

Paso 2 Ahora escribe un breve párrafo sobre la persona, utilizando el modelo a continuación. Uno o dos voluntarios va a leer su párrafo a la clase.

> MODELO   Yo hablé con _____. Ahora lo (la) conozco un poco mejor.
> Por ejemplo, ahora sé que _____. También _____.

GRAMÁTICA

¿Te conoces bien?

True reflexive constructions

me	despierto	nos	despertamos
te	despiertas	os	despertáis
se	despierta	se	despiertan
se	despierta	se	despiertan

Cuando un perro **se mira** en el espejo (*mirror*), ¿comprende que no es otro perro?

In **Lección 4,** you learned about objects and object pronouns. These are relatively easy concepts to understand, and objects and object pronouns aren't difficult to distinguish from subjects. But what if subjects and objects refer to the same person or persons? For example, with the verb *to see*, a person can either *see someone else* or can go to a mirror and *see himself or herself* in the reflection. The second type of construction is called a true reflexive.

Any verb that can have an object can be reflexive. To make a verb reflexive, English often uses a pronoun with *-self* or *-selves* (*myself, yourselves,* and so forth). Spanish simply uses the regular object pronouns for first and second person (singular and plural), and the special pronoun **se** for third person.

Comprendo a mi hermanito.	*I understand my little brother.*
Me comprendo.	*I understand myself.*
Juan mira a María.	*Juan looks at María.*
Juan **se** mira.	*Juan looks at himself.*

In **Unidad 1,** you learned some reflexive verbs, including **levantarse** and **despertarse.**

(Yo) **Me levanto** muy temprano.
(Tú) **Te despiertas** a las 6.00 todos los días.
(Ud.) **Se levanta** temprano los fines de semana.
(Él/Ella) **Se acuesta** tarde.
(Nosotros/as) **Nos despertamos** a las 7.30.
(Uds.) **Se acuestan** bastante temprano.
(Ellos/Ellas) **Se levantan** rápidamente.

Levantar literally means *to raise,* so when you say **Me levanto temprano** you are literally saying *I raise me* (i.e., *myself*) *early.* **Acostar** actually means *to put to bed.* When you say **María se acuesta** you are saying *María puts herself to bed.* Knowing that **despertar** means *to awaken* or *to wake up,* how does **Nos despertamos a las 7.30** literally translate in English? You're right if you said *We wake ourselves up at 7:30.*

The reflexive verbs you learned in **Unidad 1** can also be used nonreflexively when the subject and object are not the same. For example, María can wake (herself) up or she can wake up her mother.

> María **se despierta.**
> María **despierta a su mamá.**

María can also wake (herself) up or someone else can wake her up.

> María **se despierta.**
> El papá **despierta a María.**

In the following activities, pay attention to how the pronoun **se** indicates a reflexive action or event.

ACTIVIDAD A ¿Acciones reflexivas?

Indica cuál de las opciones capta mejor la idea principal, en cada caso.

1. Marcos tiene muy buena opinión de su primo Roberto. Considera que Roberto es un joven modelo. Marcos…

    a. ☐ admira a otra persona.   **b.** ☐ se admira.

2. Dolores es una persona interesante. Sabe muy bien cuáles son sus puntos fuertes y débiles (*weak*). Sabe lo que quiere de la vida y cómo lograrlo (*to achieve it*). Dolores…

    a. ☐ conoce bien a otra persona.   **b.** ☐ se conoce bien.

3. A Federico no le gusta su compañero de cuarto Rodolfo. Según Federico, Rodolfo no tiene ninguna cualidad buena. Federico…

    a. ☐ detesta a otra persona.   **b.** ☐ se detesta.

4. A Elena le gusta leer los libros de Carl Sagan. Cree que era un hombre muy inteligente y que sus ideas son muy interesantes. Elena…

    a. ☐ respeta a otra persona.   **b.** ☐ se respeta.

5. Mi tío Gregorio siempre habla solo. Y lo más interesante es que contesta sus propias preguntas. Mi tío…

    a. ☐ habla con otra persona.   **b.** ☐ se habla.

ACTIVIDAD B ¿Qué leíste?

Paso 1 Quickly read the paragraph that your instructor displays to the class. Try to remember as much of the information as possible, but do not take notes.

Paso 2 In groups of three, recreate the paragraph as best as you can remember, writing out a final version to share with the class.

Así se dice

Many typical daily actions, such as **acostar, afeitar** (*to shave*), **levantar,** and **despertar,** can be reflexive constructions in Spanish. In English they are usually expressed without the *-self* or *-selves.* Note the contrastive situations below.

bañar (*to bathe*)

Me baño todos los días.
I bathe (take a bath) every day.
Baño a mi perro una vez al mes.
I bathe my dog (give my dog a bath) once a month.

COMUNICACIÓN

💬 ACTIVIDAD C Correspondencias

Paso 1 Con un compañero (una compañera), haz la correspondencia de cada acción reflexiva de la columna A con una conclusión de la columna B.

Si alguien...   ...podemos concluir que...

A   **B**

1. se habla constantemente _____   **a.** está loco.
2. se mira mucho en el espejo _____   **b.** tiene mucho tiempo libre.
3. se escribe recados (*notes*) todo el tiempo _____   **c.** es flexible.
4. se mantiene (*supports financially*) sin la ayuda   **d.** es responsable.
   de otros _____   **e.** es independiente.
5. se ofrece como voluntario para todo _____   **f.** maneja muy bien el lenguaje.
6. se acuesta siempre a las 3.00 de la madrugada   **g.** es narcisista.
   (*early morning*) _____   **h.** tiene más energía de noche.
7. se adapta fácilmente a situaciones nuevas _____   **i.** tiene mala memoria.
8. se expresa bien _____
9. se impone (*imposes*) límites en lo que
   gasta cada mes _____

Paso 2 Indica si las siguientes oraciones son ciertas (C) o falsas (F) para ti.

	C	F
1. Me miro mucho en el espejo.	☐	☐
2. Me escribo recados para recordar cosas.	☐	☐
3. Me hablo constantemente.	☐	☐
4. Me adapto fácilmente a situaciones nuevas.	☐	☐
5. Me ofrezco como voluntario para todo.	☐	☐
6. Me expreso bien.	☐	☐
7. Me acuesto siempre a las 3.00 de la madrugada.	☐	☐
8. Me impongo límites en lo que gasto cada mes.	☐	☐
9. Me mantengo sin la ayuda de otra persona.	☐	☐

Paso 3 Compara lo que indicaste en el **Paso 2** con las acciones y las conclusiones del **Paso 1**. ¿Crees que tus respuestas reflejan bien algo de tu personalidad?

GRAMÁTICA

¿Se abrazan Uds.?

(nosotros/as)	**nos comprendemos**
(vosotros/as)	**os comprendéis**
(Uds.)	**se comprenden**
(ellos/ellas)	**se comprenden**

In addition to Spanish reflexive constructions that have English equivalents with *-self* or *-selves*, reflexive constructions in Spanish can express a reciprocal action, that is, when two or more people do something *to each other.*

Los niños **se miran.**	*The children look at each other.*
Los hombres no **se escuchan.**	*The men don't listen to each other.*
¿Nos conocemos?	*Do we know each other?*

What do you think the underlined portion of the following sentence means?

Mi hija y mi esposa <u>no se comprenden</u>. ¿Qué voy a hacer?

The underlined part of the sentence expresses that the speaker's daughter and wife do not understand each other.

Context will usually help you determine whether a third person plural reflexive construction is reciprocal or means *-selves.*

ACTIVIDAD D ¿En qué orden?

Indica el orden (del 1 al 6) en que pasan las acciones en cada situación. Luego compara lo que escribiste con lo que escribió otro compañero (otra compañera).

María y Silvia son dos primas. Hace varias semanas que no tienen contacto la una con la otra. Pero un día…

_____ se abrazan.
_____ se despiden (*they say good-bye*).
_____ se hablan un rato.
_____ se llaman al día siguiente.
_____ se saludan.
_____ se ven.

Así se dice

Although the verb **llevar** usually means *to carry,* the reflexive form of **llevar** is used to express the concept of getting along with someone.

> **Me llevo bien** con toda mi familia.
> *I get along well with everyone in my family.*

> Mi padre **no se lleva bien** con su padre, mi abuelo.
> *My father doesn't get along well with his father, my grandfather.*

Llevarse bien/mal can also be used to express a reciprocal action.

> Mis padres y yo **nos llevamos** muy bien.
> *My parents and I get along well (with each other).*

ACTIVIDAD E ¿Sabías que... ?

Paso 1 Lee la selección **¿Sabías que... ?** ¿Es típica de este país la costumbre descrita (*described*)? ¿Cómo se saludan los amigos de tu edad en tu grupo?

Dos estudiantes se saludan en Madrid, España.

¿Sabías que...

el contacto corporal entre los hispanos es mayor que entre los de ascendencia anglosajona? En España, por ejemplo, al saludarse y al despedirse dos personas, frecuentemente se besan ligeramente[a] en las mejillas. Esto es típico sobre todo entre dos mujeres y entre una mujer y un hombre pero no es costumbre entre los hombres. El beso es doble; es decir, las dos personas se besan en las dos mejillas. Frecuentemente, cuando se besan, las dos personas también se abrazan. Además, las dos personas no tienen que ser parientes ni amigos íntimos para besarse cuando se saludan.

En otras partes del mundo hispánico, es más común darse un solo beso. Abrazarse o no es cuestión de preferencia individual. Si visitas un país de habla española, deberías[b] observar cómo se saludan y se despiden las personas cuando se encuentran en la calle. Si no comprendes o no tienes oportunidad de observar estas costumbres, ¡pregúntaselo a una persona nativa del lugar que visitas![c]

---

[a]se... *they kiss lightly*   [b]*you should*   [c]¡pregúntaselo... *ask a native resident about it!*

Paso 2 Lee la selección de nuevo (*again*) y subraya (*underline*) todos los verbos que representan acciones recíprocas. Compara tu trabajo con el de un compañero (una compañera) o con la clase. Luego di cuál sería (*would be*) la frase que le corresponde en inglés a cada frase subrayada. ¿Siempre se dice *each other* en inglés al referirse a una acción recíproca?

ACTIVIDAD F Una comparación

Paso 1 Indica si las siguientes acciones son típicas o no en tu familia. Puedes añadir (*add*) otra acción si quieres.

En mi familia...

	SÍ	NO
1. nos abrazamos cuando nos vemos.	☐	☐
2. nos besamos cuando nos vemos.	☐	☐
3. nos saludamos por la mañana.	☐	☐
4. nos llamamos mucho por teléfono.	☐	☐
5. nos apoyamos (*support emotionally*).	☐	☐
6. nos comprendemos bien.	☐	☐
7. ¿ ?	☐	☐

Paso 2 Utilizando las ideas del **Paso 1,** formula preguntas para hacerle una entrevista a un compañero (una compañera). Luego entrevista a esa persona.

MODELO En tu familia, ¿se abrazan Uds. cuando se ven?

Paso 3 Escribe un breve párrafo en el que comparas a tu familia con la de tu compañero/a.

ACTIVIDAD G ¿Se llevan bien?

Paso 1 Lee la explicación **Así se dice** de la página 126. Luego indica si estás de acuerdo o no con cada afirmación a continuación.

	SÍ	NO
1. Las madres y las hijas se llevan mejor que (*better than*) los padres y las hijas.	☐	☐
2. Los padres y los hijos se llevan mejor que las madres y los hijos.	☐	☐
3. Los hermanos se llevan mejor cuando son pocos, por ejemplo, dos o tres.	☐	☐

Paso 2 Toda la clase va a compartir sus experiencias personales. Alguien debe tomar apuntes en la pizarra (*board*).

MODELO En mi familia, todos se llevan bien. Mi madre y mis hermanos se llevan bien...

Paso 3 Ahora ¿qué cree la clase en cuanto a las afirmaciones del **Paso 1**? ¿Estás tú de acuerdo con tus compañeros/as?

Nota comunicativa

A good way to keep a conversation going (and to hear more Spanish!) is to inquire what the other speaker thinks or how the topic relates to him or her. You can do this in a number of ways.

Y tú, ¿qué crees? *or*
Y Ud., ¿qué cree?

¿Qué crees tú? *or*
¿Qué cree Ud.?

¿Qué te parece? *or*
¿Qué le parece a Ud.?

¿Cómo lo ves tú? *or*
¿Cómo lo ve Ud.?

¿Cómo son?

Propósito: preparar una descripción de un compañero (una compañera) y de un miembro de su familia para contestar dos preguntas.

Papeles: las dos personas hablan y escuchan; cada una debe apuntar lo que dice la otra.

Paso 1 En esta actividad vas a entrevistar a un compañero (una compañera) para contestar dos preguntas.

1. ¿A quién de su familia se parece más tu compañero/a? ¿En qué sentido?

2. ¿Hay acciones que indican si son muy unidos/as o no? ¿Cuáles son? Piensa en las preguntas que puedes hacerle para poder contestar estas preguntas. Por ejemplo: «¿Eres tímido/a o extrovertido/a? ¿Quién de tu familia es como tú?» o «¿Se llaman Uds. mucho por teléfono? ¿Se llevan bien?»

Paso 2 Entrevista a tu compañero/a y hazle las preguntas. Apunta toda la información relevante a las preguntas del **Paso 1.**

Paso 3 Con la información obtenida en el **Paso 2,** contesta cada pregunta del **Paso 1** con unas 50 palabras (100 en total). Prepárate bien por si acaso (*just in case*) el profesor (la profesora) te pide que hagas (*asks you to make*) una presentación oral.

MODELOS Juan y su papá se parecen mucho. Los dos son gregarios y nada tímidos. Son aventureros también. Es evidente que son muy unidos. Se abrazan cuando se ven. Se hablan por teléfono cada semana…

o

Juan no se parece mucho a sus hermanos. Sus hermanos son más altos que él. También son más reservados. Pero son bastante unidos…

Características físicas — Physical Characteristics

la cara	face
las mejillas	cheeks
el mentón	chin
la nariz	nose
las orejas	ears
las pecas	freckles
la estatura	height
alto/a	tall
bajo/a	short
de estatura mediana	of medium height
los ojos	eyes
azules	blue
castaños	brown
verdes	green
el pelo	hair
calvo	bald
canoso	gray
lacio	straight
moreno	dark
negro	black
pelirrojo	red-headed
rizado	curly
rubio	blond
los rasgos	traits (*usually facial features*)

delgado/a	thin
feo/a	ugly
gordo/a	fat
guapo/a	good-looking
joven	young
moreno/a	dark-skinned
viejo/a	old

¿De qué color es (son)... ?	What color is (are) . . . ?
¿De qué estatura es?	What height is he (she)?

Características de la personalidad — Personality Traits

feliz	happy
retraído/a	solitary, reclusive
triste	sad

Cognados: aventurero/a, extrovertido/a, gregario/a, reservado/a, serio/a (R), tímido/a

Para dar opiniones — Giving Opinions

asegurar	to assure
conocer (conozco) (R)	to be acquainted with
creer	to believe
opinar	to think, have the opinion
parecer (parezco)	to seem
pensar (ie) (R)	to think
saber (*irreg.*) (R)	to know (a fact)

es...	it is . . .
cierto	certain
cosa sabida	a known fact
evidente	evident
indudable	without a doubt
obvio	obvious
está claro	it's clear

¿Cómo es? — What Does He/She Look Like?

más alto/a (que)	taller (than)
menos grande (que)	smaller (than)
el/la más alto/a (de)	the tallest
el/la menos grande (de)	the smallest

Otras palabras y expresiones útiles

grande	big
parecido/a	similar

abrazar	to hug
adaptar	to adapt, adjust
afeitar	to shave (*someone*)
apoyar	to support (*emotionally*)
bañar	to bathe (*someone or something*)
besar	to kiss
comprender	to understand
describir	to describe
despedir (i, i)	to say good-bye
imponer (*irreg.*)	to impose
llevar	to carry
llevarse bien (mal)	to get along well (poorly)
mantener (*irreg.*)	to support (*financially*)
parecerse (me parezco)	to resemble, look like
saludar	to greet

LECCIÓN **6**

Vistazos *digital*

 Online Textbook and *Manual*

Online Learning Center

Video on DVD

CENTRO Your media center for languages

All media resources for *Vistazos*, all in one place

¿Y el tamaño de la familia?

In this lesson, you'll explore how families used to be and how they are now. You will

◆ read about the changing size of families

◆ consider how things used to be compared to how they are now

◆ learn numbers 30–199 in order to talk about ages and decades

◆ learn numbers 200–2030 in order to talk about dates and centuries

◆ begin to use the *imperfect* tense

◆ learn to make comparisons of equality

◆ learn to use the progressive with **estar**

ALTO Before beginning this lesson, look over the **Situación** activity on page 143. This activity will provide you with a means of using all of the Spanish you've learned so far to discuss a typical situation.

Un matrimonio (**married couple**) *español de hoy día no tiene una familia tan grande como la que tenían sus abuelos.*

VOCABULARIO

¿Qué edad?

Numbers 30–199 and talking about people's age

30	**treinta**	31	**treinta y uno**
40	**cuarenta**	32	**treinta y dos**
50	**cincuenta**	101	**ciento uno**
60	**sesenta**	102	**ciento dos**
70	**setenta**	120	**ciento veinte**
80	**ochenta**		
90	**noventa**		**tener... años**
100	**cien**		to be . . . years old

*¿Quién **tiene** más o menos **cuarenta años** en la fotografía? ¿Quién **tiene sesenta años** o más?*

ACTIVIDAD A ¿Qué número?

Escucha los números que dice el profesor (la profesora). Escribe las cifras (*numbers*) apropiadas.

MODELO PROFESOR(A): Treinta y cinco
ESTUDIANTE: 35

1... **2**... **3**... etcétera

ACTIVIDAD B Más números

Sin mirar los números de arriba (*above*), lee cada número a continuación y escribe las cifras correctas. Compáralas con las de otra persona en la clase.

1. _____ cincuenta y cinco
2. _____ noventa y ocho
3. _____ setenta y seis
4. _____ cuarenta y nueve
5. _____ ciento cincuenta y cuatro

ACTIVIDAD C Edades

COMUNICACIÓN

Paso 1 Entrevista a otra persona de la clase para saber la edad de sus padres. Si la persona indicada ya murió, escribe **ya murió.**

Paso 2 Comparen los resultados obtenidos por todos los estudiantes de la clase.

1. ¿Quién de la clase tiene el padre más viejo?

2. ¿Quién tiene la madre más vieja?

3. ¿Quién tiene la madre más joven?

4. ¿Quién tiene el padre más joven?

<table>
<tr><td>

Así se dice

When 31, 41, 51, and so forth are followed by a noun, the number must end in **un** or **una** to show gender agreement.

treinta y **un** años
treinta y **una** familias
cincuenta y **un** números
cincuenta y **una** casas

Did you note that the number is not pluralized, that is, no **-s** is added?

</td><td>

Paso 1 Lee la selección **¿Sabías que... ?** Después contesta las siguientes preguntas.

1. ¿En dónde se vive más años de vida saludable, ¿en España, Cuba o los Estados Unidos?

2. ¿Cuántos años de vida saludable pierde (*loses*), más o menos, la persona típica en España?

Paso 2 ¿Llevan una larga vida las personas de tu familia? Habla con tus padres o abuelos y luego reporta su respuesta a la clase.

</td></tr>
</table>

¿Sabías que...

en España se vive más? Según los nuevos datos, la esperanza de vida[a] en España es de 78,1 años, mientras que en los Estados Unidos es menos: 76,6 años. Sin embargo, los nuevos cálculos de la Organización Mundial de la Salud[b] ofrecen un nuevo tipo de dato: esperanza de vida saludable.[c] Con este cálculo, se establece el número de años que una persona puede esperar vivir en buena salud. En España esta cifra es de 72,8 años, mientras que en los Estados Unidos es de 70 años. En Latinoamérica, el país con mayor esperanza de vida saludable es Cuba: 68,4 años. ¿Y cuál es el país de mayor esperanza de vida saludable en el mundo? El Japón, con unos 74,5 años.

Campol, España

[a]esperanza... *life expectancy*   [b]Organización... *World Health Organization*   [c]*healthy*

VOCABULARIO

¿En qué año... ?

Numbers 200–2030 and expressing years

200	**doscientos**	900	**novecientos**
300	**trescientos**	1000	**mil**
400	**cuatrocientos**	1851	**mil ochocientos cincuenta**
500	**quinientos**		**y uno**
600	**seiscientos**	2000	**dos mil**
700	**setecientos**	2030	**dos mil treinta**
800	**ochocientos**		

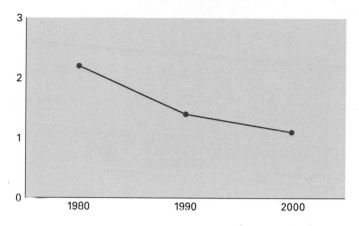

Cada vez menos hijos

En sólo dos décadas, el
número de hijos por mujer en España
desciende el 50% del 2,2 al 1,1.

NÚMERO DE HIJOS POR MUJER

Fuente: Instituto
Nacional de
Estadística de
España

Vocabulario útil

la década
  la década de los 90
la época
  una época anterior

el siglo *century*
  el siglo pasado
  el siglo XX

ACTIVIDAD E ¿Qué siglo?

Escribe el año que oyes. Luego indica a qué siglo corresponde.

1. _____ **a.** el siglo XV   **b.** el siglo XVI
2. _____ **a.** el siglo XVIII   **b.** el siglo XVII
3. _____ **a.** el siglo XIII   **b.** el siglo XIV
4. _____ **a.** el siglo XIX   **b.** el siglo XX
5. _____ **a.** el siglo XVII   **b.** el siglo XVI

Consejo práctico

Numbers are often difficult to learn in another language. For added practice, you might consider the following ideas.

◆ Write out in Spanish telephone numbers you frequently call (**tres, cincuenta y cinco, sesenta y uno, noventa y cuatro** for 355-6194) and keep these by your phone.

◆ Every time you dial a number on the phone, try to say it in Spanish as you dial.

◆ Before doing homework, write out or say aloud in Spanish the number of pages you have to read, what pages you have read, and so forth.

◆ If you are a sports fan, keep track of players' numbers, final scores of a game, and so forth, in Spanish.

Doing this will greatly improve your ability to learn numbers in Spanish!

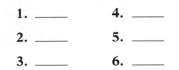

ACTIVIDAD F Fechas° histéricas

Dates

Paso 1 ¿Qué sabes o recuerdas de la historia del mundo hispano? Escribe los años que lee el profesor (la profesora).

1. _____   4. _____

2. _____   5. _____

3. _____   6. _____

Paso 2 Haz la correspondencia entre los años del **Paso 1** y los acontecimientos (*events*) históricos a continuación.

a. Cristóbal Colón llegó a América.

b. Guerra entre México y los Estados Unidos. El territorio desde Texas hasta California pasó a manos (*hands*) norteamericanas.

c. Empezó la Revolución Mexicana.

d. Los moros invadieron España donde permanecieron (*they remained*) hasta el siglo XV.

e. Guerra entre España y los Estados Unidos. Cuba, Puerto Rico, las Islas Filipinas y otros territorios pasaron a manos norteamericanas.

f. Se publicó la primera parte de la novela de Miguel de Cervantes *El ingenioso hidalgo don Quijote de la Mancha.*

ACTIVIDAD G Datos biográficos

Algunas personas (voluntarias) les dicen a los miembros de la clase cuántos años tienen. La clase debe decir en qué año nació cada persona. ¿Pueden Uds. adivinar en qué año nació el profesor (la profesora)?

GRAMÁTICA

¿Está cambiando?

The present progressive

In Spanish, the verb **estar** can be used with a special verb form to express the present progressive (e.g., *He is working. I am reading. The world is changing.*) In Spanish, this special verb form always ends in **-ando** or **-iendo.**

El mundo está **cambiando.**   *The world is changing.*
Graciela está **comiendo.**   *Graciela is eating.*

With verbs such as **creer, leer,** and **huir** (*to flee*), in which a vowel precedes the **-er** or **-ir** ending, **-yendo** is used to keep from having three vowels together.

El gato está **huyendo.**	*The cat is fleeing.*
Ramón está **leyendo.**	*Ramón is reading.*

The present progressive is used only to express an action or event that is in progress. It can never be used as in English to express future meaning, in which case the simple present tense is used.

Raquel **está saliendo.**	*Raquel is leaving* (*right now*).
Raquel **sale** mañana.	*Raquel is leaving tomorrow.*

Unlike English, Spanish can also use the simple present tense with a progressive meaning in most circumstances.

¿Qué **haces** en estos días?	*What are you doing these days?*
¿**Sales** ahora?	*Are you leaving now?*
Llueve.	*It's raining.*

ACTIVIDAD H ¿Qué están haciendo?

Indica qué están haciendo las siguientes personas en este momento.

En este momento...

1. mi mamá (abuela, tía, etcétera) está _____.
2. mi papá (abuelo, tío, etcétera) está _____.
3. mi hermano/a (primo/a, hijo/a, etcétera) está _____.
4. mi mejor amigo/a está _____.
5. mi profesor(a) de español está _____.
6. mi vecino/a (*neighbor*) está _____.

a. comiendo algo
b. durmiendo*
c. escribiendo algo
d. leyendo algo
e. preparando algo para comer
f. trabajando
g. viendo la televisión
h. ¿ ?

ACTIVIDAD I ¿Qué leíste?

COMUNICACIÓN

Paso 1 Quickly read the paragraph that your instructor displays to the class. Try to remember as much of the information as possible, but do not take notes.

Paso 2 In groups of three, recreate the paragraph as best as you can remember, writing out a final version to share with the class.

---

*Verbs that end in **-ir** and have a stem change in the third person preterite tense have the same stem change in the **-ndo** form: **morir** → murió → muriendo; **pedir** → pidió → pidiendo.

ACTIVIDAD J En estos días...

Paso 1 Escribe tres cosas sobre tu vida actual, siguiendo el modelo.

MODELO   En estos días estoy comiendo más de lo normal.

Paso 2 Busca a una persona que tenga* por lo menos *dos* de las mismas acciones. Luego reporta a la clase lo que tienen en común.

VISTAZOS II · Épocas anteriores

GRAMÁTICA

¿Era diferente la vida? (I)

Introduction to the imperfect tense: Singular forms

(yo)	me acost**aba** com**ía** escrib**ía**	(nosotros/as)	-ábamos -íamos
(tú)	te acost**abas** com**ías** escrib**ías**	(vosotros/as)	-abais -íais
(Ud.)	se acost**aba** com**ía** escrib**ía**	(Uds.)	-aban -ían
(él/ella)	se acost**aba** com**ía** escrib**ía**	(ellos/as)	-aban -ían

When we discuss events, actions, and states of being, we can refer to *when* they occur: This is called *tense.* You already know how to express basic present, past, and future events.

> **Hablé** con mi tío soltero por teléfono. (*past*)
> **Hablo** con mi abuelo materno ahora. (*present*)
> **Voy a hablar** con mi prima favorita pronto. (*future*)

But we can also include information on the status of the event, action, or state. Was it, is it, or will it be *in progress* at the time we refer to it? When we include information about the *progress* of the event, we refer to *aspect.* Can you tell which of these encodes tense and which encodes aspect in an English verb?

> *will* as in "He *will* do it."
> *-ed* as in "He *finished.*"
> *-ing* as in "She *was talking.*"

—Sí, cuando yo **tenía** su edad, las cosas **eran** bien diferentes. Yo no **asistía** a la escuela como Uds. **Trabajaba** en el campo con mis padres.

---

*has; **tenga** is the subjunctive form of **tener.** (You will learn about the subjunctive in a later lesson.)

Lección 6   ¿Y el tamaño de la familia?

If you said the first two encode tense and only the third encodes aspect, you were correct. *Will* encodes future and *-ed* encodes past, but *-ing* encodes that an action was, is, or will be in progress. For example, *He was talking, He is talking,* and *He will be talking.* The tense changes, but the aspect does not: the use of the verb form *talking* encodes the meaning "in progress at the time referred to."

An important feature of Spanish *past tense* verbs is that they encode aspect. The use of **-aba-** and **-ía-,** for example, indicates *in progress at the time,* while the preterite forms (**-é/-í, -aste/-iste, -ó/-ió,** etc.) do not.

> **Hablaba** con mis abuelos ayer. (*past, but in progress*)
> *I was talking with my grandparents yesterday.*

> **Salía** con mis tíos cuando... (*past, but in progress*)
> *I was leaving with my aunt and uncle when . . .*

This is called the *past imperfect indicative* or simply the *imperfect.*

Spanish also uses the imperfect to refer to actions and events that *occurred repeatedly* in the past, without reference to exactly how often. This corresponds roughly to English *used to* or *would* as in *They used to (would) make fun of me as a child.*

> **Comíamos** en muchos restaurantes diferentes.
> *We used to (We would) eat in many different restaurants.*

> Mis hermanos y yo **nos llevábamos** bien.
> *My siblings and I used to get along well.*

Imperfect verb forms are signaled by **-aba-** (for **-ar** verbs) and **-ía-** (for both **-er** and **-ir** verbs). Examples are given in the shaded box on the previous page.

Ir and **ser** have irregular imperfect stems and unexpected forms but are easy to memorize.

ir	ser
iba	era
ibas	eras
iba	era

In the activities that follow, you will concentrate on using the imperfect when speaking about the way things *used to be* and about actions that *have taken place repeatedly* in the past.

ACTIVIDAD A ¿Sí o no?

Escucha y apunta lo que dice tu profesor(a). Después indica si es cierto o falso para ti. Todas las oraciones tienen que ver con (*deal with*) la vida de tu profesor(a) durante la década anterior.

Yo...

1... **2**... **3**... **4**... **5**... **6**...

ACTIVIDAD B Entrevista

Paso 1 Hazle las siguientes preguntas a un compañero (una compañera) de clase. Apunta sus respuestas. Todas las preguntas tienen que ver con la década anterior.

1. ¿Leías más o menos?

2. ¿Mirabas la televisión más o menos?

3. ¿Te acostabas más temprano que ahora?

4. ¿Te levantabas más temprano que ahora?

5. ¿Salías mucho con tus amigos? ¿más que ahora o menos?

Paso 2 Usando la información del **Paso 1** junto con (*as well as*) la información de la **Actividad A,** haz comparaciones entre el profesor (la profesora) y tu compañero/a.

MODELOS El profesor (La profesora) leía más y Jorge leía más también.

El profesor (La profesora) salía más con amigos pero Jorge salía menos.

ACTIVIDAD C Antes y ahora

¿Qué cosas hacías tú de niño/a (*as a child*) que no haces de adulto? ¿Qué cosas hacías de niño/a que todavía haces de adulto? ¿Qué cosas no hacías de niño/a que ahora sí haces de adulto? ¿Y qué cosas ni hacías de niño/a ni haces ahora de adulto? Escoge cinco de las situaciones a continuación (puedes añadir cualquier otra si quieres) y escribe unas oraciones para leer en un grupo de otras tres personas.

dormir con la luz prendida (*light turned on*)
tenerles miedo* a los perros grandes
ir al centro comercial (*mall*)
pasar tiempo solo/a
mirar los dibujos animados (*cartoons*) en la televisión
odiar (*to hate*) ciertas verduras (*vegetables*)
montar en bicicleta (*to ride a bike*)
jugar a los videojuegos
hacer la cama (*bed*)
lavar la ropa

---

*__Tener miedo__ = *to be afraid of* (lit. *to have fear of*). **Les tengo miedo a los perros grandes.** = *I am afraid of big dogs.*

GRAMÁTICA

¿Era diferente la vida? (II)

(yo)	-aba -ía	(nosotros/as)	nos acost**ábamos** com**íamos** escrib**íamos**
(tú)	-abas -ías	(vosotros/as)	os acost**abais** com**íais** escrib**íais**
(Ud.)	-aba -ía	(Uds.)	se acost**aban** com**ían** escrib**ían**
(él/ella)	-aba -ía	(ellos/ellas)	se acost**aban** com**ían** escrib**ían**

—Abuelita, ¿**te llevabas bien** con tus padres?
—¡Claro! **Hacíamos** todo lo que nos **decían** nuestros padres porque si no, ¡qué palizas (*beatings*) **recibíamos!**

The **-aba-** and **-ía-** markers of the imperfect tense carry over into all forms of the verbs, as you can see in the shaded box above. Remember that with **-ar** verbs, a written accent needs to be placed on the ending for the first person plural (**nosotros**) form (e.g., **-ábamos**) to indicate that the stress falls on the accented vowel and not the one that follows.

The plural forms for **ir** and **ser** follow the same patterns as the singular forms.

ir	**ser**
íbamos	éramos
ibais	erais
iban	eran

Remember that the imperfect, as we are using it here, refers to events, actions, and other "processes" in the past that were habitual and repetitive in nature, things that people would usually do, used to do, generally did, and so forth.

ACTIVIDAD D En las épocas primitivas

Paso 1 Escoge la mejor manera para completar cada oración.

Cuando éramos seres primitivos...

1. No _____ dentistas ni médicos.

   a. teníamos   **b.** practicábamos   **c.** salíamos

2. _____ carne cruda (*raw meat*).

   a. Vivíamos   **b.** Comíamos   **c.** Jugábamos

3. _____ semierectos.

   a. Mirábamos   **b.** Tomábamos   **c.** Caminábamos

(Continúa en la página 140.)

4. _____ con gestos y con las manos porque no teníamos idioma oral.

    a. Nos comunicábamos   **b.** Nos acostábamos   **c.** Dormíamos

5. _____ mucho de los animales para comer, vestirnos y para muchas otras cosas importantes.

    a. Comíamos   **b.** Comprábamos   **c.** Dependíamos

6. No _____ con mucha frecuencia.

    a. podíamos   **b.** mirábamos   **c.** nos bañábamos

 Paso 2 Ahora escucha al profesor (a la profesora) leer las oraciones completas. ¿Las tienes todas correctas?

ACTIVIDAD E Las mujeres en el siglo XIX

Paso 1 Empareja (*Match*) cada frase de la columna a la izquierda con la más apropiada de la columna a la derecha para formar oraciones completas.

Las mujeres del siglo XIX...

1. enseñaban (*taught*) _____
2. no entraban _____
3. no llevaban*_____
4. no tenían _____

Si estas mujeres...

5. se casaban, tomaban _____
6. trabajaban fuera de (*outside*) casa, ganaban _____
7. trabajaban fuera de casa, no hacían _____

a. a las fuerzas armadas (*armed forces*).
b. derecho al voto en las elecciones.
c. el apellido de su esposo.
d. en las escuelas, pero no en las universidades.
e. los mismos trabajos que los hombres.
f. menos que los hombres.
g. pantalones.

Paso 2 ¿Cuántas situaciones del **Paso 1** ya no son verdaderas? ¿Crees que estos cambios reflejan un cambio grande en cuanto al papel de la mujer en nuestra sociedad? En grupos de tres o cuatro, formen unas oraciones con el imperfecto para describir el papel social de la mujer en el siglo XIX. Luego compartan sus oraciones con la clase y determinen si las mujeres han avanzado (*have advanced*) mucho, poco, nada o sólo en ciertos campos (*fields*).

MODELO   El trabajo principal de la mujer era cuidar a los niños.

---

*Llevar is often used in Spanish to mean *to wear.*

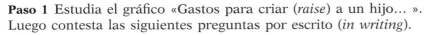

ACTIVIDAD F Gastos°

Expenses

COMUNICACIÓN

Paso 1 Estudia el gráfico «Gastos para criar (*raise*) a un hijo… ». Luego contesta las siguientes preguntas por escrito (*in writing*).

1. ¿Las familias gastaban más en la comida para sus hijos en 1960, o menos?

2. ¿Costaba más la vivienda en 1960, o menos?

3. ¿Gastaban más los padres en el cuido (*care*) y en la enseñanza (*education*), o menos?

4. ¿Qué gasto subió más entre 1960 y 2000?

Paso 2 Utilizando las respuestas del **Paso 1** y también mirando el gráfico, prepara un breve informe de 50 palabras, comparando los gastos para criar a un hijo entre 1960 y 2000. Puedes utilizar el modelo si quieres.

MODELO   En 1960 los padres gastaban menos en _____. A la vez, gastaban más en _____. En 2000 el gasto mayor era en _____. Parece que el gasto que subió más entre 1960 y 2000 cs en _____.

Gastos para criar a un hijo hasta los 18 años, clase media, familia con un matrimonio

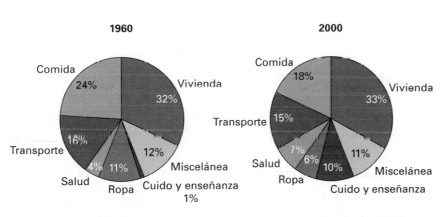

1960

Comida 24%
Vivienda 32%
Transporte 16%
Salud 4%
Ropa 11%
Cuido y enseñanza 1%
Miscelánea 12%

Gasto total = $146.780 (Equivalente en dólares en 2000)

2000

Comida 18%
Vivienda 33%
Transporte 15%
Salud 7%
Ropa 6%
Cuido y enseñanza 10%
Miscelánea 11%

Gasto total = $165.630

ACTIVIDAD G Diferencias

Paso 1 Escribe dos oraciones sobre lo que sabes o crees que era típico cuando tus padres eran adolescentes. Una oración debe representar algo que era mejor que ahora y la otra algo que no era mejor. Usa el imperfecto como en el modelo.

MODELO   No tenían computadoras para escribir como nosotros. Esto era más difícil.

Paso 2 En grupos de tres, comparen sus oraciones. Luego escojan tres de las oraciones para presentar a la clase. Alguien del grupo debe escribirlas en la pizarra.

GRAMÁTICA

¿Tienes tantos hermanos como yo?

Comparisons of equality

> **tanto/a/os/as** + *noun* + **como**
> **tan** + *adjective/adverb* + **como**
> } *as . . . as*

In readings and in activities you may have noticed the use of **tan... como** and **tanto... como** to express similarities and differences.

> Las familias de hoy no son **tan** grandes **como** las de épocas anteriores.

Use a form of **tanto** when the comparison involves *nouns*. The form of **tanto** must agree in number and gender with the noun.

> **tanto dinero** como   **tantos hijos** como
> **tanta imaginación** como   **tantas familias** como

Use **tan** when the comparison involves *adjectives* (words that modify nouns) or *adverbs* (words that modify verbs).

> **ADJETIVOS**   **ADVERBIOS**
> **tan grande** como   **tan rápido** como
> **tan altas** como   **tan frecuentemente** como

Tanto como is used when no noun, adjective, or adverb is explicitly mentioned. It means *as much as*.

> Los hombres se ocupan de (*look after*) los niños **tanto como** las mujeres.

ACTIVIDAD H Familias de ayer, familias de hoy

Paso 1 Completa las siguientes oraciones con **tan** o una forma de **tanto,** según la estructura de la oración. Compara tus respuestas con las de otra persona.

1. La calidad de la vida familiar no es _____ buena hoy día como en los años 50.

2. Las madres modernas no pasan _____ tiempo con sus hijos como las madres de otras épocas.

3. Los hijos de hoy no se adaptan _____ bien como los de épocas anteriores.

4. Las madres que trabajan fuera de casa no son _____ respetadas como las madres «tradicionales».

5. En los años 50, las madres no trabajaban fuera de casa _____ como las madres de hoy.

6. En los años 50, no había _____ divorcios como ahora.

7. En los años 50, los padres no eran _____ permisivos con sus hijos como los padres de hoy.

8. En los años 50, los hijos no tenían _____ problemas sociales y psicológicos como los hijos de hoy.

Paso 2 Ahora la clase va a decidir cuáles de las oraciones son ciertas y cuáles son falsas.

ACTIVIDAD I Sobre el tamaño de la familia

Con un compañero (una compañera), formula tres oraciones con **tanto/tan... como** sobre el tamaño de las familias de antes y las de hoy. ¿Cuántas oraciones diferentes puede inventar la clase?

SITUACIÓN

Paso 1 Lee la siguiente **Situación.**

> Luz María y Juan Pablo, un matrimonio, tienen 22 y 23 años respectivamente. Juan Pablo es estudiante de medicina. Luz María también es estudiante, pero de derecho (*law*). Quieren tener una familia.

Paso 2 Escribe dos razones que apoyen cada idea a continuación. Luego, comparte tus ideas con la clase.

1. Luz María y Juan Pablo deben comenzar su familia ahora.

2. Deben esperar.

Paso 3 A base del **Paso 2,** escribe una breve composición (de unas 50 palabras) en que das tu propia opinión sobre la situación.

El mestizaje en el mundo hispano

¿Sabías que... el mestizaje ha influido[a] mucho en la composición racial de muchos países hispanos? El mestizaje se define como la mezcla de razas[b] diferentes. En Latinoamérica el mestizaje se refiere a la mezcla de la herencia[c] española con la herencia indígena, un proceso que se llevó a cabo[d] durante la conquista y el período colonial. Las personas de mezcla española e indígena se llaman **mestizos.** Hay muchos mestizos en México, en muchas partes de Centroamérica y en varios países sudamericanos como Chile y el Paraguay. Sin embargo, en otras regiones, en el Uruguay por ejemplo, el número de mestizos es muy bajo.

[a]ha... *has influenced*   [b]*races*   [c]*heritage*   [d]se... *was carried out*

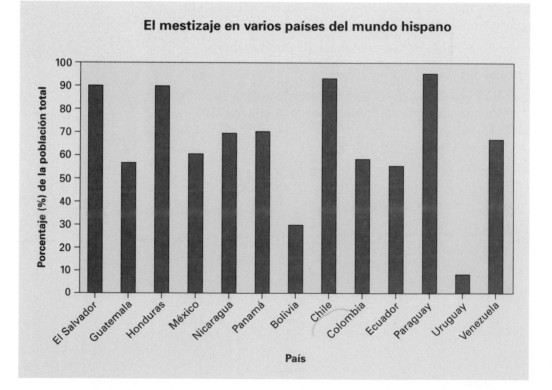

El mestizaje en varios países del mundo hispano

Porcentaje (%) de la población total

El Salvador, Guatemala, Honduras, México, Nicaragua, Panamá, Bolivia, Chile, Colombia, Ecuador, Paraguay, Uruguay, Venezuela

País

You can investigate these cultural topics in more detail on the *Vistazos* Online Learning Center: **www.mhhe.com/vistazos3**.

En **México** no todas las personas tienen el pelo negro y la piel morena. Muchos mexicanos tienen los ojos y la piel claros,[a] una muestra[b] de la herencia europea en la composición racial del país.

[a]*light-colored* [b]*indicación*

La influencia europea

La influencia de los incas

En el **Perú** los mestizos tienen rasgos físicos heredados[a] de los incas y de los españoles.

[a]*inherited*

La influencia maya

En **Centroamérica** los indígenas mayas se casaron y tuvieron hijos con los españoles.

La influencia africana

En el **Caribe** el mestizaje se refiere más que nada a la mezcla de las herencias española y africana. Durante la conquista y el período colonial, muchas poblaciones indígenas del Caribe fueron eliminadas por la viruela.[a] Como consecuencia, se importaron muchos esclavos de África para trabajar en las minas y los cañaverales de azúcar.[b] En Cuba, Puerto Rico, la República Dominicana, así como en partes de Colombia, Panamá y Venezuela, hay muchas personas de herenica española y africana.

[a]*smallpox* [b]*cañaverales... sugarcane fields*

ACTIVIDAD ¿Qué recuerdas?

Indica si cada oración es cierta (C) o falsa (F).

	C	F
1. El porcentaje (%) de la población mestiza es más alto en Chile que en Bolivia.	☒	☐
2. En el Caribe el mestizaje se refiere más que nada a la mezcla de las herencias indígena y española.	☒	☒
3. En cuanto a Centroamérica, el porcentaje de la población mestiza es más alto en El Salvador y Honduras.	☒	☐
4. El mestizaje es un fenómeno que influye mucho en la población del Uruguay.	☐	☒
5. Todas las poblaciones indígenas del Caribe fueron eliminadas por la viruela.	☒	☒

NAVEGANDO LA RED

Escoge *una* de las siguientes actividades. Luego presenta tus resultados a la clase.

1. La composición racial del Uruguay y de la Argentina es influida por la presencia de muchos inmigrantes europeos. Escoge uno de estos países y busca información sobre la inmigración europea en el país para contestar las siguientes preguntas.

   a. ¿Cuándo llegaron de Europa los inmigrantes? ¿En qué año(s)?

   b. ¿Cuántos inmigrantes llegaron y de qué países salieron?

   c. ¿Por qué razones salieron estos grupos de su país natal (*of birth*)?

2. El mestizaje en Cuba está formado por la mezcla de varios grupos étnicos, incluyendo a unas pocas razas indígenas e inmigrantes europeos y africanos. Busca y apunta la siguiente información sobre el mestizaje en Cuba.

   a. Haz una lista de los grupos étnicos que contribuyen a la composición racial de Cuba.

   b. Menciona las fechas de las grandes inmigraciones y el número aproximado de inmigrantes que entraron al país.

 Vamos a ver

Now that you've completed **Unidad dos,** watch the corresponding **Vamos a ver** segment on the *Vistazos* DVD or Online Learning Center (**www.mhhe.com/vistazos3**) to further explore the themes presented in this unit. There are related pre- and post-viewing activities on the Online Learning Center.

Las edades — Ages

veinte (R) — twenty
treinta (R) — thirty
cuarenta — forty
cincuenta — fifty
sesenta — sixty
setenta — seventy
ochenta — eighty
noventa — ninety

tener... años (R) — to be . . . years old

Los años y las épocas — Years and Time Periods

cien(to) — one hundred
doscientos — two hundred
trescientos — three hundred
cuatrocientos — four hundred
quinientos — five hundred
seiscientos — six hundred
setecientos — seven hundred
ochocientos — eight hundred

novecientos — nine hundred
mil — one thousand
dos mil — two thousand

los años 20 — the twenties
la década — decade
el siglo (pasado) — (last) century

Comparaciones — Comparisons

tan... como — as . . . as
tanto/a... como — as much . . . as
tantos/as... como — as many . . . as

Otras palabras y expresiones útiles

la cifra — number
la gente — people
el promedio — average
el tamaño — size

joven (R) — young
viejo/a (R) — old

GRAMMAR SUMMARY

UNIDAD DOS For Lecciones 4–6

Question Words

¿cuándo?	**¿qué?**
¿dónde?	**¿quién(es)?**
¿cómo?	**¿cuánto/a?**
¿cuál(es)?	**¿cuántos/as?**

Remember that prepositions (**a, con, de, en,** and so forth) appear in front of the question word when used. This is unlike English, in which the preposition can "dangle" at the end of a phrase or utterance, far away from the question word.

> **¿De** dónde es tu amigo?
> *Where is your friend **from?***

> **¿Con** quiénes hablas si tienes un problema?
> *Whom do you speak **to** if you have a problem?*

Pronouns

Subject	Direct Object	True Reflexive	Reciprocal
yo	**me**	**me**	
tú	**te**	**te**	
Ud.	**lo/la**	**se**	
él/ella	**lo/la**	**se**	
nosotros/as	**nos**	**nos**	**nos**
vosotros/as	**os**	**os**	**os**
Uds.	**los/las**	**se**	**se**
ellos/ellas	**los/las**	**se**	**se**

1. Remember that object and reflexive pronouns precede conjugated verbs. Don't mistake them for subject pronouns.

   > **Me** llaman los padres.
   > *My parents call me.*

   > **Se** afeita regularmente.
   > *He shaves regularly.*

2. Remember that not all true reflexives in Spanish translate into English with *-self/-selves.*

   > María **se levanta** temprano.
   > *María gets up early.* (*We don't say **gets herself up,** even though this would be a literal translation.*)

3. Remember that not all reciprocals in Spanish translate into English as *each other.*

   > **Nos abrazamos** cuando **nos vemos.**
   > *We hug when we see each other.* (*While both are reciprocal actions, only the second verb in English would normally take **each other.***)

Object Marker a

Spanish uses **a** to mark objects of a verb when the object could be confused as a subject (i.e., when the object is theoretically capable of performing the action). It helps to indicate who did what to whom in Spanish, especially since Spanish has flexible word order.

> Manuel conoce bien **a** María. (*María is perfectly capable of knowing someone, but she is not the subject in this sentence.*)

> El señor mata **al** león. (*The lion is perfectly capable of killing something else, but he is not the subject in this sentence.*)

Estar

1. Adjectives that reflect a change in status such as **casado** and **divorciado** are normally used with **estar.**

   > Mi hermano **está** divorciado. Su ex mujer vive en Chile.
   >
   > ¿**Estás** casado?
   >
   > Mis abuelos **están** muertos.

2. Often you can use **estar** with an adjective to show that a trait or characteristic is unexpected.

   > Ramona **está** muy seria. (*Ramona seems very serious. Normally she is not.*)
   >
   > ¿Qué pasó? **Estás** muy delgado.

3. **Estar** can be used with **-ando** or **-iendo** forms to express something in progress.

   > **Estoy estudiando.** No puedo hablar.
   >
   > **Está cambiando** el mundo, ¿no crees?

Saber versus conocer

1. **Saber** is used to express knowledge of a fact or some other kind of information.

   > Todos **sabemos** que 2 + 2 = 4.
   >
   > No **sé** nada de su vida.

2. **Conocer** is used to express familiarity with a person or place and sometimes things.

   > **Conozco** muy bien a Elena.
   >
   > ¿**Conoces** Buenos Aires?

Imperfect Tense

	-ar	-er/-ir	ser	ir
yo	me acost**aba**	com**ía**/asist**ía**	era	iba
tú	te acost**abas**	com**ías**/asist**ías**	eras	ibas
Ud.	se acost**aba**	com**ía**/asist**ía**	era	iba
él/ella	se acost**aba**	com**ía**/asist**ía**	era	iba
nosotros/as	nos acost**ábamos**	com**íamos**/asist**íamos**	éramos	íbamos
vosotros/as	os acost**abais**	com**íais**/asist**íais**	erais	ibais
Uds.	se acost**aban**	com**ían**/asist**ían**	eran	iban
ellos/ellas	se acost**aban**	com**ían**/asist**ían**	eran	iban

The imperfect is a past tense that signals that an action, event, or activity occurred habitually in the past. It is frequently, though not always, rendered in English by *used to* and *would.*

> Las familias **eran** más grandes en épocas anteriores.
> *Families used to be / were larger in previous times.*
>
> Las mujeres en otras épocas sólo **trabajaban** en casa.
> *Women in earlier time periods worked (would work) only at home.*

Comparisons of Equality (Similar to English *as ... as*)

WITH NOUNS

tanto dinero **como**

tantos hijos **como**

tanta educación **como**

tantas mujeres **como**

WITH ADJECTIVES AND ADVERBS

tan grande **como**

tan frecuentemente **como**

Tanto como is used when no noun, adjective, or adverb is explicitly mentioned (similar to English *as much as*).

> Ahora las mujeres trabajan fuera de casa **tanto como** los hombres.

En la mesa

La tortillera *por Diana Bryer*

Perfil de la artista

NOMBRE: Diana Bryer

PAÍS DE ORIGEN: los Estados Unidos

FECHA DE NACIMIENTO: 1942

Bryer nació en Los Ángeles, California pero encontró su inspiración en la belleza e historia de Nuevo México adonde se mudó en 1977. En su obra, en la que abundan los colores vibrantes, ella comunica su pasión por la naturaleza tanto como su fascinación por la historia y las costumbres locales. Un tema que le intriga mucho es la diáspora judía que resultó a causa de la Inquisición Española y la expulsión de los judíos de España a finales del siglo XV. Muchos se establecieron en el Nuevo Mundo y sus descendientes viven en México y Nuevo México. Elementos del judaísmo permanecen[a] en la religión contemporánea de estas zonas. Observa en el cuadro *La tortillera* la pequeña Estrella de David que adorna el nicho en donde está la imagen de la Virgen de Guadalupe.

---

[a]remain

¿Qué sueles comer?

This lesson focuses on food and eating habits. You will have an opportunity to

◆ describe some basic foods and snacks

◆ talk about what you generally eat for breakfast, lunch, and dinner

◆ examine how eating habits in Spanish-speaking countries differ from those in this country

◆ learn about other verbs like **gustar**

◆ learn about indirect object pronouns

◆ learn more about **estar** used with adjectives

 Before beginning this lesson, look over the **Intercambio** activity on page 174. This is the activity you will be working toward throughout the lesson.

El Mercado Libertad en Guadalajara, México

VOCABULARIO

¿Cuáles son algunos alimentos básicos?

Talking about basic foods in Spanish

El calcio

Productos lácteos

el helado

la leche

el queso

Cognado: el yogur

Las proteínas

Carnes

el bistec

Cognado: la hamburguesa

la carne de res

Aves

los huevos

el pollo

la chuleta de cerdo (*pork chop*)

el jamón

Otros alimentos

los frijoles

la mantequilla de cacahuete (*peanut butter*)

las nueces

Pescados y mariscos

el atún

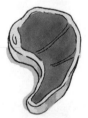

los camarones

Lección 7 ¿Qué sueles comer?

Las vitaminas y la fibra

Frutas

el aguacate
(*avocado*)

las fresas

la toronja
(*grapefruit*)

la manzana

Cognados:
la banana
el limón
el tomate

Verduras

la naranja

las uvas

los guisantes

Cognado: las
espinacas

**las judías
verdes**

las papas

la lechuga

el maíz

la zanahoria

Los carbohidratos y la fibra

Cognados: los cereales,
los espaguetis (las pastas
alimenticias)

Las grasas

el arroz
(*rice*)

el pan blanco

el pan integral

**el aceite de
maíz**

**el aceite
de oliva**

la mantequilla
(*butter*)

Vocabulario útil

la comida	meal; food	**agrio/a**	sour	**amarillo/a**	yellow
		amargo/a	bitter	**blanco/a**	white
al horno	baked	**dulce**	sweet	**marrón**	brown
al vapor	steamed	**salado/a**	salty	**negro/a**	black
asado/a	roast(ed)			**rojo/a**	red
cocido/a	cooked			**rosado/a**	pink
crudo/a	raw			**verde**	green

COMUNICACIÓN

ACTIVIDAD A ¿Cómo es?

El profesor (La profesora) va a mencionar un alimento y luego va a hacer una pregunta sobre el mismo. Contesta la pregunta.
1… 2… 3… 4… 5… 6… 7…

ACTIVIDAD B Asociaciones

Tu profesor(a) va a nombrar algunos alimentos. ¿Qué color(es) asocias con cada uno?
1… 2… 3… 4… 5… 6…

ACTIVIDAD C Otras asociaciones

El profesor (La profesora) va a nombrar una categoría de alimentos. Di el alimento que se te ocurra (*comes to mind*) primero.
1… 2… 3… 4… 5… 6…

ACTIVIDAD D ¿Qué alimento es bueno para… ?

Inventa oraciones basándote en el modelo. No olvides (*Don't forget*) usar el artículo definido. (Ver **Así se dice,** a la izquierda.)

MODELO   para el cerebro (*brain*)   El pescado es bueno para el cerebro.

1. para la vista (*vision*)
2. para los resfriados (*colds*)
3. para el pelo
4. para los músculos
5. para la tez (*complexion*)

ACTIVIDAD E Preferencias personales

Paso 1 Describe tus hábitos de comer. Completa cada oración con dos de tus alimentos preferidos, según el caso.

MODELO   Como *yogur* y *pan* a cualquier hora del día.

1. Como _____ y _____ a cualquier hora del día.
2. Nunca o casi nunca como _____ ni _____.
3. Suelo comer _____ y _____ con pan.
4. Suelo comer _____ y _____ solos/as, sin otra cosa.
5. Me gusta comer _____ y _____ crudos/as.
6. Prefiero comer _____ y _____ cocidos/as.

Paso 2 Ahora, entrevista a un compañero (una compañera) de clase sobre sus hábitos de comer. Hazle preguntas para saber cómo ha completado (*he/she has completed*) las oraciones del **Paso 1.** Apunta sus respuestas. Luego tu compañero/a debe hacerte las mismas preguntas a ti para ver cómo has contestado tú (*you have answered*).

MODELOS   ¿Qué alimentos sueles comer con pan?

¿Hay alimentos que te gusta comer crudos?

Paso 3 En conclusión, mi compañero/a y yo...

☐ tenemos hábitos de comer muy parecidos.

☐ tenemos algunos hábitos en común, pero no muchos.

☐ tenemos hábitos de comer muy distintos.

ACTIVIDAD F En su opinión

Paso 1 Trabajando con dos o tres compañeros/as de clase comenta (*discuss*) la siguiente afirmación. Apunten sus ideas.

«El estudiante típico tiene malos hábitos de comer».

Paso 2 Ahora presenten sus ideas al resto de la clase. Según Uds., ¿es verdad que el estudiante típico tiene malos hábitos de comer?

GRAMÁTICA

¿Que si me importan los aditivos?   Other verbs like **gustar** and the indirect object pronoun **me**

<table>
<tr><td rowspan="6">me +</td><td>agrada(n)</td></tr>
<tr><td>apetece(n)</td></tr>
<tr><td>cae(n) bien (mal)</td></tr>
<tr><td>encanta(n)</td></tr>
<tr><td>importa(n)</td></tr>
<tr><td>interesa(n)</td></tr>
</table>

—¿Que si **me importan** los aditivos? Todos vamos a morir algún día...
—Pues a mí **me importan** muchísimo.

In Spanish, many verbs require the use of indirect object pronouns to express how a person feels about something or the reaction that something causes in a person. This is true of **gustar,** which you already know means *to please.* (Remember that Spanish does not have a verb that literally means *to like.*)

Here are some others.

agradar *to please*
No **me agrada** la avena.   *Oatmeal does not please me.*
                             (I hate oatmeal.)

apetecer *to be appetizing; to appeal (be appealing) (food)*
No **me apetece** el caviar.   *Caviar doesn't appeal to me.*

caer bien *to make a good impression; to agree with (food)*
No **me caen bien** las cebollas.   *Onions don't agree with me.*

encantar *to delight, be extremely pleasing*
  ¡Me encantan las ostras crudas!   *Raw oysters delight me!*
                                          (I love raw oysters!)

importar *to be important; to matter*
  No **me importan** los aditivos.   *Additives don't matter to me.*

interesar *to be interesting*
  Me interesa la cocina española.   *Spanish cuisine interests me.*

Remember that, like **gustar,** these verbs normally appear in the third person singular or plural since someone is affected by something (or things). Do not mistake **me** as a subject pronoun. When used with these verbs, **me** is equivalent to the phrase *to me* and is called an indirect object pronoun. (You will learn about and work with other indirect object pronouns and these verbs later in this lesson.)

ACTIVIDAD G Me importa...

Paso 1 Indica cuánto te importa cada cosa.

	MUCHO	UN POCO	NADA
1. Me importa el color de los alimentos.	☐	☐	☐
2. Me importa el sabor (*flavor*) de los alimentos.	☐	☐	☐
3. Me importa el valor (*value*) nutritivo de los alimentos.	☐	☐	☐
4. Me importan las calorías.	☐	☐	☐
5. Me importan los aditivos.	☐	☐	☐
6. Me importan las grasas que contienen los alimentos.	☐	☐	☐

Paso 2 Comparte tus respuestas con la clase.

  MODELO Me importan mucho el sabor de los alimentos y las grasas que contienen.

ACTIVIDAD H Mis platos preferidos

Paso 1 En la revista *Noticias* de Buenos Aires, hay una sección en la que personas célebres hablan de las comidas y restaurantes que prefieren. Lee lo que dicen Juan Carlos Harriot y Elsa Serrano en la siguiente página.

Vocabulario útil

alejarse	to go far (away)	**el pulpo**	octopus
		las remolachas	sugar beets
el lenguado	sole		
la parrillada	mixed grill	**relleno/a**	stuffed; filled

Mis platos preferidos

Salgo poco a comer, ya que la mayor parte del tiempo estoy en mi campo de Coronel Suárez. También soy cómodo, así que no me alejo demasiado de mi casa. Frecuento «La Rueda», «Schiaffino», «San Michele». En esas oportunidades pido lo mismo que comería en mi casa: carne asada, preferentemente un bife de lomo o de «chorizo», y si hay parrillada, bien completa. Algunas veces pescado, como el lenguado frito. Siempre acompaño a la carne con ensaladas, tomates, zanahorias, remolachas. Soy muy simple en mi elección y generalmente como un solo plato.

Juan Carlos Harriott

La Rueda, Av. Quintana 456
Schiaffino, Schiaffino 2193
San Michele, Av. Quintana 257

Soy habitué de «Lola»: una copa de champán primero, luego ensalada Mikada y cerdo con aromas, que son mis preferidos. Postres casi nunca, porque engordan y, además, no soy amante de los dulces. También me encantan las cantinas italianas. Si voy a «Luigi», pido *bocconcino* de pollo con cebollas de verdeo o pulpo al ajo negro. Si como pastas, elijo las simples, fideos, ñoquis, nunca las rellenas. Raras veces tomo vino, pero cuando lo hago prefiero el tinto «Selección López». De «Fechoría», me encanta la pizza de pan alto, pero nunca dejo de comer langostinos, que siempre los tienen fresquísimos.

Elsa Serrano

Fechoría, Córdoba 3921
Luigi, Pringles 1210
Lola, Roberto M. Ortiz 1801

Paso 2 Con un compañero (una compañera) de clase, indica quién diría (*would say*) las siguientes oraciones.

	JUAN CARLOS	ELSA
1. Me encanta la variedad gastronómica.	☐	☐
2. No me agrada salir a comer.	☐	☐
3. Me importa comer bien.	☐	☐
4. Me agrada una copa de vino.	☐	☐

	JUAN CARLOS	ELSA
5. Me encanta salir a comer.	☐	☐
6. Me importan las calorías.	☐	☐
7. Me caen bien las carnes rojas.	☐	☐

Paso 3 ¿Quién tiene gustos más parecidos a los tuyos (*yours*)?

COMUNICACIÓN

ACTIVIDAD I Más sobre los gustos

Paso 1 Completa cada par de oraciones de acuerdo con tus gustos. Esta lección se enfoca (*focuses*) en la comida y los gustos de comer, pero puedes completar las oraciones como quieras (*as you wish*).

1. **a.** No me cae bien...   3. **a.** No me apetece para nada...
   b. No me caen bien...   **b.** No me apetecen para nada...

2. **a.** Me encanta...
   b. Me encantan...

Paso 2 Comparte tus oraciones con la clase. ¿Cuántas de las siguientes cosas mencionaron tus compañeros de clase y tú? Si no las menciona-ron, di algo sobre algunas de ellas, usando las frases del **Paso 1.**

el ajo (*garlic*)
las ancas de rana (*frog legs*)
los caracoles (los escargots)
la comida casera (*homemade*)

la comida de la residencia
  estudiantil
Mountain Dew
el pescado crudo (el sushi)
la salsa picante

GRAMÁTICA

¿Te importan los aditivos?

Te and **nos** as indirect object pronouns

me	**nos** importan
te importan	os
le	les
le	les

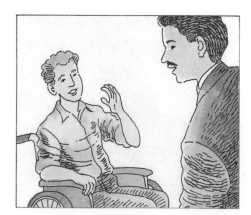

—¿**Te importan** los aditivos?
—Sí.
—A mí, también. **Nos importan** las mismas cosas, ¿no?

Although indirect object pronouns can express a variety of meanings in Spanish, their most frequent English equivalents are *to* or *for* someone.

For example, **te** and **nos** are used with many verbs to express *to* or *for you* and *to* or *for us.*

> ¿**Te** dan dinero tus padres?
> La profesora **nos** da mucha tarea.
> ¿**Te** apetece la comida francesa esta noche?

As you may have noticed with verbs like **gustar,** indirect object pronouns are placed before conjugated verbs. (Remember that Spanish has flexible word order, so do not mistake indirect object pronouns for subjects.) In the following sentence, who is saying something to whom?

> Nos dice Manuel que no hay clase mañana.

If you said Manuel was doing the telling and we were the ones being told, you were correct.

Indirect object pronouns can also be attached to the end of an infinitive.

> Marta debe **decirnos** a qué hora llegar.
> Tienen que **darte** su número de teléfono.

Remember that **le** is used instead of **te** when speaking to someone who you would address as **Ud.**

> ¿**Le** importa a Ud. si llego tarde?

ACTIVIDAD J Entrevista al profesor (a la profesora)

La clase va a entrevistar al profesor (a la profesora). Primero, lee las preguntas a continuación y agrega (*add*) una más para completar el número 6.

Todas las preguntas tienen que ver con la comida. Quieres averiguar si el profesor (la profesora) es vegetariano/a. Luego la clase debe hacerle las preguntas al profesor (a la profesora) y apuntar sus respuestas. ¿Cuál es la conclusión de la clase?

1. ¿Te (Le) agrada el arroz?   **4.** ¿Te (Le) apetece la lechuga?

2. ¿Te (Le) caen bien las espinacas?   **5.** ¿Te (Le) apetecen los frijoles?

3. ¿Te (Le) caen bien las frutas?   **6.** ¿ ?

ACTIVIDAD K Los gustos en común

COMUNICACIÓN

Paso 1 Entrevista a un compañero (una compañera) para averiguar sus gustos. Usa los verbos **agradar, apetecer, caer bien, encantar,** etcétera.

> MODELO   los mariscos → E1: ¿Te agradan los mariscos?
> E2: No. No me agradan para nada. (Ah, sí. Me encantan.)

1. el ajo
2. los refrescos sin azúcar (*sugar*)
3. las espinacas
4. el yogur natural (sin sabor de fruta)
5. el café espresso
6. los meseros (*waiters*) que hablan mucho
7. el hígado (*liver*)
8. el restaurante _____ (nombre)
9. ¿ ?

Paso 2 Prepara un resumen de la entrevista para compartir con la clase los gustos que tienen en común.

MODELO A ninguno/a de los (las) dos nos apetecen las espinacas. Nos caen bien los meseros (las meseras) que hablan mucho porque normalmente son interesantes.

Así se dice

Indirect object pronouns are used with a variety of verbs to express *to* or *for* someone (or something). Be careful, though! English can move the indirect object around with certain common verbs. The result is that the indirect object in English may look like a direct object!

dar	**Me dieron** el premio.	*They gave me the prize.*
		They gave the prize to me.
decir	**Te dije** la verdad.	*I told you the truth.*
		I told the truth to you.
servir	**Nos sirvieron** un vino excelente.	*They served us a great wine.*
		They served a great wine to us.
traer	¿**Te trajeron** algo?	*Did they bring you something?*
		Did they bring something to you?

VISTAZOS II · A la hora de comer

VOCABULARIO

¿Qué desayunas?

Talking about what you eat for breakfast

El desayuno español (8.00–10.00 A.M.)

Bollería variada (*Assorted rolls*) (1), o **churros** (*type of fried dough*) (2), o **tostada** (3) con mantequilla y **mermelada** (4), **café con leche**

1.

3.

2.

4.

Lección 7   ¿Qué sueles comer?

El desayuno norteamericano (6.00–8.00 A.M.)

5.   7.   9.

6.   8.   10.

Dos **huevos fritos** (*fried*) (5) o **revueltos** (*scrambled*) (6), cereal con leche o tres **panqueques** (7), **tocino** (*bacon*) (8) o **salchichas** (9), **jugo de naranja** (10), café, **té** o leche

Vocabulario útil

desayunar	to have breakfast	el bollo	roll
		el pan tostado	toast

🔊 ACTIVIDAD A Dos desayunos muy diferentes

Paso 1 Lee los menús de los dos tipos de desayuno en la sección anterior.

Paso 2 Contesta las siguientes preguntas.

	LOS ESPAÑOLES	LOS NORTEAMERICANOS
1. ¿Quiénes comen más para el desayuno?	☐	☐
2. ¿Quiénes requieren menos tiempo para desayunar?	☐	☐
3. ¿Quiénes no comen huevos por la mañana?	☐	☐
4. ¿Quiénes no comen carne para el desayuno?	☐	☐

Así se dice

Confused about the use of **¿qué?** and **¿cuál?** Here's a handy rule that works in most cases: Use **¿qué?** before a noun or to ask for a definition, and use **¿cuál?** everywhere else.

¿Qué alimentos prefieres para el desayuno?

¿Cuál es mejor, el jugo de naranja o el jugo de toronja?

🗣 🔊 ACTIVIDAD B ¿Quién habla?

Escucha las descripciones que va a leer el profesor (la profesora) e indica si se refieren a una persona española o norteamericana.

1... 2... 3... 4...

COMUNICACIÓN

📝 ACTIVIDAD C Firma aquí, por favor

¿Qué desayunaron los estudiantes de esta clase esta mañana?

1. ¿Comiste sólo un bollo?

2. ¿Comiste pan tostado con café?

3. ¿Comiste cereal con leche?

4. ¿Fuiste a desayunar a McDonald's?

5. ¿Comiste pizza?

6. ¿Tomaste sólo una taza (*cup*) de café o té?

7. ¿No tomaste nada esta mañana?

El delicioso sabor de la fruta con lo mejor de la avena Quaker.

Reprinted with permission of The Quaker Oats Company

Nota comunicativa

Sometimes you may want to verify what you heard or you may want someone to repeat part of what he or she said. To ask for a verification, you can say ¿**Dice(s) que** + *what you want to verify.* To get a partial repetition, use the question words you know to zero in on what you partially heard. Here are some examples.

¿Dices que comiste panqueques?
¿Dice (Ud.) que no tiene azúcar?
¿Comió qué?
¿Fue adónde?

If you need someone to repeat an entire statement, don't say ¿**Qué?** In Spanish, ¿**Cómo?** is used.

¿Cómo?	*What?*
¿Cómo dice(s)?	*What did you say?; What are you saying?*

ACTIVIDAD D En su opinión

Paso 1 Trabajando con dos o tres compañeros/as de clase comenta la siguiente afirmación. Apunten sus ideas.

«El desayuno debe ser la comida más importante del día».

Paso 2 Ahora presenten sus ideas al resto de la clase. Según Uds., ¿es verdad que el desayuno debe ser la comida más importante del día?

Lección 7 ¿Qué sueles comer?

VOCABULARIO

¿Qué comes para el almuerzo y para la cena?

Talking about what you eat for lunch and dinner

1.

2.

3.

4.

5.

6.

7.

8.

9.

El almuerzo español (2.00–4.00 P.M.)

Menú del día

PRIMER PLATO
lentejas (1) estofadas (*lentil stew*)
tortilla (*omelette*) (2)
ensalada mixta

SEGUNDO PLATO
filete de **ternera** (*veal*) (3) con **patatas** (*potatoes, Sp.*)
emperador (*swordfish*) (4) a la plancha
medio pollo asado

POSTRE
helado
tarta (*pie*) (5)
fruta
flan (6) con nata (*whipped cream*) o café
barrita de pan y **vino** (7)

La cena española (9.00–11.00 P.M.)
huevos fritos, patatas fritas, salchichas, pan y vino

El almuerzo norteamericano (12.00–1.00 P.M.)

sandwich de carne (por ejemplo, jamón, pavo [*turkey*], rosbif) / sandwich de atún, fruta

o hamburguesa con queso, papas fritas

un **refresco** (*soft drink*) / café / leche

La cena norteamericana (5.00–7.00 P.M.)
pollo asado / bistec / langosta (*lobster*) / pescado frito / espaguetis
ensalada mixta
verduras al vapor
arroz / papas al horno / **puré de papas** (*mashed potatoes*) (8)
cerveza (*beer*) (9) / vino y/o **agua**
tarta / helado / gelatina

o pizza

ACTIVIDAD E ¿Español o norteamericano?

Paso 1 Analiza los dos tipos de almuerzos en la sección anterior.

Paso 2 Escucha al profesor (a la profesora). ¿Habla de una persona norteamericana o española?

1... **2...** **3...** **4...** **5...** **6...**

Paso 3 Mira otra vez los menús para las comidas norteamericanas y españolas en la sección anterior. Luego contesta las preguntas que hace el profesor (la profesora).

1... **2...** **3...** **4...** **5...**

ACTIVIDAD F ¿Quién habla?

Escucha al profesor (a la profesora). ¿Expresa las opiniones de una persona española o norteamericana?

1... **2...** **3...** **4...**

ACTIVIDAD G ¿A quién describe?

Paso 1 Revisa los menús típicos para el almuerzo y la cena norteamericanos. ¿Son estos menús típicos del almuerzo y de la cena de un(a) estudiante? Si no, haz los cambios necesarios para mostrar lo que come habitualmente un(a) estudiante de tu universidad. Comparte con la clase tu revisión.

Paso 2 Después de que todos presenten el menú que revisaron, indica tu conclusión.

☐ Hay un almuerzo típico de los estudiantes.
☐ No hay *un* almuerzo típico de los estudiantes.
☐ Hay una cena típica de los estudiantes.
☐ No hay *una* cena típica de los estudiantes.

COMUNICACIÓN

Así se dice

To describe how something tastes, Spanish uses the verb **saber** + **a** or the noun **el sabor.**

Tiene muy buen **sabor.**
No me gusta **el sabor.**
¿A qué **sabe?**
Sabe a pollo.

How would you tell someone from a Spanish-speaking country what Mountain Dew and frozen yogurt taste like?

Nota comunicativa

Earlier you read about using **¿Dice(s) que… ?** to verify something you've heard. Another way to verify information is to use a "tag question." A tag question in English can take a variety of forms: You said sardines, *right?* She eats shellfish, *doesn't she?* Spanish has two tag questions: **¿no?** and **¿verdad?** (*right?*). In general, use **¿no?** with affirmative statements and **¿verdad?** with negative ones.

> Le gusta la comida rápida, **¿no?**
> Prefieres café con leche, **¿no?**
> No comió esta mañana, **¿verdad?**
> No desea nada más, **¿verdad?**

ACTIVIDAD H Una historia

Paso 1 Trabajando con un compañero (una compañera) de clase, inventa una historia sobre lo que pasa en los siguientes dibujos. A continuación tienen algunas ideas para considerar.

◆ ¿Cómo se llama el chico?

◆ ¿Qué compra? ¿Por qué va de compras?

◆ ¿Cómo se siente mientras prepara la comida?

◆ ¿A quiénes invitó a su apartamento?

◆ Al final, ¿cómo se siente?

1.   2.   3.   4.

Paso 2 Compartan su historia con el resto de la clase. ¿Quiénes inventaron la mejor historia?

VOCABULARIO

¿Qué meriendas?

Talking about snacks and snacking

Vocabulario útil			
merendar (ie)	to snack (on)	la máquina vendedora	vending machine
tener hambre	to be hungry	la merienda	snack
		las palomitas	popcorn
los dulces	candies	las papas (patatas) fritas	potato chips
las galletas	cookies	los pasteles	pastries

ACTIVIDAD A ¿Qué meriendas?

El profesor (La profesora) va a mencionar un alimento. Indica si comes este alimento como merienda o no.

1… **2**… **3**… **4**… **5**… **6**…

COMUNICACIÓN

ACTIVIDAD B Cuando tienes hambre…

Paso 1 Usando los números 1–9, indica con qué frecuencia comes como merienda lo siguiente (**9** = muy frecuentemente, **1** = nunca).

Cuando tengo hambre, meriendo…

_____ dulces.   _____ papas fritas.
_____ alguna fruta.   _____ algún pastel.
_____ galletas.   _____ yogur.
_____ nueces.   _____ una zanahoria.
_____ palomitas.

Paso 2 Entrevista a otras tres personas en la clase para averiguar qué comen con más frecuencia para merendar y qué comen con menos frecuencia.

> MODELOS   De los alimentos del **Paso 1,** ¿cuál nunca comes como merienda?
>
> ¿Cuál comes con mayor frecuencia para merendar?

Paso 3 Compara tus resultados con los de otra persona (alguien a quien no entrevistaste en el **Paso 2**). Según los resultados, ¿qué suelen merendar las personas y qué no suelen merendar? ¿Pertenecen (*Do [they] pertain*) las meriendas favoritas a alguna de las categorías de alimentos básicos, como, por ejemplo, a las proteínas?

Así se dice

To say you are hungry or thirsty, Spanish does not use **estar** but rather **tener** with the feminine nouns **hambre** (*hunger*) and **sed** (*thirst*). The literal translations in English are *to have hunger* and *to have thirst*.

> **Tengo (mucha) hambre.**
> I'm (*very*) hungry.
>
> **Tengo (mucha) sed.**
> I'm (*very*) thirsty.

ACTIVIDAD C ¿Sabías que... ?

Paso 1 Lee la selección **¿Sabías que... ?** Luego indica si cada afirmación es cierta (C) o falsa (F).

	C	F
1. Las tapas son un tipo de postre.	☐	☐
2. Las tapas explican cómo es que los españoles pueden cenar muy tarde.	☐	☐
3. En este país no existe ninguna costumbre semejante.	☐	☐

Paso 2 Entrevista a un compañero (una compañera) de clase. ¿Tiene él (ella) la costumbre de merendar cierta comida o a cierta hora?

Paso 3 Ahora piensa en cuando eras niño/a. ¿Qué comidas merendabas? ¿Cuál era la actitud de tu madre hacia merender antes de cenar? Comparte tus respuestas con tu compañero/a.

¿Sabías que...

los españoles tienen la costumbre de merendar a las 5.00 ó 6.00 de la tarde? Dada la hora de la cena española, la merienda consiste en comer tapas, porciones pequeñas de no más de cuatro onzas, perfectas para picar.[a] Entre las tapas más conocidas están las gambas[b] y los champiñones al ajillo,[c] la famosa tortilla española, las croquetas y el jamón serrano. Comiendo unas cuantas tapas, el español se puede sostener hasta la típica hora tarde de comer.

Las tapas se originan en la Edad Media.[d] Alfonso X (el Sabio)[e] notó que sus guerreros[f] mostraban poca disposición para la lucha. El Rey descubrió que entre batallas sus soldados aprovechaban[g] el vino que se producía en la región. Entonces, obligó a los taberneros que sirvieran a las tropas a colocarles[h] sobre la copa de vino una rebanada[i] de pan con queso, jamón o chorizo, en porciones que las tropas debían ingerir[j] antes de consumir la bebida alcohólica. Además de empezar la costumbre de las tapas, tal vez Alfonso el Sabio fue el primero en combatir los malos efectos del alcohol.

[a]*para... for nibbling* [b]*camarones (Sp.)* [c]*champiñones... mushrooms in garlic* [d]*Edad... Middle Ages* [e]*Alfonso... Alfonso the Tenth (the Wise), an important Spanish king* [f]*warriors, soldiers* [g]*enjoyed* [h]*to place* [i]*slice* [j]*eat*

Algunas tapas típicas

GRAMÁTICA

¿Le pones sal a la comida?

Le and **les** as third person indirect object pronouns

me	nos
te	os
le	les

le	pones	les	pones

—¿Te gusta?
—Sí, está riquísima. ¿Qué **le** pusiste?

Así se dice

Remember that Spanish word order is flexible. The subject of a sentence may not always be the first noun before the verb. Don't mistake indirect object pronouns for subjects and don't mistake phrases with **a** for subjects either. In the following sentence, who is not making a good impression on whom?

Al profesor no le cae bien Juanito.

If you said Juanito is not making a good impression on the professor, you were right.

Le and **les** are indirect object pronouns like **me, te,** and **nos.** They frequently mean *to* or *for him* (*her, it*) and *to* or *for them*. (**Les** can also be used to mean *to* or *for you* [*pl.*]).

Tus amigos quieren saber cuáles son los ingredientes especiales.
¿**Les** vas a decir cuáles son? (**les** = a tus amigos)
A Juan no **le** gustan las verduras crudas. (**le** = a Juan)

When **le** and **les** are used with verbs like **poner** (*to put*) and **quitar** (*to remove, take away*), the English equivalent is *to put in* or *on* (*him, her, it,* and so forth) or *to take off of* (*him, her, it,* and so forth).

—¿Qué **le** pones a la comida, mucha sal (*salt*) o poca?
—No **le** pongo nada. (**le** = a la comida)

Cuando preparo el pollo, siempre **le** quito la piel (*skin*). (**le** = al pollo)

Have you noticed that these pronouns are often redundant? That is, **le** and **les** are used even when the person to or for whom something happens is explicitly mentioned in the sentence.

A mi mamá le di algo muy especial para su cumpleaños.
A los perros les encanta comer huesos.

Indirect object pronouns can be used by themselves once the person or thing referred to has been established in context.

—¿Qué **le** vas a decir **a tu compañera de cuarto**?
—No sé. Creo que no **le** voy a decir nada.

In the second part of this exchange, the speaker did not repeat **a mi compañera** because that person had already been referred to in the conversation.

ACTIVIDAD D ¿Qué le pones a la comida?

Marca la(s) respuesta(s) que mejor indica(n) lo que sueles hacer.

1. ¿Qué le pones a la comida?

☐ Le pongo un poco de sal.   ☐ Le pongo un poco de pimienta (*pepper*).

☐ Le pongo mucha sal.

☐ No le pongo nada.   ☐ Le pongo mucha pimienta.

2. ¿Qué les pones a las hamburguesas?

☐ Les pongo mayonesa.   ☐ No les pongo nada.

☐ Les pongo salsa de tomate (*ketchup*).   ☐ Soy vegetariano/a.

☐ Les pongo mostaza (*mustard*).

3. ¿Qué les pones a las papas fritas?

☐ Les pongo salsa de tomate.   ☐ Les pongo sal.

☐ Les pongo mayonesa.   ☐ Les pongo pimienta.

☐ Les pongo un poco de vinagre.   ☐ No les pongo nada.

4. ¿Qué les pones a las palomitas?

☐ Les pongo sal.   ☐ Les pongo queso parmesano.

☐ Les pongo margarina.   ☐ No les pongo nada.

☐ Les pongo mantequilla.

ACTIVIDAD E ¿Le pides... ?

El verbo **pedir** (*to request, ask for*) también toma un objeto indirecto aunque el significado no es *to* o *for someone*. Indica lo que haces en las siguientes situaciones.

1. Mañana tienes que entregarle al profesor (a la profesora) un trabajo, pero sabes muy bien que no lo vas a terminar para mañana. ¿Qué haces?

   a. Le pides una prórroga (*extension*) al profesor (a la profesora).

   b. Le pides una prórroga sólo si es un profesor (una profesora) que conoces bien.

   c. No le pides prórroga. Le entregas tarde el trabajo y esperas que lo acepte (*he [she] accepts it*).

2. Es hora de volver a casa. Está lloviendo y no tienes paraguas (*umbrella*). Ves a una persona que conoces subir a (*get in*) su auto. ¿Qué haces?

   a. Le pides que te lleve (*takes you*) a tu casa.

   b. Le pides que te lleve a tu casa sólo si es una persona que conoces muy bien.

   c. No le pides que te lleve a tu casa. Tomas el autobús o un taxi.

3. En un restaurante, se te cae (*you drop*) un tenedor (*fork*). ¿Qué haces?

    a. Le pides otro al mesero.

    b. No le pides otro al mesero. Tomas el tenedor de otra mesa donde no hay clientes.

    c. No le pides otro al mesero. Recoges (*You pick up*) el tenedor del suelo y lo limpias con la servilleta (*napkin*).

ACTIVIDAD F Situaciones

Paso 1 En grupos de tres o cuatro, escriban por lo menos tres posibles opciones para cada situación. **¡OJO!** Deben utilizar objetos indirectos.

MODELO	SITUACIÓN:	Estás en un restaurante elegante y el servicio es muy malo.
	POSIBLES OPCIONES:	**a.** No le doy propina (*tip*) al mesero.
		b. Le digo al gerente (*manager*) que no voy a volver.
		c. Les digo a mis amigos que es un restaurante horrible.

1. Estás en un café con unos amigos. Llega la cuenta y descubres (*you discover*) que no tienes dinero (*money*).

2. Estás en un café con unos amigos. Llega la cuenta y uno de tus compañeros te dice que no tiene dinero. Es la tercera vez que te pide dinero.

3. Estás en la casa de un amigo (una amiga) y sus padres preparan una cena que no te gusta para nada.

Paso 2 Escojan una situación y escriban las opciones en la pizarra. Presenten las opciones a la clase indicando la opción que prefieren y por qué. ¿Es esta la opción que prefiere la mayoría de la clase?

Así se dice

Have you wondered how you might say in Spanish *I gave it to him* or *I asked him for it*? In Spanish, both direct object and indirect object pronouns precede conjugated verbs with the indirect always preceding the direct.

    —¿Te dio el dinero?
    —Sí, **me lo** dio ayer.

Spanish does not allow **le** and **les** to appear with **lo, la, los,** and **las.** In such cases, **se** is used instead of **le** and **les.** Here, this **se** is not used as a reflexive pronoun; it simply takes the place of **le** and **les.**

    —¿Le entregaste la composición a la profesora?
    —Sí, **se la** entregué esta mañana.

GRAMÁTICA

¡Está muy salada!

More about **estar** + adjectives

In English, when we use *to be* in talking about foods and other products, we are often referring to how they taste, smell, feel, look, and sometimes sound. In Spanish, **estar** is used in these situations.

La sopa **está** rica.	*The soup is (tastes) really good.*
La sopa **está** salada.	*The soup is (tastes) salty.*
La sopa **está** deliciosa.	*The soup is (tastes) delicious.*
Está muy fuerte el perfume.	*The perfume is (smells) very strong.*
Está fresco el pescado.	*The fish is (looks) fresh.*
Están suaves las toallas.	*The towels are (feel) soft.*

ACTIVIDAD G ¿Fresca o pasada°?

spoiled, old

Completa la información de la columna A con información de la columna B. En algunos casos, hay diferentes combinaciones posibles.

A
1. Si la banana está fresca, _____.
2. Si la banana está pasada, _____.
3. Si la leche está pasada, _____.
4. Si la manzana está fresca, _____.
5. Si la manzana está muy pasada, _____.
6. Si el pollo está pasado, _____.
7. Si el aguacate está listo para comer, _____.

B
a. está marrón
b. está amarilla
c. está olorosa (*odorous*)
d. está blando/a (*soft*)
e. está duro/a (*hard*)
f. está firme pero no duro/a
g. está roja
h. tiene mal olor (*odor*)

ACTIVIDAD H Cuando el pescado está fresco...

Paso 1 Lee la selección «¿Cómo se sabe que un pescado está fresco?» en la siguiente página.

Así se dice

If you use **ser** with the adjectives we are talking about here, the meaning is not one of tastes, looks, feels, and so on. Instead, you would be describing a trait that a particular dish or food has relative to others. **El pescado es rico** means that fish (as a dish compared to meat, chicken, or others) is delicious. **El pescado está rico** means that this particular fish you are eating tastes good.

¿Cómo se sabe que un pescado está fresco?

La carne[a]

La firmeza elástica es una garantía de calidad. Presione con el dedo sobre la carne del lomo[b]: si la marca no desaparece o tarda en desaparecer, el pescado no está fresco.

Los ojos

Los ojos nunca deben estar hundidos ni presentar limosidad amarillenta. Rechace los pescados a los que se les han extraído los ojos.[c]

El olor

El pescado fresco huele a mar,[d] un aroma agradable. Si un pescado no está fresco, emite un fuerte olor.

Las agallas

Las agallas deben estar rojas, de una intensidad brillante. Si el pescado está pasado, las agallas presentan un color marrón sucio. En algunos casos los vendedores decapitan los pescados y ya no se puede ver las agallas. Rechace los pescados decapitados.

El vientre

La pared del vientre no debe estar rota.[e] La grasa no debe estar amarilla.

---

[a]flesh [b]back [c]a... *that have had their eyes extracted* [d]huele... *smells like the sea* [e]torn

Vocabulario útil

rechazar	to reject	**la pared**	wall
		el vientre	belly
las agallas	gills		
el dedo	finger	**hundido/a**	sunken
la limosidad	sliminess	**sucio/a**	dirty

Paso 2 Sin volver a mirar la selección, indica a qué parte del pescado se refieren las siguientes oraciones.

1. _____ deben estar rojas y brillantes.
2. _____ no debe estar roto.
3. _____ debe estar firme pero no dura.
4. _____ no deben estar hundidos.

a. Las agallas
b. La carne
c. Los ojos
d. El vientre

Paso 3 Con un compañero (una compañera) inventa dos o tres oraciones como las del **Paso 2** sobre otro alimento y cómo debe estar cuando está fresco. Presenten sus oraciones a la clase.

MODELO   El bistec fresco debe estar rojo y no marrón. Si tiene un olor desagradable no está fresco.

ACTIVIDAD I ¿Qué leíste?

COMUNICACIÓN

Paso 1 Lee rápidamente lo que te enseña el profesor (la profesora). Sin tomar apuntes, trata de recordar todo lo que puedas.

Paso 2 En grupos de tres, recreen el párrafo con todos los detalles que recuerden. Escriban el párrafo y compártanlo con la clase.

ACTIVIDAD J ¡Ay, qué rico!°

My, how delicious!

Paso 1 Piensa en una vez en que comiste un plato muy rico y contesta las siguientes preguntas.

1. ¿Cómo era el plato?

2. ¿Dónde estabas?

3. ¿Con quién estabas?

Paso 2 Ahora, escribe sobre una vez en que dijiste que un plato estaba rico pero no era la verdad. Contesta las mismas preguntas del **Paso 1.**

Paso 3 En grupos de tres, compartan sus experiencias. Al final, una persona del grupo debe presentar dos de las experiencias al resto de la clase.

Preferencias alimenticias

Propósito: escribir un artículo sobre las preferencias y hábitos de un compañero (una compañera) de clase con relación a la comida.

Papeles: dos estudiantes entrevistan a otro/a; los (las) tres escriben el artículo.

Paso 1 Dos personas deben entrevistar a otra para poder llenar el cuadro (*table*) a continuación. La información tiene que ver con el hecho de salir a comer en vez de (*instead of*) comer en casa.

	EL DESAYUNO	EL ALMUERZO	LA CENA
frecuencia con que sale a comer			
dónde come			
qué suele pedir (order)			
sus preferencias en cuanto a la comida *qué (no) le encanta* *qué (no) le cae bien* *qué (no) le agrada*			

Paso 2 Ahora los (las) tres tienen que escribir, en forma de un artículo, las preferencias de la persona entrevistada. Pueden utilizar como modelo «Mis platos preferidos» que está en la página 157.

> MODELO   Esta persona sale muy poco a comer. Cuando va a un restaurante, suele ir a…

Paso 3 Los grupos deben entregarle al profesor (a la profesora) el artículo **sin indicar el nombre de la persona entrevistada.** El profesor (La profesora) va a leer cada entrevista a la clase para que todos adivinen (*so that everyone can guess*) a quién se refiere.

The **Vocabulario comprensivo** list in this lesson is long, since it presents much of the thematic vocabulary that you will have an opportunity to use throughout **Unidad tres.** You will find that the **Vocabulario comprensivo** lists in **Lecciones 8** and **9** are shorter.

Los alimentos básicos
Basic Foods

El calcio	Calcium
los productos lácteos	dairy products
el helado	ice cream
la leche	milk
el queso	cheese
el yogur	yogurt

Las proteínas	Proteins
las carnes	meats
el bistec	steak
la carne de res	beef
la chuleta de cerdo	pork chop
la hamburguesa	hamburger
el jamón	ham
las aves	poultry
el huevo	egg
el pollo	chicken
los pescados y mariscos	fish and shellfish
el atún	tuna
los camarones	shrimp

los frijoles	beans
la mantequilla de cacahuete	peanut butter
las nueces	nuts

Las vitaminas y la fibra	Vitamins and Fiber
las frutas	fruits
el aguacate	avocado
la banana	banana
la fresa	strawberry
el limón	lemon
la manzana	apple
la naranja	orange
el tomate	tomato
la toronja	grapefruit
la uva	grape
las verduras	vegetables
las espinacas	spinach
los guisantes	peas
las judías verdes	green beans

la lechuga	lettuce
el maíz	corn
la papa	potato (*Lat. Am.*)
la patata	potato (*Sp.*)
la zanahoria	carrot

Los carbohidratos y la fibra	Carbohydrates and Fiber
el arroz	rice
los cereales	cereals; grains
los espaguetis	spaghetti
el pan blanco	white bread
el pan integral	whole wheat bread
las pastas alimenticias	pasta

Las grasas	Fats
el aceite de maíz	corn oil
el aceite de oliva	olive oil
la mantequilla	butter

Para describir los alimentos
Describing Foods

agrio/a	sour
amargo/a	bitter
asado/a	roast(ed)
cocinado/a	cooked
crudo/a	raw
dulce	sweet
fresco/a	fresh
pasado/a	spoiled, old
al horno	baked
al vapor	steamed
el gusto	taste (*preference*)
el hábito de comer	eating habit
el sabor	taste (*flavor*)
Sabe a...	It tastes like . . .

¿Qué desayunas?
What Do You Have for Breakfast?

la bollería	assorted breads and rolls
el bollo	roll
el churro	type of fried dough
el huevo frito (revuelto)	fried (scrambled) egg
el jugo (de naranja)	(orange) juice
la mermelada	jam, marmalade

el pan tostado	toast		
el panqueque	pancake		
la salchicha	sausage		
el tocino	bacon		
la tostada	toast		

desayunar (R)	to have breakfast

¿Qué comes para el almuerzo y para la cena?
What Do You Have for Lunch and Dinner?

el emperador	swordfish
la ensalada	salad
el flan	baked custard
las lentejas	lentils
(medio) pollo asado	(half a) roast chicken
el postre	dessert
el puré de papas	mashed potatoes
el sandwich	sandwich
la tarta	pie
la ternera	veal
la tortilla	omelette (*Sp.*)

almorzar (ue) (R)	to have lunch
cenar (R)	to have dinner

el menú del día	daily menu
el primer (segundo, tercer) plato	first (second, third) course

Las comidas
Meals

el almuerzo	lunch
la cena (R)	dinner
el desayuno	breakfast

¿Qué meriendas?
What Do You Snack On?

los dulces	candy
la galleta	cookie
las palomitas	popcorn
las papas fritas	potato chips; French fries (*Lat. Am.*)
los pasteles	pastries
las patatas fritas	potato chips; French fries (*Sp.*)

la máquina vendedora	vending machine
la merienda	snack

merendar (ie)	to snack (on)

Y para tomar...
And to Drink . . .

el agua (*f.*)	water
el café (R) (con leche)	coffee (with milk)
la cerveza	beer
el refresco	soft drink
el té	tea
el vino	wine

Los condimentos
Condiments

el azúcar	sugar
la mayonesa	mayonnaise
la mostaza	mustard
la pimienta	pepper
la sal	salt
la salsa de tomate	ketchup

Los colores
Colors

amarillo/a	yellow
blanco/a	white
marrón	dark brown
negro/a (R)	black
rojo/a	red
rosado/a	pink
verde (R)	green

Verbos
Verbs

agradar	to please
apetecer	to be appetizing; to appeal, be appealing (*food*)
caer (*irreg.*) bien/mal	to make a good/bad impression; to (dis) agree with (*food*)
encantar	to delight, be extremely pleasing
importar	to be important; to matter
interesar	to be interesting
poner (*irreg.*)	to put, place
quitar	to remove, take away
tener (mucha) hambre	to be (very) hungry

LECCIÓN 8

Vistazos *digital*

 QUIA Online Textbook and *Manual*   **WWW** Online Learning Center

DVD Video on DVD

CENTRO Your media center for languages All media resources for *Vistazos,* all in one place

¿Qué se hace con los brazos?

In this lesson, you will

- ◆ learn vocabulary related to eating at the table
- ◆ learn some vocabulary related to eating in restaurants
- ◆ note some more differences between eating habits in Spanish-speaking countries and this country

- ◆ learn about the impersonal and passive **se** constructions in Spanish
- ◆ learn more about **por** and **para**

 ALTO Before beginning this lesson, look over the **Intercambio** activity on page 191. This is the activity you will be working toward throughout the lesson.

En el mundo hispano es común apoyar (to rest) *los dos brazos en la mesa.* **(Madrid, España)**

VOCABULARIO

¿Qué hay en la mesa?

Talking about eating at the table

Así se dice

As you know, cognates may not always mean the same thing from one language to another. As you can see in the following **Vocabulario útil** box, *table manners* is rendered in Spanish by the word **modales** and not by the cognate word **maneras** (*ways*). Similarly, you might hear someone described as **muy educado/a**, but this description does not refer to any kind of academic preparation. Note how **educado/a** may be used in Spanish.

Es muy **educada.**
She is very well-mannered.

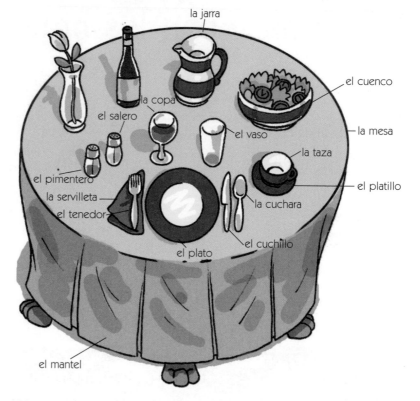

Vocabulario útil

cortar	to cut	los brazos	arms
derramar	to spill	los buenos modales	good manners
levantar la mesa	to clear the table	los codos	elbows
poner la mesa	to set the table	los cubiertos	silverware
		las manos	hands
la boca	mouth		

Lección 8 ¿Qué se hace con los brazos?

🗣️ 🗨️ ACTIVIDAD A ¿Cómo los utilizamos?

Escucha el nombre del objeto que menciona el profesor (la profesora). Indica para qué lo utilizamos, según el modelo.

MODELO   Lo (La) utilizamos para...

1. cubrir (*to cover*) la mesa.
2. tomar café.
3. servir la comida principal.
4. comer la sopa.
5. limpiarnos la boca.
6. comer la comida principal.
7. servir agua o vino.

🗨️ ACTIVIDAD B Asociaciones

Empareja una palabra o frase de la columna A con otra de la columna B.

A
1. _____ la carne
2. _____ ayudar antes de comer
3. _____ ayudar después de comer
4. _____ ser torpe (*clumsy*)
5. _____ el agua
6. _____ el vino
7. _____ la cuchara

B
a. la copa
b. cortar
c. derramar el vino en la mesa
d. levantar la mesa
e. poner la mesa
f. la sopa
g. el vaso

ACTIVIDAD C Con las manos

Paso 1 A continuación hay una lista de comidas típicas. Indica si comes cada una con cubiertos o no. ¿Hay costumbres comunes a la mayoría de la clase?

MODELO   las papas fritas → Las como con las manos.

1. las papas fritas
2. los sandwiches de queso
3. las hamburguesas
4. el pollo a la barbacoa
5. las rosquillas (*doughnuts*)
6. la fruta fresca (manzana, naranja)
7. la tarta de manzana

Paso 2 Ahora indica si para tomar alguna de las siguientes bebidas la pones primero en un vaso o no. ¿Hay costumbres comunes a la mayoría de la clase?

MODELO   la cerveza → No la pongo en un vaso. La tomo directamente de la botella.

1. la cerveza
2. la leche
3. los jugos
4. el agua mineral
5. los refrescos

🗣️ COMUNICACIÓN

Así se dice

By now you are well aware that in Spanish, most nouns that end in -**a** are feminine and most that end in -**o** are masculine. However, as you may already have noticed, some very common words do not follow this pattern. Be on the lookout for such words during the course of your study.

el día, el drama, el mapa, el poeta, el problema
la mano, la modelo,* la radio†

---

*La modelo** = female fashion model; **el modelo** = any other kind of model.
†**La radio** = the medium of radio; **el radio** = piece of equipment.

GRAMÁTICA

¿Se debe... ?

—Mira. **Se debe** poner el tenedor al lado izquierdo (*left side*) del plato y el cuchillo al lado derecho (*right*), ¿ves?

(no) **se**	debe puede suele come hace	

You have already seen the pronoun **se** used in reflexive sentences. It is also used in Spanish to make impersonal sentences, ones in which the verb is singular and the subject is not specified. In this usage, there is no reflexive meaning similar to *-self* or *-selves*. The rough equivalent in English would be sentences that use the nonspecific subject pronouns *one, you,* or *they.*

No **se debe** comer mucha carne.

One (You) shouldn't eat a lot of meat.

Si **se come** bien, **se vive** bien.

If one eats well, one lives well. (If you eat well, you live well.)

En Carmon's **se sirve** una pizza magnífica.

At Carmon's they serve a great pizza.

What do you think the following sentences mean?

No se debe poner los codos en la mesa.
Se suele almorzar a las 12.00.

If you said *One (You) shouldn't put one's (your) elbows on the table* and *One usually eats lunch at noon (You [They] usually eat lunch at noon),* then you were right.

ACTIVIDAD D Los buenos modales

Paso 1 Indica en qué situación se observa cada regla (*rule*).

a. En toda circunstancia.

b. Sólo en ocasiones formales.

c. Sólo con la familia o con amigos muy íntimos.

1. _____ No se debe poner los brazos en la mesa mientras se come.

2. _____ No se debe comer el pollo frito o asado con las manos.

3. _____ Para comer las papas fritas, se debe utilizar tenedor.

Los errores que no debes cometer en la mesa

● No comas con los codos apoyados en la mesa. En primer lugar, porque limitas tus movimientos. Y en segundo, porque los alimentos pueden caerse de los cubiertos. Tus brazos tienen que moverse libremente. Sin embargo, cuando no estés comiendo puedes apoyarlos sobre la mesa.
● No dejes las cucharas dentro de la taza del café, del té o de la sopa.
● No pongas alimentos en cantidades exageradas en tu boca. ¡Es de muy mal gusto!
● No mastiques con la boca abierta y no hagas ruido con los labios y la lengua, porque es muy antiestético.
● No hables con la boca llena, porque se saldrá la comida. Si quieres hablar mientras comes, hazlo cuando tengas una mínima cantidad de comida en la boca. De otra manera, habla después de haber tragado los alimentos.

4. _____ No se debe alcanzar con el brazo (*reach for*) algo en la mesa si está lejos (*far away*).

5. _____ Si alguien quiere sal, se le debe pasar ambos (*both*) el salero y el pimentero.

6. _____ No se debe comenzar a comer si los demás (*the others*) no tienen su comida.

Paso 2 Ahora compara tus respuestas con las del resto de la clase. ¿Están todos de acuerdo o no con las afirmaciones?

ACTIVIDAD E ¿Qué leíste?

Paso 1 Lee rápidamente lo que te enseña el profesor (la profesora). Sin tomar apuntes, trata de recordar todo lo que puedas.

Paso 2 En grupos de tres, recreen el párrafo con todos los detalles que recuerden. Escriban el párrafo y compártanlo con la clase.

ACTIVIDAD F ¿Cuándo se puede hacer eso?

¿Cuándo se puede hacer las cosas a continuación? Inventa algo para terminar cada oración y compara tus ideas con las de un compañero (una compañera). ¿Qué ideas tienen en común?

1. Se puede interrumpir a otra persona mientras habla cuando (si)...

2. No se tiene que dejar propina cuando (si)...

3. Se le puede pedir a un invitado que traiga (*ask a guest to bring*) algo de comer cuando (si)...

4. Se puede tutear (*address as* **tú**) a un profesor (una profesora) cuando (si)...

ACTIVIDAD G En su opinión

Paso 1 Trabajando con dos o tres compañeros/as de clase, comenta las siguientes afirmaciones. Apunten sus ideas.

«Las madres, no los padres, les enseñan los buenos modales a los niños».
«Las mujeres tienen mejores modales que los hombres».
«Dos hermanos, un niño y una niña, van a tener modales diferentes».

Paso 2 Compartan sus ideas con el resto de la clase. ¿Creen todos que los hombres y las mujeres tienen modales diferentes?

COMUNICACIÓN

Así se dice

What if you want to use an impersonal **se** with a reflexive verb? With reflexive verbs and verbs like **quedarse** that always take a **se**, Spanish uses **uno** instead of the impersonal **se**.

> **Uno se levanta** temprano aquí.
> Si hay una tormenta (*storm*), **uno** debe **quedarse** en casa.

Uno can also be used instead of the impersonal **se** with all other verbs.

> **Uno** no debe derramar sal. Es mala suerte (*bad luck*).

VOCABULARIO

¿Hay que... ?

Expressing impersonal obligation

—Mira. Aquí dice que **no se puede** visitar Buenos Aires **sin** probar la parrillada.

es imprescindible	it's essential
es (muy) buena idea	it's a (very) good idea
es necesario ⎫	
es preciso ⎭	it's necessary
hay que	one must, it's necessary
no se puede... sin...	you (one) can't . . . without . . .
se debe	you (one) should, must
se tiene que	you have to (one must)

Así se dice

To enter a room politely, in English we say *Can I come in?* or *May I come in?* In Spanish one simply says **¿Se puede?**, which is short for **¿Se puede pasar?**

—**¿Se puede,** profesora?
—Sí. Pasa.

ACTIVIDAD A Nueva York: Lo positivo y lo negativo°

Lo... *The positive and the negative*

Paso 1 Empareja una frase de la columna A con una de la columna B para hablar de lo positivo de Nueva York.

A

1. ____ En Nueva York hay que asistir a...
2. ____ Al visitar Nueva York se tiene que dar un paseo por...
3. ____ Si el dinero no es problema, es preciso quedarse en...
4. ____ Y claro, es necesario probar (*to try*)...
5. ____ No se puede visitar Nueva York sin ver...

B

a. los perritos calientes (*hot dogs*) que se venden (*are sold*) en cada esquina (*corner*).
b. una obra teatral en Broadway.
c. el Hotel Plaza.
d. el Parque Central.
e. la Estatua de la Libertad.

Paso 2 Esta vez, empareja una frase de la columna A con una de la columna B para hablar de lo negativo de Nueva York.

A

1. ____ No se debe caminar...
2. ____ No es buena idea llevar...
3. ____ Hay que evitar (*avoid*)...

B

a. mucho dinero en el bolsillo (*pocket*) o en la bolsa (*purse*).
b. el metro entre las 5.00 y las 6.30 de la tarde.
c. solo/a por la noche.

Paso 3 La clase debe determinar si las cosas negativas del **Paso 2** son exclusivas de Nueva York o si se pueden aplicar a otras ciudades.

Lección 8   ¿Qué se hace con los brazos?

ACTIVIDAD B Hay que...

Paso 1 Piensa en una ciudad que conoces muy bien. Luego contesta las preguntas a continuación.

Si uno visita _____ (nombre de la ciudad),...

1. ¿hay que comer en algún restaurante en particular? ¿Se debe probar algún plato en particular? ¿Cuáles y por qué?

2. ¿se debe ver algún monumento o edificio (*building*) porque es histórico o interesante? ¿Cuál y por qué?

3. ¿es preciso hacer alguna actividad especial? ¿Cuál y por qué?

Paso 2 Ahora con las respuestas que diste en el **Paso 1,** forma un pequeño párrafo sobre la ciudad en cuestión. Trata de utilizar diferentes expresiones. Añade (*Add*) otros detalles si quieres. Luego si hay tiempo, comparte tu párrafo con la clase.

GRAMÁTICA

¿Se consumen muchas verduras?

The passive **se**

$$se + \begin{array}{l} toma(n) \\ come(n) \\ consume(n) \end{array}$$

EL VALOR CALÓRICO DE LAS ACTIVIDADES

ACTIVIDAD	MUJER	HOMBRE
Caminar (2–3 km/h.)	200	240
Trabajos caseros[a] (limpiar el piso,[b] barrer,[c] etcétera)	300	360
Correr	800	1.000
Escribir a computadora	200	220
Nadar	600	800
Tenis	440	560
Esquiar	600	700
Leer	40	50
Manejar	120	150
Andar en bicicleta (rápidamente)	460	640
Andar en bicicleta (lentamente)	240	280

(CALORÍAS CONSUMIDAS POR HORA)

[a]Trabajos... *Housework* [b]*floor* [c]*sweeping*

¿Cuántas calorías **se consumen** al hacer cada actividad?

Así se dice

Although you will be working with the passive **se** in a limited context in this lesson, its use in written Spanish is frequent, especially when referring to past events. Here are some typical examples of the passive **se** that you will encounter in readings. The first one's meaning is given to you. Can you figure out the others?

En 1605 **se publicó** la novela *Don Quijote de la Mancha.*
Don Quixote *was published in 1605.*

Se firmó la Declaración de la Independencia de los Estados Unidos en 1776.
Se hicieron varios experimentos.

Earlier you saw **se** used with singular verbs to express impersonal sentences. **Se** can also be used with both singular and plural verbs to form what is called a passive construction. Like an impersonal sentence, a passive sentence with **se** does not contain a stated subject. However, unlike the impersonal **se,** the passive **se** does not translate as *one* or *you* but rather as *is (are) + -ed* and sometimes as *they.*

Se queman muchas calorías cuando **se hacen** ejercicios aeróbicos.	*Many calories are burned when doing aerobics.*
Se sirve la cena a las 6.00.	*Dinner is served at 6:00.*
En Gallo's **se sirven** unos mejillones riquísimos.	*At Gallo's they serve some very tasty mussels.*

It is not as important to keep the exact meaning clear as it is to remember that when the object of the verb is plural, verbs in passive **se** constructions are also plural.

En IHOP **se preparan** cantidades enormes de panqueques.	*Enormous quantities of pancakes are prepared at IHOP.*

ACTIVIDAD C ¿En qué país... ?

Paso 1 Por lo general, la geografía y el clima influyen mucho en lo que se come y se toma en un país. Tomando en cuenta lo que sabes de la geografía y el clima en distintas partes del mundo, trata de completar cada oración a continuación.

1. En _____ se comen muchos mariscos.

2. En _____ se toman muchas bebidas calientes.

3. En _____ se preparan muchos platos con carne.

4. En _____ se preparan muchos platos con papas.

5. En _____ se comen muchas frutas tropicales.

Paso 2 Comparte tus oraciones con la clase. ¿Hay compañeros/as que piensan lo mismo que tú? ¿Cuántas veces menciona la clase un país de habla española? ¿Cuántas veces se menciona este país?

ACTIVIDAD D ¿Sabías que... ?

Paso 1 Antes de leer la selección **¿Sabías que... ?** en la siguiente página, piensa un momento en las preguntas a continuación.

1. ¿Qué es un «país mediterráneo»? ¿Puedes nombrar algunos?

2. Basándote en la pregunta anterior, ¿qué tipos de alimentos se consumen en la dieta mediterránea?

Paso 2 Ahora lee la selección. Luego completa lo siguiente.

1. Nombra cuatro alimentos que se consumen en la dieta mediterránea.

2. Según el experimento del Dr. Ancel Keys, ¿qué les pasó a los norteamericanos que siguieron la dieta mediterránea?

   a. Les subió (*Went up*) el nivel de colesterol.

   b. Les bajó (*Went down*) el nivel de colesterol.

Paso 3 Mira la foto de la paella que acompaña la selección. ¿Te apetece la paella o no es plato de tu gusto? Entrevista a un compañero (una compañera) de clase para averiguar si le gustaría (*he [she] would like*) la dieta mediterránea o no. Hazle preguntas sobre los alimentos de esta dieta. Comparte con la clase lo que averiguaste.

MODELO ¿Te gustan las legumbres? ¿Todas?

¿Sabías que...

hay una dieta conocida como la dieta mediterránea? En esta dieta predominan las legumbres,[a] las pastas alimenticias, el arroz, las verduras, las frutas frescas, el pescado, los mariscos, el aceite de oliva, el pan y condimentos como el ajo, la mejorana[b] y la pimienta. Se llama dieta mediterránea porque es común en los países mediterráneos: España, Italia, Francia y Grecia. Esta dieta también es común en Portugal, aunque no es un país mediterráneo.

La paella española contiene lo típico de la dieta mediterránea: arroz, mariscos, pescado, verduras, aceite de oliva y otros alimentos saludables.

En 1962, el doctor Ancel Keys, conocido nutricionista norteamericano, hizo una investigación sobre la dieta mediterránea. Sus pacientes norteamericanos siguieron[c] esta dieta por varias semanas. Después fueron sometidos[d] a una serie de exámenes médicos. El doctor Keys pudo comprobar que el nivel[e] de colesterol de sus pacientes había bajado[f] y que la incidencia de enfermedades cardiovasculares también había disminuido.[g] Parece que la dieta mediterránea es bastante saludable, ¿no?

---

[a]*legumes* (La palabra **legumbres** significa también *vegetables*.)   [b]*marjoram*
[c]*followed*   [d]*fueron... they were subjected*   [e]*level*   [f]*había... had dropped*
[g]*había... had diminished*

✎ ACTIVIDAD E La dieta norteamericana

Paso 1 Con otra persona, haz una lista de cinco de los alimentos típicos que se consumen en este país.

MODELO   En este país se consume(n) mucho...

1...   2...   3...   4...   5...

Paso 2 Escriban la lista en la pizarra y compárenla con las de otros grupos. ¿Cuáles alimentos se mencionan más? Ahora determinen si la dieta norteamericana es tan saludable como la dieta mediterránea.

ACTIVIDAD F La última vez...

Paso 1 Trabajando con un compañero (una compañera) de clase, habla de la última vez que comiste los alimentos típicos que mencionaron en la **Actividad E.** Utilicen las siguientes preguntas como guía.

◆ ¿Qué comieron? ¿Adónde fueron?
◆ ¿Lo pasaron bien? (*Did you have a good time?*)
◆ ¿Usaron los buenos modales o no? ¿Cometieron algún error?

Paso 2 Compartan las historias con el resto de la clase.

Paso 3 (Optativo) Los estudiantes le preguntan al profesor (a la profesora) sobre la última vez que comió los alimentos típicos.

Nota comunicativa

Now that you know the impersonal **se** and the passive **se,** you can expand your repertoire of strategies for communication. When you forget how to say a word or don't know it, you can ask for help by using an impersonal **se.** For example, to ask for help in finding out the Spanish word for *bottle opener,* you can say

¿Cómo se llama esa cosa con que se abre una botella?

Note that the phrase **con que** can be changed to **donde, en que, con quien,** or a number of other phrases depending on what you are saying (e.g., **¿Cómo se llama el lugar donde... ? ¿Cómo se llama la persona a quien... ?**). How would you ask for help during a conversation if you forgot or didn't know the following words? (Note: You can accompany your questions with gestures and anything else that helps!)

cabinet	garage	Post-it notes
dishwasher	knife	Q-tip

VOCABULARIO

¿Está todo bien?

Talking about eating in restaurants

atender (ie)	to wait on (*a customer*)
dejar (una propina)	to leave (a tip)
ordenar	to order
pedir (i, i)	to request, order
traer (*irreg.*)	to bring
el/la camarero/a }	waiter, waitress
el/la mesero/a }	
el cliente (la clienta)	customer
el/la cocinero/a	chef, cook
la comida para llevar	food to go
la cuenta	bill, check
el primer (segundo, tercer) plato	first (second, third) course
la propina	tip
¿Está todo bien?	Is everything OK?
¿Me podría traer... ?	Could you bring me . . . ?
¿Qué trae... ?	What does . . . come with?

*Si el servicio es bueno, **los clientes le dejan una propina al camarero.***

ACTIVIDAD A Definiciones

Escucha la definición que da el profesor (la profesora). Luego empareja la definición con una palabra o expresión de la sección anterior.

1...   2...   3...   4...   5...   6...

ACTIVIDAD B ¿En qué orden?

Paso 1 Pon en orden cronológico las siguientes actividades.

_____ Se pide la cuenta.
_____ El camarero trae el segundo plato.
_____ El cocinero prepara la orden.
_____ Se deja la propina en la mesa.
_____ Se pide la comida.
_____ Se toma un aperitivo.
_____ El camarero trae el primer plato.

Paso 2 Escucha mientras el profesor (la profesora) las lee cronológicamente. ¿Ordenaste bien las actividades?

Así se dice

As you already know, learning Spanish is not a simple matter of translating words from English. An example is the verb **invitar**. It can mean *to invite* in the most general sense, such as to invite someone to a party. But in Spanish, it can also mean *to treat* (*pay*).

PABLO: ¿Vamos a tomar un café?
MARISOL: Sí. Yo te **invito**.

(Llega la cuenta.)
DIEGO: Bueno, **invito** yo.
ESTER: No. **Invito** yo.
DIEGO: No, no. Tú **invitaste** la última vez.

⬭ ACTIVIDAD C ¿Quién lo dice?

Indica quién diría (*would say*) cada oración, un cliente o un camarero.

	CLIENTE	CAMARERO
1. «¿Están listos para pedir?»	☐	☐
2. «¿Qué trae el filete?»	☐	☐
3. «La cuenta, por favor.»	☐	☐
4. «Como primer plato, me gustaría la sopa.»	☐	☐
5. «¿Está todo bien?»	☐	☐
6. «¿Me podría traer otro tenedor, por favor?»	☐	☐

COMUNICACIÓN

▱ ACTIVIDAD D ¿Y la propina?

En los Estados Unidos, es costumbre dejar de propina como mínimo el 15% del total de la cuenta. En esta actividad, vamos a examinar esta costumbre.

Paso 1 Escribe la frase que se te aplica más y entrégasela al profesor (a la profesora). Si no comes mucho en restaurantes, escribe lo que harías (*you would do*) en ese caso.

Con respecto a la propina,...

1. suelo dejar el 15% y nada más.

2. suelo dejar más del 15% si el servicio es excelente.

3. suelo dejar menos del 15%.

4. suelo dejar menos del 15% si el servicio es malo.

5. no suelo dejar nada.

Paso 2 Alguien va a leer las frases en voz alta mientras otra persona lleva la cuenta del (*keeps track of the*) número de ocasiones en que se menciona cada frase. ¿Qué costumbre se menciona más? ¿Cuál se menciona menos?

Paso 3 Ahora entrevista a tres personas sobre lo que hacen en la siguiente situación. **¡OJO!** Hay que responder honestamente.

La cuenta es de $10.00, impuestos (*taxes*) incluidos. Tienes un billete de $10.00 y dos de $1.00. El restaurante no acepta ni cheques personales ni tarjetas de crédito. El servicio fue regular, ni malo ni excelente. ¿Cuánto dejas de propina?

	E1	E2	E3
1. Dejo $1.00 y nada más.	☐	☐	☐
2. Dejo los dos dólares.	☐	☐	☐
3. Pido cambio (*change*) y dejo $1.50.	☐	☐	☐
4. No dejo nada.	☐	☐	☐

Comparte los resultados con el resto de la clase.

Nota comunicativa

Keeping the context of communication in mind and thinking ahead of what people might say to you will increase your chances of successful communication in routine situations. You might also consider looking up important words and phrases before entering a particular situation. For example, before going out to eat at a restaurant specializing in steaks, you might find out how to say *well-done, medium,* or *rare.* How would you say you are allergic to something?

GRAMÁTICA

¿Para quién es?

Using **para**

—¿**Para** quién es esa torta?
—Es **para** mi amigo. Es su cumpleaños (*birthday*).

Although you will focus on using **para** in this lesson, it can be helpful to keep in mind that both **por** and **para** can be equivalents of *for* in English.

Para is used to indicate the *destination* or *recipient* of something.

Voy a preparar una sopa **para** Roberto.	*I'm going to make soup for Roberto.* (Roberto will be the recipient of this soup. He is the one who is going to eat it.)
Es una taza **para** café.	*It's a coffee cup (cup for coffee).* (The cup's use is clearly for one beverage over another. Coffee will be served in this cup.)
¿Una mesa? ¿**Para** cuántas personas?	*A table? For how many people?* (The idea here is that someone is going to "receive" a table in the restaurant.)

Por, on the other hand, generally indicates a *source* or a *cause.*

Hago esto **por** mi hermano.	*I do this for my brother.* (The idea here is that my brother is motivating me to do this even though he is not the beneficiary or may never see what I do.)

Así se dice

Remember to use **mí** and **ti** after **para** or any other preposition.

Para mí, el pescado del día, por favor.
Tengo un regalo **para ti.**

In writing, **mí** has an accent to distinguish it from the possessive adjective **mi** as in

Mi casa es su casa.

Perhaps one of the clearest differences between **por** and **para** is when each combines with **que**. Note the different translations in English.

Lo hago **para que** entiendas.*   *I do this so that you will understand.* (Your comprehension is the desired end result: "destination.")

Lo hago **porque** no entiendes.   *I do this because you don't understand.* (Your lack of comprehension is motivating me to do this: "source, cause.")

ACTIVIDAD E ¿Para qué sirve?

Muchas personas creen que hay ciertos alimentos que son buenos para ciertas partes del cuerpo y (o) malos para otras. Indica lo que tú has oído (*you have heard*).

MODELOS   El ajo es bueno para la sangre (*blood*).

El ajo es malo para el aliento (*breath*).

1. ＿＿＿ para el cerebro.

2. ＿＿＿ para la piel.

3. ＿＿＿ para los huesos.

4. ＿＿＿ para los músculos.

5. ＿＿＿ para los ojos.

ACTIVIDAD F ¿Para qué animal?

¿Conoces el anuncio que dice: «Los Trix son para niños»? ¿Qué alimento es para el conejo (*rabbit*)? Indica para qué animal es cada alimento.

A	B
1. ＿＿＿ la lechuga	a. para el perro
2. ＿＿＿ las zanahorias	b. para el gato
3. ＿＿＿ las manzanas	c. para la tortuga (*tortoise*)
4. ＿＿＿ la carne	d. para el conejo
5. ＿＿＿ el pescado	e. para el caballo (*horse*)
6. ＿＿＿ el maíz	f. para la gallina (*chicken*)

*Verbs used after the expression **para que** appear in a form called the subjunctive. (You will learn about the subjunctive in future lessons.)

ACTIVIDAD G Sugerencias

Paso 1 ¿Qué sabes de los gustos de cada persona en la clase? ¿Qué restaurantes o comidas puedes sugerir para cada una? Utilizando el modelo, inventa tres o cuatro oraciones para diferentes personas. (Optativo: Puedes hacer lo mismo para algunas personas famosas.)

MODELO   Para el profesor (la profesora) sugiero Cucina Italiana. Sé que le gusta la comida italiana.

Paso 2 Presenta tus ideas a la clase. ¿Son buenas tus sugerencias? ¿Hay personas que dicen lo mismo?

INTERCAMBIO

¡Atención, turistas!

Propósito: compilar un folleto (*brochure*) sobre las buenas y malas costumbres de comer para turistas de habla española que visitan este país.

Papeles: tres grupos que hablan entre sí (*among themselves*) para hacer una descripción de lo que se debe y *no* se debe hacer.

Paso 1 La clase debe dividirse en tres grupos. A cada grupo se le va a asignar uno de los siguientes temas.

1. costumbres en la casa

2. costumbres en los restaurantes

3. otras costumbres (saludos, etcétera)

Usando el vocabulario y gramática de esta lección, cada grupo debe escribir dos párrafos (de 100 a 200 palabras) sobre su tema. La idea es dar toda la información posible sobre el tema para incluirla en un folleto para turistas de habla española. Se debe organizar la información según lo que se debe hacer y lo que *no* se debe hacer.

Paso 2 Cada grupo debe presentar su información a los demás. Al terminar, el resto de la clase debe ofrecer comentarios sobre el contenido, sus reacciones, etcétera.

Paso 3 Cada grupo debe escribir de nuevo su información e incorporar las sugerencias e ideas que se presentaron en el **Paso 2.**

¿Qué hay en la mesa? — What's on the Table?

la copa	(wine) glass
los cubiertos	silverware
la cuchara	spoon
el cuchillo	knife
el cuenco	(*earthenware*) bowl
la jarra	pitcher
el mantel	tablecloth
la mesa	table
el pimentero	pepper shaker
el platillo	saucer
el plato	plate
el salero	salt shaker
la servilleta	napkin
la taza	cup
el tenedor	fork
el vaso	(water) glass

los buenos modales	good manners

cortar	to cut
derramar	to spill
lavar los platos	to wash the dishes
levantar la mesa	to clear the table
poner la mesa	to set the table

En un restaurante — In a Restaurant

el/la camarero/a	waiter, waitress
el cliente (la clienta)	customer
el/la cocinero/a	chef, cook
la comida para llevar	food to go
la cuenta	bill, check
el/la mesero/a	waiter, waitress
el plato del día	daily special
el plato principal	main dish
el primer (segundo, tercer) plato (R)	first (second, third) course
la propina	tip

atender (ie)	to wait on (a customer)
dejar (una propina)	to leave (a tip)
ordenar	to order

pedir (i, i)	to request, order
traer (*irreg.*)	to bring

¿Está todo bien? — Is Everything OK?

¿Me podría traer... ?	Could you bring me . . . ?
¿Qué trae... ?	What does . . . come with?

La obligación impersonal — Impersonal Obligation

es...	it's . . .
imprescindible	essential
(muy) buena idea	a (very) good idea
necesario	necessary
preciso	
hay que	one must, it's necessary
no se puede... sin...	you (one) can't . . . without . . .
se debe	you (one) should, must
se tiene que	you have to (one must)

Otras palabras y expresiones útiles

la boca	mouth
la bolsita para llevar	doggie bag
el brazo	arm
el codo	elbow
la costumbre	custom, habit
la mano	hand
el servicio a domicilio	home delivery

derecho/a	right
educado/a	well-mannered, polite
izquierdo/a	left

invitar	to treat (pay)
probar (ue)	to try, taste
tener buena educación	to be well-mannered

Vistazos *digital*

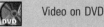 Online Textbook and *Manual*

 Online Learning Center

Video on DVD

CENTRO Your media center for languages All media resources for *Vistazos,* all in one place

¿Y para beber?

In this lesson, you will

- learn and review vocabulary related to beverages
- examine cultural aspects related to drinking
- review regular preterite tense verb forms
- learn about the history of some national beverages

- discuss responsibilities related to drinking and other matters
- review impersonal and passive **se**

 ALTO Before beginning this lesson, look over the **Situación** activity on page 201. This activity will provide you with a means of using all of the Spanish you've learned so far to discuss a typical situation.

Bebiendo con los amigos en la Argentina

VOCABULARIO

¿Qué bebes?

Talking about favorite beverages

Las bebidas alcohólicas

la cerveza
el licor fuerte
el vino (blanco, tinto)

Las bebidas con cafeína

el café
los refrescos
el té (helado)

Las bebidas sin cafeína

algunos refrescos
el café descafeinado
el jugo de manzana
  (naranja, tomate)
la leche
el té de hierbas

Vocabulario útil

tener (mucha) sed	to be (very) thirsty	**(bien) caliente**	(very) hot
		con hielo	with ice
		sin hielo	without ice
(bien) frío/a	(very) cold		

ACTIVIDAD A ¿Qué marcas° conoces?   *name brands*

El profesor (La profesora) va a mencionar la marca de una bebida y la clase tiene que decir qué tipo de bebida es.

> MODELO   PROFESOR(A): Lipton
> ESTUDIANTE: té helado

1... **2**... **3**... **4**... **5**... **6**... **7**... **8**...

ACTIVIDAD B ¿Qué prefieres?

Paso 1 Entrevista a tres personas para saber qué bebidas prefieren o les gusta tomar en cada ocasión a continuación. Apunta sus respuestas.

	E1	E2	E3
1. para el desayuno (por la mañana)	___	___	___
2. con una hamburguesa	___	___	___
3. para la merienda	___	___	___
4. cuando sale con unos amigos por la noche	___	___	___
5. mientras estudia (trabaja, lee)	___	___	___

Paso 2 La clase debe entrevistar al profesor (a la profesora). ¿Son diferentes sus preferencias de las de Uds. o son iguales?

ACTIVIDAD C Una historia

Paso 1 Trabajando en grupos de tres, cuenten (*tell about*) cómo fue el día de Humberto y Lola. ¿Qué toman y cómo les afecta?

1. 2. 3. 4.

Paso 2 Presenten su historia al resto de la clase. ¿Cuántos grupos interpretaron los dibujos igual que Uds.?

GRAMÁTICA

¿Qué bebiste?

Review of regular preterite tense verb forms and use

	-ar	**-er**	**-ir**
(yo)	tom**é**	beb**í**	sal**í**
(tú)	tom**aste**	beb**iste**	sal**iste**
(Ud.)	tom**ó**	beb**ió**	sal**ió**
(él/ella)	tom**ó**	beb**ió**	sal**ió**
(nosotros/as)	tom**amos**	beb**imos**	sal**imos**
(vosotros/as)	tom**asteis**	beb**isteis**	sal**isteis**
(Uds.)	tom**aron**	beb**ieron**	sal**ieron**
(ellos/ellas)	tom**aron**	beb**ieron**	sal**ieron**

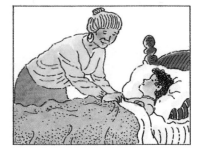

—¿Ya **tomaste** la leche que te **preparé**?
—Sí, abuelita.
—Bueno. Anoche no **dormiste** bien y no queremos repetir eso, ¿eh?

As you review the forms of the preterite tense in the shaded box, remember that regular **-er** and **-ir** verbs have the same endings. Also remember that the written accent indicates acoustic stress. In the *present* tense (with the exception of **nosotros** and **vosotros**) all forms carry stress on the stem (TOmo). All forms of the regular *preterite* carry stress somewhere on the ending (toME, tomASte, toMO). This is especially important when distinguishing between present tense (**tomo**) and preterite tense (**tomó**).

The preterite tense is used to talk about single events in the past or a sequence of events, ones that are viewed as having been completed at a particular point in the past.

Escribí la composición.
Leí unos capítulos y luego **miré** la televisión.
—¿**Lavaste** la ropa ayer? —No. La **lavé** esta mañana.
Probaron vinos de todo tipo en su viaje por Chile.

ACTIVIDAD D ¿Qué hiciste?

Mira el dibujo de la abuelita con su nieto de la sección anterior. ¿Qué hiciste tú la última vez que no dormiste bien?

1. ☐ Tomé una pastilla (*pill*).

2. ☐ Leí algo hasta que me dormí.

3. ☐ Miré la televisión.

4. ☐ Conté ovejas (*sheep*).

5. ☐ No hice nada. Me quedé en la cama hasta que me dormí.

6. ☐ Me levanté y empecé a estudiar (leer, trabajar).

7. ☐ ¿ ?

Así se dice

As you know, the irregular verb **hacer** is useful to talk about past events.

—¿Qué **hiciste**?
—No **hice** nada.

To refresh your memory, here are the forms of **hacer** in the preterite tense.

hice	hicimos
hiciste	hicisteis
hizo	hicieron
hizo	hicieron

Así se dice

Remember that **-ir** verbs with **e   i** stem vowel changes in the present tense keep the same stem vowel change in the preterite in the following forms only: **Ud., él/ella, Uds., ellos/ellas.**

The more you see and hear verbs like these, the greater your chances are of internalizing this pattern. For now, you should simply be aware of this detail.

	Ud.	**él/ella**	**Uds.**	**ellos/ellas**
pedir	pidió	pidió	pidieron	pidieron
servir	sirvió	sirvió	sirvieron	sirvieron

The verb **dormir** has an **o   u** stem vowel change in the preterite in these same forms.

	Ud.	**él/ella**	**Uds.**	**ellos/ellas**
dormir	durmió	durmió	durmieron	durmieron

ACTIVIDAD E ¿Qué leíste?

Paso 1 Lee rápidamente lo que te enseña el profesor (la profesora). Sin tomar apuntes, trata de recordar todo lo que puedas.

Paso 2 En grupos de tres, recreen el párrafo con todos los detalles que recuerden. Escriban el párrafo y compártanlo con la clase.

Así se dice

Do you remember that the verb **conocer** when used in the preterite translates as *met*? With events that theoretically have no real ending (when you know someone, you always know that person), the preterite signals the beginning of the event rather than its completion. What's the beginning of knowing someone? When you meet that person!

Conocí al profesor en agosto.   *I met the professor in August.*
                                           (I began to know the
                                             professor in August.)

Other verbs that work like this are listed below. Using what you know about **conocer,** see if you can restate the translated meaning given for each using the concept of *to begin to.*

VERB	PRESENT TENSE	PRETERITE TENSE
saber	*to know* (something)	*to find out* (something)
poder	*to be able to*	*to manage* (to do something)
comprender	*to understand*	*to grasp* (a fact)

ACTIVIDAD F Experiencias comunes

Paso 1 Completa las siguientes oraciones usando el pretérito. Las oraciones pueden referirse a algo que tomaste, comiste, probaste o hiciste; no importa lo que sea (*it may be*).

MODELO   Una vez bebí mucho licor fuerte y me enfermé (*I got sick*).

1. Una vez _____ y me gustó mucho.

2. Una vez _____ y no me cayó* bien (no me gustó).

3. Una vez _____ y me enfermé.

Paso 2 En grupos de cuatro, compartan las oraciones. Al final deben escribir tres oraciones para describir experiencias verdaderas que han tenido (*have had*) todos los miembros del grupo. Si alguien dice algo que también tú hiciste, debes decírselo. Hay que reescribir cada oración en la forma de **nosotros/as.**

---

*Remember that **-er** verbs whose stems end in a vowel replace the **i** of the **-ió** preterite endings with a **y** to avoid three written vowels (ca- + **-ió**   cayó).

GRAMÁTICA

¿Qué se prohíbe?

Review of impersonal and passive **se**

(no) **se**	permite prohíbe puede

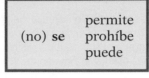

In **Lección 8** you learned two more uses of **se**—the impersonal and passive. In impersonal sentences, the verb is singular and the subject is not specified. The English counterpart is *you, one,* or *they.*

> **Se vive** más si **se come** bien.   *One lives longer if one eats well. (You live longer if you eat well.)*

> No **se puede** entrar.   *One can't enter. (You can't enter.)*

In passive sentences, the verb is either singular or plural, depending on the subject. Singular passives are often indistinguishable from impersonal sentences.

> **Se comen** más verduras ahora que antes.   *More vegetables are eaten now than before.*

> **Se habla** español aquí.   *Spanish is spoken here. (One speaks Spanish here.)*

Nueva York

ACTIVIDAD A ¿Qué se prohíbe?

Paso 1 Indica si las siguientes oraciones son ciertas (C) o falsas (F).

	C	F
1. Se prohíbe el consumo de bebidas alcohólicas en las calles y en los coches.	☐	☐
2. Se prohíbe el consumo de bebidas alcohólicas en las funciones universitarias.	☐	☐
3. No se permite el castigo (*punishment*) físico en las escuelas públicas.	☐	☐
4. No se permite fumar (*to smoke*) en edificios públicos.	☐	☐
5. Se prohíbe fumar en los vuelos (*flights*) nacionales.	☐	☐
6. Se prohíbe declarar que uno es homosexual mientras presta servicio militar.	☐	☐

Paso 2 Ahora indica con qué oraciones está de acuerdo la clase o no.
¿Piensa de la misma manera la mayoría de Uds.?

NÚMERO DE LOS QUE ESTÁN DE ACUERDO	NÚMERO DE LOS QUE NO ESTÁN DE ACUERDO
1. _____	_____
2. _____	_____
3. _____	_____
4. _____	_____
5. _____	_____
6. _____	_____

ACTIVIDAD B Si se siguen estas recomendaciones...

Paso 1 Escoge las afirmaciones que mejor completen la oración.
Se puede gozar de buena salud si...

☐ se hace ejercicio regularmente.

☐ no se ve mucha televisión.

☐ se comen más carnes rojas y menos carbohidratos complejos.

☐ se toma leche descremada en vez de leche completa.

☐ no se toman bebidas alcohólicas.

☐ se toman refrescos dietéticos en vez de refrescos regulares.

☐ se comen verduras crudas en vez de cocidas.

Paso 2 Inventa otras tres frases lógicas y compártelas con la clase
escribiéndolas en la pizarra.

Paso 3 La clase debe agrupar las recomendaciones de los **Pasos 1** y **2**
según su grado de importancia: (1) recomendaciones importantes;
(2) recomendaciones útiles, pero no muy importantes; (3) recomendaciones poco importantes.

ACTIVIDAD C ¿Quién es el responsable?

Paso 1 Contesta lo siguiente.

Si hay un accidente debido a (*due to* [*the fact*]) que un chófer (*driver*) maneja embriagado (*under the influence*), ¿quién es responsable? En otras palabras, ¿a quién se debe castigar (*punish*)?

1. Se debe castigar solamente al chófer embriagado.
2. Se debe castigar al chófer y al cantinero (*bartender*) que le sirvió.
3. Se debe castigar al chófer y a los otros con quienes tomaba.
4. Se debe castigar al chófer y al anfitrión de la fiesta a que asistía el chófer.
5. ¿ ?

Paso 2 Forma un grupo con otros que comparten la misma opinión. Luego el grupo debe preparar una lista de razones que apoyen su opinión y después escribirlas en la pizarra.

Paso 3 Evalúa las razones que proponen los otros grupos. ¿Te convencen? ¿Quieres cambiar de opinión?

Así se dice

You may notice in **Actividad C** that the personal **a** is used with impersonal and passive **se** to mark objects of the verb.

Se debe castigar **al** chófer.

The personal **a** is used in these sentences because the objects of the verb (the people mentioned) are capable of performing the activity represented by the verb. It is important to mark them clearly as objects and thereby distinguish them from the subject of the verb. Note that if the **a** is mistakenly omitted in some instances, the impersonal or passive **se** would be interpreted as a true reflexive.

Se debe castigar el chófer.
The driver should punish himself.

ACTIVIDAD D ¿Sabías que... ?

Paso 1 Lee la selección **¿Sabías que... ?** en la siguiente página. Luego contesta las preguntas a continuación.

1. ¿Se prohibía o se permitía la fabricación del tequila en el imperio español?
2. ¿Qué quería proteger la Corona española en el Nuevo Mundo?

Paso 2 Como sabes, se prohibía la producción y venta del tequila durante el imperio español. ¿Se prohíbe hoy en este país la producción, importación o venta de algo? ¿Qué sabes de los siguientes productos?

1. los puros (*cigars*) cubanos
2. la marihuana para aliviar los síntomas de algunas enfermedades

¿Sabías que...

el tequila, bebida mexicanísima, tiene una larga historia de prohibiciones?

Tequila, la bebida nacional de México

Por mucho tiempo durante el período colonial, la Corona[a] española prohibió la fabricación de licores en México para proteger el mercado de vinos españoles. Esta restricción convirtió el tequila en un licor que sólo se podía comprar en el mercado negro, y como era difícil de obtener, sólo llegó a tener[b] más fama y más demanda.

En 1623, la Corona española, convencida de que se podía aprovechar económicamente si se vendía el tequila abiertamente, inició la producción legal del tequila pero bajo restricciones. Tales restricciones aseguraron que la Corona misma mantendría[c] un estanco[d] total en el mercado tequilero por casi dos siglos.

En 1821, México logró su independencia de España y las restricciones en la producción tequilera desaparecieron. Con el paso del tiempo, y la creciente demanda mundial, el tequila se convirtió en la bebida que más se asocia con México a nivel internacional.

[a]*Crown* [b]*sólo... it only gained (ended up having)* [c]*would maintain* [d]*monopoly*

SITUACIÓN

Paso 1 Lee la siguiente **Situación.** Luego coméntala con un compañero (una compañera) de clase.

> Tienes 25 años. Tu hermana menor se gradúa de la escuela secundaria. Ella va a dar una fiesta. Sus padres no van a asistir. Tu hermana te pide que le compres[a] cerveza y licor fuerte para la fiesta. ¿Qué haces?

[a]*te... she asks you to buy her*

Paso 2 Compartan sus reacciones con el resto de la clase. ¿Reaccionaron todos igual?

Paso 3 (Optativo) Aquí tienen otra situación para comentar.

> Tienes 25 años. Vas a entrar en una licorería. Unos chicos de 16 años de edad te piden que les compres[a] cerveza. ¿Qué haces?

[a]*te... they ask you to buy them*

La cocina en el mundo hispano

¿Sabías que...

en el mundo hispano la cocina varía muchísimo de un lugar a otro? La gastronomía de cada país hispano incluye platos tradicionales así como platos especiales que sólo se comen en determinadas regiones. En muchos países la dieta refleja la influencia de varias culturas. En Puerto Rico, por ejemplo, la cocina se llama «criolla» porque tiene influencias caribeñas (frutas tropicales), europeas (el aceite de oliva), indígenas (el chocolate) y africanas (el proceso de freír[a]).

[a]*frying*

Plátano frito

Las comidas tradicionales

En **España** la paella es un plato tradicional. Tiene su origen en Valencia pero hay muchas variaciones regionales. La paella es una mezcla de arroz con azafrán[a] y guisantes y puede llevar varios mariscos o carnes.

[a]*saffron*

Chile relleno

En **México,** en las comidas más tradicionales se usan ingredientes que se remontan[a] a la época de los imperios azteca y maya. Tal vez el ingrediente más reconocido como «mexicano» es el chile. Hay muchos tipos de chile, algunos muy picantes,[b] otros no tanto. Un plato mexicano tradicional se llama **chile relleno.**[c] Los chiles que se usan en este plato son grandes, verdes y normalmente no pican mucho. El relleno más común es el queso, pero es posible usar otros ingredientes al gusto.

[a]*se... date back* [b]*spicy* [c]*chile... stuffed chile*

Paella

You can investigate these cultural topics in more detail on the *Vistazos* Online Learning Center: **www.mhhe.com/vistazos3**.

En **México** hay varias especialidades regionales interesantes. En el estado de Oaxaca se comen **chapulines**[a] fritos. En los estados de Chiapas es común comer **armadillo**. En el estado de Guerrero se puede comer **iguana** y en Taxco, una ciudad colonial del estado de Guerrero, una de las delicias locales es una salsa hecha de **jumiles,** un tipo de escarabajo[b] pequeño.

---

[a]*grasshoppers (Mex.)* [b]*beetle*

Chapulines fritos

Las comidas menos tradicionales

Aunque en este país el **cuy**[a] se considera una mascota,[b] en **el Perú** y otros países andinos el cuy se ha criado[c] como comida por miles de años. El cuy tiene mucho valor nutritivo. Es alto en proteínas y bajo en grasas. Para muchos indígenas pobres que suelen comer papas y arroz, el cuy aporta[d] proteínas a su dieta.

---

[a]*guinea pig* [b]*pet* [c]*se... has been raised* [d]*brings*

Cuy a la parrilla (grilled)

En la provincia de Santander, **Colombia,** se comen **hormigas culonas.**[a] Las hormigas tienen una pulgada de largo[b] y se sirven tostadas. Saben a palomitas de maíz o nueces.

---

[a]*hormigas... fat-bottomed ants* [b]*tienen... are one inch long*

ACTIVIDAD ¿Qué recuerdas?

Indica si las siguientes oraciones son ciertas (C) o falsas (F).

	C	F
1. La paella española tene su origen en Sevilla.	☐	☐
2. El cuy es alto en proteínas.	☐	☐
3. Las hormigas culonas son una especialidad de Santander, Colombia.	☐	☐
4. En Oaxaca, México, se come iguana.	☐	☐
5. El maíz es uno de los ingredientes principales de la paella.	☐	☐
6. El aceite de oliva es de origen europeo.	☐	☐

NAVEGANDO LA RED

Escoge *uno* de los siguientes proyectos y presenta tus resultados a la clase.

1. Escoge un país hispano y busca información sobre los platos que se suelen comer allí durante la Navidad. Haz las siguientes cosas.

    a. Menciona el país y haz una breve lista de las comidas y bebidas tradicionales navideñas.

    b. Escribe la receta (*recipe*) de una de las comidas o bebidas de tu lista.

    c. Compara tu lista de comidas con lo que tú sueles comer durante la Navidad, el Janucá (*Hanukkah*) u otra temporada (*season*) especial.

2. Busca información sobre la dieta mediterránea de España y la dieta del Caribe. Haz las siguientes cosas.

    a. Haz dos listas de los ingredientes más comunes, una lista para cada región.

    b. Menciona las semejanzas (*similarities*) y diferencias entre una dieta y la otra.

    c. Menciona las ventajas y desventajas de cada dieta.

    d. Compara la dieta de una de estas dos regiones con la tuya.

3. Busca información sobre los modismos (*idiomatic expressions*) que tienen la comida como tema. Apunta por lo menos tres modismos y da su significado literal y figurado (*figurative*) en inglés. No te olvides de mencionar en qué país o región se usan.

    MODELO **un rábano verde** = *a dirty old man*
                 Se usa en México y en otras partes del mundo hispano.

 Vamos a ver

Now that you've completed **Unidad tres,** watch the corresponding **Vamos a ver** segment on the *Vistazos* DVD or Online Learning Center (**www.mhhe.com/vistazos3**) to further explore the themes presented in this unit. There are related pre- and post-viewing activities on the Online Learning Center.

VOCABULARIO COMPRENSIVO

Las bebidas — Beverages

la bebida alcohólica — alcoholic beverage
el café (R) — coffee
 descafeinado — decaffeinated coffee
la cerveza (R) — beer
el jugo (R) — juice
 de manzana — apple juice
 de naranja (R) — orange juice
 de tomate — tomato juice
la leche (R) — milk
el licor fuerte — hard alcohol
el refresco (R) — soft drink
el té (R) — tea
 de hierbas — herbal tea
 helado — iced tea
el vino (R) — wine
 blanco — white wine
 tinto — red wine

Vocabulario relacionado con el tema

la cafeína — caffeine

(bien) frío/a — (very) cold
(bien) caliente — (very) hot
con hielo — with ice
sin hielo — without ice

beber — to drink
tener (mucha) sed — to be (very) thirsty

Otras palabras útiles

castigar — to punish
fumar — to smoke
permitir — to permit, allow
prohibir (prohíbo) — to prohibit

GRAMMAR SUMMARY

UNIDAD TRES   For Lecciones 7–9

Indirect Object Pronouns

SUBJECT PRONOUN	INDIRECT OBJECT PRONOUN
yo	me
tú	te
Ud.	le
él/ella	le
nosotros/as	nos
vosotros/as	os
Uds.	les
ellos/ellas	les

1. Indirect object pronouns have many uses in Spanish that differ from English. In this unit, you have learned to use indirect object pronouns mainly to mean *to* or *for* someone or something.

   No **me** importan los aditivos.
   Additives don't matter to me.

   You have also seen that with **poner,** the meaning in English is *on* and sometimes *in*.

   ¿Qué **les pones** a las papas fritas?
   What do you put on French fries?

   ¿Qué **le pusiste** a la sopa?
   What did you put in the soup?

2. With third person forms as well as with **Ud.** and **Uds., le** and **les** are used even if the person or thing represented by the pronoun is mentioned.

   Al profesor no **le agradan** los vinos franceses.
   French wines aren't pleasing to the instructor.

   Les pongo sal **a las papas fritas.**
   I put salt on French fries.

3. You have also learned a number of verbs that require indirect object pronouns. These verbs are often translated into English with verbs that do not require indirect object pronouns.

   agradar   *to please*
   No **me agrada** eso.
   That doesn't please me. (I don't like that.)

   apetecer   *to appeal, be appealing*
   No **me apetece.**
   It doesn't appeal to me.

   caer (*irreg.*) **bien (mal)**   *to make a good (bad) impression; to (dis)agree with* (food)
   No **me cae** bien el ajo.
   Garlic doesn't agree with me.

   encantar   *to delight, be extremely pleasing*
   Me encantan los vinos chilenos.
   Chilean wines really please me. (I love Chilean wines.)

   importar   *to be important; to matter*
   ¿**Te importa** si le pongo sal?
   Does it matter to you if I put salt on it? (Do you mind if I put salt on it?)

   interesar   *to be interesting*
   ¿**Te interesa** la música clásica?
   Does classical music interest you?

Impersonal and Passive se

1. Impersonal **se** translates into English as *one, they,* and *you,* meaning that there is no particular subject of the verb. The verb is always in the singular form.

   No **se debe** beber tanto café.
   One (You) shouldn't drink so much coffee.

2. Passive **se** translates into English as *is* (*are*) + *-ed* (*-en*). The object of the verb takes on the role of determining whether the verb is singular or plural.

   Se habla español aquí.
   Spanish is spoken here.

   Se hablan varias lenguas aquí.
   Various languages are spoken here.

3. In many instances, the impersonal **se** and a singular passive **se** construction are indistinguishable.

   No **se debe** hacer eso.
   One (You) shouldn't do that. (That shouldn't be done.)

4. With reflexive verbs, impersonal **se** cannot be used. **Uno** is used instead to avoid a "double **se**" construction.

> **Uno se levanta** tarde por aquí, ¿no?
> **Uno** no debe **dormirse** en clase.

really...

Uno can also be used with just about any verb as a substitute for the impersonal **se.**

> Aquí **uno** toma café con los amigos para ser sociable.
> *One drinks coffee here with friends to be sociable.*

study reflexive

Preterite Review (Regular Forms)

	-ar	**-er**	**-ir**
(yo)	tom**é**	beb**í**	sal**í**
(tú)	tom**aste**	beb**iste**	sal**iste**
(Ud.)	tom**ó**	beb**ió**	sal**ió**
(él/ella)	tom**ó**	beb**ió**	sal**ió**
(nosotros/as)	tom**amos**	beb**imos**	sal**imos**
(vosotros/as)	tom**astais**	beb**isteis**	sal**isteis**
(Uds.)	tom**aron**	beb**ieron**	sal**ieron**
(ellos/ellas)	tom**aron**	beb**ieron**	sal**ieron**

1. Remember that in all regular preterite forms, the acoustic stress falls on the verb ending and not on the stem.

2. **-er** and **-ir** verbs share the same endings. Also note that for **-ar** and **-ir** verbs, the regular preterite form for **nosotros** is the same as the present tense form.

3. **-ir** verbs that have an **e → i** stem vowel change in the present tense keep this change in the **Ud., él/ella, Uds.**, and **ellos/ellas** forms in the preterite. **Dormir** also has a stem vowel change (**o → u**) in the **Ud., él/ella, Uds.**, and **ellos/ellas** forms.

pedir		**servir**		**dormir**	
pedí	pedimos	serví	servimos	dormí	dormimos
pediste	pedistcis	serviste	servisteis	dormiste	dormisteis
pidió	**pidieron**	**sirvió**	**sirvieron**	**durmió**	**durmieron**
pidió	**pidieron**	**sirvió**	**sirvieron**	**durmió**	**durmieron**

More on estar + Adjectives

With some adjectives, the English equivalent of **estar** can indicate taste, feel, appearance, and smell.

> Esta sopa **está salada.**
> *This soup is (tastes) salty.*

> Este pescado **está fresco.**
> *This fish is (looks) fresh.*

Por and para

Para is used to indicate the destination or recipient of something, never the source. Only **por** can indicate source.

> Voy a preparar un cóctel **para** María.
> *I'm going to make a drink for María. (She is the recipient of the drink.)*

> Trabajo **por** mi familia.
> *I'm working for my family. (They are the reason I have to work.)*

El bienestar

Domingo, medianoche (*1998*) *por Ramón Lombarte*

𝒫erfil del artista

NOMBRE: Ramón Lombarte

PAÍS DE ORIGEN: España

FECHA DE NACIMIENTO: 1956

Ramón Lombarte nació en Barcelona, donde estudió en la Escuela
Massana de Bellas Artes, a la que también asistieron Pablo Picasso
y Joan Miró. El estilo de Lombarte combina el realismo con la
sensualidad, como si sus obras fueran[a] fotografías de escenas privadas donde la luz[b] juega con
la sombra[c] para revelar las emociones de sus sujetos. Por su extraordinario talento, las obras
de Lombarte se encuentran no sólo en galerías y museos sino también en las colecciones
privadas del Rey Juan Carlos I de España, Andrés Segovia y otras personas célebres.

[a]*were* [b]*light* [c]*shadow*

LECCIÓN **10**

Vistazos *digital*

 Online Textbook and *Manual*

 Online Learning Center

Video on DVD

CENTRO Your media center for languages — All media resources for *Vistazos*, all in one place

¿Cómo te sientes?

En esta lección, vas a examinar el tema de los estados de ánimo (*states of mind*). También vas a

◆ describir cómo te sientes

◆ identificar tus estados de ánimo y las circunstancias que los afectan

◆ analizar las maneras en que tú y otros reaccionan frente a varios estados de ánimo

◆ describir nuevos pasatiempos que te hacen sentir mejor

◆ aprender nuevos verbos «reflexivos»

◆ utilizar los verbos **faltar** y **quedar**

◆ repasar el uso del imperfecto para describir los eventos habituales en el pasado

 ALTO Before beginning this lesson, look over the **Intercambio** activity on pages 227–228. This is the activity you will be working toward throughout the lesson.

Me siento muy alegre.
(Cerca de Cuzco, Perú)

VOCABULARIO

¿Cómo se siente?

Talking about how someone feels

Las experiencias de Yolanda

1. Son las 10.30 de la mañana. Yolanda se prepara para un examen de física. **Está nerviosa** porque el examen va a ser difícil.

2. Su compañera de cuarto hace mucho ruido. Yolanda no puede concentrarse y **se pone enfadada.**

3. A la 1.00 toma el examen. No tiene idea de cómo va a salir. **Está muy tensa** durante el examen.

4. Después del examen, va al gimnasio a hacer ejercicio. Después **se siente más relajada.**

5. Por la tarde, va al trabajo. Trabaja hasta muy tarde y, naturalmente, **está cansada.**

6. Al día siguiente, va a la clase de historia. La voz de la profesora es monótona, y Yolanda **está aburrida.**

7. En la clase de física, el profesor le devuelve el examen. Su nota es un 65%. Yolanda **se siente avergonzada** (*ashamed*).

8. Yolanda **se siente deprimida** (*depressed*).

9. Al otro día Yolanda habla de su nota con el profesor. Descubren que el profesor se equivocó (*made a mistake*). La nota debe ser 95%, no 65%. Yolanda **se pone muy contenta.** El profesor le dice, «Perdona, todos nos equivocamos, ¿no?»

10. ¡Ahora Yolanda **se siente muy orgullosa**!

ACTIVIDAD A ¿Cómo se siente Yolanda?

A continuación aparece una lista de los pensamientos (*thoughts*) que tuvo Yolanda durante los tres días que se describen en la sección anterior. Relaciona los estados de ánimo que va a leer tu profesor(a) con los pensamientos de la lista.

MODELO PROFESOR(A): Está nerviosa.
CLASE: Es la letra **a.**

a. Me gustaría dormir diez horas esta noche.

b. ¡Dios mío! ¡Sólo me quedan cuatro horas (*I only have four hours left*) para estudiar!

c. Van a pensar que soy muy tonta.

d. Si esa profesora dice «¡muy bien!» una vez más, me va a dar un ataque cardíaco.

e. ¡Fantástico! ¡Fue un error! Entonces sí saqué (*I got*) una buena nota.

f. No quiero ver a nadie. Quiero estar completamente sola.

ACTIVIDAD B ¿Por qué?

El profesor (La profesora) va a leer algunos estados de ánimo comunes a los estudiantes de hoy. Selecciona la situación que puede provocar ese sentimiento en los estudiantes.

1. **a.** Estudia en la biblioteca.
   b. Tiene tres exámenes hoy.
   c. Durmió bien anoche.

2. **a.** Tiene que estudiar, pero su compañero/a de cuarto tiene el radio a todo volumen.
   b. Recibió una carta de una amiga esta mañana.
   c. Va de compras después de clase.

3. **a.** Asiste a clases.
   b. Va a la cafetería a almorzar.
   c. Ganó un millón de dólares en la lotería.

4. **a.** Va a una fiesta con los amigos.
   b. Comió en un buen restaurante anoche.
   c. Sacó F en un examen.

ACTIVIDAD C ¿Cómo estoy? ¡Adivina!

Paso 1 Trabajando con un compañero (una compañera) de clase, escucha bien las instrucciones del profesor (de la profesora) y haz la primera parte de esta actividad.

E1	E2
1.	2.
3.	4.

Paso 2 Ahora dale a tu compañero/a una situación que describa una de las frases que escribiste. Pero antes, lee el modelo. El/La Estudiante 1 debe comenzar la actividad.

MODELO E1: Mañana tengo dos exámenes difíciles. ¿Cómo estoy?
        E2: Estás nervioso.

COMUNICACIÓN

Así se dice

Remember that with conditions and states of being, Spanish uses **estar,** not **ser,** with adjectives.

Estoy aburrido.
   ¡No tengo nada
   que hacer!

¿Qué te pasa? (*What's the matter?*) **¿Estás triste?**

GRAMÁTICA

¿Te sientes bien?

me	siento aburro	**nos**	sentimos aburrimos
te	sientes aburres	**os**	sentís aburrís
se	siente aburre	**se**	sienten aburren
se	siente aburre	**se**	sienten aburren

—¿Qué te pasa, Jorge? Te ves muy mal. **¿Te sientes** bien?

—Ay, Lucía... Llegué tarde a mi primera clase y se me olvidó escribir la composición para la clase de inglés. Y al llegar a la clase de matemáticas, supe que íbamos a tener un examen hoy. **¡Me siento** fatal!

—Ay te comprendo, amigo. Te invito a otro café.

You learned in **Lección 5** that verbs like **sentirse** are not "true reflexives" because no one is doing anything to himself or herself. Nonetheless, these verbs require a reflexive pronoun. Here are some other common verbs that are useful for expressing how a person feels and that require reflexive pronouns.

aburrirse	to get bored
alegrarse	to get happy
cansarse	to get tired
enojarse	to get angry
irritarse	to be (get) irritated
ofenderse	to be (get) offended
preocuparse (por)	to worry, get worried (about)

ACTIVIDAD D ¿Cómo te sientes en estas circunstancias?

Indica cada frase que describe tu propia experiencia. Luego inventa una frase de acuerdo con tu personalidad.

1. Me pongo enojado/a cuando...
   - ☐ saco una mala nota.
   - ☐ alguien habla mal de un amigo mío (una amiga mía).
   - ☐ alguien me promete (*promises*) hacer algo pero no lo hace.
   - ☐ alguien me llama por teléfono mientras duermo.
   - ☐ ¿ ?

2. Me siento muy contento/a cuando...
   - ☐ compro algo nuevo.
   - ☐ me miro en el espejo.
   - ☐ hago ejercicio.
   - ☐ veo a mi familia.
   - ☐ ¿ ?

Así se dice

Remember that most adjectives reflect both gender and number of what or whom they modify.

Ana y Raquel están aburrid**as** en la clase de álgebra.
Los padres se ponen enfadad**os** cuando sus hijos no escuchan bien.
Jorge siempre se siente nervios**o** antes de tomar un examen.

COMUNICACIÓN

Así se dice

Remember that **tener** + *noun* may be used to express conditions and states of being. Here are two more examples.

tener celos
to be jealous

tener envidia
to be envious

ACTIVIDAD E ¿Te aburres fácilmente?

Paso 1 Indica si cada reacción es típica de tu persona o no.

	ES TÍPICA	ES RARA
1. Me aburro fácilmente.	☐	☐
2. Me enojo por cosas pequeñas.	☐	☐
3. Me irrito cuando no duermo lo suficiente.	☐	☐
4. Me preocupo por mi situación económica.	☐	☐
5. Me alegro cuando mis amigos me invitan a una fiesta.	☐	☐
6. Me ofendo cuando la gente fuma.	☐	☐
7. Me canso fácilmente.	☐	☐

Paso 2 Ahora compara tus respuestas con las de un compañero (una compañera). Escribe dos oraciones en las que mencionas una cosa que Uds. tienen en común y otra que no tienen en común.

MODELO Los (Las) dos nos irritamos cuando no dormimos lo suficiente. En cambio, Rick se ofende cuando la gente fuma, y yo no.

VISTAZOS II · Reacciones

VOCABULARIO

¿Cómo se revelan las emociones?

Talking about how people show their feelings

Jorge mira una película en la televisión. La película tiene escenas muy variadas.

Un día en la vida de Jorge

Durante las escenas cómicas	Durante las escenas románticas	Durante una escena de suspenso	Luego al llegar el final trágico

1. Jorge **se ríe**.

2. Jorge se siente avergonzado y **se sonroja (se pone rojo)**.

3. Jorge **se come las uñas** porque **está asustado**.

4. Jorge **llora** porque **está triste**.

Mientras Yolanda está en su apartamento, ocurre una escena dramática entre su compañera de cuarto y el novio.

Un día en la vida de Yolanda

1. Yolanda está limpiando el apartamento. Se siente muy contenta y por eso **está silbando.**

2. Llega su compañera de cuarto con el novio. **Están muy enojados.**

3. Su compañera **grita,** va directamente al cuarto y **se encierra.**

4. «Silvia, háblame». Silvia **permanece callada** (es decir, no habla, no contesta).

5. Finalmente cuando se va su novio, Silvia sale de su dormitorio y comienza a **quejarse de** él. «No lo puedo creer. Sólo quiere hacer lo que él quiere. ¡Es tan egoísta!»

6. Yolanda piensa: «¡Qué cómicos! No cambian. Siempre la misma historia».

Vocabulario útil

asustar	to frighten	tener dolor de cabeza	to have a headache
contar (ue) un chiste	to tell a joke	tener miedo	to be afraid (*lit.* to have fear)
gritar	to shout, yell		
pasarlo (muy) mal	to have a (very) bad time	tener vergüenza	to be ashamed, embarrassed (*lit.* to have shame)

ACTIVIDAD A ¿Por qué?

Tu profesor(a) va a leer las reacciones de algunos estudiantes. Escoge la letra de la actividad que mejor explica por qué esta persona reaccionó de esta manera.

1. **a.** Tiene dolor de cabeza.

   b. Ve a un buen amigo.

   c. Recibió malas noticias.

2. a. Recibió un cheque de sus padres.

  b. Descubre que se ganó la lotería.

  c. El dependiente del supermercado no la trató (*treated*) con respeto.

3. a. Se preparó un desayuno saludable.

  b. Ofendió a alguien sin querer hacerlo.

  c. Sabe jugar bien al tenis.

4. a. Alguien le contó un chiste.

  b. Ve una escena de horror en la televisión.

  c. Se acostó temprano.

Así se dice

In this section you are working with three more verbs that require a reflexive pronoun. Remember that the use of this pronoun does not mean that these verbs are true reflexives! Here is a quick comparison of reflexive **se** (*himself* [*herself*]) and nonreflexive **se**. The latter has no exact English equivalent.

REFLEXIVE **SE**

Luis **se baña**.
Luis takes a bath (bathes himself).

María **se ve** en el espejo.
María sees herself in the mirror.

NONREFLEXIVE **SE**

Luis **se sonroja** fácilmente
Luis blushes easily.

María **se ríe** sin motivo.
María laughs for no reason.

ACTIVIDAD B ¿Con qué frecuencia?

Entrevista a dos compañeros/as de clase para averiguar con qué frecuencia reaccionan a las siguientes situaciones.

1 = a menudo (*often*)   **2** = raras veces   **3** = nunca

	E1			E2		
	1	2	3	1	2	3
1. Cuando estás enojado/a, ¿con qué frecuencia gritas?	☐	☐	☐	☐	☐	☐
2. Cuando te sientes triste, ¿con qué frecuencia lloras?	☐	☐	☐	☐	☐	☐
3. Cuando tienes miedo, ¿con qué frecuencia te comes las uñas?	☐	☐	☐	☐	☐	☐
4. Cuando te sientes avergonzado/a, ¿con qué frecuencia te pones rojo/a?	☐	☐	☐	☐	☐	☐
5. Cuando no estás contento/a, ¿con qué frecuencia te quejas?	☐	☐	☐	☐	☐	☐
6. Cuando te sientes muy enfadado/a, ¿con qué frecuencia te encierras en tu cuarto?	☐	☐	☐	☐	☐	☐

ACTIVIDAD C ¿Estás de acuerdo?

Paso 1 Indica si estás de acuerdo o no con las siguientes opiniones.

	ESTOY DE ACUERDO.	NO ESTOY DE ACUERDO.	DEPENDE.
1. Es bueno gritar cuando uno está muy enojado.	☐	☐	☐
2. Cuando uno se siente deprimido, es importante llorar.	☐	☐	☐
3. Ponerse rojo es vergonzoso (*embarrassing*).	☐	☐	☐
4. No es malo reírse cuando otra persona se cae (*falls down*).	☐	☐	☐
5. Cuando alguien lo insulta a uno, es mejor permanecer callado en vez de gritar.	☐	☐	☐
6. Es aceptable silbar en un lugar público, como en un supermercado.	☐	☐	☐

Paso 2 Entrevista a otra persona de la clase para ver si está de acuerdo con tus opiniones. Puedes usar los siguientes modelos.

MODELOS   En tu opinión, ¿es bueno gritar... ?

¿Crees que es bueno gritar... ?

GRAMÁTICA

¿Te falta energía?

The verbs **faltar** and **quedar**

*A esta chica chilena **le falta energía.** No tiene ganas de hacer nada.*

me te le le nos os les les	+	falta(n) queda(n)

The verbs **faltar** and **quedar** are similar to **gustar** in that they require indirect object pronouns. Remember that **gustar** actually means *to please* or *to be pleasing*.

Me gusta ayudar a otras personas.

Lit. *Helping other people pleases me.*

Faltar actually means *to be absent* or *not to be present*. Like **gustar,** it can be literally rendered in English, but other preferred ways express the same concept.

Me **faltan** cinco dólares.	*I'm missing five dollars.*
	(Lit. *Five dollars are absent to me.*)
Me **falta** energía.	*I lack energy.*
	(Lit. *Energy is absent to me.*)

Note how you can say that someone is absent from class using **faltar** and that the English equivalent is very close in structure.

Ángela **falta** hoy.	*Ángela is absent today.*

The verb **quedar** means *to be remaining.* Like **gustar** and **faltar,** it has literal and preferred English equivalents. Compare the following.

Me **quedan** diez centavos.	*I have ten cents left.*
	(Lit. *Ten cents are remaining to me.*)
¿Te **quedan** muchas clases para terminar tu carrera?	*Do you have a lot of classes left to finish your degree?*
	(Lit. *Are there many classes remaining to you to finish your degree?*)

From the previous examples, you may have noticed that **faltar** and **quedar** often appear in third person forms.

ACTIVIDAD D ¿Qué oíste?

Paso 1 Escucha el párrafo que tu profesor(a) lee a la clase. Vas a escuchar el párrafo dos veces. Sin tomar apuntes, trata de recordar todo lo que puedas.

Paso 2 En grupos de tres, recreen el párrafo con todos los detalles que recuerden. Escriban el párrafo y compártanlo con la clase.

ACTIVIDAD E Al llegar a la universidad

Paso 1 Piensa en las cosas que les faltan a muchos cuando llegan a la universidad por primera vez. (Si quieres, puedes hablar de las cosas que les faltan a muchos cuando trabajan por primera vez después de graduarse.) Indica lo que piensas.

A muchos estudiantes cuando llegan por primera vez a la universidad...

☐ les falta confianza (*confidence*).
☐ les falta una buena educación secundaria.
☐ les falta la habilidad de organizar el tiempo.
☐ les falta independencia económica.
☐ les falta(n) _____.

COMUNICACIÓN

Paso 2 Ahora piensa en las primeras semanas de tus estudios universitarios (o en las primeras semanas en tu trabajo). ¿Cuál(es) de las siguientes oraciones refleja(n) tu situación?

Cuando llegué por primera vez a la universidad...

☐ me faltaba confianza.

☐ me faltaba una buena educación secundaria.

☐ me faltaba la habilidad de organizar el tiempo.

☐ me faltaba independencia económica.

☐ me faltaba(n) _____.

Así se dice

You have already learned to use **¿Y tú?** to follow up a statement in order to get your partner to talk about himself or herself: **Yo corro para relajarme. ¿Y tú?**

However, you cannot use **¿Y tú?** (**¿Y él?, ¿Y Uds.?,** and so forth) with the verbs **faltar, quedar, gustar,** and others. Since these verbs require indirect objects, you must use a phrase with the preposition **a: a mí, a ti, a Ud.,** and so forth.

Me falta energía durante el invierno. **¿Y a ti?**
Sólo me quedan veinte créditos para terminar la carrera. **¿Y a Ud.?**
Me gustan las novelas clásicas. **¿Y a Uds.?**

COMUNICACIÓN

Así se dice

Remember the verb **encantar?** It is another verb like **gustar, faltar,** and **quedar** in that the standard English translation does not reflect its structure in Spanish.

Me encanta bailar.
I love to dance. (Lit. *Dancing is very pleasing to me.*)

The following sentences may help you express how you feel.

Me encanta gritar cuando estoy enojado/a.
Me encanta hacer ejercicio físico. Me ayuda a relajarme.

ACTIVIDAD F ¿Te queda algo?

Paso 1 Indica lo que es verdad para ti.

1. Generalmente, al final del mes...
   ☐ me queda dinero.
   ☐ no me queda dinero.

2. Después de estudiar por cuatro horas...
   ☐ me queda energía.
   ☐ no me queda energía.

3. Para terminar la carrera universitaria...
   ☐ me quedan más de 30 créditos.
   ☐ me quedan menos de 30 créditos.

Paso 2 Ahora busca a una persona en la clase que tenga las mismas respuestas que tienes tú. ¿Puedes encontrar a alguien en menos de cuatro minutos hablando sólo en español? **¡OJO!** No te olvides de hacer las preguntas correctamente.

MODELO   Generalmente, ¿te queda dinero al final del mes?

ACTIVIDAD G ¿Sabías que... ?

Paso 1 Lee la selección **¿Sabías que... ?** Luego contesta las preguntas a continuación.

1. ¿Por qué se llama el malestar «el síndrome *invernal*»?

2. ¿Cuáles son los tres síntomas mayores de este síndrome?
   a. A muchos les falta...
   b. También les falta...
   c. Se consumen más...

3. ¿Cuál parece ser la causa del síndrome?

4. Según la selección, ¿en cuál de los siguientes países esperas encontrar más casos de este síndrome? Explica tu respuesta.
   a. México
   b. Chile
   c. Costa Rica

Paso 2 Busca los usos de **faltar** en el artículo. ¿Puedes indicar cuál es el sujeto del verbo en cada caso? ¿Puedes dar una equivalencia literal en inglés y también una equivalencia más estándar?

Paso 3 Indica si sufres del síndrome invernal o no. Completa la siguiente frase con dos o tres oraciones. Luego compara lo que escribiste con lo que escribieron otros miembros de la clase.

«Durante el invierno me siento... »

¿Sabías que...

existe algo llamado «el síndrome invernal»? El síndrome invernal se refiere al estado general de depresión en que se encuentran muchas personas durante el invierno. Según estudios psicológicos, los síntomas comienzan a aparecer a finales de otoño. ¿Cuáles son los síntomas? Primero, a muchos les falta energía. Les entra cierto letargo difícil de quitar. Segundo, les falta la habilidad de concentrarse en el trabajo y en los estudios. También se reporta que durante esta época, se consumen más drogas y bebidas alcohólicas que durante los demás meses del año. En fin, el síndrome produce cierto tipo de depresión en sus víctimas. Este síndrome es bastante conocido en Europa, y los países nórdicos son especialmente afectados. También se reporta su existencia en España, aunque no en grado tan alto como en los otros países mencionados.

¿Cuál es la causa del síndrome? Según los científicos, es la falta de luz. Como todos sabemos, el invierno no es solamente una época más fría sino también más oscura.[a] Hay menos luz solar y parece que es esta falta de luz lo que estimula la ocurrencia del síndrome en muchas personas.

_____

[a]más... *darker*

VOCABULARIO

¿Qué haces para sentirte bien?

Talking about leisure activities

Para sentirse bien Yolanda participa en actividades físicas.

Hace ejercicios aeróbicos.

Levanta pesas.

Nada.

Juega al basquetbol.

Camina.

Juega al tenis.

También le gusta hacer otras cosas que la relajan.

Sale con los amigos.

Va al cine.

Va de compras.

Cuando se siente tenso, Jorge, al igual que Yolanda, hace actividades físicas como practicar deportes.

Corre.

Juega al fútbol.

Juega al béisbol.

Juega al boliche.

A veces se dedica a actividades artísticas en su casa.

Pinta.

Toca la guitarra.

Canta.

ACTIVIDAD A Categorías

Paso 1 Tu profesor(a) va a leer una lista de actividades. Escribe cada actividad en la categoría apropiada.

SE PUEDE PRACTICAR A SOLAS (*ALONE*).	SE REQUIEREN DOS O MÁS PERSONAS.

Paso 2 Haz lo que hiciste en el **Paso 1,** pero con otras categorías.

SE REQUIERE UNA HABILIDAD ESPECIAL.	NO SE REQUIERE NINGUNA HABILIDAD.

Paso 3 Compara las respuestas que diste en los **Pasos 1** y **2** con las de un compañero (una compañera) de clase. ¿Están totalmente de acuerdo? ¿En qué actividades no están de acuerdo?

ACTIVIDAD B Asociaciones

Tu profesor(a) va a leer varias actividades. Empareja los elementos de la siguiente lista con cada actividad.

1. _____ las raquetas
2. _____ los músculos
3. _____ las tarjetas de crédito
4. _____ el agua
5. _____ Pablo Picasso
6. _____ la Serie Mundial
7. _____ la Copa Mundial
8. _____ el violín

COMUNICACIÓN

ACTIVIDAD C ¿Qué les recomiendas?

Paso 1 Las siguientes personas quieren hacer algo, pero no saben exactamente qué. Según lo que dicen, sugiéreles por lo menos una actividad.

> MODELO Me siento triste hoy. Quiero hacer algo para animarme (*cheer me up*). No quiero estar solo. →
> Puedes jugar al boliche o al basquetbol con alguien.

1. Estoy muy tenso. Mañana es sábado y necesito hacer ejercicio, pero nada que requiera mucho esfuerzo (*effort*) físico.

2. No soy una persona activa. Prefiero hacer cosas intelectuales o artísticas.

3. Estoy bastante cansada. No quiero salir de casa, pero necesito hacer algo para relajarme.

4. Quiero hacer alguna actividad física, pero hoy hace mal tiempo. Quiero hacer algo sin tener que salir de la casa.

Paso 2 Ahora inventa dos situaciones como las que aparecen en el **Paso 1.** Luego preséntaselas a otras dos personas. ¿Qué recomendaciones te dan? ¿Cuál es tu reacción personal? ¿Te gusta cada sugerencia?

ACTIVIDAD D Una historia

Paso 1 Trabajando con un compañero (una compañera) de clase, inventa una historia sobre lo que pasa en los siguientes dibujos. A continuación tienen algunas ideas para considerar.

◆ ¿Quiénes son las dos personas? ¿Cómo se llaman?

◆ ¿Cuál es la relación entre ellas?

◆ ¿Cómo se sienten las dos mujeres?

◆ ¿Qué ideas tiene la señora?

1.   **2.**   **3.**

4.   **5.**

Paso 2 Compartan su historia con el resto de la clase. ¿Quiénes inventaron la historia más interesante?

GRAMÁTICA

¿Qué hacías de niño/a para sentirte bien?

Using the imperfect for habitual events: A review

(yo)	pintaba	(nosotros/as)	pintábamos
	corría		corríamos
	salía		salíamos
(tú)	pintabas	(vosotros/as)	pintabais
	corrías		corríais
	salías		salíais
(Ud.)	pintaba	(Uds.)	pintaban
	corría		corrían
	salía		salían
(él/ella)	pintaba	(ellos/ellas)	pintaban
	corría		corrían
	salía		salían

Para sentirse bien, Yolanda **jugaba** con muñecos. Ahora le encanta jugar al tenis.

In **Lección 6** you learned that the imperfect can be used to talk about events that occurred repeatedly in the past. Such habitual events in the past, often translated into English as *used to + verb* or *would + verb*, are rendered in Spanish with a single verb.

Jorge **se aburría** en la escuela secundaria.

Jorge would get bored (used to get bored) in high school.

¿Qué **hacías** de niño para sentirte bien?

What did you do (used to do) as a child to feel well?

Remember that imperfect verb forms do not have stem vowel changes or repeat any irregularities from either the present or the preterite tense. However, the following verbs are irregular in the imperfect.

ir iba, ibas, iba, iba, íbamos, ibais, iban, iban

ser era, eras, era, era, éramos, erais, eran, eran

ACTIVIDAD E Jorge: Antes y ahora

Paso 1 Empareja las frases de la columna A con las de la columna B para expresar lo que Jorge hacía antes y lo que hace ahora.

A
1. _____ Cuando se ponía triste...
2. _____ Cuando quiere relajarse...
3. _____ Cuando estaba con sus amigos y hacía buen tiempo...
4. _____ Cuando le falta energía...
5. _____ Cuando se ponía nervioso...

B
a. nadaba.
b. hablaba con su mamá.
c. pinta o hace otra actividad artística.
d. se comía las uñas (¡todavía lo hace!).
e. hace algo físico para animarse.

Paso 2 Entre las actividades que Jorge hacía antes en el **Paso 1,** escoge una que tú no hacías; y entre las actividades que él hace ahora, escoge una que tú también haces. Ahora escribe un párrafo según el modelo.

MODELO Antes, cuando Jorge se ponía triste, hablaba con su mamá. A diferencia de Jorge, yo hablaba con mi papá. Ahora, cuando Jorge quiere relajarse, pinta; yo también.

COMUNICACIÓN

ACTIVIDAD F ¿Qué hacías y qué haces para sentirte mejor?

Paso 1 Completa las siguientes oraciones con detalles de tu vida.

DE ADOLESCENTE | AHORA
1. Cuando me enojaba con mis amigos... | Cuando me enojo con mis amigos...
2. Cuando me faltaba dinero... | Cuando me falta dinero...
3. Cuando me sentía tenso/a... | Cuando me siento tenso/a...
4. Cuando estaba muy alegre (*happy*)... | Cuando estoy muy alegre...
5. Cuando lo pasaba muy mal... | Cuando lo paso muy mal...

Paso 2 Trabaja con un compañero (una compañera) de clase. Sin leerle la primera parte de la oración, léele una de las frases que tú escribiste. Él (Ella) tiene que determinar a qué pregunta te refieres.

MODELO   E1: …escuchaba música sentimental en mi cuarto.
           E2: ¿Escuchabas música sentimental cuando lo pasabas muy mal?
           E1: ¡Exacto!

ACTIVIDAD G En el escenario

Paso 1 Trabajen en grupos de dos o tres. Una persona de cada grupo tiene que ser el psicólogo (la psicóloga) y los otros, los pacientes.

SITUACIÓN A
Dos personas visitan al psicólogo (a la psicóloga) para consultar sobre algunos problemas matrimoniales que tienen. Los dos hablan de su situación y de las emociones que sienten. El psicólogo (la psicóloga) les hace preguntas y les da consejos.

SITUACIÓN B
Una persona visita al psicólogo (a la psicóloga) porque no puede estar entre el público. No se siente cómoda cuando está entre muchas personas. Esta persona habla de incidentes en su vida pasada (posibles causas) y de las emociones que siente hoy. El psicólogo (La psicóloga) le hace preguntas y le da consejos.

SITUACIÓN C
Un padre (Una madre) y su hijo/a visitan al psicólogo (a la psicóloga) porque hay problemas en la casa. El (La) joven no respeta a su padre (madre) y no quiere obedecer «las reglas de la casa». El padre (La madre) se siente frustrado porque no sabe qué hacer con su hijo/a. Ambas personas hablan desde su propia perspectiva y el psicólogo (la psicóloga) les hace preguntas y les da consejos.

Paso 2 Algunos grupos presentan su escena al resto de la clase.

INTERCAMBIO

Entrevistas

Propósito: obtener información para luego escribir una composición.

Papeles: una persona que entrevista y una persona entrevistada.

Paso 1 Mira el esquema a continuación. Vas a entrevistar a un compañero (una compañera) de clase y llenar el esquema con los datos obtenidos de la entrevista. Pero antes, escoge un estado de ánimo de la categoría A y después uno de la categoría B y piensa en las preguntas que vas a hacerle a tu compañero/a.

CATEGORÍA A	CATEGORÍA B
contento/a	enojado/a
relajado/a	tenso/a
	triste o deprimido/a

MODELO De adolescente, ¿te sentías tenso/a a menudo? Y ahora, ¿también te sientes tenso/a a menudo? ¿Cuándo te sientes así? ¿En qué circunstancias?

Nombre _____

Especialización _____

CATEGORÍA A

1. De adolescente se sentía _____

☐ a menudo   ☐ de vez en cuando
☐ nunca

2. Ahora se siente _____

☐ a menudo   ☐ de vez en cuando
☐ nunca

Circunstancias:

CATEGORÍA B

1. De adolescente se sentía _____

☐ a menudo   ☐ de vez en cuando
☐ nunca

2. Ahora se siente _____

☐ a menudo   ☐ de vez en cuando
☐ nunca

Circunstancias:

Lo que debe hacer para cambiar de ánimo:

Paso 2 Entrevista a tu compañero/a y apunta sus respuestas en el esquema.

Paso 3 Con los datos obtenidos en los **Pasos 1** y **2,** escribe una pequeña composición en la que te comparas a ti mismo/a (*yourself*) con tu compañero/a. Utiliza el siguiente modelo para organizar tu composición.

INTRODUCCIÓN
«Acabo de entrevistar a José sobre algunos de sus estados de ánimo. Ahora voy a hacer una comparación entre él y yo».

PÁRRAFO 1
«José... »

PÁRRAFO 2
«Yo... »

CONCLUSIÓN
«Se puede ver que José y yo ____».

Los estados de ánimo*
States of Mind

aburrirse	to get bored
alegrarse	to get happy
cansarse	to get tired
enojarse	to get angry
estar	to be
aburrido/a (R)	bored
asustado/a	afraid
cansado/a	tired
enojado/a	angry
nervioso/a	nervous
tenso/a	tense
irritarse	to be (get) irritated
ofenderse	to be (get) offended
ponerse (irreg.)	to get
contento/a	happy
enfadado/a	angry
triste	sad
relajarse	to relax
sentirse (ie, i)	to feel
alegre	happy
avergonzado/a	ashamed, embarrassed
deprimido/a	depressed
orgulloso/a	proud
relajado/a	relaxed

¿Cómo te sientes?	How do you feel?
¿Qué te pasa?	What's the matter?

Reacciones
Reactions

asustar	to frighten
comerse las uñas	to bite one's nails
encerrarse (ie) (en su cuarto)	to shut oneself up (in one's room)
gritar	to shout, yell
llorar	to cry
pasarlo (muy) mal	to have a (very) bad time

permanecer callado/a	to keep quiet
ponerse rojo/a	to blush
preocuparse	to worry, get worried
quejarse	to complain
reír(se) (i, i)	to laugh
silbar	to whistle
sonreír (i, i)	to smile
sonrojarse	to blush
tener dolor de cabeza	to have a headache
tener miedo	to be afraid
tener vergüenza	to be ashamed, embarrassed

Para sentirse bien
To Feel Well

caminar	to walk
cantar	to sing
jugar (ue) (R) al	to play
basquetbol	basketball
béisbol	baseball
tenis	tennis
jugar al boliche	to bowl
levantar pesas	to lift weights
pintar	to paint

Repaso: correr, hacer ejercicio, ir al cine, ir de compras, jugar al fútbol, nadar, practicar un deporte, salir con los amigos, tocar la guitarra

Palabras y expresiones útiles

contar (ue) un chiste	to tell a joke
encantar (R)	to be very pleasing
estar de buen (mal) humor	to be in a good (bad) mood
faltar	to be missing, lacking
hacer ruido	to make noise
quedar	to be remaining
sacar una buena (mala) nota	to get a good (bad) gradeMientras Yolanda

está en su apartamento, ocurre una escena

---

*Many of the adjectives referring to states of mind can be used with more than one verb.
For example, **estar nervioso/a** and **sentirse nervioso/a** are both possible.

LECCIÓN 11

¿Cómo te relajas?

¿Qué actividades te hacen sentir bien? En esta lección vas a examinar un poco más este tema y también vas a

◆ hablar de actividades y lugares que se asocian con relajarse

◆ aprender sobre los usos del infinitivo y la forma **-ndo**

◆ repasar el *pretérito* y aprender nuevas formas

◆ aprender a narrar una historia en el pasado, usando el *pretérito* y el *imperfecto*

◆ examinar algunas diferencias culturales entre los Estados Unidos y el mundo hispano con respecto al humor

 ALTO Before beginning this lesson, look over the **Intercambio** activity on page 248. This is the activity you will be working toward throughout the lesson.

Me relajo esquiando con los amigos.

VOCABULARIO

¿Qué haces para relajarte?

More activities for talking about relaxation

Las siguientes personas practican deportes para relajarse.

Juegan al golf,   **al voleibol** y...   también **saltan a la cuerda.**

Para relajarse, las siguientes personas...

esquían en las montañas o...   **esquían en el agua.**

A esta persona le gusta...

andar en bicicleta,   **patinar** y...   **andar en patineta.**

Así se dice

In previous lessons you learned about true reflexives. The verb **relajarse** is an example of a true reflexive. If someone asks you **¿Cómo te relajas?,** that person is literally asking *How do you relax yourself?* or in more typical phrasing, *How do you relax?* **Relajar** is used in a nonreflexive way when someone or something relaxes someone else. Compare these two examples.

Me relajo cuando hago ejercicio.
I relax when I exercise.

Siempre **me relaja** mirar la televisión.
Watching TV always relaxes me.

A esta persona le gusta...

A este chico le gusta...

dibujar y también...   **trabajar en el jardín.**   **meditar** o...   **bañarse en un jacuzzi.**

Vocabulario útil

la aromaterapia		**los patines**	(inline)
el monopatín*	scooter;	**(en línea)**	skates
	skateboard	**la patineta***	skateboard
el patinaje	skating	**el yoga**	

ACTIVIDAD A ¿Qué actividad es?

Escoge la actividad que describe tu profesor(a).

1. **a.** esquiar en   **b.** esquiar en las   **c.** jugar al golf
   el agua   montañas

2. **a.** jugar al tenis   **b.** dibujar   **c.** jugar al voleibol

3. **a.** trabajar en el jardín   **b.** jugar al tenis   **c.** saltar a la cuerda

4. **a.** esquiar en el agua   **b.** dibujar   **c.** patinar

5. **a.** saltar a la cuerda   **b.** trabajar en   **c.** jugar al golf
   el jardín

6. **a.** meditar   **b.** bañarse en un   **c.** andar en bicicleta
   jacuzzi

ACTIVIDAD B Actividades inapropiadas

Usando la lista de actividades que se da en la sección anterior, ¿qué actividad *no* le recomiendas a las siguientes personas?

1. a alguien que sufre (*suffers*) de artritis

2. a alguien que tiene problemas cardíacos

3. a alguien a quien le gusta vivir una vida solitaria

---

*For many Spanish speakers, **monopatín** means *skateboard*. However, since **monopatín** now also means *scooter*, the word **patineta** with the meaning *skateboard* is gaining popularity to avoid confusion.

4. a alguien que no sabe nadar

5. a alguien que pierde el equilibrio fácilmente

6. a alguien a quien no le gusta sudar (*sweat*)

ACTIVIDAD C Firma aquí, por favor

Paso 1 Busca a personas que den (*give*) respuestas afirmativas a tus preguntas.

1. ¿Sabes patinar en línea?

2. ¿Andas mucho en bicicleta?

3. ¿Te gusta trabajar en el jardín?

4. ¿Dibujas bien?

5. ¿Juega al golf tu madre (padre, abuelo)?

6. ¿Medita alguien en tu familia?

7. ¿Haces yoga (Utilizas la aromaterapia)?

8. ¿Te gusta andar en patineta (monopatín)?

Paso 2 Comparte los resultados con el resto de la clase.

VOCABULARIO

¿Adónde vas para relajarte?

Talking about places and related leisure activities

A estas personas les gusta hacer algo en el agua para relajarse. Por ejemplo...

pescan en el **río,**   **navegan en un barco** en el **lago** y...   **bucean** en el **mar (océano).**

Estas personas prefieren...

escalar montañas o...

hacer cámping (acampar)
en el **bosque.**

Estas personas se relajan cuando...

dan un paseo por el
desierto o...

tienen un picnic en el
parque.

Y estas personas se sienten más relajadas si hacen algo en la ciudad,
por ejemplo, cuando...

ven una exposición en el
museo o...

conversan con los amigos en
un café.

ACTIVIDAD D ¿Dónde se hace?

Escoge el lugar que se asocia con la actividad que describe tu
profesor(a).

1. **a.** el lago   **b.** el café   **c.** las montañas

2. **a.** el bosque   **b.** el río   **c.** el museo

3. **a.** el museo   **b.** el mar   **c.** el parque

4. a. el desierto   **b.** el bosque   **c.** el café

5. a. el museo   **b.** el lago   **c.** el gimnasio

ACTIVIDAD E ¿Cierto o falso?

Paso 1 En grupos de dos, una persona va a leerle las siguientes oraciones a un compañero (una compañera). La persona que escucha debe cerrar su libro mientras determina si cada oración es cierta o falsa.

1. Bucear es una actividad con que se asocia el desierto.

2. El acto de visitar un museo se considera como una actividad cultural.

3. Es importante saber nadar si vas a navegar en un barco.

4. Escalar montañas es una actividad apropiada para la persona aventurera.

Paso 2 Ahora inviertan los papeles (*switch roles*) y continúen este **Paso** con las mismas instrucciones del **Paso 1.**

1. Conversar en un café se considera como una actividad física.

2. A muchas personas que tienen un picnic les molestan los insectos.

3. Pescar es una actividad apropiada para el individuo obsesionado con hacer ejercicio.

4. Esquiar en las montañas es una actividad que se asocia con el invierno.

Paso 3 Ahora los (las) dos pueden leer todas las oraciones. ¿Las contestaron bien todas?

ACTIVIDAD F ¿Qué otras actividades?

COMUNICACIÓN

Paso 1 Usando las varias actividades ya mencionadas en esta lección y otras lecciones anteriores, escribe cinco actividades para cada categoría.

1. actividades acuáticas

2. actividades artísticas o culturales

3. actividades sociales

4. actividades al aire libre

5. otras actividades

Paso 2 Compara lo que escribiste con lo que escribió un compañero (una compañera) de clase. ¿Qué otras actividades escribieron Uds.?

Paso 3 Ahora toda la clase va a pensar en las actividades que ayudan a aliviar la tensión y a relajarse y que se pueden incluir en la categoría de **otras actividades.** No deben ser actividades físicas. ¿Cuántas más pueden añadir?

ACTIVIDAD G ¿Sabías que... ?

Paso 1 Lee la selección **¿Sabías que... ?** Luego contesta las siguientes preguntas.

1. En general, ¿cuál es el deporte más popular en el mundo hispano?

2. ¿En qué región suele ser el béisbol el deporte más popular?

3. ¿De qué país viene un gran número de beisbolistas que juegan profesionalmente en los Estados Unidos y el Canadá?

¿Sabías que... el béisbol se considera el deporte nacional en las naciones del Caribe? Mientras que el fútbol es el deporte más popular en el mundo, incluso en la mayoría de los países hispanos, el béisbol es el más popular en los países caribeños. En lugares como la República Dominicana, Cuba y Puerto Rico el béisbol goza de una tremenda popularidad. Muchos de los beisbolistas de las Grandes Ligas de los Estados Unidos y el Canadá vienen del Caribe, y de la República Dominicana en particular. Algunos de los beisbolistas dominicanos más famosos son Sammy Sosa, Rafael Furcal, Julio Lugo y Manny Ramírez.

El béisbol es el deporte nacional de varios países del Caribe.

Paso 2 Entrevista a dos o tres compañeros/as de clase.

1. Para relajarte, ¿te gusta jugar al béisbol?

2. Para relajarte, ¿te gusta mirar un partido de béisbol?

3. En tu opinión, ¿cuál es el deporte nacional de este país?

GRAMÁTICA

Relajarse es bueno

When to use an infinitive or an **-ndo** form

Sometimes if you are thinking in English, you may use a wrong verb or verb form. For example, *-ing* in English can either be part of a noun or a verb. In Spanish, **-ndo** can never be a noun. Spanish uses the infinitive with an optional definite article **el** or an actual noun if one exists.

El patinar (Patinar, El patinaje) es divertido.	*Skating is fun.*
El meditar (Meditar, La meditación) alivia el estrés.	*Meditating gets rid of stress.*

Sometimes a word in English ending in *-ing* is an adjective. Spanish can never use an **-ndo** form as an adjective.

El hacer cámping puede ser **relajante.**	*Camping can be relaxing.*
El jugar al tenis es **agobiante.**	*Playing tennis is exhausting.*

The use of a verb ending in **-ndo** is limited to two contexts: (1) to mean something is in progress, as in **Yolanda está haciendo yoga;** and (2) to mean *by doing something*, as in **Luis se relaja meditando** (*Luis relaxes by meditating*).

Ramón se relaja **leyendo** un buen libro, pero Silvia se relaja **haciendo** mucho ejercicio.

ACTIVIDAD H Preferencias

Indica cuáles de las siguientes acciones se te aplican.

Prefiero relajarme _____.

☐ bañándome con agua caliente
☐ haciendo ejercicio físico
☐ meditando
☐ practicando algún deporte

☐ tomando una cerveza
☐ viendo la televisión
☐ ¿ ?

ACTIVIDAD I ¿Qué crees?

Termina cada oración usando las siguientes frases para indicar lo que piensas. Puedes repetir las frases si quieres.

...es (muy) divertido
...es (muy) aburrido
...es para personas mayores
...es para personas jóvenes

...me parece tonto
...me parece bien para relajarse
...(no) me entusiasma
...(no) me interesa mucho

1. Jugar al golf _____.
2. Andar en monopatín _____.
3. Trabajar en el jardín _____.

4. Pescar _____.
5. Ir a un museo de arte _____.
6. ¿ ? _____.

El festival anual de bicicleta en Madrid, España

ACTIVIDAD J Prefiere relajarse...

Paso 1 Lee el siguiente párrafo.

> Juan prefiere relajarse leyendo un buen libro. El hacer ejercicio no le interesa porque no le gusta sudar. María prefiere relajarse haciendo ejercicio aeróbico. Para ella, leer es aburrido.

Piensa en las preguntas que podrías (*you could*) hacerles a tus compañeros para escribir un párrafo similar sobre ellos. Por ejemplo: ¿Cómo prefieres relajarte? ¿Crees que el meditar es bueno?

Paso 2 Entrevista a cuatro personas. Luego escoge dos como sujetos de tu párrafo. ¿Son diferentes?

VISTAZOS II · En el pasado

GRAMÁTICA

¿Qué hicieron el fin de semana pasado para relajarse?

Review of third person preterite

Los chicos **dieron una fiesta** el sábado pasado.

(yo)	-é, -í	(nosotros/as)	-amos, -imos
(tú)	-aste, -iste	(vosotros/as)	-asteis, -isteis
(Ud).	-ó, -ió	(Uds.)	-aron, -ieron

(él/ella)	**jugó** al golf **se bañó** en el jacuzzi **corrió** en el parque **dio** un paseo	(ellos/ellas)	**jugaron** al golf **se bañaron** en el jacuzzi **corrieron** en el parque **dieron** un paseo

Remember that the preterite is used to talk about activities that people completed in the past or events that occurred in the past.

Margarita **meditó** por unas horas ayer.	*Margarita meditated for several hours yesterday.*
Mis amigos **asistieron** a un concierto.	*My friends attended a concert.*

Some verbs have irregular stems and endings. For this lesson, the most important are:

andar (anduvo, anduvieron)   **hacer (hizo, hicieron)**
estar (estuvo, estuvieron)   **ir (fue, fueron)**

ACTIVIDAD A Un fin de semana activo

Paso 1 Margarita tuvo un fin de semana bastante activo. Tu profesor(a) va a decir la primera parte de algunas oraciones sobre Margarita. Escoge la terminación más lógica de la columna B para cada oración que dice tu profesor(a).

A	B
1. _____	**a.** a la cuerda
2. _____	**b.** en bicicleta
3. _____	**c.** en el agua
4. _____	**d.** en el jacuzzi
5. _____	**e.** en el jardín
6. _____	**f.** voleibol

Paso 2 Con un compañero (una compañera), escribe lo que hizo Margarita tal como lo oíste. ¿Pueden recordar exactamente lo que dijo su profesor(a)?

ACTIVIDAD B ¿Qué hicieron los chicos?

Paso 1 Mira el dibujo sobre los chicos que dieron una fiesta el sábado pasado (página 238). A continuación hay una lista de todas las actividades que hicieron los chicos el sábado pasado. ¿En qué orden las hicieron probablemente? (**1** = la primera cosa que hicieron y **8** = la última cosa que hicieron)

_____ Se acostaron a las 2.00 de la mañana.
_____ Compraron mucha comida.
_____ Sirvieron cosas de beber y comer.
_____ Limpiaron el apartamento antes de acostarse.
_____ Se levantaron relativamente temprano.
_____ Corrieron en el parque por la mañana.
_____ Prepararon varias meriendas para los invitados.
_____ Fueron al supermercado.

Paso 2 Compara tu lista con la de un compañero (una compañera). ¿Están Uds. de acuerdo?

COMUNICACIÓN

ACTIVIDAD C ¿Quiénes hicieron estas actividades?

Paso 1 Piensa en dos personas famosas (o en una pareja o un matrimonio de algún programa de televisión) y en lo que estas personas probablemente hicieron el fin de semana pasado.

Vocabulario útil

bebieron…	**recibieron una llamada de…**
cenaron…	**se acostaron…**
durmieron (bien, mal)	**se relajaron…**
fueron a…	**tuvieron una visita de…**
hablaron con (una persona)	**vieron a (una persona)**
leyeron…	**volvieron…**

Paso 2 Usando las frases del **Paso 1** u otras, si prefieres, escribe por lo menos cuatro cosas que estas personas posiblemente hicieron el fin de semana pasado. ¡Pero no menciones los nombres de las personas en tu descripción!

Paso 3 Ahora divídanse en grupos de tres o cuatro. Una persona va a leer lo que escribió en el **Paso 2,** y el resto del grupo tiene que adivinar quiénes son las personas famosas.

GRAMÁTICA

¿Y qué hiciste tú para relajarte?

Review of first and second person preterite

Así se dice

Do you remember that first person singular (**yo**) forms in the preterite experience spelling changes with verbs like **sacar, llegar,** and **empezar?** Verbs whose infinitives end in **-car, -gar,** or **-zar** have the following changes.

-car → -qué
sacar → sa**qué**
buscar → bus**qué**

-gar → -gué
llegar → lle**gué**
jugar → ju**gué**

-zar → -cé
empezar → empe**cé**
almorzar → almor**cé**

(yo)	me relajé comí dormí fui hice	(nosotros/as)	-amos, -imos (*reg.*)
(tú)	te relajaste comiste dormiste fuiste hiciste	(vosotros/as)	-asteis, -isteis (*reg.*)
(Ud.) (él/ella)	-ó, -ió (*reg.*) -ó, -ió (*reg.*)	(Uds.) (ellos/ellas)	-aron, -ieron (*reg.*) -aron, -ieron (*reg.*)

—¿Qué **hiciste** para relajarte el fin de semana pasado?
—Pues, **pasé** casi todo el fin de semana en casa. **Lavé** la ropa, **leí** mucho y **dormí** como un bebé.

Así se dice

Remember that **dar** is a unique **-ar** verb in Spanish: it takes **-er/-ir** endings in the preterite!

di	dimos
diste	disteis
dio	dieron
dio	dieron

In the next set of activities, you will use mostly **yo** and **tú** forms. Your goal should be to be able to talk about what you did in the past as well as to ask someone else about his or her past activities.

Remember that regular preterite **yo** forms have an accented **-é** or **-í** in the ending and that **tú** forms end in **-aste** or **-iste**. Verbs that have one syllable in the **yo** form do not take written accents.

me acosté tarde	**te acostaste** tarde
me quedé en casa	**te quedaste** en casa
dormí mucho	**dormiste** mucho
escribí la tarea	**escribiste** la tarea
vi la televisión	**viste** la televisión

A number of common verbs have irregular stems in the preterite and do not have a stressed ending.

andar	**Anduve** en bici. ¿**Anduviste** en bici?
estar	**Estuve** todo el día en casa. ¿Dónde **estuviste** tú?
hacer	**No hice** nada. ¿Qué **hiciste** tú?
ir	**Fui** al cine. ¿Adónde **fuiste** tú?
poder	**No pude** relajarme. ¿**Pudiste** relajarte?
tener	**Tuve** un sueño. ¿**Tuviste** un sueño?
venir	**Vine** temprano. ¿A qué hora **viniste**?

Así se dice

Remember that some verbs change meaning when used in the preterite, for example, **saber** (*found out*). The preterite form refers to the point in time in the past at which that particular event began. What's the beginning of knowing something? Finding it out!

En ese momento **supe** la terrible verdad.

Another verb that functions in this way is **conocer**. What is the beginning of knowing someone? Meeting that person!

Conocí a mi novio en un café.
I met (began to know) my boyfriend in a café.

ACTIVIDAD D ¿Qué hice yo?

Lee cada descripción e indica cuál es la respuesta más lógica.

1. El viernes por la tarde fui al gimnasio y allí...
   a. vi la televisión.
   b. levanté pesas.
   c. fui al museo.

2. El sábado por la tarde compré algo nuevo cuando...
   a. fui de compras.
   b. hice ejercicio aeróbico.
   c. acampé en las montañas.

3. El sábado por la noche salí con mis amigos y me sorprendí cuando...
   a. vi a mi ex novio.
   b. volví tarde a mi casa.
   c. saqué una buena nota en el examen de física.

4. Como soy fanática de las actividades acuáticas, fui al mar donde...
   a. escalé una montaña.
   b. corrí dos millas.
   c. nadé.

5. Me puse triste cuando supe que...
   a. una amiga había sufrido (*had suffered*) un accidente automovilístico.
   b. mis amigos se rieron mucho en el cine.
   c. un niño gritó en el supermercado.

 **COMUNICACIÓN**

ACTIVIDAD E ¿Dices la verdad o mientes?

Paso 1 Haz dos descripciones de tus actividades, reales o inventadas, del fin de semana pasado. Puedes usar las expresiones de la siguiente lista en tu narración.

primero	por fin
luego (después, entonces)	finalmente
más tarde	

   MODELO   El sábado pasado me levanté temprano, fui al gimnasio y allí corrí y nadé. Después fui de compras con un amigo. Finalmente fui al cine y vi una película fabulosa.

Paso 2 Divídanse en grupos de tres o cuatro. Una persona del grupo va a leer su descripción, y los demás tienen que determinar si las actividades descritas (*described*) son reales o inventadas. La persona que más les toma el pelo (*pulls their leg*) a sus compañeros, ¡gana!

GRAMÁTICA

¿Qué hacías que causó tanta risa?

Narrating in the past: Using both preterite and imperfect

—Una vez un hombre **entró** en un bar. No **conocía** a nadie y **no tenía** dinero para...

—Ya lo **oí,** Jorge. Ese chiste es película vista...

PRETÉRITO	IMPERFECTO
Cuando mi mamá **llamó,...**	...yo **meditaba.** No **hacía** buen tiempo. **Llovía** y no **quería** salir de mi casa.
Ayer **fui** al gimnasio. **Levanté** pesas y luego **corrí** dos millas.	Mientras yo **hacía** ejercicio, mi compañera de cuarto **trabajaba** en el jardín.

As you know, there are two past tenses in Spanish: the *preterite* and the *imperfect*. Both tenses are needed and are used in combination when narrating events in the past because Spanish encodes in verbs what is called *aspect*. Aspect refers not to when an event happened, but to whether or not the event was in progress at the time referred to. As such, the use of the preterite and imperfect depends on how a narration unfolds and what relationship each event has to a time reference in the past.

Of the two, the imperfect signals that an event is being reported in progress at a specific point in time in the past. The point in time can be given as clock time (At 2:00 . . .) or it can be another event (When Daniel arrived . . .).

TIME REFERENCE	EVENT IN PROGRESS
A las 2.00 de la tarde...	todavía **dormía.**
At 2:00 in the afternooon . . .	*I was still sleeping.*
Cuando Daniel **llegó,...**	yo **estudiaba.**
When Daniel arrived, . . .	*I was studying.*

Consejo práctico

Acquiring the use of preterite and imperfect to narrate in the past takes time and much exposure to Spanish. For most learners of Spanish, the functions of the imperfect present the greatest challenge. One strategy to help your acquisition of these past tenses is to concentrate when reading on how the imperfect is used. Verify for yourself that the event expressed by the imperfect was in progress at the time another event took place and identify this latter point of reference.

Another suggestion is to focus not just on the verbs (**quería, tenía, hacía**) but also on the phrases that contain them and the events expressed (**no quería salir, no tenía ganas, hacía mal tiempo**). In this way, you get a clearer picture of what was happening, which in turn will help you acquire the functions of the imperfect.

Because the imperfect means "in progress" it can be used to contrast two events occurring simultaneously. Typically, the word **mientras** (*while*) is used to connect these events.

IN PROGRESS	IN PROGRESS
Mientras yo **dormía,...**	mi compañero de cuarto **leía.**
While I was sleeping, . . .	*my roommate was reading.*
Mientras mi mamá **hablaba,...**	yo la **escuchaba** con atención.
While my mom was speaking, . . .	*I was listening to her carefully.*
¿Qué **hacías...**	mientras él **trabajaba?**
What were you doing . . .	*while he was working?*

The preterite does not signal events in progress but is used instead to refer to isolated events in the past, sequences of events, or to pinpoint a time in the past to which other events relate.

ISOLATED EVENT IN THE PAST

Anoche **me quedé** en casa.	*Last night I stayed home.*

SEQUENCE OF EVENTS

Ayer **jugué** al tenis y luego **me bañé** en el jacuzzi.	*Yesterday I played tennis and then I sat in the jacuzzi.*

PINPOINTING A TIME REFERENCE IN THE PAST

Cuando **salí** del cine...	*When I left the movie theater . . .*

Notice how in the following short narrative, the preterite and imperfect work together to show how the events relate to one another and to the time references included in the narrative. First, underline the preterite forms and circle the imperfect forms you see. Then, for each use of the imperfect, see if you can tell at what point in time the event was in progress. The answers follow, but cover them up before you read.

Ayer hacía mal tiempo, llovía y no tenía ganas de hacer nada. Decidí quedarme en casa. Miraba la televisión cuando sonó el teléfono. No quería hablar con nadie pero lo contesté. Oí la voz de un amigo que parecía estar muy triste...

EVENT IN PROGRESS	POINT IN TIME
hacía mal tiempo	
llovía	decidí quedarme en casa
no tenía ganas	
miraba la televisión	sonó el teléfono
no quería hablar	lo contesté
parecía estar triste	oí la voz

ACTIVIDAD A ¿Qué hizo Yolanda ayer para relajarse?

Empareja cada frase de la columna A con una frase lógica de la columna B.

A

1. _____ Eran las 7.00 de la mañana cuando Yolanda…
2. _____ Se bañó, se vistió y…
3. _____ Hacía sol cuando…
4. _____ Manejó por una hora y después…
5. _____ Yolanda pescaba cuando de repente (*suddenly*) vio una serpiente de cascabel (*rattlesnake*) y…
6. _____ Cuando se repuso (*she recovered*)…
7. _____ Eran las 6.00 de la tarde cuando por fin volvió a casa. Estaba contenta y…

B

a. llegó a las montañas y encontró un lugar ideal para pescar.
b. se asustó y gritó.
c. se despertó.
d. salió de su casa a las 8.00.
e. se sentía relajada después del bonito día en las montañas.
f. desayunó rápidamente.
g. pescó un rato más y después decidió regresar a casa.

Así se dice

As you may notice in item 1 of **Actividad A,** clock time (*It was 7:00* A.M. …) is expressed in the past with the imperfect. This is because the hour is viewed as being in progress at the time another event took place. In other words, *It was in the process of being 7:00* A.M. *when* . . .

Era la 1.00 de la tarde cuando por fin me llamó.

Eran las 3.00 de la tarde cuando salí a correr.

¿Qué hora **era** cuando llegó tu compañera?

ACTIVIDAD B Creando una narrativa

Paso 1 Las siguientes oraciones forman una breve narrativa. La clase debe dividirse en cuatro grupos. Cada grupo debe completar como quiera (*as it wishes*) las oraciones que le corresponden.

GRUPO 1:
El otro día me sentía muy _____. Tenía ganas de _____.

GRUPO 2:
Así que decidí _____. Primero _____ y luego _____.

GRUPO 3:
Eran la(s) _____ de la _____ cuando por fin _____. No sabía si debía _____.

GRUPO 4:
Entonces empezó a hacer buen tiempo / llover (*escojan uno*). Decidí _____ y estaba muy _____.

Paso 2 Comenzando con el Grupo 1, cada grupo debe leer sus oraciones en voz alta. ¿Forman las oraciones una narrativa coherente y lógica?

Paso 3 Repitan el **Paso 1** pero esta vez la clase debe enfocarse en una de las siguientes situaciones. ¿Cómo resulta la narrativa esta vez?

1. Una estudiante salía de su clase de biología. En la mano tenía el examen del día anterior. La nota era una B+.

2. Un señor estaba en su oficina. Acababa de tener (*He had just had*) una discusión (*argument*) muy fuerte con su jefe.

3. Al final del día, una maestra de secundaria sólo pensaba en olvidarse del día tan difícil que tuvo.

ACTIVIDAD C ¿Qué oíste?

Paso 1 Escucha el párrafo que tu profesor(a) lee a la clase. Vas a escuchar el párrafo dos veces. Sin tomar apuntes, trata de recordar todo lo que puedas.

Paso 2 En grupos de tres, recreen el párrafo con todos los detalles que recuerden. Escriban el párrafo y compártanlo con la clase.

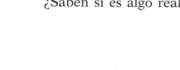

COMUNICACIÓN

ACTIVIDAD D La última vez...

Paso 1 Piensa en la última vez que te reíste a carcajadas (*laughed loudly*). ¿Qué hacías? ¿Dónde estabas?

La última vez que me reí a carcajadas...

1. ☐ estaba en mi casa.   ☐ no estaba en mi casa.
2. ☐ estaba solo/a.   ☐ estaba con otra(s) persona(s).
3. ☐ leía algo.   ☐ escuchaba algo.
4. ☐ veía* algo.   ☐ recordaba algo.

Después de reírme tanto...

1. ☐ me sentí muy bien.
2. ☐ me sentí avergonzado/a.
3. ☐ tenía dolor de estómago (*stomachache*).

Paso 2 Usando tus respuestas del **Paso 1,** escribe un breve párrafo.

MODELO   La última vez que me reí a carcajadas estaba solo. Veía...

Paso 3 Presenta una versión oral de tu narración a la clase. ¿Cuántos estaban en una situación similar cuando se rieron a carcajadas? ¿Cuántos se sintieron igual después?

Al oír algo gracioso, ¿te ríes como este joven?

ACTIVIDAD E Un incidente real o ficticio

Paso 1 Describe algo cómico que te pasó recientemente. Escribe por lo menos cuatro oraciones, dando detalles sobre lo que ocurrió. Tienes la opción de inventar algo, es decir, un incidente ficticio.

Paso 2 Presenta tu incidente a un compañero (una compañera). Tu compañero/a tiene que decidir si fue un incidente real o ficticio. Después de que cada uno revele la verdad sobre su incidente, los (las) dos deben seleccionar un incidente para compartir con la clase.

Paso 3 La clase debe votar para escoger el incidente más cómico. ¿Saben si es algo real o ficticio?

---

*Aside from **ir** and **ser, ver** is the only other irregular verb in the imperfect: **veía, veías, veía, veía, veíamos, veíais, veían, veían.** You will learn more about the imperfect of **ver** in **Lección 12.**

ACTIVIDAD F Una historia

Paso 1 Trabaja con un compañero (una compañera). Inventen una historia sobre lo que pasó en los siguientes dibujos. A continuación tienen algunas ideas para considerar.

◆ ¿Quiénes son las personas? ¿Qué relación hay (o había) entre ellos?

◆ ¿Adónde fueron? ¿Cómo fueron a ese lugar? ¿Por qué fueron?

◆ ¿Qué actividades hicieron?

◆ ¿Cómo se sentían al hacer cada actividad?

◆ ¿Qué pasó al final? ¿Por qué?

1.

2.

3.

4.

5.

Paso 2 Compartan su historia con el resto de la clase. ¿Quiénes inventaron la historia más interesante?

La tensión y el estrés

Propósito: presentar una narración sobre un compañero (una compañera) a un grupo de estudiantes.

Papeles: una persona que entrevista, una persona entrevistada y un grupo de estudiantes que escucha la narración.

Paso 1 Entrevista a un compañero (una compañera) de clase sobre la última vez que se sentía tenso/a. Obviamente necesitas hacerle preguntas, pero antes, piensa en qué es lo que quieres averiguar.

◆ cuándo se sentía tenso/a tu compañero/a
◆ dónde estaba
◆ con quién estaba
◆ qué fue lo que le causó la tensión y el estrés
◆ cómo se sentía física y emocionalmente
◆ qué hizo para aliviar la tensión y el estrés

Paso 2 Escribe las preguntas que le vas a hacer a tu compañero/a en la segunda persona singular (tú). ¿Puedes usar correctamente el pretérito y el imperfecto en tus preguntas?

Paso 3 Ahora entrevista a tu compañero/a. Apunta sus respuestas.

Paso 4 Piensa en cómo vas a contar lo que te dijo tu compañero/a a otro par de estudiantes. Después de que todos presenten la narración sobre su compañero/a, determinen quién presentó la narración más interesante del grupo.

¿Qué haces cuando te sientes muy tenso/a?

¿Cómo te relajas?

	How Do You Relax?
acampar	to go camping
andar en	to ride a
bicicleta	bicycle
monopatín	scooter; skateboard
patineta	skateboard
bañarse (en un jacuzzi)	to bathe (in a jacuzzi)
bucear	to (scuba) dive
dar una fiesta	to throw (have) a party
dibujar	to draw
escalar montañas	to mountain climb
esquiar	to ski
en el agua	to water ski
en las montañas	to snow ski
hacer cámping	to go camping
hacer yoga	to do yoga
ir al teatro	to go to the theater
jugar (ue) (R)	to play
a los naipes	cards
al golf	golf
al voleibol	volleyball
meditar	to meditate
navegar en un barco	to sail
patinar (en línea)	to (inline) skate
pescar	to fish
saltar a la cuerda	to jump rope
tener un picnic	to have a picnic
trabajar en el jardín	to garden
utilizar la aromaterapia	to use aromatherapy

Repaso: dar un paseo, ir a la iglesia, leer, levantar pesas

Lugares / Places

el bosque	forest
el desierto	desert
el lago	lake
el mar	sea
las montañas	mountains
el museo	museum
el océano	ocean
el parque	park
el río	river

Otras palabras y expresiones útiles

chistoso/a	funny
cómico/a (R)	comic(al), funny
gracioso/a	funny, amusing
el chiste (R)	joke
la risa	laugh; laughter
causar risa	to cause laughter, make laugh
hacer reír	to make laugh
hacerle gracia a uno	to strike someone as funny
reír(se) (i, i) a carcajadas	to laugh loudly
tener gracia	to be funny, charming

LECCIÓN **12**

Vistazos *digital*

 Online Textbook and *Manual*

WWW Online Learning Center

DVD Video on DVD

C E N T R O
Your media center for languages
All media resources for *Vistazos*, all in one place

¿En qué consiste el abuso?

¿Has pensado (*Have you thought*) en lo que pasa cuando una persona no aprende a hacer las cosas con moderación? ¿Cuáles son las consecuencias de hacer algo en exceso? En esta lección, vas a explorar esta cuestión y vas a

◆ continuar usando el *imperfecto* y el *pretérito* para hablar del pasado

◆ leer algo sobre la adicción

◆ comenzar a comprender los mandatos (*commands*) orales y escritos

ALTO Before beginning this lesson, look over the **Situación** activity on page 261. This activity will provide you with a means of using all of the Spanish you've learned so far to discuss a typical situation.

¿Puede convertirse en abuso una diversión como jugar a los videojuegos?

VOCABULARIO

¿Qué es una lesión?

More vocabulary related to activities

DAÑINO *adj.* Se aplica a lo que causa un daño: *Algunos mariscos son dañinos si se comen crudos.* harm

DAÑO *m.* Efecto negativo. Detrimento: *Este problema puede causar mucho daño.* Dolor: *Estos zapatos me hacen mucho daño.*

HERIDA *f.* El resultado físico de la acción de herir: *Muchos atletas sufren heridas mientras practican su deporte.* injuries

HERIR *v. tr.* Causar en un organismo un daño en que hay destrucción de los tejidos, como un golpe con un arma, etcétera: *El soldado hirió al enemigo con un disparo de pistola.*

LESIÓN *f.* Sinónimo de herida: *El corredor sufrió una lesión en el tobillo.*[a]

_____

[a]*ankle*

Vocabulario útil

el peligro — danger
peligroso/a — dangerous

ACTIVIDAD A Consecuencias

Paso 1 ¿Cuáles pueden ser las consecuencias de practicar estas actividades si uno no tiene cuidado? Indica tus respuestas y luego compáralas con las de un compañero (una compañera).

	ADICCIÓN FÍSICA	DAÑOS FÍSICOS	ADICCIÓN PSICOLÓGICA	OTROS PELIGROS PSICOLÓGICOS
1. hacer ejercicios aeróbicos	☐	☐	☐	☐
2. ir de compras	☐	☐	☐	☐
3. esquiar	☐	☐	☐	☐
4. comer	☐	☐	☐	☐
5. jugar a los videojuegos	☐	☐	☐	☐
6. ingerir bebidas alcohólicas	☐	☐	☐	☐
7. chatear (participar en un chat [*chat room*])	☐	☐	☐	☐

Paso 2 Ahora compara tus respuestas con las de todos tus compañeros. Un(a) estudiante debe escribir en la pizarra las actividades que indicaron los demás en las cuatro columnas.

ACTIVIDAD B ¿Peligroso o dañino?

Muchos opinan que las palabras **dañino** y **peligroso** no significan lo mismo. Según ellos, no son sinónimos. En esta actividad vas a ver si para ti significan lo mismo o no.

Paso 1 Indica si las actividades a continuación pueden ser o dañinas o peligrosas.

MODELOS   Ver la televisión puede ser dañino (peligroso).
Escalar montañas puede ser peligroso (dañino).

1. practicar el paracaidismo (*skydiving*)
2. escuchar música a todo volumen con frecuencia
3. salir solo/a de noche en una ciudad grande
4. montar en motocicleta sin casco (*helmet*)
5. tomar el sol (*sunbathing*)
6. tomar más de tres tazas de café diariamente

Paso 2 Piensa en las clasificaciones que hiciste en el **Paso 1.** ¿Qué tendencias notas? ¿Cuál es la diferencia entre una actividad dañina y una peligrosa?

☐ Para mí, una actividad dañina puede tener consecuencias mucho más graves que una actividad peligrosa. Por ejemplo, una actividad dañina puede conducir a (*lead to*) la muerte.

☐ Para mí, una actividad peligrosa puede tener consecuencias mucho más graves que una actividad dañina. Por ejemplo, una actividad peligrosa puede conducir a la muerte.

COMUNICACIÓN

ACTIVIDAD C ¡Cuidado!

¡Ciertas actividades, si se hacen en exceso, son más peligrosas que otras!

Paso 1 Haz una clasificación de las actividades en la siguiente página usando la escala a continuación. Escribe el número de cada categoría en el espacio indicado.

1 = No ofrece mucho peligro.
2 = Puede ser peligrosa.
3 = Es muy peligrosa.

a. _____ reírse   **g.** _____ tomar café

b. _____ ir de compras   **h.** _____ ingerir bebidas alcohólicas

c. _____ jugar al tenis   **i.** _____ hacer yoga

d. _____ jugar al fútbol americano   **j.** _____ ver la televisión

e. _____ trabajar en una oficina   **k.** _____ jugar a los videojuegos

f. _____ trabajar en una fábrica

Paso 2 Con dos compañeros/as de clase, piensa en otras actividades que podrían agregarse (*could be added*) a la lista del **Paso 1** y escríbelas.

	NO OFRECE MUCHO PELIGRO.	PUEDE SER PELIGROSA.	ES MUY PELIGROSA.
l. _____	☐	☐	☐
m. _____	☐	☐	☐
n. _____	☐	☐	☐

Paso 3 Con tus compañeros/as del **Paso 2,** sigue el modelo y explica cuál es la más peligrosa de las actividades indicadas en el **Paso 1** y cuál es la que ofrece menos o ningún peligro.

MODELO   Jugar al fútbol americano es la actividad más peligrosa porque puede causar daños físicos graves.

¿Están listos/as tus compañeros/as y tú para defender sus respuestas?

ACTIVIDAD D Una vez...

Paso 1 Escoge uno de los siguientes temas y prepara una breve descripción de 50–75 palabras.

◆ Cuenta alguna actividad peligrosa que hiciste en el pasado. ¿Qué pasó? ¿Te hiciste daño?

◆ Describe un accidente en el que sufriste una herida o una lesión. ¿En qué circunstancias ocurrió? ¿Tuviste que ir al médico/a?

◆ Describe una ocasión en la que una persona que conoces sufrió una herida o lesión.

Paso 2 Entrégale tu descripción a tu profesor(a) y escucha sus comentarios.

GRAMÁTICA

¿Veías la televisión de niño/a?

Imperfect forms of the verb **ver**

veía	veíamos
veías	veíais
veía	veían
veía	veían

Like **ir** and **ser, ver** is a verb that has an irregular stem in the imperfect. For regular **-er** verbs the **-er** ending is dropped and the appropriate **-ía-** ending is added. For **ver,** however, the **e** is retained and **ve-** becomes the stem.

—De niño, yo siempre **veía** mucho la televisión. ¿Y tú?
—En mi familia, no la **veíamos** tanto.

These three verbs are the only irregular Spanish verbs you will encounter in the imperfect. Here is a review of the imperfect forms of **ir** and **ser.**

ir   iba, ibas, iba, iba,   **ser**   era, eras, era, era,
       íbamos, ibais, iban, iban   éramos, erais, eran, eran

ACTIVIDAD E ¿Sabías que... ?

Paso 1 Lee la selección **¿Sabías que... ?** en la siguiente página. Luego contesta las preguntas a continuación.

1. En cuanto a los españoles y su tiempo libre, ¿cuáles son las dos actividades más populares?

2. ¿Cómo crees que se comparan España y este país con respecto al acto de ver la televisión?

Paso 2 Escoge la oración que mejor capte la idea principal de la selección.

☐ La televisión es muy importante en este país, pero no tanto como lo es en otros países del mundo.

☐ La actividad de ver la televisión es popular en este país y lo es también en países del mundo hispano, como España.

¿Sabías que...

al igual que en este país, en el mundo hispano la televisión también tiene un papel muy importante? Todos saben que la televisión es un elemento bien integrado en la cultura norteamericana, pero no muchos saben que también es así en gran parte del mundo hispano. En una encuesta realizada en España en los años 90, por ejemplo, el 85% de los solicitantes dijo que veía la televisión todos o casi todos los días. A este mismo grupo se le hizo la siguiente pregunta: «¿En qué suele emplear, en general, su tiempo libre?» Los participantes respondieron así:

> estar con la familia: 76%
> ver la televisión: 69%
> estar con amigos: 54%
> lccr libros o revistas: 45%

Además de los que declararon ver la televisión todos o casi todos los días, el 26% admite verla entre dos o tres horas al día.

A los miembros de esta familia española les gusta ver la televisión juntos.

Source: Boletín del Centro de Investigaciones Sociológicas

ACTIVIDAD F Entrevistas

COMUNICACIÓN

Muchos creen que los niños y los estudiantes universitarios pasan mucho tiempo mirando la televisión. ¿Es verdad?

Paso 1 Entrevista a un compañero (una compañera) de clase. Hazle las siguientes preguntas.

1. ¿Cuál de estas descripciones se te puede aplicar a ti?

   ☐ De niño/a veía más televisión que ahora.

   ☐ De niño/a veía menos televisión que ahora.

2. ¿Cuántas horas diarias de televisión veías cuando eras niño/a?

3. ¿Cuántas horas diarias de televisión ves ahora? ¿Crees que en este sentido eres una persona como las demás?

Paso 2 Comparte los resultados obtenidos en el **Paso 1** con tus compañeros de clase. ¿Es verdad que los estudiantes ven muchas horas de televisión? ¿Y los niños?

Paso 3 (Optativo) ¿Hay adictos a la televisión en tu clase? ¿Cómo llegaste a esta conclusión?

GRAMÁTICA

¿Qué debo hacer? —Escucha esto.

Telling others what to do:
Affirmative **tú** commands

toma
acuéstate
come
escribe
haz
di

—Laura, si de veras quieres dejar el vicio del chocolate, primero **admite** que tienes un problema.

Command forms (*Eat! Drink this! Do that!*) come in several forms: **tú, Ud., vosotros/as** (*Sp.*), and **Uds.** The affirmative **tú** forms are relatively easy to learn, since they are in most cases identical to third person singular verb forms. You are already familiar with some of these commands because they have been used in the instructions of many activities in this book.

   Come más ensalada si quieres ser más delgado.
   Mira más televisión si quieres comprender la cultura de este país.

Many commonly used verbs have irregular affirmative **tú** command forms.

decir	**Di** la verdad.	*Tell the truth.*
hacer	**Haz** dos más.	*Make two more.*
ir	**Ve*** a la tienda.	*Go to the store.*
poner	**Pon** tus libros aquí.	*Put your books here.*
salir	**Sal** si puedes.	*Get out if you can.*
tener	**¡Ten** cuidado!	*Be careful!*
venir	**Ven** conmigo.	*Come with me.*

Both direct and indirect object pronouns, as well as reflexive pronouns, are attached to the end of affirmative **tú** commands. Indirect objects always precede direct objects.

Cómelo, si quieres.	*Eat it if you want.* (*it* = **el sandwich**)
Dámelas, por favor.	*Give them to me, please.* (*them* = **las páginas**)
Cálmate.	*Calm down.*

---

*The regular **tú** command form of the verb **ver** is also **ve.** Context will determine meaning.

   Ve a la casa de tus abuelos.   *Go to your grandparents' house.*
   ¡Ve esto!   *Look at this!*

ACTIVIDAD A Minilectura

Paso 1 Lee el artículo «Cómo salir de la adicción». ¿Puedes deducir a qué tipo de adicción se aplican los consejos?

CÓMO SALIR DE LA ADICCIÓN

1. Admite que eres una adicta. Según los médicos, nadie puede salir de una adicción si no admite que realmente la tiene. Hazte la siguiente pregunta: ¿El tiempo que empleas para hacer ejercicios, NO está balanceado con el resto de tus actividades? Si la respuesta es sí, eres una adicta.

2. Empieza a «cortar» tu entrenamiento gradualmente. Si te sientes dependiente de tu rutina, empieza a eliminar actividades lentamente. Quita primero la que disfrutes menos. Corta un poco el tiempo. Si practicas una hora y media diaria, empieza a cortar 30 minutos. Si te entrenas 5 días a la semana, corta un día. Comienza a tener sentido de la moderación.

3. Cambia tus actividades. Sustituye la parte que más te extenúa en tu entrenamiento. Digamos que es el pedaleo o el levantamiento de pesas... deja de hacerlo por un período de tiempo y, en cambio, ve integrando los ejercicios de relajación, toma clases de yoga o ensaya con un ejercicio que te permita socializar, como el tenis, el raquetbol o el baile.

Paso 2 Repasa el artículo y apunta todos los mandatos que encuentras. ¡OJO! Escribe sólo los verbos; no tienes que escribir toda la frase u oración.

Paso 3 ¿Cuáles de las siguientes recomendaciones parecen lógicas según el artículo? Marca sólo las que te parezcan apropiadas.

☐ *Mírate* en un espejo y *di:* «Tengo un problema».

☐ *Habla* con un amigo y *pídele* el nombre de un doctor (una doctora).

☐ *Limita* tu contacto con otros adictos y *busca* la amistad de personas que tengan otros intereses.

☐ *Busca* otro tipo de ejercicio, uno menos físico. Si corres, *toma* una clase de yoga. Si pedaleas, *empieza* a caminar.

☐ *Come* más y *bebe* menos.

☐ *Elimina* los ejercicios que más te gustan. No vas a triunfar si no te sacrificas.

Nota comunicativa

A command is a very direct way of asking someone to do something. In English, commands are often accompanied by *please* or some other phrase to soften the directness of the command. Sometimes questions are used with *will* or *would: Will you come here, please? Would you let us talk alone for a minute?* Spanish uses the simple present tense in the form of questions to form "soft" commands.

¿Me **pasas** el salero?
¿Me **das** tu número de teléfono?

ACTIVIDAD B Más consejos

Paso 1 Escoge *una* de las adicciones de la lista a continuación. Escribe por lo menos tres consejos en forma de mandatos afirmativos para dárselos a un amigo (una amiga) que sufre de esa adicción.

adicción al alcohol   adicción a la televisión
adicción al chocolate   adicción a los tranquilizantes
adicción al tabaco (fumar)   adicción a los videojuegos

Paso 2 Reúnete con otras dos personas para presentar tus consejos. Al final, el grupo debe hacer una sola lista de los consejos de los tres y compartirlos con la clase. ¿Son diferentes los consejos para cada adicción, o se repiten los mismos consejos para algunas de ellas?

GRAMÁTICA

¿Qué no debo hacer? —¡No hagas eso!

Telling others what *not* to do:
Negative **tú** commands

Así se dice

Negative **Uds.** commands are the same as affirmative **Uds.** commands, with the addition of **no.**

No hablen durante el examen. **No salgan** sin terminarlo todo.

Negative **vosotros** commands are formed using the same stems as all other commands (**mir-, dig-, salg-,** and so forth) and adding **-éis** if the verb is **-ar** and **-áis** if the verb is **-er/-ir**:

No habléis durante el examen. **No salgáis** sin terminarlo todo.

Which does your instructor use when speaking to your classmates and you as a group: **Uds.** or **vosotros** commands?

no	tomes
	te acuestes
	comas
	escribas
	hagas
	digas

—**No pienses** más en el chocolate, Laura, y **no te dejes caer** en la tentación.

Negative **tú** commands are formed by taking the **yo** form of the present tense indicative, dropping the **-o** or **-oy,** and adding what is called *the opposite vowel* + **s.** The opposite vowel is **e** if the verb is an **-ar** verb. The opposite vowel is **a** if the verb is an **-er** or **-ir** verb. Any stem changes or irregularities of the **yo** form in the present tense indicative are retained. And, of course, reflexive verbs have the pronoun **te.**

venir: vengo   → veng-   + -as → **no vengas**
acostarse: me acuesto → acuest- + -es → **no te acuestes**
dar: doy   → d-   + -es → **no des**

Among the handful of verbs whose negative **tú** commands are not formed in this way are **ir** and **ser.**

ir	**no vayas**
ser	**no seas**

Unlike affirmative **tú** commands, negative **tú** commands require all pronouns to precede the verb.

No me digas eso.	*Don't tell me that.*
No te levantes tarde.	*Don't get up late.*
No me lo pidas.	*Don't request it of me.*

ACTIVIDAD C Lo que no debes hacer

Según el artículo «Cómo salir de la adicción» de la página 257, ¿cuáles de las siguientes recomendaciones te parecen apropiadas?

☐ No pases mucho tiempo con los amigos si quieres salir de la adicción, pues ellos pueden distraerte (*distract you*) de tu propósito.

☐ No elimines por completo los ejercicios de tu rutina.

☐ No hables de tu problema con nadie. Es un asunto personal que a nadie le interesa.

☐ No hagas nada radical. Salir de la adicción requiere tiempo y cambios graduales.

☐ No leas información sobre tu problema, ni tampoco pienses demasiado en él. Es mejor no «intelectualizar» mucho respecto a una adicción.

ACTIVIDAD D ¿Qué oíste?

Paso 1 Escucha el párrafo que tu profesor(a) lee a la clase. Vas a escuchar el párrafo dos veces. Sin tomar apuntes, trata de recordar todo lo que puedas.

Paso 2 En grupos de tres, recreen el párrafo con todos los detalles que recuerden. Escriban el párrafo y compártanlo con la clase.

Así se dice

Some verbs have spelling changes either to keep a certain pronunciation or because Spanish simply does not allow certain letter combinations. (You may wish to review this from **Lección 3** or **Lección 11** on the formation of **yo** forms in the preterite.)

buscar	No me bus**qu**es.
llegar	No lle**gu**es tarde.
comenzar	No comien**c**es, por favor.

COMUNICACIÓN

ACTIVIDAD E La adicción al trabajo

Paso 1 Lee rápidamente el artículo que aparece en el margen.

Paso 2 Ahora completa las siguientes oraciones de una manera lógica.

1. No te mientas;...

2. No seas esclavo de tu trabajo;...

3. No te olvides de los amigos;...

4. No te preocupes por las horas extras;...

Paso 3 Inventa tres o cuatro consejos más para dar a un adicto (una adicta) al trabajo.

MODELO No almuerces en tu oficina.

Paso 4 Con un compañero (una compañera) reúne las ideas de los **Pasos 2** y **3** y formula una serie de cinco a seis consejos más apropiados al adicto (a la adicta) al trabajo.

El trabajo como adicción

El adicto al trabajo se miente a sí mismo y les miente, por tanto, a los demás. En realidad, hace todo lo posible por no tener un instante libre, por ser un esclavo del trabajo. «No puede» tomar un café con el amigo porque hace horas extras; «no puede» escuchar a sus hijos porque no dispone de tiempo; «no puede» hacer el amor de manera relajada y libre porque está cansado. Mientras él huye de su insatisfacción se convierte, a su vez, en fuente de insatisfacción para los otros.

Christina Peri Rossi

ACTIVIDAD F En tu opinión

Paso 1 Trabajando con dos o tres compañeros/as de clase comenta la siguiente afirmación. Apunten sus ideas.

«La adicción al trabajo _____ es tan peligrosa como la adicción al alcohol».

a. siempre   **b.** muchas veces   **c.** pocas veces

Paso 2 Ahora presenten sus ideas al resto de la clase. ¿Qué opinan Uds. sobre la adicción al trabajo comparada con la adicción al alcohol o la adicción al celular?

ACTIVIDAD G Adicto a...

Paso 1 De hecho, uno podría (*could*) ser adicto a casi cualquier cosa. Con otra persona, inventa una adicción cómica o ridícula y descríbela. Luego inventa cuatro o cinco consejos en forma de mandato para darle al adicto.

MODELO Una adicción nueva es la adicción a las zanahorias. Hay personas que no pueden pasar ni cinco minutos sin abrir el refrigerador y buscar este vegetal. Hasta las esconden (*hide*) en sus bolsillos... Para salir de esta adicción, hay varios consejos: 1. No compres zanahorias cuando vas al supermercado. 2. ...

Paso 2 Presenten sus descripciones a la clase. ¿Hay una en particular que a todos les parece la más graciosa (*funny*)?

Paso 1 Lee la siguiente **Situación** y apunta algunas ideas sobre este compañero de trabajo.

> Trabajas en una empresa de informática (un negocio de compu-
> tadoras). En varias ocasiones has notado[a] que un compañero de
> trabajo huele a[b] alcohol. Este compañero parece trabajar bien y
> pocas veces falta al trabajo. Durante las próximas semanas tú y
> él tienen que trabajar juntos en un proyecto. Hoy viene a
> hablarte en la oficina y otra vez huele a alcohol. ¿Qué haces?

Paso 2 Compara tus ideas con las de otras dos personas. Luego,
presenten sus ideas a la clase.

---

[a]has… *you've noticed*   [b]huele… *smells like*

VISTAZOS CULTURALES

La presencia indígena en el mundo hispano

¿Sabías que... en muchos países latinoamericanos las culturas indígenas son una parte importante de la identidad nacional? En México, Guatemala, Bolivia, el Ecuador y el Perú hay poblaciones indígenas muy grandes. En estos países la presencia indígena se refleja en varios aspectos de la cultura nacional como el arte, la literatura, la lengua, la política, etcétera. En otros países latinoamericanos como la Argentina y el Uruguay, la presencia indígena no tiene un papel tan importante.

Poblaciones indígenas

(Gráfico de barras: Porcentaje de la población total por País)

País	Porcentaje
Bolivia	~55
Ecuador	~25
Guatemala	~44
México	~30
Perú	~45

En Bolivia, el Ecuador y el Perú, se habla tanto el español como el quechua, la lengua de los incas. De hecho, en Bolivia, hay tantos hablantes de esta lengua indígena que es uno de los idiomas oficiales del país.

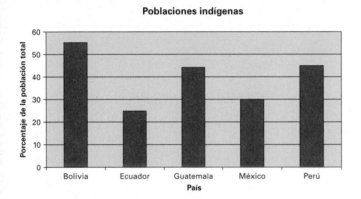

Más de un millón de mexicanos habla náhuatl, la lengua de los aztecas. En México hay más de 100 culturas indígenas.

En una clase de náhuatl cerca de México, D.F.

Una familia quechua en un mercado de Andahuaylillas, Perú

El subcomandante Marcos, líder de los indígenas en Chiapas, México

La política

A veces durante la historia de algunos países latinoamericanos como México, Guatemala, Chile y otros, los indígenas se han sublevado[a] para defender sus derechos. En México, por ejemplo, los indígenas del estado de Chiapas se rebelaron contra el gobierno en 1994 porque vivían en una pobreza[b] inmensa. Querían más tierra[c] para cultivar y más acceso al sistema político.

_____

[a]*se... have revolted* [b]*poverty* [c]*land*

Las tradiciones

Los descendientes de las tribus indígenas de varios países siguen celebrando las fiestas y tradiciones de sus antepasados.

Lo indígena en la cultura nacional

Los voladores de Papantla, una tradición totonaca, Estado de Veracruz, México

La literatura

Muchos escritores del siglo XX escribieron novelas de temas indígenas para captar la realidad de la población indígena de su país.

- Jorge Icaza (el Ecuador): *Huasipungo* (1934)
- Miguel Ángel Asturias (Guatemala): *Hombres de maíz* (1949)
- José María Arguedas (el Perú): *Los ríos profundos* (1958)

La lengua

Palabras españolas de origen náhuatl:

aguacate   papalote[b]
chicle[a]   tomate
chocolate

Palabras españolas de origen quechua:

cóndor   pampa[b]
gaucho[a]   puma
llama

_____

[a]*chewing gum* [b]*kite (Mex.)*

[a]*rancher* [b]*grassy plain*

ACTIVIDAD ¿Qué recuerdas?

Completa las siguientes oraciones.

1. Aproximadamente _____ personas habla(n) náhuatl en México.

2. Según la gráfica, el porcentaje de la población indígena es más alto en este país: _____.

3. Además del español, el _____ es uno de los idiomas oficiales de Bolivia.

4. El autor de la novela guatemalteca *Hombres de maíz* se llama _____.

5. En el año _____ hubo una sublevación muy grande de indígenas en contra del gobierno mexicano.

6. La palabra **cóndor** tiene su origen en la lengua de los _____.

NAVEGANDO LA RED

Escoge *uno* de los siguientes proyectos. Luego presenta la información a la clase.

1. Busca información sobre «La Malinche» en la historia del indigenismo mexicano para poder contestar las siguientes preguntas.

    a. ¿Quién era La Malinche y qué papel tuvo en la conquista española de México?

    b. ¿Por qué crees que La Malinche es un símbolo del indigenismo y mestizaje mexicanos para algunos?

    c. Hoy día, **el malinchismo** es un término común en México. ¿Qué crees que significa este término o en qué circunstancias se usa?

2. Busca información sobre los mapuches de Sudamérica. Después haz lo siguiente.

    a. Explica qué quiere decir la palabra **mapuche** en español.

    b. Alista los nombres y la población mapuche aproximada de cada país en el que viven los mapuches.

    c. Explica brevemente cómo es la economía de los mapuches y por qué los mapuches chilenos están inmigrando a Santiago (la capital de Chile).

 Vamos a ver

Now that you've completed **Unidad cuatro,** watch the corresponding **Vamos a ver** segment on the *Vistazos* DVD or Online Learning Center (**www.mhhe.com/vistazos3**) to further explore the themes presented in this unit. There are related pre- and post-viewing activities on the Online Learning Center.

Los daños físicos	Physical Injuries
la herida ⎫	
la lesión ⎭	wound, injury
el peligro	danger
dañino/a	harmful
grave	serious
peligroso/a	dangerous
consistir en	to consist of
herir (ie, i)	to wound
tener cuidado	to be careful
¿Eres adicto/a?	Are You Addicted?
el abuso	abuse
la adicción	addiction

el alcoholismo	alcoholism
la consecuencia	consequence
la autoestima	self-esteem
abusar de	to abuse
convertirse (ie, i) en adicto/a	to become addicted
salir de una adicción	to overcome an addiction
ser adicto/a	to be addicted
sufrir	to suffer; to experience

GRAMMAR SUMMARY

UNIDAD CUATRO For Lecciones 10–12

Verbs that Require a Reflexive Pronoun

1. Remember that with true reflexive verbs, the subject and the object refer to the same person or thing (**me miro** = *I look at myself,* **se mira** = *she looks at herself*). But you have learned a number of verbs in this unit that require a reflexive pronoun (**me, te, se,** and so forth) even though they are not reflexive in meaning. Review the list of such verbs below.

2. **Ponerse** can be used with a number of adjectives to talk about changes in emotional state.

> **Me puse irritado** con ella.
> *I got irritated with her.*

> **¿Te pusiste contento?**
> *Did you become happy?*

3. Although the verbs in (1) and the use of **ponerse** in (2) are not true reflexives, most of them can be used without a reflexive pronoun to talk about how something affects someone else. Compare the following sentences.

> **Me ofendí.**
> *I got offended.*

> Ese comentario **me ofendió.**
> *That comment offended me.*

> **¿Te aburriste** en la clase?
> *Did you get bored in class?*

> **¿Te aburrió** la clase?
> *Did the class bore you?*

aburrirse	to get bored	**¿Te aburres** fácilmente?	*Do you get bored easily?*
alegrarse	to get happy	**Me alegro** de oír eso.	*I'm happy to hear that.*
cansarse	to get tired	Jaime **se cansa** si hace calor.	*Jaime gets tired if it's hot.*
enojarse	to get angry	No quiero **enojarme.**	*I don't want to get angry.*
irritarse	to be (get) irritated	¡No **te irrites**!	*Don't get irritated!*
ofenderse	to be (get) offended	**¿Se ofendió** Ud.?	*Did you get offended?*
preocuparse	to worry, get worried	**Me preocupo** por eso.	*I worry about that.*
sentirse (ie, i)	to feel	**Me siento** bien.	*I feel good.*

The Verbs **faltar** and **quedar**

The verbs **faltar** (*to be missing, lacking*) and **quedar** (*to be remaining*) are generally used with indirect object pronouns to express concepts equivalent to the English *to have something missing* or *to have something remaining*. Note both the literal and the more standard translations in English, which will help you remember how these verbs work in Spanish.

> **Me faltan** $10.
> *I'm short $10.* (Lit. *$10 is lacking to me.*)

> **¿Le falta** algo a Ud.?
> *Are you missing something?* (Lit. *Is something missing to you?*)

> No **nos queda** nada.
> *We have nothing left.* (Lit. *Nothing is remaining to us.*)

> ¿Cuánto dinero **te queda**?
> *How much money do you have left?* (Lit. *How much money is remaining to you?*)

Both **faltar** and **quedar** can be used without indirect object pronouns. Compare the following sentences to those above and at left.

> **¿Queda** pan?
> *Is there any bread left?*

> Algo **falta**...
> *Something is missing . . .*

> ¿Quién **falta**?
> *Who is absent?* (*Who is missing?*)

Estar + Adjective

Remember that to express a condition or state of being, whether emotional or physical, Spanish uses the verb **estar** and not **ser.**

Estoy muy **cansado.**
I am very tired.

Siempre **estoy contento.**
I am always happy.

¿Nunca **estás aburrida**?
Are you ever bored?

-ndo and *-ing*

The verb endings **-ndo** in Spanish and *-ing* in English are not exactly equivalent. Unlike *-ing*, **-ndo** can never be used with a verb to express a subject. The infinitive or a noun is used.

Salir de la adicción no es fácil.
Getting out of addiction is not easy.

El patinaje es buen ejercicio.
Skating is good exercise.

The **-ndo** form can be used to express *by doing something*, but in this case there is no equivalent of the English word *by* in Spanish.

Me preparo para un examen **revisando** mis apuntes.
I prepare for an exam by reviewing my notes.

Tener + Nouns

In this, as well as other units, you have seen **tener** used with nouns to express concepts that would require the verb *to be* in English. Don't make the mistake of using **estar** in these situations.

tener cuidado	*to be careful* (lit. *to have care*)
tener gracia	*to be funny, charming* (lit. *to have charm, wit*)
tener miedo	*to be afraid* (lit. *to have fear*)
tener vergüenza	*to be ashamed, embarrassed* (lit. *to have shame*)

Since these expressions use nouns, **mucho/a** and **poco/a** are used as modifiers, as well as the phrases **un poco de** and **nada de.** Don't make the mistake of using **muy.**

Ten **mucho** cuidado.
Be very careful.

Tengo **un poco de** miedo.
I'm a little bit afraid.

No tiene **nada de** gracia.
He's not at all funny.

The Imperfect and the Preterite

Most students of Spanish have more difficulty with the functions of the imperfect than those of the preterite. However, they also tend to have more problems with the forms of the preterite. For this reason, the functions of the imperfect and the forms of the preterite are emphasized in this summary.

1. The imperfect has two main functions in Spanish. The first is to talk about events that happened habitually in the past.

   De niño **jugaba** mucho.
   As a child I played a lot.

   ¿**Dormías** con la luz prendida?
   Did you used to sleep with the light on?

   Antes Juan **se ofendía** fácilmente.
   Juan used to (would) get offended easily.

   Although *used to* and *would* are often English translations of the Spanish imperfect, note in the first example that this is not always the case.

2. The second basic function of the imperfect is to convey that a past event was in progress at a particular point in time. That point in time can be clock time (at 2:00) or at the time that the event occurred. (When the door opened . . .).

   ¿Qué **hacías** anoche a las 9.00?
   What were you doing last night at 9:00?

   ¿A las 9.00? **Estudiaba.**
   At 9:00? I was studying.

   ¿Y qué **hacías** cuando llamé?
   And what were you doing when I called?

   Veía la televisión.
   I was watching TV.

3. The preterite is used in most other cases, such as when a habitual event is limited by a time frame or by a specific number of times, when an event is not recalled as in progress at a particular point in time, and so forth.

   Jugué todo el verano.
   I played all summer long.

A las 9.00 **empecé** a estudiar.
I started studying at 9:00.

Cuando **volví** a casa, **encontré** una carta en la puerta.
When I got home, I found a letter on the door.

4. A handful of verbs undergo a slight change of meaning depending on whether the preterite or imperfect is used. However, remember that since Spanish can inflect the verb to show whether an event was in progress or not, these "meaning changes" are actually due to the fact that English does not inflect verbs this way and thus uses different words to express the same concepts.

No **sabía** eso.
I didn't know that.
(*My knowing something was in progress at the time inferred.*)

Lo **supe** anoche.
I found out last night.
(*My knowing was not in progress last night. I literally began to know last night.*)

Ya la cono**cía**.
I knew her already.
(*My knowing her was in progress at the time inferred.*)

Conocí a Roberto anoche.
I met Roberto last night.
(*My knowing Roberto was not in progress last night. I literally began to know him last night.*)

5. Clock time is always expressed in the imperfect in the past. This is because the hour "was in progress" when something else happened.

Eran las 10.00 cuando oí un sonido raro.
It was 10:00 when I heard a strange sound.

Regular Preterite Stems and Endings

cansarse	beber	salir
me cansé	bebí	salí
te cansaste	bebiste	saliste
se cansó	bebió	salió
se cansó	bebió	salió
nos cansamos	bebimos	salimos
os cansasteis	bebisteis	salisteis
se cansaron	bebieron	salieron
se cansaron	bebieron	salieron

Regular Preterite Verbs with Spelling Changes in the **yo** Form

buscar	→	bus**qué**
criticar	→	criti**qué**
pagar	→	pa**gué**
jugar	→	ju**gué**
almorzar	→	almor**cé**

Certain Preterite Stem Vowel Changes with Regular Endings

dormir (**o** → **ue** in present)
d**u**rmió
d**u**rmieron

sentirse (**e** → **ie** in present)
se s**i**ntió
se s**i**ntieron

pedir (**e** → **i** in present)
p**i**dió
p**i**dieron

Irregular Preterite Stems and Irregular Endings

1. | andar: | **anduv-** | **-e** |
   |--------|-----------|--------|
   | estar: | **estuv-** | **-iste** |
   | hacer: | **hiz-*** | **-o** |
   | poder: | **pud-** | **-o** |
   | poner: | **pus-** | **-imos** |
   | querer: | **quis-** | **-isteis** |
   | saber: | **sup-** | **-ieron** |
   | tener: | **tuv-** | **-ieron** |
   | venir: | **vin-** | |

2. Irregular preterite verbs whose stems end in **j** drop the **i** of **-ieron.**

Infinitive	Preterite Stem	Preterite Form
conducir	conduj-	condu**jeron**
decir	dij-	di**jeron**
traer	traj-	tra**jeron**

3. **Dar** is completely irregular in the preterite and doesn't follow any of the above patterns.

di	dimos
diste	disteis
dio	dieron
dio	dieron

*Remember that Spanish does not allow the combination of **ze** or **zi**. The **yo** form of **hacer** in the preterite therefore becomes **hice** (hiz- + -e → hice).

Grammar Summary for Lecciones 10–12

Commands

1. Affirmative **tú** command forms are the same as the present tense **él/ella** forms.

Toma.
Here. (Take this.)

Bebe.
Drink up.

Escribe tu nombre aquí.
Write your name here.

Some common verbs have irregular affirmative **tú** command forms.

decir:	**Di** algo.
hacer:	**Haz** algo.
ir:	**Ve** a clase.
poner:	**Pon** esto allí.
salir:	**Sal** si puedes.
tener:	**¡Ten** cuidado!
venir:	**Ven** conmigo.

---

2. With few exceptions, all negative **tú** commands are regular. They are formed by taking the **yo** form of the present tense and adding **-es** if the verb is **-ar, -as** if the verb is **-er** or **-ir.**

Infinitive	*yo* Form	Negative Command Stem	Negative Command Form
tomar	tom**o**	tom-	no **tomes**
venir	veng**o**	veng-	no **vengas**
hacer	hag**o**	hag-	no **hagas**

Note that the **c → qu, g → gu,** and **z → c** spelling changes apply here as in the case of the preterite **yo** forms.

Infinitive	*yo* Form	Negative Command Stem	Negative Command Form
almorzar	almuer**zo**	almuer**c**-	no **almuerces**
pagar	pa**go**	pa**gu**-	no **pagues**
criticar	criti**co**	criti**qu**-	no **critiques**

Two verbs that have irregular negative command forms are **ir** and **ser.**

ir	**no vayas**
ser	**no seas**

---

3. If an object pronoun or a reflexive pronoun is used with the verb, then

a. it is attached to the end if the command is affirmative.

b. it goes in front of the verb if the command is negative.

Dime algo.
Tell me something.

Cálmate.
Calm down.

Levántate temprano.
Get up early.

Prúebalo.
Try it.

No me digas eso.
Don't tell me that.

No te ofendas.
Don't get offended.

No te levantes tarde.
Don't get up late.

No lo pruebes.
Don't try it.

Note that when adding pronouns to affirmative commands, accent marks are required to preserve the stress where it normally falls on the command form.

Somos lo que somos

Las cuatas Diego (*1980*) *por Cecilia Concepción Álvarez*

Perfil de la artista

NOMBRE: Cecilia Concepción Álvarez

PAÍS DE ORIGEN: los Estados Unidos

FECHA DE NACIMIENTO: 1950

Cecilia Concepción Álvarez se crió en la frontera entre California y México, hija de padre cubano y madre mexicana. Autodidacta en el arte, se graduó de la Universidad Estatal de San Diego en sociología. La mezcla de lo político con lo cultural ha inspirado su obra artística. Además de retratos, también se dedica a la creación de grandes obras de arte público. Trabajando con la juventud de la comunidad ha creado murales, lo cual conlleva una conciencia de la identidad chicanolatina.

LECCIÓN 13

¿Cómo te describes?

En esta lección, vas a tratar el tema de las cualidades de una persona. Vas a aprender

◆ adjetivos y expresiones para describir la personalidad de una persona

◆ un tiempo verbal nuevo: el *pretérito perfecto* (*present perfect*)

◆ nuevos verbos que requieren el uso de **se,** y luego repasar las verdaderas construcciones reflexivas

 ALTO   Before beginning this lesson, look over the **Intercambio** activity on pages 287–288. This is the activity you will be working toward throughout the lesson.

¿Te ves a ti misma/o como te ven las otras personas?

VOCABULARIO

¿Cómo eres tú? (I)

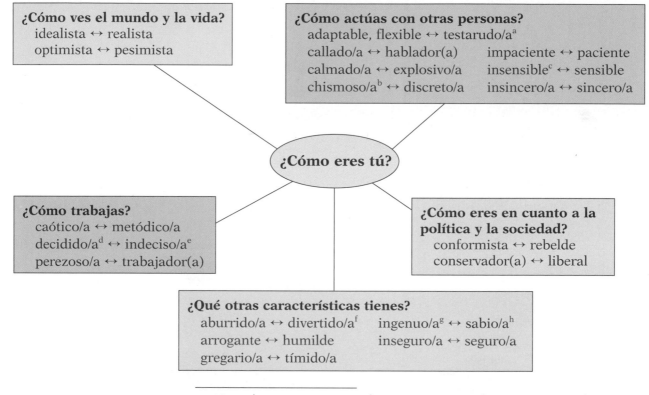

¿Cómo ves el mundo y la vida?
idealista ↔ realista
optimista ↔ pesimista

¿Cómo actúas con otras personas?
adaptable, flexible ↔ testarudo/aª
callado/a ↔ hablador(a)   impaciente ↔ paciente
calmado/a ↔ explosivo/a   insensibleᶜ ↔ sensible
chismoso/aᵇ ↔ discreto/a   insincero/a ↔ sincero/a

¿Cómo eres tú?

¿Cómo trabajas?
caótico/a ↔ metódico/a
decidido/aᵈ ↔ indeciso/aᵉ
perezoso/a ↔ trabajador(a)

¿Cómo eres en cuanto a la política y la sociedad?
conformista ↔ rebelde
conservador(a) ↔ liberal

¿Qué otras características tienes?
aburrido/a ↔ divertido/aᶠ   ingenuo/aᵍ ↔ sabio/aʰ
arrogante ↔ humilde   inseguro/a ↔ seguro/a
gregario/a ↔ tímido/a

ª*stubborn* ᵇ*gossipy* ᶜ*insensitive* ᵈ*decisive* ᵉ*indecisive* ᶠ*fun-loving* ᵍ*naive* ʰ*wise*

Vocabulario útil

poseer	to possess	equilibrado/a	balanced
		leal	loyal
celoso/a	jealous	posesivo/a	
creativo/a			

ACTIVIDAD A Correspondencias

Escucha la cualidad que menciona tu profesor(a). Luego escoge la frase que mejor corresponda a la cualidad.

1. **a.** tomas decisiones rápidamente
   b. no tomas decisiones rápidamente

2. **a.** las personas te pueden decir secretos
   b. las personas no deben decirte nada en secreto

3. **a.** aceptas las ideas de otros fácilmente
   b. no aceptas las ideas de otros fácilmente

4. **a.** tienes ideas progresistas
   b. tienes ideas tradicionales

5. **a.** siempre hablas de lo que haces
   b. no hablas mucho de lo que haces

6. **a.** puedes ser actor cómico
   b. no puedes ser actor cómico

7. **a.** eres confidente
   b. no eres confidente

8. **a.** eres buen amigo
   b. no eres buen amigo

ACTIVIDAD B Más correspondencias

Haz la correspondencia entre la columna A y la columna B.

A

Si eres...

1. pesimista, _____
2. flexible, _____
3. rebelde, _____
4. perezoso/a, _____
5. sabio/a, _____
6. insensible, _____
7. celoso/a, _____
8. creativo/a, _____

B

a. dañas los sentimientos de otras personas.
b. ves negro el futuro.
c. evitas (*you avoid*) el trabajo.
d. no te gusta seguir las reglas de otros.
e. probablemente eres posesivo/a también.
f. probablemente tienes mucha experiencia en la vida.
g. inventas cosas sin dificultad.
h. te adaptas fácilmente.

ACTIVIDAD C Personas famosas

Entre todos, nombren personajes de la literatura, del cine o de la televisión que poseen las siguientes cualidades.

1. idealista
2. explosivo/a
3. seguro/a
4. ingenuo/a

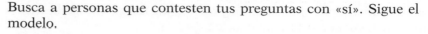

ACTIVIDAD D ¿Te consideras... ?

Busca a personas que contesten tus preguntas con «sí». Sigue el modelo.

MODELO E1: ¿Te consideras liberal?
         E2: Sí.
         E1: Firma aquí, por favor.

1. discreto/a
2. testarudo/a
3. divertido/a

4. decidido/a
5. paciente
6. optimista

7. explosivo/a
8. caótico/a

ACTIVIDAD E ¿Cabezón, metódico u optimista?

Paso 1 Imagina que vas a hacerle algunas preguntas a otra persona para averiguar si es testaruda (flexible), metódica (caótica) u optimista (pesimista). Con un compañero (una compañera), agrupa las preguntas según la cualidad a la que aluden. **¡OJO!** Hay tres preguntas para cada cualidad. (Por ejemplo, hay tres preguntas para **testarudo [flexible]**.)

1. ¿Crees que la vida es como una gran aventura?

2. ¿Crees que tu manera de hacer las cosas es la mejor?

3. ¿Dicen los demás que sueles estar de buen humor?

4. ¿Discutes (*Do you argue*) hasta que los demás se resignan a tus ideas?

5. ¿Te adaptas fácilmente a nuevas situaciones?

6. ¿Eres muy organizado/a?

7. ¿Mantienes muy limpio el lugar donde vives?

8. ¿Siempre ves lo bueno en una situación?

9. ¿Escribes de nuevo tus apuntes al final del día?

Paso 2 Ahora entrevista a otra persona usando las preguntas del **Paso 1**. Al final, decide si la persona es muy testaruda, un poco testaruda, flexible, o muy flexible, etcétera, según sus respuestas. Por ejemplo, si contesta afirmativamente las primeras dos preguntas sobre **testarudo (flexible)** y negativamente la tercera, es muy testaruda. Si contesta afirmativamente sólo la tercera, es muy flexible, etcétera. Presenta tus resultados a la clase.

VOCABULARIO

¿Cómo eres tú? (II)

More on describing personalities

Cualidades

el afán de realización	eagerness to get things done
el don de mando	talent for leadership
la tendencia a evitar riesgos	tendency to avoid risks

Adjetivos

arriesgado/a	bold, daring
capaz de dirigir (a otros)	able to direct (others)
retraído/a	solitary, reclusive

Cognados: agresivo/a, aventurero/a, extrovertido/a, gregario/a, imaginativo/a, impulsivo/a, introvertido/a, reservado/a, tímido/a, vulnerable al estrés (a la tensión)

Todos saben que Carlitos es muy **imaginativo.**

Griselda, una mujer **aventurera,** hace una de sus actividades favoritas.

¿Te gusta quedarte en casa en vez de salir? ¿Prefieres estar solo/a más que con otras personas? Entonces eres **retraído/a** como Wanda.

ACTIVIDAD F ¿Semejante u opuesto?

Escucha mientras tu profesor(a) dice una de las palabras o expresiones nuevas. Di si las palabras o expresiones a continuación representan un concepto semejante u opuesto.

1. retraído
2. la tendencia a evitar riesgos
3. el don de mando

4. el afán de realización
5. introvertido
6. gregario

ACTIVIDAD G ¿Lógica o no?

Indica si cada oración es lógica o no, en tu opinión. Si dices que no, ¿puedes explicar por qué?

	ES LÓGICA.	NO ES LÓGICA.
1. Una persona gregaria no habla mucho.	☐	☐
2. Para ser presidente/a, es bueno tener el don de mando.	☐	☐
3. Las personas retraídas tienden a evitar riesgos.	☐	☐
4. Una persona agresiva no es tímida.	☐	☐
5. Si alguien es vulnerable al estrés, es muy capaz de dirigir a otros.	☐	☐
6. Una persona imaginativa tiene mucha creatividad.	☐	☐
7. Las personas perezosas y las que tienen el afán de realización pueden llevarse muy bien en el trabajo.	☐	☐

Así se dice

Many adjectives in Spanish, as in other languages, have corresponding nouns. Here are nouns that go with some of the adjectives you are learning in this lesson.

la agresividad
la aventura
la capacidad
la extroversión
la imaginación
el retraimiento
la timidez

COMUNICACIÓN

ACTIVIDAD H ¿Qué es?

El profesor (La profesora) va a darle a una persona de la clase uno de los atributos presentados en esta sección. Todos deben hacerle preguntas a esa persona para averiguar el nombre de ese atributo.

MODELO
E1: ¿Te gusta estar solo?
E2: No. Me gusta estar con otras personas.
E3: Si tienes un conflicto con alguien, ¿hablas con esa persona?
E2: Sí.
E4: ¿Eres capaz de dirigir a otros?
E2: ¡Sí!

GRAMÁTICA

¿Qué has hecho? (I)

Introduction to the present perfect

he		
has		
ha		
ha		hablado
hemos	+	leído*
habéis		salido
han		
han		

—**He tomado** una decisión.
—¿Sí? ¿Cuál es?
—**He decidido** buscar otro trabajo.
—¿Lo **has pensado** bien?

You may recall encountering the *present perfect* (**el pretérito perfecto**) tense in *Vistazos*. Forms such as **ha investigado** and **han investigado,** roughly equivalent to English *has investigated* and *have investigated,* consist of the verb **haber** and a *past participle*.

In most past participles the **-ar, -er,** and **-ir** endings of the infinitive are replaced with **-ado, -ido,** and **-ido,** respectively. There are no stem changes.

probar	**He probado** comidas muy exóticas.
poder	No **he podido** estudiar para el examen.
dormir	No **he dormido** bien esta semana.

A few common verbs have irregular past participles:

hacer:	**hecho**	¿**Has hecho** la tarea?
escribir:	**escrito**	No **hemos escrito** la composición.
poner:	**puesto**	Mi papá ya **ha puesto** la mesa.
decir:	**dicho**	¿**He dicho** algo incorrecto?
ver:	**visto**	¿**Has visto** a la profesora recientemente?
morir:	**muerto**	Su perro **ha muerto.**

Although the verb **ir** is irregular in many tenses, it has a regular past participle. What do you think is the past participle of **ir?** You were right if you guessed **ido.**

As you continue to describe your personality in this lesson, you will find the present perfect useful when talking about things you have and haven't done.

---

*When **-er** and **-ir** verb stems end in **-a, -e,** or **-o;** the **i** in the past participle ending **-ido** carries an accent.

ACTIVIDAD A ¿Quién ha hecho qué?

1. ¿Quién ha recibido el Premio Nobel dos veces?
   a. Marie Curie   **b.** Óscar Arias Sánchez   **c.** Nelson Mandela

2. ¿Quién *no* ha ganado el Abierto de Francia?
   a. Pete Sampras   **b.** Andre Agassi   **c.** Sergi Bruguera

3. ¿Quién *no* ha hecho un vídeo musical?
   a. Justin Timberlake   **b.** Alicia Keys   **c.** Condoleeza Rice

4. ¿Quién *no* ha sido vicepresidente de los Estados Unidos?
   a. Lyndon Johnson   **b.** George W. Bush   **c.** Al Gore

5. ¿Quién ha escrito varias obras teatrales?
   a. Neil Simon   **b.** Stephen King   **c.** Danielle Steele

ACTIVIDAD B ¿Sí o no?

Empareja una frase de la columna A con una de la columna B para formar oraciones lógicas y gramaticalmente correctas. Luego indica si se te aplican o no.

A
1. He estudiado _____
2. He hablado _____
3. He visto _____
4. He salido _____
5. He conocido _____
6. Me he despertado _____

B
a. a una persona famosa.
b. con algunos amigos esta semana.
c. con algunos familiares por teléfono esta semana.
d. para varios exámenes este semestre.
e. una película recientemente.
f. tarde varias veces esta semana.

ACTIVIDAD C ¿Lo has hecho tú?

Paso 1 Completa las siguientes frases con información que se te aplica.

Esta semana...

1. he escrito _____.
2. he mirado _____.
3. he ido al (a la) _____.
4. he visitado (a) _____.
5. he leído _____.

Paso 2 La clase entera debe convertir las oraciones del **Paso 1** en preguntas y hacérselas al profesor (a la profesora) para averiguar si ha hecho cosas semejantes. ¿Quién tiene más en común con el profesor (la profesora)?

MODELO   ¿Ha escrito Ud. una carta esta semana?

Así se dice

The present perfect in English and Spanish share many meanings and functions; however, they are not exactly equivalent. For example, English *I have lived in Chicago for ten years* would be rendered in Spanish as **Hace diez años que vivo en Chicago**. See whether you can give an English equivalent for each sentence.

Hace un mes que no llueve.
Hace mucho tiempo que no veo a mi familia.
Hace un año que fumo.

🎧 ACTIVIDAD D ¿Qué oíste?

Paso 1 Escucha el párrafo que tu profesor(a) lee a la clase. Vas a escuchar el párrafo dos veces. Sin tomar apuntes, trata de recordar todo lo que puedas.

Paso 2 En grupos de tres, recreen el párrafo con todos los detalles que recuerden. Escriban el párrafo y compártanlo con la clase.

ACTIVIDAD E Un perfil

Paso 1 Hazle las siguientes preguntas a un compañero (una compañera) de clase. Luego determina cómo lo (la) clasificarías (*you would classify him* [*her*]) en las siguientes escalas.

seguro/a ←——————————→ inseguro/a, tímido/a
decidido/a ←——————————→ indeciso/a

1. ¿Has perdido alguna buena oportunidad porque no pudiste tomar una decisión?

2. ¿Has dicho: «sí» cuando realmente querías decir: «no»?

3. ¿Has pedido la opinión de otras personas antes de comprar algo caro (*expensive*)?

4. ¿Has conocido a alguna persona atractiva pero tuviste miedo de hablarle?

5. ¿Le has escrito una carta a alguien para decirle lo que piensas de algo que esa persona ha hecho?

Paso 2 Ahora contesta las mismas preguntas de tu compañero/a. Después él (ella) va a analizar tus respuestas. ¿Eres tan seguro/a y decidido/a como tu compañero/a o son diferentes?

GRAMÁTICA

¿Qué has hecho? (II)

he	
has	
ha	
ha	hablado
hemos +	leído
habéis	salido
han	
han	

In the previous section, you worked with the present perfect to talk about yourself, to ask questions of someone, and to report on someone

> ### Así se dice
>
> What if you want to say *I have just taken an exam?* Can you use the present perfect to express this in Spanish? No. In Spanish, **acabar de** + *infinitive* is used: **Acabo de tomar un examen.** Can you render these sentences into English?
>
> Acabo de correr cinco millas.
> Acabamos de estudiar el pretérito perfecto.
> Acabas de cometer un error grave.

More on the present perfect

—**Hemos hecho** muchas compras.
—Sí, ¡y ahora tenemos que pagar las cuentas!

Lección 13 ¿Cómo te describes?   doscientos setenta y nueve **279**

else. Note the forms of **haber** used in the present perfect to talk about groups of people.

Hemos terminado la tarea.   *We've finished the homework.*

¿Han (Habéis) decidido algo?   *Have you all decided something?*

Marta y Paco no **han** escrito nada.   *Marta and Paco have not written anything.*

ACTIVIDAD F ¿Qué hemos hecho?

Entre todos, decidan si cada oración a continuación es cierta o falsa, según lo que han hecho este semestre (trimestre).

	C	F
1. Hemos escrito una composición.	☐	☐
2. Hemos hecho reportes orales.	☐	☐
3. Hemos hablado de las relaciones familiares.	☐	☐
4. Hemos hablado de nuestra personalidad.	☐	☐
5. Hemos visto un vídeo o un segmento de un vídeo.	☐	☐
6. Hemos entrevistado al profesor (a la profesora).	☐	☐

ACTIVIDAD G ¿A quiénes?

Indica a quiénes les harías (*you would ask*) cada pregunta.

1. ¿Qué películas han visto Uds. recientemente?

    a. Ebert y Roeper

    b. Ben y Jerry

    c. Penn y Teller

2. ¿Qué deportes han practicado Uds. esta semana?

    a. niños de edad preescolar

    b. adolescentes

    c. personas jubiladas

3. ¿A cuántos pacientes han examinado Uds. esta semana?

    a. estudiantes

    b. secretarias

    c. doctores

4. ¿Han estudiado Uds. el nuevo vocabulario para hoy?

    a. estudiantes de química

    b. estudiantes de retórica

    c. estudiantes de español

✎ ACTIVIDAD H **Le toca al profesor**
(a la profesora)°

Le... *It's the professor's turn.*

Paso 1 En grupos de cuatro, escriban cinco oraciones sobre lo que creen que su profesor(a) ha hecho junto con su familia o sus amigos en los últimos tres días.

Paso 2 Ahora entrevisten a su profesor(a). ¿Qué grupo tiene todas las oraciones correctas?

MODELO ¿Han cenado su familia y Ud. en algún restaurante?

VISTAZOS III · Más sobre tu personalidad

GRAMÁTICA

¿Te atreves a... ?

More verbs that require a reflexive pronoun

> atreverse a + *inf.*
> burlarse de
> comportarse
> darse cuenta de
> jactarse de
> portarse

—...y lo peor es que nunca **se da cuenta de** sus errores.

You learned in **Lección 10** that a number of verbs in Spanish that are not reflexive in meaning require a reflexive pronoun. Remember **quejarse (de)** (*to complain* [*about*])? These verbs do not translate into English with -*self* or -*selves,* nor do they denote that someone is doing something to himself or herself. You will always see the following verbs used in Spanish with a reflexive pronoun.

atreverse a + *inf.* to dare to (*do something*)
   ¿Te atreves a decir eso?
burlarse (de) to laugh (*at*), make fun (*of someone*)
   Ella siempre **se burla de** mí.
comportarse to behave
   Los niños no **se comportan** bien cuando van a la iglesia.
darse cuenta (de) to realize (*something*)
   Nunca **se da cuenta de** sus errores.
jactarse (de) to boast (*about something*)
   Se **jactan de** ser los mejores jugadores de fútbol.
portarse to behave
   Siempre **me porto** bien en público.

ACTIVIDAD A ¿Quién... ?

Indica la personalidad de la persona que hace cada acción a continuación. ¿Están todos de acuerdo?

¿Quién...

1. se queja de tener que hacer cola (*stand in line*)?
   - **a.** una persona optimista
   - **b.** una persona impaciente
   - **c.** una persona sabia

2. se atreve a vestirse (*dress*) de una manera extravagante?
   - **a.** una persona conservadora
   - **b.** una persona humilde
   - **c.** una persona rebelde

3. se comporta bien en cualquier situación?
   - **a.** una persona adaptable
   - **b.** una persona ingenua
   - **c.** una persona insincera

4. se jacta siempre de sí misma o de lo que tiene?
   - **a.** una persona decidida
   - **b.** una persona arrogante
   - **c.** una persona realista

5. siempre se da cuenta de cuándo una discusión es inútil?
   - **a.** una persona cabezona
   - **b.** una persona caótica
   - **c.** una persona sabia

6. siempre se burla de los demás?
   - **a.** una persona insensible
   - **b.** una persona metódica
   - **c.** una persona divertida

ACTIVIDAD B ¿Cómo es?

Completa cada oración de manera lógica, utilizando adjetivos que describan a la persona.

1. Si una persona (no) se queja mucho es porque es _____.

2. Si una persona (no) se jacta mucho es porque es _____.

3. Si una persona (no) se da cuenta de que los demás le mienten es porque es _____.

COMUNICACIÓN

ACTIVIDAD C En mi vida...

Paso 1 Completa las siguientes oraciones. Puedes escribir frases ciertas o falsas.

1. Me he comportado mal _____.

2. Me he atrevido a _____.

3. Me he quejado de _____.

4. Me he burlado de _____.

5. Me he jactado de _____.

Paso 2 Algunos voluntarios deben leer algunas de sus oraciones a la clase. La clase tiene que determinar si la información es cierta o falsa.

ACTIVIDAD D En tu opinión

Paso 1 Trabajando con dos o tres compañeros/as de clase indica si, según tu experiencia, las siguientes afirmaciones son ciertas o falsas. Den ejemplos para apoyar sus decisiones. Apunten sus ideas.

	C	F
1. Las apariencias engañan. El exterior no indica la personalidad que tiene la persona.	☐	☐
2. Los ojos revelan la personalidad de una persona.	☐	☐
3. La ropa indica algo sobre la personalidad de alguien.	☐	☐
4. Los opuestos se atraen.	☐	☐

Paso 2 Presenten sus ideas al resto de la clase. ¿Han tenido todos las mismas experiencias?

GRAMÁTICA

¿Es reflexivo?

Review of the pronoun **se**

ACCIONES REFLEXIVAS	VERBOS QUE REQUIEREN *SE*
Are the subject and the object the same?	Is this one of a handful of verbs that must include **se**?
NO: Juan conoce bien a María. YES: Juan **se conoce** bien.	YES: Enrique **se jacta** demasiado. NO: Enrique habla mucho.
NO: ¿Cómo describes a Marta? YES: ¿Cómo **te describes** a ti mismo?	YES: No **me quejo** mucho de la vida. NO: No comprendo la vida.

You have learned a number of uses of the pronoun **se** and its variants **(me, te, nos, os)**, and you may be confused as to what a reflexive is and what a verb that requires **se** is. The preceding chart summarizes the difference. Verbs that are reflexive also appear in nonreflexive forms. Remember that the term *reflexive* means that the subject of the action is also the object of the action. Usually, a version of *-self* is used in an English equivalent.

¿Le hablas a Roberto con frecuencia?	*Do you talk to Roberto frequently?*
Se habla Roberto con frecuencia?	*Does Roberto talk to himself frequently?*
Te hablas con frecuencia?	*Do you talk to yourself frequently?*

In the first example, *you* (**tú**) is the subject of the verb and *Roberto* is the object (the person to whom the subject frequently talks). This is a nonreflexive use of the verb. In the second example, *Roberto* is both the subject (He talks.) and the object (*He* is the one to whom he talks!). This is a reflexive use of the verb. Can you tell who the subject and object are in the third example? If you answered that they are the same person, you are right! In this example, *you* (**tú**) talk to *yourself* (**te**)!

With verbs that require **se**, there is no reflexive action. The verbs simply use this pronoun, they cannot appear without it, and it is not possible to use a version of *-self* in an English equivalent.

No **me quejo** mucho.	*I don't complain much.*
¡Qué va! **Te quejas** de todo.	*What do you mean?! You complain about everything.*

ACTIVIDAD E ¿Una acción reflexiva?

Indica si cada oración describe una acción reflexiva o si el verbo simplemente requiere el uso del pronombre reflexivo.

	ACCIÓN REFLEXIVA	REQUIERE SE
1. Me burlo de mis amigos.	☐	☐
2. Me escribo recados para recordar cosas importantes.	☐	☐
3. El profesor (La profesora) se habla en clase.	☐	☐
4. El profesor (La profesora) se jacta de nosotros porque somos muy buenos.	☐	☐
5. Me considero bastante leal.	☐	☐
6. No me atrevo a hablarle al profesor (a la profesora) cuando lo (la) veo en el gimnasio.	☐	☐
7. Siempre me porto bien en público.	☐	☐
8. El profesor (La profesora) no se da cuenta de la hora muchas veces.	☐	☐
9. El profesor (La profesora) se define como muy liberal.	☐	☐

COMUNICACIÓN

ACTIVIDAD F Las acciones y la personalidad

Paso 1 En parejas contesten las siguientes preguntas, usando o verbos reflexivos o verbos que requieren **se**. También pueden agregar una acción no reflexiva para dar una respuesta más completa.

1. Si una persona se define como sabia, ¿qué acciones hace o no hace?

2. Si una persona se define como humilde, ¿qué acciones hace o no hace?

3. Si una persona se define como impaciente, ¿qué acciones hace o no hace?

4. Si una persona se define como arrogante, ¿qué acciones hace o no hace?

Paso 2 Ahora presenten sus ideas a la clase. Después, entre todos, contesten la siguiente pregunta: ¿Revelan las acciones de una persona su personalidad?

ACTIVIDAD G ¿Sabías que... ?

Paso 1 Lee la selección **¿Sabías que... ?** Luego contesta las siguientes preguntas.

1. ¿En qué se basa el horóscopo chino, en el mes o en el año en que uno nace?

2. Según la descripción del buey y del perro, ¿crees que los dos podrían (*could*) ser amigos?

3. La selección menciona los siguientes animales: el delfín, el oso y el león. ¿Qué cualidades asocias con cada uno?

¿Sabías que... en muchas culturas se han utilizado los animales para representar la personalidad humana? En el horóscopo chino, por ejemplo, se utiliza un sistema a base del año en que uno nace. El año corresponde a un animal. Así que las personas nacidas en 1937, 1949, 1961, 1973, 1985, 1997 y 2009 se definen como **buey.**[a] El buey es paciente, metódico, equilibrado, introvertido, sencillo[b] pero inteligente y desconfiado.[c] El perro (1934, 1946, 1958, 1970, 1982, 1994, 2006), en cambio, es alerta,* observador, leal, justo, discreto, honesto y el mayor pesimista del mundo.

En las culturas azteca y maya, el jaguar era un animal muy estimado por sus cualidades. Es feroz y astuto,[d] cualidades importantes para ser un buen guerrero. Los guerreros se ponían trajes y adornos que imitaban al jaguar. En los tiempos modernos la costumbre continúa aunque con variaciones. Por ejemplo, los equipos de fútbol americano y también de béisbol y basquetbol muchas veces llevan nombres de animales: los Delfines de Miami, los Osos de Chicago y los Leones de Detroit son algunos ejemplos.

Las grandes civilizaciones prehispánicas usaban los animales como símbolos, incorporando su imagen en el arte, la arquitectura y en sus trajes ceremoniales.

[a]*ox* [b]*simple* [c]*distrustful* [d]*clever*

(Continúa en la página 286.)

*Alerta, like **optimista** and similar adjectives, does not change its final vowel to an **-o** when used to modify masculine nouns.

Paso 2 A continuación hay una lista de los animales del horóscopo chino y una lista de cualidades. Usando las cualidades que has aprendido en esta lección y las otras que aparecen en la lista, ¿qué cualidades dirías tú (*would you say*) que tiene cada animal?

ANIMALES DEL HORÓSCOPO CHINO

el buey	el conejo	el perro
el caballo	el dragón	la rata (*rat*)
la cabra	el gallo (*rooster*)	la serpiente
el cerdo (*pig*)	el mono (*monkey*)	el tigre

CUALIDADES

ambicioso/a	excéntrico/a	peligroso/a
apasionado/a	filosófico/a	perfeccionista
autoritario/a	impetuoso/a	popular
bello/a (*beautiful*)	independiente	refinado/a
cerebral	inocente	respetuoso/a
criticón, criticona	inquieto/a (*restless*)	simpático/a
egoísta (*self-centered*)	intelectual	sociable
encantador(a) (*charming*)	justo/a	tacaño/a (*stingy*)
escrupuloso/a	malicioso/a	violento/a

Paso 3 (Optativo) Busca información en la Red sobre el horóscopo chino. ¿Son correctas tus ideas del **Paso 2**?

ACTIVIDAD H Una historia

Paso 1 Trabajando con un compañero (una compañera) de la clase, inventa una historia sobre lo que pasa en los siguientes dibujos. Comenten la personalidad de la chica que se mira en el espejo.

1.

2.

3.

4.

Paso 2 Compartan su historia con el resto de la clase. Después, entre todos, contesten la siguiente pregunta.

¿Te ves a ti mismo/a así como te ven los demás?

La personalidad de tu compañero/a de clase

Propósito: escribir un breve párrafo, describiendo a un compañero (una compañera) de clase.

Papeles: una persona que entrevista y una persona entrevistada.

Paso 1 A continuación hay una encuesta. Vas a entrevistar a un compañero (una compañera) de clase para descubrir su personalidad. Lee la encuesta para tener una idea de su contenido.

UN PERFIL

1. A esta persona le gusta leer...
   - ☐ libros cómicos.
   - ☐ ensayos filosóficos.
   - ☐ novelas de ciencia ficción.
   - ☐ libros de misterio.
   - ☐ literatura clásica.
   - ☐ novelas populares (corrientes).
   - ☐ _____.

2. A esta persona le gustan las películas...
   - ☐ de misterio.
   - ☐ cómicas.
   - ☐ documentales.
   - ☐ románticas.
   - ☐ *western*.
   - ☐ extranjeras.
   - ☐ _____.

3. En cuanto a la música, es probable que esta persona escuche...
   - ☐ *rock*.
   - ☐ música popular.
   - ☐ *jazz*.
   - ☐ música clásica.
   - ☐ *country*.
   - ☐ *rap*.
   - ☐ _____.

4. Esta persona prefiere estar...
   - ☐ solo/a.
   - ☐ con una sola persona.
   - ☐ con un grupo pequeño de amigos íntimos.
   - ☐ con muchas personas.

5. Esta persona busca _____ en una pareja.
   - ☐ una buena apariencia física
   - ☐ dinero
   - ☐ inteligencia
   - ☐ una personalidad atractiva

6. Si se enfrenta con un problema, esta persona...
   - ☐ actúa agresivamente.
   - ☐ no hace nada.
   - ☐ actúa con cuidado.

7. Por lo general, esta persona es...
   - ☐ enérgica.
   - ☐ perezosa.
   - ☐ ni muy enérgica ni muy perezosa.

(continúa en la página 288.)

8. Esta persona _____ en el futuro.

☐ piensa mucho   ☐ no piensa para nada

☐ piensa poco

9. Para describir a esta persona con una palabra, yo diría (*I would say*) que es...

☐ razonable.   ☐ excéntrica.

☐ conservadora.   ☐ arriesgada.

10. Los sábados por la noche es probable que esta persona se encuentre...

☐ en casa frente al televisor.   ☐ en una fiesta.

☐ en casa leyendo un libro.   ☐ en casa de unos amigos.

☐ en el cine.   ☐ _____.

☐ en un concierto.

Paso 2 Piensa un momento en las preguntas que le vas a hacer a la persona que entrevistas. **¡OJO!** No debes hacerle preguntas directas, como «¿Lees novelas clásicas?» Hazle preguntas indirectas con la intención de deducir de sus respuestas la información que quieres. Por ejemplo: «¿Cuál es tu novela favorita? ¿Quién es tu escritor preferido (escritora preferida)?»

Paso 3 Entrevista a tu compañero/a. Apunta sus respuestas y luego llena el formulario de la encuesta con los datos obtenidos.

Paso 4 Examina los datos que tienes. ¿Tienes lo suficiente para categorizar a tu compañero/a? Si no, piensa en otras preguntas que le puedes hacer.

Paso 5 Con los datos que has obtenido, escribe un párrafo sobre la persona que has entrevistado. Puedes usar el siguiente modelo si quieres, modificándolo según tus datos.

He entrevistado a _____[1]. Según los datos que me ha dado, _____[2]. Un ejemplo de esto es que (cuando) _____[3]. También he descubierto (*discovered*) que _____[4]. A la pregunta «_____[5]» su respuesta fue «_____[6]». Finalmente, _____[1] me ha dicho que _____[7]. Por estas razones, yo diría que _____[1] es _____[8].

1 = el nombre de la persona
2 = una descripción de la persona
3 = una oración en la que se mencione algo que la persona hace que revele su personalidad
4 = una oración que lleve por lo menos un adjetivo
5 = una pregunta que le has hecho
6 = su respuesta a la pregunta anterior
7 = algo que revele otro detalle de su personalidad
8 = adjetivos que crees que describen a esa persona

VOCABULARIO COMPRENSIVO

¿Cómo eres tú?
arriesgado/a
calmado/a
caótico/a
celoso/a
chismoso/a
confidente
conservador(a)
creativo/a
decidido/a
discreto/a
divertido/a
egoísta
encantador(a)
equilibrado/a
hablador(a)
humilde
indeciso/a
ingenuo/a
inquieto/a
inseguro/a
insensible
leal
metódico/a
rebelde
retraído/a (R)
sabio/a
seguro/a
sensible
tacaño/a

What Are You Like?
bold, daring
calm
messy, chaotic
jealous
gossipy
trustworthy
conservative
creative
decisive; decided
discreet
fun-loving
egotistical, self-centered
charming
balanced
talkative
humble
indecisive
naive
restless
insecure
insensitive
loyal
methodical
rebellious
solitary, reclusive
wise
secure
sensitive
stingy

testarudo/a
tímido/a
trabajador(a)

stubborn
shy, timid
hardworking

Verbos para hablar de ciertos comportamientos
atreverse (a)
burlarse (de)

comportarse
darse cuenta (de)
jactarse (de)
portarse

Verbs for Talking About Certain Kinds of Behavior
to dare (to)
to make fun (of), laugh (at)
to behave
to realize (*something*)
to boast, brag (about)
to behave

Otras palabras y expresiones útiles
poseer

el afán de realización

el don de mando
la tendencia a evitar riesgos

capaz de dirigir (a otros)
vulnerable al estrés (a la tensión)

to possess

eagerness to get things done
talent for leadership
tendency to avoid risks

able to direct (others)

vulnerable to stress

Vistazos *digital*

 Online Textbook and *Manual*   WWW Online Learning Center

DVD Video on DVD

CENTRO Your media center for languages   All media resources for *Vistazos*, all in one place

LECCIÓN **14**

¿A quién te gustaría conocer?

¿Has pensado alguna vez en las cualidades de ciertas personas famosas? ¿Qué persona famosa te interesa conocer? Este es el tema de la presente lección y vas a

◆ aprender más vocabulario relacionado con la personalidad

◆ aprender un nuevo tiempo verbal: el *condicional*

◆ aprender un modo verbal: el *pasado de subjuntivo*

◆ hablar de situaciones hipotéticas

◆ repasar el verbo **gustar** y la **a** personal

 Before beginning this lesson, look over the **Intercambio** activity on page 304. This is the activity you will be working toward throughout the lesson.

Salvador Dalí, pintor español (1904–1989)

VOCABULARIO

¿Qué cualidades poseían?

More adjectives to describe people

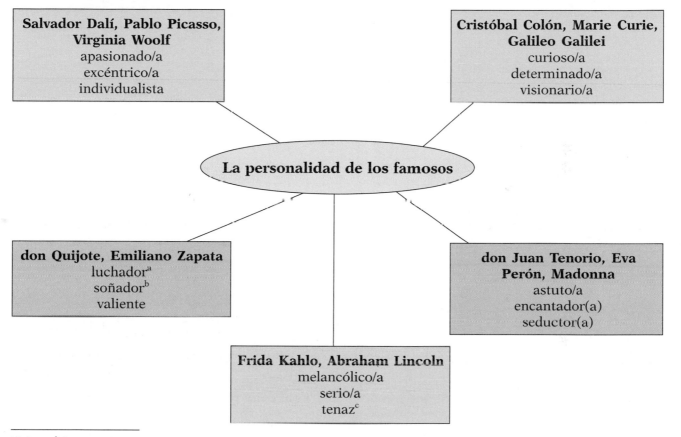

Salvador Dalí, Pablo Picasso, Virginia Woolf
apasionado/a
excéntrico/a
individualista

Cristóbal Colón, Marie Curie, Galileo Galilei
curioso/a
determinado/a
visionario/a

La personalidad de los famosos

don Quijote, Emiliano Zapata
luchador[a]
soñador[b]
valiente

don Juan Tenorio, Eva Perón, Madonna
astuto/a
encantador(a)
seductor(a)

Frida Kahlo, Abraham Lincoln
melancólico/a
serio/a
tenaz[c]

[a]*fighter* [b]*dreamer* [c]*tenacious*

Vocabulario útil

ceder	to yield	frívolo/a	
aburrido/a		incierto/a	
ambicioso/a		indiferente	
apático/a		justo/a	
cobarde	coward, cowardly	malévolo/a	evil
conformista		práctico/a	
de poco interés		superficial	
dócil		tonto/a	

ACTIVIDAD A Antónimos

Escucha lo que dice tu profesor(a). Luego indica la palabra opuesta.

1. **a.** visionario
   b. indiferente
   c. de poco interés

2. **a.** incierto
   b. apático
   c. apasionado

3. **a.** indiferente
   b. determinado
   c. superficial

4. **a.** cobarde
   b. luchador
   c. tenaz

5. **a.** seductor
   b. justo
   c. conformista

ACTIVIDAD B Si uno es...

Escoge la cualidad que mejor complete cada oración.

1. Si uno es curioso y (e) _____ puede hacer muchas cosas buenas.
   a. perezoso   **b.** cobarde   **c.** inteligente   **d.** tonto

2. Si uno es soñador y (e) _____ puede tener una vida feliz.
   a. aburrido   **b.** optimista   **c.** indeciso   **d.** retraído

3. Si uno es astuto y (e) _____ puede tener una buena carrera en mercadeo (*marketing*).
   a. imaginativo   **b.** apático   **c.** ingenuo   **d.** tímido

4. Si uno es dócil y _____ siempre hace lo que quieren los demás.
   a. valiente   **b.** justo   **c.** práctico   **d.** conformista

5. Si uno es encantador y (e) _____ puede manipular a los demás para conseguir lo que quiere.
   a. seductor   **b.** individualista   **c.** luchador   **d.** de poco interés

ACTIVIDAD C Personajes de la televisión

Escucha lo que dice tu profesor(a) sobre un personaje de la televisión. Si no estás de acuerdo con lo que dice, da otras cualidades para describir al personaje.

1... 2... 3... 4... 5...

ACTIVIDAD D Una persona famosa

Escoge una persona famosa de la siguiente lista. Luego escribe algunas oraciones como las del modelo sobre esta persona. Por fin, entrégale tu papel a tu profesor(a).

Vicente Van Gogh   Leonardo da Vinci   Isabel 1 de Inglaterra
Hillary Clinton   Bill Gates   ¿ ?

MODELO   Creo que _____ es (era) una persona interesante. Es (Era) _____ y (e) _____. Esas cualidades me interesan más que otras...

ACTIVIDAD E ¿Sabías que... ?

Paso 1 Lee la selección **¿Sabías que... ?** en la siguiente página. Luego contesta las preguntas a continuación.

1. Al escribir *Don Quijote,* Cervantes quiso escribir una novela seria sobre el espíritu humano. ¿Sí o no?

2. Don Quijote decidió hacerse caballero después de leer muchas novelas. ¿Sí o no?

3. En realidad, don Quijote no era soñador ni idealista sino una persona que no sabía la diferencia entre la realidad y la ficción. ¿Sí o no?

4. ¿Has oído las expresiones *tilting at windmills* y *quixotic nature*? ¿Cuál de las siguientes ideas capta mejor el sentido de estas expresiones?

   a. Se dice de alguien determinado, tenaz, valiente, individualista y con afán de realización.

   b. Se dice de alguien quizás un poco ingenuo, que no ve el lado práctico de las cosas y que lucha por causas imposibles.

Paso 2 *Don Quijote* fue una reacción a las novelas populares de los tiempos de Cervantes. ¿Conoces tú obras literarias o películas que son sátiras de algo popular? ¿Qué sabes de estas obras: (1) *Naked Gun;* (2) *Rocky Horror Picture Show;* (3) *Shrek?* ¿Puedes describir a los personajes principales?

(Continúa en la página 294.)

¿Sabías que...

el famoso personaje, don Quijote de la Mancha, se creó como un tipo de antihéroe? Aunque todos conocemos al Quijote como el soñador idealista, en realidad esa no fue la intención de Miguel de Cervantes al crear a este personaje. La idea de Cervantes era escribir una sátira de las novelas corrientes de su época, las novelas de caballería.[a] En estas novelas siempre había un caballero que realizaba[b] hazañas[c] nobles y extraordinarias, salvando a damas y pueblos enteros. Era valiente, luchador, justo y determinado —cualidades ideales pero no muy reales. En cambio, lo que escribió Cervantes es el relato de un hombre enloquecido[d] que en busca de aventuras hace disparates[e] verdaderos.

Al principio de la novela, don Quijote (que no es su nombre verdadero) es un simple señor con una obsesión por las novelas de caballería. Pasa tanto tiempo leyendo dichas novelas que pierde el juicio[f] y decide hacerse caballero como los que aparecen en las novelas. A causa de su locura,[g] ve lo que quiere ver: molinos[h] que le parecen «gigantes malévolos», sirvientas que ve como «damas nobles y bellas» y un rocín[i] que para él es un «noble caballo». En fin, crea su propio mundo. Muchas de las escenas son bastante cómicas y algunas de ellas son las más conocidas de la historia de la literatura. Al final de la obra don Quijote regresa a casa, se enferma, recobra el juicio y luego muere. Desde su publicación en 1605, *Don Quijote* se ha traducido a 60 idiomas, ha sido objeto de muchos estudios filosóficos y ha inspirado obras de teatro, películas y canciones. Lo que empezó como una burla, llegó a ser una de las obras más leídas y comentadas del mundo, con un personaje que se ha convertido en el típico soñador optimista.

Don Quijote y Sancho Panza.

[a]*knighthood* [b]*performed* [c]*deeds* [d]*crazed* [e]*absurdities* [f]*pierde... he loses his mind* [g]*craziness* [h]*windmills* [i]*nag (old horse)*

GRAMÁTICA

¿Qué harías? (I)

Introduction to the conditional tense

		-ía
		-ías
tomar		-ía
ser	+	-ía
vivir		-íamos
		-íais
		-ían
		-ían

—¿Qué **harías** tú para conocer a una persona famosa?
—No sé. Pero me **gustaría** conocer a Brad Pitt.

The *conditional* is used to express hypothetical situations and is roughly equivalent to English *would* + verb. You are probably already familiar with the conditional in the expression **Me gustaría.** Here are other examples.

¿Cómo **sería** el mundo sin los idealistas?	*What would the world be like without idealists?*
¿Cómo **tratarías** a alguien como don Quijote?	*How would you treat someone like Don Quijote?*

The conditional is formed by adding **-ía** and person and number endings to the infinitive.

ser sería, serías, sería, sería, seríamos, seríais, serían, serían

Note that the forms for **yo, él/ella,** and **Ud.** are the same. Context will often help determine the subject. Here are a few common verbs that are irregular in the conditional.

decir → **dir-**	diría, dirías, diría, diría, diríamos, diríais, dirían, dirían
hacer → **har-**	haría, harías, haría, haría, haríamos, haríais, harían, harían
poder → **podr-**	podría, podrías, podría, podría, podríamos, podríais, podrían, podrían

salir	→	**saldr-**	saldría, saldrías, saldría, saldría
			saldríamos, saldríais, saldrían, saldrían
tener	→	**tendr-**	tendría, tendrías, tendría, tendría,
			tendríamos, tendríais, tendrían, tendrían
haber	→	**habría** (*there would be*)	

You will often see the conditional used with what is called the *past subjunctive* to make *if . . . then* statements of a hypothetical nature.

> Si conocieras a alguien como don Quijote, ¿qué le **dirías**?   *If you met someone like Don Quijote, what would you say to him (her)?*

For now, we will concentrate on the conditional. (You will learn more about the past subjunctive later in this lesson.)

ACTIVIDAD A Nuestros límites

Paso 1 Escoge el verbo que mejor complete cada oración.

Yo...

1. nunca _____ más de $150 por un par de zapatos.
   a. haría **b.** bebería **c.** pagaría

2. nunca _____ con una persona sólo porque es rica.
   a. me casaría **b.** vería **c.** me quejaría

3. nunca _____ la tarea de otra persona para luego entregársela al profesor (a la profesora).
   a. copiaría **b.** estudiaría **c.** asistiría

4. nunca _____ a vivir a otro país sin hablar la lengua de ese lugar.
   a. visitaría **b.** iría **c.** sería

5. nunca _____ sólo para proteger a un amigo.
   a. saldría **b.** tendría nada **c.** mentiría

Paso 2 Vuelve a las oraciones del **Paso 1** y escoge la que te parezca más interesante. Luego indica si para ti es cierta, falsa o si depende de las circunstancias.

Paso 3 Utilizando la oración que escogiste en el **Paso 2,** entrevista a cinco compañeros/as. ¿Cómo contestan ellos? ¿Igual que tú?

> MODELO ¿Pagarías más de $150 por un par de zapatos?

ACTIVIDAD B ¿Que harías por $10.000?

Indica lo que harías por $10.000. ¿Harían tus compañeros las mismas acciones?

Por $10.000 yo...

☐ **1.** dormiría solo/a en un cementerio por una semana entera.

☐ **2.** saltaría del edificio más alto del mundo en paracaídas.

☐ **3.** asistiría a mis clases vestido/a de (*dressed like*) gorila por un día entero.

☐ **4.** nadaría en aguas donde suelen aparecer tiburones (*sharks*).

☐ **5.** comería un plato entero de gusanos (*worms*) vivos.

☐ **6.** suspendería (*I would fail*) una de mis clases a propósito.

ACTIVIDAD C ¿Cuánto pagarías por conocerlo/la?

Paso 1 Apunta el nombre de una persona famosa que quieres conocer. Luego escribe dos o tres cosas que harías para conocer a esa persona, utilizando el modelo a continuación. Debes pensar en estas preguntas y otras que se te ocurran (*that come to mind*): ¿Pagarías una cantidad de dinero extraordinaria? ¿Harías algo peligroso? ¿vergonzoso? ¿asqueroso (*disgusting*)? ¿prohibido?

MODELO Para conocer a _____ yo _____.

Paso 2 Busca a otras personas en la clase que quieran conocer a la misma persona o a otra persona de la misma categoría u ocupación (por ejemplo, actor, político, artista, etcétera). ¿Harían lo mismo para conocer a la persona? ¿Quién es el más atrevido (la más atrevida) de la clase?

GRAMÁTICA

¿Y si pudieras... ?

Introduction to the past subjunctive

(yo)	me acostara comiera viviera	(nosotros/as)	-áramos -iéramos
(tú)	te acostaras comieras vivieras	(vosotros/as)	-arais -ierais
(Ud.)	se acostara comiera viviera	(Uds.)	-aran -ieran
(él/ella)	se acostara comiera viviera	(ellos/ellas)	-aran -ieran

—Ah, **si** sólo **pudiera** conocer a George Clooney.

Very often we need to express concepts that are *contrary to fact* or *hypothetical*. In English, we use the conditional and a form of the past.

I would go to Europe tomorrow if I had the money.
If Juan were here now, I'd tell him what I'm thinking.

These are called hypothetical situations because they express situations in which something does not exist. In the first example, the speaker doesn't have the money and, in the second Juan is not present. The speaker *hypothesizes* what would happen if the conditions were true.

In Spanish, the same constructions exist. You would use the conditional in Spanish where you would use the conditional in English, but in the *if clause* you would use a different verb form called the *past subjunctive.*

Iría a Europa mañana si **tuviera** dinero.
Si Juan **estuviera** presente le diría lo que pienso.

The stem or root of the past subjunctive is the same as that used in the **ellos** form of the preterite, for example: **trabajaron → trabaj-, estuvieron → estuv-, pidieron → pid-,** and so forth. Note that all regularities or irregularities are carried over if they appear in the **ellos** form of the preterite. The endings for the past subjunctive are based on **-ara-** for **-ar** verbs and **-iera-** for **-er** and **-ir** verbs. For example, for the **yo** form, the past subjunctive of **trabajar** would be **trabaj-** + **-ara → trabajara.** The **tú** form would have the characteristic **-s** on the end, that is, **trabajaras.** For **comer,** the **yo** and **tú** forms would be **comiera** and **comieras.** The **yo, Ud.,** and **él/ella** forms are identical.

As a reminder, here are the common irregular preterite forms with the derivation of the past subjunctive stem. All of these common irregular verbs, whether **-ar, -er,** or **-ir,** take the **-iera-** endings.

estar: estuvieron	→ **estuv-**	→ **estuviera, estuvieras, estuviera,...**
tener: tuvieron	→ **tuv-**	→ **tuviera, tuvieras, tuviera,...**
hacer: hicieron	→ **hic-**	→ **hiciera, hicieras, hiciera,...**
saber: supieron	→ **sup-**	→ **supiera, supieras, supiera,...**
poder: pudieron	→ **pud-**	→ **pudiera, pudieras, pudiera,...**
decir: dijeron	→ **dij-**	→ **dijera,* dijeras, dijera,...**

In this lesson, you will mostly work with singular forms of the past subjunctive as in the following examples.

¿Qué harías **si no tuvieras** que estudiar?	*What would you do if you didn't have to study?*
Si pudiera, iría contigo esta noche.	*If I could, I'd go with you tonight.*
No sé lo que Juan diría **si supiera** la verdad.	*I don't know what Juan would say if he knew the truth.*

⟐ ACTIVIDAD D Situaciones hipotéticas

Paso 1 Indica lo que harías en cada situación.

1. Si encontrara veinte dólares en el piso...
   ☐ **a.** los guardaría y no diría nada.
   ☐ **b.** se los daría a una persona desamparada (*homeless*).
   ☐ **c.** se los daría a la policía.

---

*With irregular stems that end in **j,** the **i** in the verb ending **-iera** is dropped.

2. Si viera un accidente entre dos carros...

☐ **a.** me pararía (*I would stop*) y ofrecería ayuda.

☐ **b.** seguiría mi ruta pensando que la policía se ocuparía del asunto (*would handle the situation*).

3. Si un amigo me confesara que robó una casa...

☐ **a.** lo reportaría a la policía.

☐ **b.** me quedaría callado/a sin decirle nada a nadie.

☐ **c.** dejaría de ser amigo/a de esa persona.

4. Si un amigo copiara el examen de otro...

☐ **a.** se lo diría al profesor (a la profesora).

☐ **b.** le diría a mi amigo que debe confesar lo que ha hecho.

☐ **c.** dejaría de ser amigo/a de esa persona.

5. Si alguien me contara un buen chisme...

☐ **a.** se lo contaría a mis amigos.

☐ **b.** se lo contaría sólo a mi mejor amigo/a.

☐ **c.** no se lo contaría a nadie.

Paso 2 Ahora comparte tus respuestas del **Paso 1** con otra persona. ¿Son iguales? ¿Qué adjetivos pueden utilizar para describir su personalidad a base de sus respuestas?

ACTIVIDAD E ¿Qué oíste?

COMUNICACIÓN

Paso 1 Escucha el párrafo que tu profesor(a) lee a la clase. Vas a escuchar el párrafo dos veces. Sin tomar apuntes, trata de recordar todo lo que puedas.

Paso 2 En grupos de tres, recreen el párrafo con todos los detalles que recuerden. Escriban el párrafo y compártanlo con la clase.

ACTIVIDAD F Si yo fuera...

Paso 1 Escribe el nombre de una persona famosa (viva o ya muerta) que te gustaría ser por un día.

Paso 2 Ahora explica en qué sería diferente tu vida si fueras esa persona. Menciona por lo menos dos ideas sin mostrárselas a otra persona.

MODELO   Me gustaría ser presidente de los Estados Unidos por un día. Si lo fuera, no dormiría mucho pero tendría mucho poder.

Paso 3 Entrégale tu papel al profesor (a la profesora). Si él (ella) lee tus ideas a la clase, ¿pueden los demás adivinar que son tuyas (*yours*)?

Paso 4 Para cada persona cuyas ideas lee el profesor (la profesora), los demás deben mencionar por lo menos una idea en que esa persona no ha pensado.

MODELO   Si fueras presidente, también tendrías que viajar mucho. ¿Te gustaría pasar tanto tiempo en avión?

ACTIVIDAD G ¿Qué cambiarías?

Paso 1 Trabajando con un compañero (una compañera) de clase, explica qué aspectos de personalidad de las siguientes personas les cambiarías y por qué los cambiarías.

MODELO A mi madre le cambiaría su carácter paranoico. A veces ella... Sería mejor si ella fuera más (menos)...

1. amigo/a
2. compañero/a de casa
3. padre (madre)
4. profesor(a)

Paso 2 Compartan sus ideas con el resto de la clase. ¿Hay ciertas cualidades que se mencionan mucho?

✦ VISTAZOS III · En busca de personas conocidas

GRAMÁTICA

¿A quién... ?

Review of the object marker **a**

You may recall from **Lección 4** that the preposition **a** is used to mark objects of a verb when both the subject and object of the verb are equally capable of performing the action. There is no English equivalent.

Jaime ve **a** Ricardo.   *Jaime sees Ricardo. (Both Jaime and Ricardo are capable of the act of seeing. **A** is required.)*

Jaime ve el edificio.   *Jaime sees the building. (Only Jaime is capable of the act of seeing. No **a** is required.)*

El perro muerde **al** gato.   *The dog bites the cat. (Both the dog and the cat are capable of the act of biting. **A** is required.)*

El perro muerde la pelota.   *The dog bites the ball. (Only the dog is capable of the act of biting. No **a** is necessary.)*

Having an object marker like **a** gives Spanish more flexible word order than English, so be sure not to mistake an object for a subject just because it precedes the verb. Do you know who is the subject and who is the object in the following sentences?

Al perro lo muerde el gato.*
A María no la entiende bien Juan.
¿A quién busca Reinaldo?

---

*When object nouns appear before the verb, a corresponding pronoun is usually inserted. **Al profesor lo** conocemos bien.

ACTIVIDAD A ¿A quién... ?

Paso 1 Contesta las siguientes preguntas como en el modelo.

    MODELO ¿A quién adora Lucy (de *Peanuts*)? A Schroeder (el pianista).

1. ¿A quién amaba secretamente Superman?

2. ¿A quién molestaba siempre Bugs Bunny?

3. ¿A quién buscaba el Capitán Hook?

4. ¿A qué detective ayudaba el señor Watson?

5. ¿A quién mató John Wilkes Booth?

Paso 2 Ahora con otra persona, inventa dos preguntas, una fácil y otra más difícil, utilizando las preguntas del **Paso 1** como modelos. Luego preséntenlas a la clase.

ACTIVIDAD B La admiración...

COMUNICACIÓN

Paso 1 Contesta las siguientes preguntas con una oración completa.

1. ¿A qué persona famosa admiras más?

2. ¿A qué persona famosa detestas?

Paso 2 Todos deben contestar las preguntas mientras que el profesor (la profesora) apunta los nombres en la pizarra. ¿Qué tendencias hay en las respuestas?

GRAMÁTICA

¿Te gustaría... ?

Review of the verb **gustar**

me
te
le
le   gusta (gustó, gustaba, gustaría,...)
nos +
os   gustan (gustaron, gustaban, gustarían,...)
les
les

—Dime, ¿a quién más **te gustaría** conocer?

Remember that there is no Spanish equivalent of the verb *to like*. To express something similar, Spanish uses **gustar,** which means something like *to please*. The person or thing that is pleased almost always precedes the verb. The subject follows. Remember that the thing or person pleased must be marked with an **a** to distinguish it from the subject.

A mi papá no **le gustan** los políticos.

los políticos = subject (they are the ones not pleasing)
mi papá = indirect object (he is the one that is not pleased)
gustan = plural (because **los políticos** is a plural subject)

When referring to yourself, to a friend, to yourself and other people, or to a group of friends in Spain, you do not need a phrase with **a.** The object pronoun is sufficient.

No **me** gustan las matemáticas.   **Nos** gusta esta película.
¿**Te** gustan tus clases?   ¿**Os** gusta la paella?

You may, however, use **a mí, a ti, a nosotros/as,** or **a vosotros/as** for emphasis, similar to, "Well, as for me (you, us, you [all]), . . ."

A mí no me gustan para nada.   **A nosotras,** sí, nos gustan.
¿**A ti** te gustan?   ¿**A vosotras,** os gusta?

No matter what, you will always need to use **me, te, le, nos, os,** or **les** in your sentence.

Así se dice

You've probably noticed that **gustar** tends to appear in one of two forms: **gusta** or **gustan.** That's because we are usually talking about inanimate things being pleasing to someone. It is possible, however, to use **gustar** in other forms when talking about people, but the connotation may be romantic! Imagine the following exchange between two people on a date.

—**Me gustas mucho.**
—**Tú también me gustas.**

To avoid giving someone the wrong impression, if you want to say you are fond of that person in a nonromantic way, you should use **querer** or **caer bien** (although **querer** can be used romantically as well). **Te quiero mucho** could easily be said between family members or friends. **Me caes bien** would be said among friends only. Note that if you are talking about famous people, you aren't usually expressing something romantic.

Me gusta mucho Shakira. ¿Y a ti?

ACTIVIDAD C Gustos

Escucha lo que dice tu profesor(a). Luego indica cuál de las opciones podría terminar cada oración. Después contesta la pregunta.

1. **a.** lo típico.   **b.** las cosas extrañas (*weird*).
   ¿Lo diría una persona individualista o conformista?

2. **a.** luchar.   **b.** los problemas difíciles.
   ¿Lo diría una persona valiente o pacifista?

3. a. el amor.   **b.** las mujeres.

¿Lo diría una persona seductora o visionaria?

4. a. el trabajo regular.   **b.** los trabajos intensivos.

¿Lo diría una persona apática o trabajadora?

ACTIVIDAD D Firma aquí

Paso 1 Busca a personas en la clase que contesten afirmativamente las siguientes preguntas. En las preguntas 4 y 5, piensa tú en alguien.

1. ¿Te gusta Shakira? ____

2. ¿Te gusta Enrique Iglesias? ____

3. ¿Te gustan los Black Eyed Peas? ____

4. ¿Te gusta… ? ____

5. ¿Te gustan… ? ____

Paso 2 Reporta lo que aprendiste, utilizando el modelo.

MODELO   A Mark le gusta mucho Shakira.

Paso 3 Indica si te gustaría conocer a una de las personas mencionadas.

MODELO   A mí me gustaría conocer a los Black Eyed Peas.

 ACTIVIDAD E ¿Cómo soy?

Paso 1 Utilizando las cualidades que has aprendido en esta lección y en la anterior, apunta las cualidades que tú crees que posees.

Soy…

Paso 2 En dos o tres oraciones, explica si te gustaría tener otras cualidades.

MODELO   Soy conformista pero me gustaría ser un poco más
individualista. Me gustaría ser siempre como quiero ser
sin pensar en lo que opinan de mí los demás.

Paso 3 Comparte lo que escribiste con otras dos personas. ¿Están todos contentos con ser como son o les gustaría cambiar alguna de sus cualidades?

ACTIVIDAD F En tu opinión

Paso 1 En grupos de tres, comenten la idea de que las personas cambian. A continuación hay una lista de ideas para considerar. Den ejemplos de sus experiencias personales cuando sea posible.

◆ los cambios que ocurren entre la niñez y la adolescencia

◆ los cambios que ocurren debido a nuevas experiencias (viajar al extranjero; asistir a la universidad)

◆ los efectos de una relación amorosa

◆ los efectos de una muerte (un divorcio)

Paso 2 Compartan sus ideas con el resto de la clase. ¿Cuántos dicen que las personas cambian? ¿Cuántos dicen que las personas no cambian?

¿A quién te gustaría conocer?

Propósito: comparar lo que dice un compañero (una compañera) con lo que tú piensas

Papeles: tres personas entrevistadas; el resto de la clase hace preguntas

Paso 1 Tres voluntarios deben pensar en la siguiente pregunta porque la clase los va a entrevistar en unos minutos: ¿A qué persona (viva o muerta) te gustaría conocer y por qué? Los demás deben pensar en otras preguntas para obtener información basada en las siguientes categorías.

1. cualidades de la persona famosa

2. cosas que la persona famosa ha hecho

3. lo que haría la persona entrevistada si conociera a la persona famosa (Por ejemplo, ¿qué podrían hacer juntas las dos?)

4. lo que haría la persona entrevistada si fuera la persona famosa por un día

Paso 2 Escucha las instrucciones de tu profesor(a).

Paso 3 Después escoge *una* de las entrevistas para escribir una breve redacción (de 70 palabras como máximo), utilizando el siguiente modelo.

MODELOS   A mí también me gustaría conocer a _____. (Explica por qué y si tú harías las mismas cosas.)
o
A mí no me gustaría conocer a _____. (Explica por qué no y luego a quién te gustaría conocer y por qué.)

Las cualidades personales	Personal Qualities		
aburrido/a (R)	boring	**indiferente**	indifferent
ambicioso/a	ambitious	**individualista**	individualistic
apasionado/a	passionate	**justo/a**	fair, just
apático/a	apathetic	**luchador(a)**	fighter
astuto/a	astute	**malévolo/a**	evil
cobarde	coward, cowardly	**melancólico/a**	melancholy, sad
conformista	conformist	**práctico/a**	practical
curioso/a	curious	**seductor(a)**	seductive
determinado/a	determined	**serio/a**	serious
dócil	docile	**soñador(a)**	dreamer
encantador(a) (R)	charming	**superficial**	superficial
excéntrico/a	eccentric	**tenaz**	tenacious
frívolo/a	frivolous	**tonto/a**	foolish, dumb
incierto/a	uncertain	**valiente**	courageous
		visionario/a	visionary

LECCIÓN 15

Vistazos *digital*

QUÍA Online Textbook and *Manual*

WWW Online Learning Center

DVD Video on DVD

C E N T R O
Your media center for languages All media resources for *Vistazos,* all in one place

¿Innato o aprendido?

Muchos se han preguntado si el carácter de una persona es algo innato o si es producto del ambiente. ¿Qué crees tú? En esta lección, vas a explorar este tema y vas a

◆ aprender a expresar relaciones espaciales usando preposiciones

◆ aprender a dar y a seguir instrucciones para ir a un lugar

◆ aprender algo más sobre la preposición **por**

◆ usar **lo** + *adjetivo* para expresar tu opinión de algo

◆ leer algo sobre lo que es innato o aprendido en los animales

ALTO Before beginning this lesson, look over the **Situación** activity on page 315. This activity will provide you with a means of using all of the Spanish you've learned so far to discuss a typical situation.

¿Qué rasgos de personalidad crees que comparten estas gemelas de México D.F.?

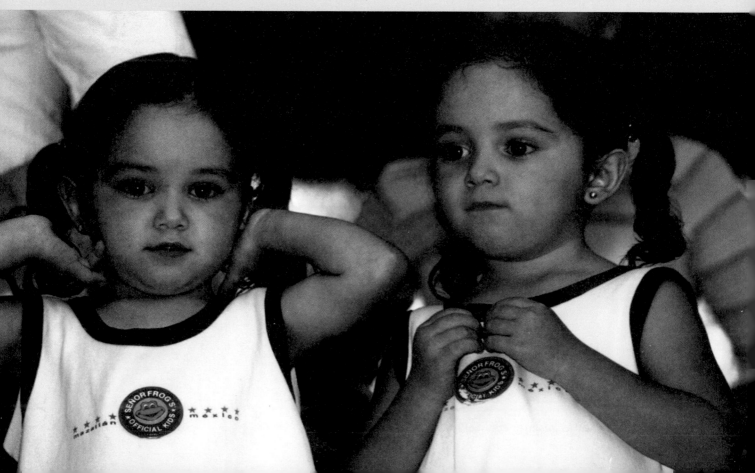

VOCABULARIO

¿Dónde está la biblioteca?

Telling where things are

al lado (de)

enfrente (de)

detrás (de)

cerca (de)

lejos (de)

When talking about location, **estar** is normally used.

El perro **está** al lado de la mesa.
—¿Dónde **estás**?
—**Estoy** cerca de la plaza.

Note that the preposition **de** is used with **al lado** (*next to, alongside*), **enfrente** (*in front*), **detrás** (*behind*), **cerca** (*near, close*), and **lejos** (*far*) when a point of reference is mentioned.

La biblioteca está **enfrente de** la cafetería.

You can omit **de** if a point of reference is not explicitly mentioned.

—¿Sabes dónde está la cafetería?
—Sí...
—Pues, la biblioteca está **al lado.**

ACTIVIDAD A ¿Sí o no?

Escucha lo que dice tu profesor(a). ¿Es cierto o falso?
1... 2... 3... 4... 5... etcétera

Así se dice

Have you seen the word **quedar** used instead of **estar** to refer to location? Although both **estar** and **quedar** can be used to talk about the location of things (buildings, cities, places), only **estar** can be used to talk about animate beings.

estar (quedar)
¿Dónde **está (queda)** la oficina principal?
Colombia **está (queda)** al norte del Perú.

estar
¿Dónde **está** el secretario?
Manuel **está** en Colombia ahora.

ACTIVIDAD B ¿Qué edificio es?

Escucha lo que dice tu profesor(a) y da la información que pide.

1... 2... 3... 4... 5... etcétera

COMUNICACIÓN

ACTIVIDAD C Una prueba

Con un compañero (una compañera), crea una prueba para darle a la clase.

Paso 1 Escojan un punto de referencia en el *campus* o en la ciudad. **¡OJO!** Recuerden que no todos los estudiantes conocen bien la ciudad.

Paso 2 Decidan dónde van a poner a la persona que contesta la pregunta —es decir, si va a estar enfrente, detrás, a la derecha, al norte, etcétera, de este punto de referencia.

Paso 3 Escriban cinco preguntas.

MODELOS   Estás enfrente de las residencias estudiantiles. ¿Qué edificio está detrás?

Estás a la derecha del gimnasio. ¿Qué edificio queda más cerca de allí?

Paso 4 Denle la prueba a la clase.

VOCABULARIO

¿Cómo se llega al zoológico?

Giving and receiving directions

—Por favor, **¿dónde queda** el parque zoológico?
—A ver... **Siga Ud. por esta calle** hasta que llegue a una **bocacalle** con **semáforo.** Luego **doble a la izquierda** y **siga derecho** por siete **cuadras.** Allí en la **esquina** verá la entrada al parque zoológico. Pero está cerrado hoy...

Here are some useful expressions for requesting, giving, and following directions in Spanish.

¿Me podría decir... ?	Could you tell me ... ?
Perdón, ¿cómo se llega a... ?	Excuse me, how do you get to ... ?
¿Dónde está (queda)... ?	Where is ... ?
Siga (Ud.) por...	Continue . . . , Follow ...
Siga derecho (recto*)...	Continue (Go) straight ...
Doble a la derecha (izquierda).	Turn right (left).
Cruce la calle...	Cross ... Street
una cuadra (manzana*)	block
la bocacalle	intersection
la esquina	corner
el semáforo	traffic light

***Recto** and **manzana** are dialectal variants used in some places, including Central America and Spain.

If you were giving directions to a friend or if a friend were giving directions to you, the familiar form of the commands would be used (**sigue, dobla,** and so forth).

ACTIVIDAD D ¿Adónde llegas?

Escucha las direcciones* que da tu profesor(a). ¿Adónde llegas?

1... **2**... **3**... **4**... etcétera

ACTIVIDAD E ¿Y tú?

Paso 1 Escucha lo que dice tu profesor(a). Indica si cada oración se te aplica siempre, a veces o nunca.

1... **2**... **3**... **4**... **5**... **6**... **7**...

Paso 2 ¿Cuáles son tus reacciones hacia el **Paso 1,** y cómo te comparas con los demás miembros de la clase? ¿Es cierto que a los hombres no les gusta pedir direcciones mientras que a las mujeres no les importa?

ACTIVIDAD F ¿Lo pueden hacer?

Una persona voluntaria debe salir de la clase y esperar en el pasillo. Mientras tanto, la clase debe arreglar las sillas y mesas para formar una ruta que esa persona tendrá que (*will have to*) seguir según las direcciones que la clase le dará. Después de arreglar la ruta, alguien debe salir al pasillo y vendarle los ojos (*blindfold*) a la persona voluntaria. Cuando vuelva a la clase, los demás deben darle direcciones para guiarlo/la por la ruta. ¿Lo pueden hacer sin que él (ella) se tropiece con (*bumps into*) una silla?

Vocabulario útil

el paso   step   **¡Cuidado!**   Watch out! Careful!

ACTIVIDAD G ¿Sabías que... ?

Paso 1 ¿Sabes lo que es el sentido de orientación? El sentido de orientación se refiere a la habilidad de saber dónde está uno y no perderse. Indica si tienes tú buen sentido de orientación según la siguiente escala.

MI SENTIDO DE ORIENTACIÓN

excelente								horrible
10	9	8	7	6	5	4	3	2	1

Paso 2 Ahora lee la selección **¿Sabías que... ?** en la siguiente página. Luego contesta las preguntas.

(Continúa en la página 310.)

---

*Other dialectal variants used to express *directions* include **indicaciones** and **instrucciones.**

Así se dice

Por can be used to mean *by way of, through,* or even *along* when talking about routes or movement.

Voy **por** tu barrio para llegar a mi casa.

Caminaba **por** la playa cuando…

Se tiene que pasar **por** la aduana (*customs*) al entrar en México.

COMUNICACIÓN

¿Sabías que...

muchos animales tienen excelente sentido de orientación? A nosotros los seres humanos nos parece que nunca se pierden, siempre saben dónde están y algunos hacen viajes de miles de millas sin tener problemas en llegar al destino deseado. ¿Cómo lo hacen?

Varios animales poseen un «tercer ojo» situado en alguna parte de la cabeza. Es un órgano de origen antiquísimo, que existió en varios animales hace 400 millones de años, según indican los fósiles. Los científicos han descubierto este tercer ojo en diversos animales que existen ahora como la salamandra, varios tipos de peces (como la trucha[a]), las serpientes y otros reptiles. Este tercer ojo es muy sensible a la luz y parece que los animales que lo poseen se orientan por el sol.

En cambio, las abejas,[b] otra especie que parece tener un excelente sentido de orientación, poseen una «brújula[c] interna». Como en el caso del tercer ojo de los animales, esta brújula les permite a las abejas guiarse por el sol. A diferencia del tercer ojo, la brújula no funciona durante la noche. Como el tercer ojo es muy sensible a la luz, el animal que lo posee puede seguir orientándose por las estrellas.[d] La brújula interna de la abeja no le da esta habilidad.

Muchos creen que el sentido de orientación de los animales y su habilidad para viajar largas distancias son innatos, es decir, instintivos. Sin embargo, experimentos hechos con las abejas demuestran que no lo es. Cada abeja tiene que aprender a usar su brújula interna. Se ha comprobado que aun después de 60 vuelos, la abeja se pierde si no puede ver la colmena.[e] Sólo después de 500 vuelos aprende el funcionamiento de su brújula interna.

Mientras que los seres humanos consultamos una brújula para orientarnos, la abeja se orienta por la posición del sol.

---

[a]*trout* [b]*bees* [c]*compass* [d]*stars* [e]*hive*

1. Explica con tus propias palabras lo que es «el tercer ojo», qué animales lo tienen y qué habilidad le da al animal.

2. Indica cuál(es) de las siguientes afirmaciones sobre la abeja es (son) cierta(s).

☐ La abeja nace con la habilidad de guiarse por el sol.

☐ La abeja también puede usar las estrellas para guiarse durante la noche.

☐ La abeja usa la colmena como punto de referencia.

Paso 3 Describe el sentido de orientación de los miembros de tu familia, usando las palabras y frases a continuación.

PARIENTE	ANIMAL	CATEGORÍA
madre	ave	cuando le dan direcciones
padre	reptil	cuando visita una ciudad
hermano/a	langosta (*locust*)	por primera vez
hijo/a	mariposa	para ir a la casa de un
abuelo/a	abeja	amigo por primera vez
	tortuga	sabe dónde queda el norte

MODELO   Mi padre tiene el sentido de orientación de una tortuga.
           Nunca necesita plano (*city map*). Es un misterio cómo él
           siempre sabe por dónde ir y cómo llegar a cualquier lugar
           cuando visitamos por primera vez una ciudad.

ACTIVIDAD H Una historia

Paso 1 Trabajando con un compañero (una compañera) de clase,
inventa una historia para describir lo que pasa en los siguientes
dibujos. A continuación tienen algunas ideas para considerar.

◆ ¿En qué ciudad están las mujeres?

◆ ¿Cómo se llaman las dos mujeres?

◆ ¿Qué cualidades poseen?

◆ ¿Por qué no encuentran el museo de arte?

1.　　　　　　　　　2.　　　　　　　　　3.

4.　　　　　　　　5.

Paso 2 Compartan su historia con el resto de la clase. ¿Qué grupo
inventó la historia más chistosa?

GRAMÁTICA

¿Por dónde?

Por and **para** with spatial relationships

—Tiene que pasar **por** enfrente del Palacio de la Ópera...

Another distinction between **por** and **para** involves direction and space. In general, **para** is used to indicate a destination or goal. **Por** is used to indicate the space through which one travels or moves (the route). Compare the following sentences.

Salgo **para** Tikal mañana.
I'm leaving for Tikal tomorrow. (*Tikal is my destination.*)

Para llegar a Tikal, tienes que pasar **por** la selva.
To get to Tikal, you have to go through the jungle.

Para ir a la biblioteca, tienes que pasar **por** enfrente de la cafetería.
To get to the library, you have to go past the front of the cafeteria.

Although the English equivalent of **para** in these cases is generally *to*, the equivalent of **por** can be different expressions: *around, by way of, through,* and others.

Así se dice

You may remember that another meaning of **por** is close to *because of*.

Somos así **por** naturaleza.

We are as we are because of nature.

COMUNICACIÓN

ACTIVIDAD A ¿Destino o ruta?

Paso 1 Indica si el lugar mencionado en cada oración es el destino o la ruta de la persona que habla.

	DESTINO	RUTA
1. «Vamos para Oz».	☐	☐
2. «Tendríamos que ir por los Alpes».	☐	☐
3. «Viajo por todos los océanos en mi submarino».	☐	☐
4. «Salí para las Indias pero llegué a un territorio nuevo».	☐	☐
5. «Siempre bajo por la chimenea».	☐	☐

Paso 2 Ahora indica qué persona o personaje famoso podría decir cada oración.

ACTIVIDAD B ¿Qué oíste?

Paso 1 Escucha el párrafo que tu profesor(a) lee a la clase. Vas a escuchar el párrafo dos veces. Sin tomar apuntes, trata de recordar todo lo que puedas.

Paso 2 En grupos de tres, recreen el párrafo con todos los detalles que recuerden. Escriban el párrafo y compártanlo con la clase.

ACTIVIDAD C ¿Qué lugar es?

Paso 1 Escribe una oración sobre la universidad, la ciudad o algún lugar muy conocido, utilizando el siguiente modelo.

MODELO Tienes que pasar por _____. Luego, _____.

Paso 2 Ahora cada persona debe leer su oración en voz alta (*aloud*). ¿Pueden los demás adivinar el destino que describes?

ACTIVIDAD D Para ir al museo...

En grupos de tres, escriban un diálogo para acompañar las situaciones que se ven en los dibujos de la **Actividad H** en la página 311. Utilicen **por** y **para** en su diálogo. Luego comparten su diálogo con la clase.

GRAMÁTICA

¿Qué es lo curioso de esto?

Lo + adjective

Although in Spanish you can say **la cosa interesante es que...** there is another way to express "the . . . thing." Normally you can simply use **lo** (called the neuter article) with the adjective. Here are some examples.

Lo impresionante de Juan es su gran honestidad.
Lo interesante de María es que nunca se pierde en lugares desconocidos.
Lo curioso del inglés es que no tiene muchas inflexiones.

Just about any adjective can be used in this manner as long as it makes sense to do so.

Lo bueno de aprender español es que se habla en muchos lugares.
Lo difícil de viajar a Europa es el cambio de hora.

—Y **lo bueno** de esto es que cuesta muy poco.

You may also use such phrases as superlatives to express "the most . . . thing" or "the . . . -est thing."

Lo más impresionante de todo es el sistema eficiente del Metro.
Lo más sorprendente del caso es que Roberto nunca se enteró (*found out*).

Notice that the adjective is always in the singular masculine form.

ACTIVIDAD E Lo interesante

Indica la frase que mejor complete la oración de una manera lógica.

1. (Sobre Arizona): Claro, _____ del estado es el Gran Cañón.

   a. lo más ridículo   **b.** lo más eficiente   **c.** lo más espectacular

2. (Sobre Stephen King): _____ de su carrera es el número de sus obras que ha sido base de películas.

   a. Lo ideal   **b.** Lo aburrido   **c.** Lo impresionante

3. (Para ir a Machu Picchu): _____ es subir las montañas donde se sitúa.

   a. Lo bueno   **b.** Lo difícil   **c.** Lo curioso

4. (Sobre las estatuas de la Isla de Pascua [*Easter Island*]): _____ es que su origen es desconocido.

   a. Lo curioso   **b.** Lo cómico   **c.** Lo fácil

5. (Sobre los secretos): _____, claro, es nunca decir lo que no quieres que se repita (*that you don't want repeated*).

   a. Lo prudente   **b.** Lo triste   **c.** Lo interesante

ACTIVIDAD F ¿Qué dices tú?

Paso 1 Indica cuál de las ideas te parezca mejor y luego comparte tus respuestas con otras dos personas. ¿Están de acuerdo contigo?

1. Si un amigo (una amiga) te dice una mentira, lo más prudente es...

   ☐ **a.** no decirle nada.

   ☐ **b.** confrontarlo/la con la verdad.

   ☐ **c.** no hablarle más y dejar de ser su amigo/a.

   ☐ **d.** ¿ ?

2. Para impresionar a una persona en la primera cita, lo ideal sería...

   ☐ **a.** ser sincero/a y actuar con naturalidad.

   ☐ **b.** llevarle un regalito.

   ☐ **c.** darle muchos cumplidos (*compliments*).

   ☐ **d.** ¿ ?

3. Si tienes alguna cualidad que no te gusta, lo mejor sería...

   ☐ **a.** observar en otros alguna buena cualidad y tratar de imitarla.

   ☐ **b.** buscar terapia psicológica.

   ☐ **c.** aceptarla porque uno no puede dejar de ser lo que es.

   ☐ **d.** ¿ ?

Paso 2 En grupos de tres, inventen una situación dejando la conclusión en blanco. Luego preséntenla a los demás para que decidan (*so that they decide*) cuál es la mejor solución.

> MODELO   Si alguien te dice algo negativo sobre tu mejor amigo/a, lo prudente sería…

ACTIVIDAD G ¡Aprender español!

COMUNICACIÓN

Imagina que vas a escribir unas oraciones para un folleto sobre el aprendizaje del español. Utilizando una o dos de las siguientes frases, crea oraciones sobre el español. (Alternativa: Puedes hablar de la universidad.) Después comparte tus oraciones con la clase.

lo bueno (mejor)	lo interesante	lo importante
lo (más) difícil	lo impresionante	lo ¿ ?

SITUACIÓN

Paso 1 Lee la siguiente **Situación** y apunta algunas ideas.

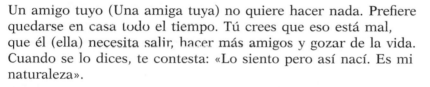

> Un amigo tuyo (Una amiga tuya) no quiere hacer nada. Prefiere quedarse en casa todo el tiempo. Tú crees que eso está mal, que él (ella) necesita salir, hacer más amigos y gozar de la vida. Cuando se lo dices, te contesta: «Lo siento pero así nací. Es mi naturaleza».
>
> ¿Aceptas esta respuesta? ¿Qué haces si la situación tiene que ver con otra cualidad con posibles efectos negativos?

Paso 2 Comparte tus ideas con dos compañeros de clase. Luego, presenten sus ideas y opiniones a la clase.

El medio ambiente en el mundo hispano

¿Sabías que... el medio ambiente es un tema de mucha importancia en la mayoría de los países hispanos? En cuanto al medio ambiente hay dos cosas que principalmente conciernen a los hispanos: los efectos de El Niño y el ecoturismo. El Niño es un fenómeno climático que afecta el clima de Sudamérica y otras partes del mundo. El ecoturismo es una industria turística lucrativa que tiene la doble meta de estimular la economía y proteger el medio ambiente, sobre todo a las especies en peligro de extinción.

Barco de pesca peruano

El Niño es un fenómeno climático que ocurre cuando las aguas del Océano Pacífico cerca de las costas del Perú y del Ecuador se calientan.[a] El calentamiento provoca cambios climáticos drásticos por todo el mundo. En Sudamérica hay lluvias torrenciales mientras que en la India, Asia y Sudáfrica, lugares que normalmente reciben mucha lluvia, se sufren sequías[b] fuertes.

[a]se... *warm up* [b]*droughts*

La economía de las costas del Perú y del Ecuador depende mucho de la industria pesquera.[a] Durante El Niño las aguas calientes en el Océano Pacífico matan los peces, causando problemas ecológicos y económicos. Además, los pájaros que se alimentan de[b] los peces también se mueren o se van a otros lugares. Esto perjudica[c] muchísimo la industria de fertilizantes que depende del guano de los pájaros.

[a]*fishing* [b]se... *feed on* [c]*jeopardizes*

WWW You can investigate these cultural topics in more detail on the *Vistazos* Online Learning Center: **www.mhhe.com/vistazos3**.

En las Islas Galápagos cerca del Ecuador existen aves de varios tipos, incluyendo los piqueros de patas rojas o patas azules.

Dos piqueros de patas azules

La Reserva Biológica Limoncocha es un territorio protegido en la Amazonia ecuatoriana. Su atractivo principal son las 350 especies de aves. La reserva es también el hábitat principal de una especie de caimán[a] negro.

[a]*alligator*

El ecoturismo

En la costa de Oaxaca, México, más de 700.000 tortugas llegan a poner huevos[a] entre los meses de mayo y enero. Pero como el huevo de tortuga se considera una delicia[b] todavía, guardias armados patrullan por[c] la costa cuando las tortugas ponen huevos para evitar que la gente los coma[d] y para proteger la especie.

[a]*poner... lay eggs* [b]*delicacy* [c]*patrullan... patrol*
[d]*para... to keep people from eating them*

El ecoturismo nació en Costa Rica, país que tiene aproximadamente 30 parques nacionales donde uno puede ver la flora y fauna nativas. Hay muchas especies que amenazan con extinguirse,[a] como es el caso de la rana flecha azul venenosa[b] en el Parque Braulio Carrillo.

[a]*amenazan... are threatened with extinction*
[b]*rana... poison blue dart frog*

Una rana flecha azul venenosa de Costa Rica

ACTIVIDAD ¿Qué recuerdas?

Empareja cada frase de la columna A con la frase correspondiente de la columna B.

A

1. _____ los pájaros se mueren
2. _____ el hábitat principal del piquero de patas azules
3. _____ se trata del calentamiento de las aguas del Océano Pacífico
4. _____ lugar donde más de 700.000 tortugas al año ponen huevos
5. _____ un plan de desarrollo económico sustentable que utiliza el medio ambiente

B

a. El Niño
b. Oaxaca, México
c. sufre la producción de fertilizantes
d. el ecoturismo
e. las Islas Galápagos

NAVEGANDO LA RED

Selecciona *uno* de los siguientes proyectos y presenta tus resultados a la clase.

1. Busca información sobre las especies en peligro de extinción en el mundo hispano. Haz lo siguiente.

   a. Escoge un país hispano y menciona los nombres de tres especies de animales de este país que amenazan con extinguirse.

   b. Menciona las leyes (*laws*) que hay o los esfuerzos que se hacen para proteger estas especies.

2. Busca información sobre las **maquiladoras** en la frontera entre los Estados Unidos y México. Haz lo siguiente.

   a. Define lo que es una maquiladora e indica cuántas hay.

   b. Menciona los problemas ambientales que han causado.

 Vamos a ver

Now that you've completed **Unidad cinco,** watch the corresponding **Vamos a ver** segment on the *Vistazos* DVD or Online Learning Center (**www.mhhe.com/vistazos3**) to further explore the themes presented in this unit. There are related pre- and post-viewing activities on the Online Learning Center.

¿Dónde está... ?	Where Is . . . ?
el este, el oeste,	east, west,
el norte, el sur	north, south
al lado (de)	next to, alongside
cerca (de)	near, close
detrás (de)	behind
enfrente (de)	in front (of)
lejos (de)	far (from)
quedar	to be located
De aquí para allá	From Here to There
la bocacalle	intersection
la cuadra	block

la esquina	corner
la manzana	block
el semáforo	traffic light
¿Dónde queda... ?	Where is . . . ?
¿Me podría decir... ?	Could you tell me . . . ?
Perdón, ¿cómo se	Excuse me, how do you
llega a... ?	get to . . . ?
Cruce la calle.	Cross the street.
Doble a la derecha/	Turn right/left.
izquierda.	
Siga derecho (recto).	Continue (Go) straight.
Siga (Ud.) por...	Continue . . . ,
	Follow . . .

GRAMMAR SUMMARY

UNIDAD CINCO For Lecciones 13–15

The Present Perfect

he		
has		
ha		
ha		almorz**ado**
hemos	+	le**ído**
habéis		sal**ido**
han		
han		

1. The present perfect corresponds roughly to English *have* + *past participle*.

Ya **he comido**.
I have eaten already.

¿Te **has mirado**?
Have you looked at yourself?

2. There are no stem vowel changes with past participles: **almorzar → almorzado, venir → venido,** and so forth.

3. A number of common verbs have irregular past participles that do not end in **-ado** or **-ido.**

decir	→	**dicho**
escribir	→	**escrito**
hacer	→	**hecho**
morir	→	**muerto**
poner	→	**puesto**
ver	→	**visto**

4. There are two instances in which the present perfect is used in English where it is not used in Spanish.

a. to have . . . for + *amount of time*

Hace varios minutos **que estoy** aquí.
I have been here for a few minutes.

Hace dos años **que vivo** en Chicago.
I have lived in Chicago for two years.

b. to have just (*done something*)

Acabo de limpiar eso. No lo toques.
I have just cleaned that. Don't touch it.

¿**Acabas de llegar**?
Have you just arrived? / Did you just arrive?

Verbs That Require a Reflexive Pronoun

Some verbs in Spanish require a reflexive pronoun. Because these verbs are not true reflexives or reciprocal reflexives, their English equivalents do not use -*self,* -*selves,* or *each other.*

atreverse a + *inf.*	*to dare to (do something)*
burlarse (de)	*to make fun (of)*
comportarse	*to behave*
darse cuenta (de)	*to realize*
jactarse (de)	*to boast (about)*
portarse	*to behave*

Note that some of these verbs use prepositions when followed by nouns or verbs.

No me atreví.
No me atreví **a decirlo**.

No me di cuenta.
No me di cuenta **de eso**.

Reflexives

Remember that with some verbs **se** is required. With other verbs, **se** is used only when the meaning is reflexive, that is, when the subject and object of the verb are the same person or thing.

El perro **se** mira en el espejo.
El perro mira al gato.

Me hablo mucho porque vivo solo.
No le hablo a Jorge mucho.

The Conditional Tense

tomaría	me atrevería	viviría
tomarías	te atreverías	vivirías
tomaría	se atrevería	viviría
tomaría	se atrevería	viviría
tomaríamos	nos atreveríamos	viviríamos
tomaríais	os atreveríais	viviríais
tomarían	se atreverían	vivirían
tomarían	se atreverían	vivirían

1. The conditional in Spanish is roughly equivalent to English *would + verb* when the latter expresses a hypothetical event.

   No **viviría** allí nunca.
   I would never live there.

   ¿**Te burlarías** de mí?
   Would you make fun of me?

2. Remember that *would + verb* in English can also refer to a repeated action in the past. In this situation, you would use the imperfect in Spanish and not the conditional.

   Iba y **venía** mucho.
   He would come and go a lot (in those days).

   Nos comportábamos bien.
   We would behave (when we were children).

3. A few common verbs have irregular stems in the conditional tense.

decir	→	**dir-**
hacer	→	**har-**
poder	→	**podr-**
salir	→	**saldr-**
tener	→	**tendr-**
haber	→	**habría** (*there would be*)

Estar + location

Estar, and not **ser,** is normally used to talk about location.

Buenos Aires **está** en la Argentina.
Ahora mi mamá **está** en México.
¿Dónde **está** la oficina del profesor?

Quedar can be used to talk about the location of immovable inanimate things like buildings and places.

¿Dónde **queda la oficina** del profesor?
México queda al sur de los Estados Unidos.

Past Subjunctive

The past subjunctive is used to express hypothetical situations in conjunction with the conditional tense. It is formed using the **ellos** form of the preterite, and all the irregularities found in the **ellos** preterite form are carried over to the past subjunctive forms. For example, with the verb **tener: tener → ellos tuvieron → tuv- → si yo tuviera, si tú tuvieras, si Ud. tuviera,** etc.

tomar	tener	dormirse
(ellos tomaron)	(ellos tuvieron)	(ellos se durmieron)
tom**ara**	tuv**iera**	me durm**iera**
tom**aras**	tuv**ieras**	te durm**ieras**
tom**ara**	tuv**iera**	se durm**iera**
tom**ara**	tuv**iera**	se durm**iera**
tom**áramos**	tuv**iéramos**	nos durm**iéramos**
tom**arais**	tuv**ierais**	os durm**ierais**
tom**aran**	tuv**ieran**	se durm**ieran**
tom**aran**	tuv**ieran**	se durm**ieran**

Lo + Adjective

You can use **lo** + adjective to express the concept of *the curious thing, the interesting thing,* and so forth. The adjective always appears in the masculine singular form.

Lo curioso de este caso...
Lo interestante del estudio...

More on por and para

One use of **por** is to express direction through, around, and so forth. **Para** expresses direction toward a goal or destination.

Voy **para** los Andes.   *I'm heading toward the Andes.*

Voy **por** los Andes.   *I'm going through the Andes (to get somewhere else).*

Review of the Object Marker a

When two nouns in a sentence are both capable of being a subject, the object of the verb is marked with **a**.

Juan conoció **a** María.
El perro quiere mucho **al** gato.

Review of gustar

Remember that in **gustar** constructions the subject (the action, person, or thing that is pleasing) is generally placed after the verb, whereas the object (the person to whom the subject is pleasing) usually precedes the verb.

A Juanita le gustaría **ser actriz.**

For emphasis or contrast you can add **a mí, a ti, a nosotros/as,** or **a vosotros/as,** as appropriate.

A mí me gustaría conocer a Jennifer López.

LECCIÓN
final

Vistazos *digital*

 Online Textbook and *Manual*   Online Learning Center

Video on DVD

C E N T R O
Your media center for languages   All media resources for *Vistazos,* all in one place

¿Adónde vamos?

En esta lección, vas a

◆ aprender vocabulario relacionado con la ropa, los viajes, el trabajo y las profesiones

◆ hablar de tus preferencias en cuanto a viajar

◆ hablar de las cualidades necesarias para practicar ciertas profesiones

◆ aprender a formar los mandatos formales

◆ aprender algo sobre los posibles avances científicos y tecnológicos

◆ aprender dos formas verbales: el subjuntivo y el futuro simple

 ALTO Before beginning this lesson, look over the **Intercambio** activity on page 343. This is the activity you will be working toward throughout the lesson.

En la Estación de Santa Justa (Sevilla, España)

VOCABULARIO

¿Cómo te vistes?

Talking about clothing

Las prendas de vestir

la chaqueta

1.

el sombrero

las medias

los zapatos

2.

3.   el vestido

El bufón llamado «Don Juan de Austria» (*1632–1633*) y La infanta Margarita de Austria (*1653*) por Diego Velázquez (*español, 1599–1660*)

4.   la blusa de rayón

5.

la camisa de algodón

la corbata de seda

el traje de lana

los pantalones

la falda

los calcetines

6.

Lección final   ¿Adónde vamos?

La ropa	
llevar	to wear
ponerse	to put on
verse bien	to look good
vestirse (i, i)	to dress, get dressed
el abrigo	overcoat
~~los **bluejeans**~~ *vaqueros*	jeans
la camiseta	T-shirt
el cuero	leather
el diseño	design
el jersey	pullover
los pantalones cortos	shorts
la sudadera	sweats, sweatpants
el suéter	sweater
el tacón (alto)	(high) heel
el traje de baño	bathing suit
barato/a	inexpensive
caro/a	expensive

Las telas de fibras naturales	Natural Fabrics
el algodón	cotton
la lana	wool
la seda	silk

Las telas de fibras sintéticas	Synthetic Fabrics
el poliéster	polyester
el rayón	rayon

ACTIVIDAD A ¿Con qué sexo asocias esta ropa?

Paso 1 El profesor (La profesora) va a mencionar algunas prendas de vestir. ¿Con quién asocias cada prenda, con los hombres, con las mujeres o con ambos?

MODELO una sudadera →
La asocio con ambos sexos.

1… 2… 3… 4… 5… 6… 7… 8… 9… 10…

Paso 2 Ahora ¿qué opinas? ¿Quiénes tienen más opciones en cuanto a la ropa, los hombres o las mujeres?

ACTIVIDAD B ¿Quiénes son? ¿Adónde van?

Indica quiénes podrían ser las personas que se describen a continuación y adónde van. En algunos casos hay varias posibilidades.

1. un hombre de 25 años que lleva traje de lana gris, camisa blanca, corbata de seda conservadora y zapatos negros

2. una mujer de 62 años que lleva sombrero negro, vestido negro y largo y zapatos negros

3. una joven de 20 años que lleva blusa de seda, falda de cuero y zapatos de tacón alto

4. un joven de 18 años que lleva sudadera, camiseta y zapatos de tenis

5. una mujer de 35 años que lleva chaqueta de seda color melón, blusa de seda blanca, falda de color crema, zapatos de tacón bajo y medias

Así se dice

The verb **vestirse** is a true reflexive. When you say **Me visto** you are literally saying *I dress myself.* To talk about what you put on, you may use **vestirse,** or simply **ponerse,** which means literally *to put on one's self.*

¿Qué **te pones** para ir a clase?
Suelo **ponerme** pantalones cortos y camiseta.

ACTIVIDAD C De viaje°

De... *On a trip*

Paso 1 Imagina que este verano vas de viaje por un mes y piensas visitar España, Francia e Italia. ¿Qué prendas de ropa piensas llevar? ¿Cuántas maletas (*suitcases*) llevas? Haz una lista de todo lo que llevas en las maletas y explica por qué. No te olvides de incluir el número de pares de zapatos y de calcetines y otras prendas necesarias.

Paso 2 Intercambia tu lista con otras personas. ¿Se puede agrupar a las personas de la clase por lo que llevan para el viaje?

ACTIVIDAD D ¿Cómo lo haces?

Paso 1 Indica lo que haces en cada situación.

1. Zapatos y calcetines
   - ☐ Primero me pongo los dos calcetines. Luego me pongo los dos zapatos.
   - ☐ Me pongo un calcetín y un zapato. Luego me pongo el otro calcetín y el otro zapato.

2. Pantalones y camisa (falda y blusa)
   - ☐ Me pongo primero la camisa (blusa) y luego me pongo los pantalones (la falda).
   - ☐ Me pongo primero los pantalones (la falda) y luego la camisa (blusa).

3. Reloj (*wristwatch*)
   - ☐ Primero me pongo la ropa y luego me pongo el reloj.
   - ☐ Primero me pongo el reloj y luego me pongo la ropa.

Paso 2 Todos deben compartir sus respuestas. ¿Hay muchas respuestas diferentes?

COMUNICACIÓN

ACTIVIDAD E ¿Tratas de verte bien?

Paso 1 Escoge *una* de las siguientes situaciones y contesta la pregunta.

1. Tienes una primera cita con alguien. ¿Tratas de verte bien? ¿Cómo te vistes?

2. Hay una cena familiar y es una ocasión especial. ¿Tratas de verte bien? ¿Cómo te vistes?

3. Te van a sacar una foto especial, por ejemplo, una foto de la familia. ¿Tratas de verte bien? ¿Cómo te vistes?

Paso 2 Busca dos personas del mismo sexo que hayan escogido la misma situación que tú. ¿Repondieron todos de la misma manera?

Paso 3 Los hombres y las mujeres de la clase deben comparar sus respuestas. ¿Hay alguna diferencia entre los sexos en cuanto a lo que significa «verse bien»?

VOCABULARIO

¿Viajamos?

Talking about trips and traveling

¿En qué vamos?	By what means are we traveling?
el autobús	bus
el avión	airplane
el barco	boat
el tren	train

¿Dónde?	
el aeropuerto	airport
la cabina	cabin
la estación	station
la sala de espera	waiting room
la sección de (no) fumar	(no) smoking section
al extranjero	abroad

¿Quiénes?	
el/la agente (de viajes)	(travel) agent
el/la auxiliar de vuelo	flight attendant
el/la camarero/a	
el/la maletero/a	porter, skycap
el/la pasajero/a	passenger

¿Qué hacemos?	
alquilar	to rent
bajar de	to get off (a bus, car, plane, etc.)
facturar el equipaje	to check luggage
hacer autostop	to hitchhike
hacer cola	to stand in line
hacer escala	to make a stop (flight)
hacer la maleta	to pack one's suitcase
hacer un viaje	to take a trip

marearse	to get sick, become nauseated
sacar fotos	to take pictures
subir a	to get on/in (a bus, car, plane, etc.)
viajar	to travel

¿Qué más?	What else?
el asiento	seat
el boleto (billete*)	ticket
de ida	one-way
de ida y vuelta	round-trip
la clase turística	economy class
la demora	delay
el equipaje	luggage
la llegada	arrival
el pasaje	ticket, passage
la primera clase	first class
la salida	departure
el vuelo	flight

El alojamiento	Lodging
la cama matrimonial	double bed
la cama sencilla	twin bed
la habitación	room
con baño (privado)	with a (private) bath
con ducha	with a shower
la pensión	boardinghouse, bed and breakfast
la recepción	front desk
el servicio de cuarto	room service
alojarse	to stay, lodge

---

*Boleto is mostly used in Latin America; billete is used in Spain.

¿Sabes cuál de estos pasajes es para viajar en autobús y cuál es para viajar en avión? ¿Puedes encontrar la hora de salida de cada viaje? ¿y el número del vuelo del viaje en avión?

ACTIVIDAD F Definiciones y descripciones

Escucha la definición o descripción que da el profesor (la profesora) y luego indica a cuál de las opciones se refiere.

1. **a.** el tren   **b.** el barco   **c.** el avión

2. **a.** la sala de espera   **b.** la cabina   **c.** la estación

3. **a.** el asiento   **b.** la demora   **c.** el billete

4. **a.** el barco   **b.** la cabina   **c.** el vuelo

5. **a.** hacer cola   **b.** hacer escala   **c.** hacer la maleta

6. **a.** alquilar   **b.** marearse   **c.** facturar

7. **a.** el pasaje   **b.** la sala de espera   **c.** la demora

8. **a.** la pasajera   **b.** la agente de viajes   **c.** la auxiliar de vuelo

ACTIVIDAD G ¿En qué orden?

Cuando viajas en avión, ¿en qué orden haces las siguientes actividades? Compara tus resultados con los del resto de la clase.

_____ Compro el boleto.
_____ Facturo el equipaje. 5
_____ Hago cola. 4
_____ Le pido una almohada (*pillow*) al asistente de 9 vuelo.

_____ Hago la maleta. 2
_____ Llego al aeropuerto. 3
_____ Subo al avión. 7
_____ Tomo el asiento. 8
_____ Voy a la sala de espera. 6

COMUNICACIÓN

Así se dice

Para can be used instead of **a** to indicate *to, toward, for,* or *in the direction of,* especially when travel or distance is involved.

Mañana salgo **para** París.
¿Cuándo vienes **para** México?

For now you can use **a**, but look for uses of **para** with destination as you continue to learn Spanish.

1.

2.

Hay hoteles de todo tipo en el mundo hispano. ¿Qué tipo de hotel te gusta a ti, los hoteles de lujo modernos como este resort (1) cerca de San José del Cabo, México o prefieres los hoteles más tradicionales como este (2) de Andalucía, España?

ACTIVIDAD H El alojamiento en un hotel

Paso 1 Indica si las siguientes cosas son necesarias para ti o si sólo son preferibles cuando te alojas en un hotel. Si no te importa algo, indica eso.

	NECESARIO	PREFERIBLE	NO ME IMPORTA(N)
1. una cama matrimonial en vez de una sencilla	☐	☐	☐
2. un baño privado	☐	☐	☐
3. un baño con ducha	☐	☐	☐
4. servicio de cuarto	☐	☐	☐
5. si el precio incluye el desayuno	☐	☐	☐
6. extras como champú gratis y televisión por cable	☐	☐	☐

Paso 2 ¿Cómo contestarían las siguientes personas a cada número del **Paso 1**?

1. una persona de negocios que viaja frecuentemente y que normalmente se queda tres días en un hotel

2. dos jóvenes ricos y famosos que van a Colorado para esquiar

3. una persona que viaja en carro y que solamente pasa una noche en el hotel antes de continuar su viaje

4. dos personas jubiladas (*retired*) que pasan una semana en Florida

ACTIVIDAD I Una historia

Paso 1 Trabajando con un compañero (una compañera) de clase, inventa una historia sobre lo que pasa en los siguientes dibujos. A continuación tienen algunas ideas para considerar.

◆ ¿Quiénes son las dos mujeres? ¿Qué relación hay entre ellas?

◆ ¿Adónde y por cuánto tiempo van?

◆ ¿Cómo lo pasan durante el vuelo?

◆ Al llegar a su destino, ¿qué pasa? ¿Cómo se sienten?

◆ ¿Qué creen Uds. que deben hacer ellas?

1. 2. 3.

4. 5.

Paso 2 Compartan su historia con el resto de la clase. ¿Quiénes inventaron la mejor historia?

GRAMÁTICA

Firme aquí.

Telling others what to do: Formal commands

In an earlier lesson, you learned about direct commands when you are talking to someone with whom you would use **tú.** Direct commands to persons with whom you would use **Ud.** or **Uds.** take a different form. The stem of both affirmative and negative formal commands is formed by dropping the final **-o** from the first person singular (**yo**) present tense form (e.g., **dormir** → **duermo** → **duerm-; poner** → **pongo** → **pong-**) and adding *the opposite vowel* (**-e/-en** for **-ar** verbs, **-a/-an** for **-er** and **-ir** verbs).

Firme aquí, por favor. *Sign here, please.*

Salgan por aquí. *Leave (you [all]) this way.*

Verb stems that end in **-g** will add a **u** to keep the pronunciation of the hard **g** if followed by an **e.** The same is true for verb stems that end in **-c;** they will be spelled **qu** to maintain the hard **k** sound.

Saque su pasaporte, por favor.   *Take out your passport, please.*

¡No **lleguen** tarde!   *Don't arrive late!*

Reflexive and object pronouns are attached to the end of an affirmative command. With negative commands, the pronouns are placed in front.

Vístan**se** bien.   *Dress well.*

No **se** acueste muy tarde.   *Don't go to bed too late.*

Some common irregular commands are those in which the **yo** form ends in **-oy** in the present tense: **ir, ser, dar.**

No **vaya** muy lejos.   *Don't go far away.*

No **sea** ingrato.   *Don't be ungrateful.*

Déme dos boletos.   *Give me two tickets.*

ACTIVIDAD J ¿Quién lo diría?

¿Quién diría cada oración? ¿El recepcionista de un hotel o un huésped?

	RECEPCIONISTA	HUÉSPED
1. Firme aquí, por favor.	☐	☐
2. Para hacer una llamada fuera del hotel, marque el «9» primero.	☐	☐
3. Déme dos llaves, por favor.	☐	☐
4. Por favor, no me despierten antes de las 8.00 de la mañana.	☐	☐

ACTIVIDAD K En la habitación

¿Cuál de las siguientes oraciones esperarías encontrar en la habitación de un hotel?

☐ **1.** Ayúdenos a conservar el agua.

☐ **2.** Por favor, deje abierta la puerta para la mujer de la limpieza.

☐ **3.** En caso de incendio (*fire*), *no* use el ascensor.

☐ **4.** Si no encuentra todo a su satisfacción, escríbanos al volver a su casa.

ACTIVIDAD L Agencia de turismo

En grupos de tres, escojan un lugar en este país que puede ser un lugar de vacaciones o un lugar visitado por turistas. No les digan cuál es ese lugar a los demás miembros de la clase. Luego formulen cinco oraciones basándose en el modelo sin indicar el lugar.

MODELOS   Visite nuestras playas blancas.

Tome una bebida mirando la puesta del sol (*sunset*).

Después cada grupo va a leer sus oraciones. ¿Puede el resto de la clase adivinar a qué lugar se refiere cada grupo?

VOCABULARIO

¿Qué profesión?

Talking about professions

¹VOSᵃ ESTÁS LOCA, MAFALDA! ¿YO ESTUDIAR UNA CARRERA?

¿YO SER INGENIERA, O ARQUITECTA, O ABOGADA, O MÉDICA? ¿YO? ¡JHA´!

¡YO VOY A SER AMA DE CASA Y VOY A APECHUGAR CONᵇ LAS TAREAS DOMÉSTICAS! ¡VOY A SER **MUJER**!

¡Y NO UNA DE ESAS AFEMINADAS QUE TRABAJAN EN COSAS DE HOMBRES!

ᵃvos = *you (fam., sing.), used in Argentina and other Latin American countries* ᵇapechugar… *put up with*

Campos	Profesiones	Campos	Profesiones
la agricultura	el granjero (la granjera)	la computación	el programador (la programadora) el/la técnico
la arquitectura	el arquitecto (la arquitecta)	la contabilidadᵃ	el contador (la contadora)
el arte	el pintor (la pintora) el escultor (la escultora)	los deportes	el/la atleta el jugador (la jugadora) de…
la asistencia social	el trabajador (la trabajadora) social	el derechoᵇ	el abogado (la abogada)
la ciencia	el científico (la científica) el biólogo (la bióloga) el físico (la física) el químico (la química) el astrónomo (la astrónoma)	la enseñanza	el profesor (la profesora) el maestro (la maestra)
		la farmacia	el farmacéutico (la farmacéutica)
el cine el teatro la televisión	el director (la directora) el fotógrafo (la fotógrafa) el productor (la productora) el actor (la actriz)	el gobierno la política	el político (la política) el senador (la senadora) el/la representante el presidente (la presidenta)

ᵃ*accounting* ᵇ*law*

Campos	Profesiones	Campos	Profesiones
la ingeniería	el ingeniero (la ingeniera)	la música	el/la músico
		los negocios	el hombre (la mujer) de negocios
la medicina	{ el médico (la médica) el enfermero (la enfermera) el veterinario (la veterinaria)	el periodismo	el/la periodista
		la psicología	el psicólogo (la psicóloga)
la moda^c	el diseñador (la diseñadora)	la terapia física	el/la terapeuta físico/a

---

^cfashion

Vocabulario útil

consultar	to consult
el/la asesor(a)	consultant
el/la ayudante	assistant
el/la especialista (en algo)	specialist (in something)
el/la gerente	manager
el/la jefe/a	boss

Así se dice

Don't be fooled by professions that end in **-ista**: these can be either masculine or feminine.

Mi **padre** es **dentista**.
Mi **madre** es **dentista**.
Mi **hermano** es **periodista**.
Mi **hermana** es **periodista**.

ACTIVIDAD A Asociaciones

Paso 1 El profesor (La profesora) va a mencionar una profesión. Indica el nombre que se asocia con cada profesión.

1. **a.** Anderson Cooper   **b.** Amelia Earhart   **c.** Brad Pitt

2. **a.** Bono   **b.** Perry Mason   **c.** Barbara Walters

3. **a.** Oprah Winfrey   **b.** Donald Trump   **c.** Michael Douglas

4. **a.** Alex Rodríguez   **b.** Julio Iglesias   **c.** Juan Valdés

5. **a.** Dr. Phil   **b.** Matt Lauer   **c.** Donna Karan

6. **a.** Fidel Castro   **b.** Lee Treviño   **c.** Isabel Allende

7. **a.** Hillary Clinton   **b.** Jaime Escalante   **c.** Jennifer López

Paso 2 Indica lo que asocias con cada profesión que se menciona.

1. **a.** la máquina de escribir   **b.** la ropa especial   **c.** los animales

2. **a.** los pacientes   **b.** el transporte   **c.** la clase

3. **a.** los contratos   **b.** el béisbol   **c.** las revistas

4. **a.** el laboratorio   **b.** el piano   **c.** el dinero

5. **a.** la aspirina   **b.** el Congreso   **c.** los dibujos

(Continúa en la página 334.)

Paso 3 Indica el lugar que asocias con cada profesión que se menciona.

1. **a.** la corte   **b.** la clase   **c.** la universidad
2. **a.** la playa   **b.** la escuela   **c.** el restaurante
3. **a.** el campo   **b.** la ciudad   **c.** el espacio
4. **a.** la clínica   **b.** la casa   **c.** el parque
5. **a.** el hospital   **b.** el océano   **c.** el estudio

ACTIVIDAD B ¿Cuánto prestigio?

Algunas profesiones tienen más prestigio que otras. ¿Cómo calificas tú las siguientes profesiones?

Paso 1 Pon al lado de cada profesión el número que indique el prestigio que tú crees que tiene en la sociedad.

1 = poco prestigio
2 = algún prestigio
3 = mucho prestigio

_____ trabajador(a) social   _____ veterinario/a
_____ abogado/a   _____ hombre (mujer) de
_____ maestro/a de secundaria   negocios
_____ enfermero/a   _____ contador(a)
_____ piloto   _____ aeromozo
_____ director(a) de cine   _____ granjero/a
_____ policía   _____ taxista

Paso 2 Compara lo que escribiste con lo que escribieron otros dos compañeros de clase. ¿Tienen opiniones diferentes? ¿En qué basaron sus respuestas?

COMUNICACIÓN

ACTIVIDAD C De niño/a

Muchas personas tienen aspiraciones profesionales cuando son muy jóvenes. ¿Qué pensabas ser tú?

Paso 1 Completa la siguiente oración.

Recuerdo que de niño/a quería ser _____.

Paso 2 ¿Han cambiado tus deseos? ¿Qué quieres ser ahora?

Ahora quiero ser _____.

Paso 3 ¿Cuántas personas en la clase han cambiado de idea también? Comparte tus oraciones con la clase. Apunta lo que dicen tus compañeros. Determina…

1. si algunos de los estudiantes respondieron de una manera semejante.

2. si la mayoría ha cambiado de idea o no.

VOCABULARIO

¿Qué características y habilidades se necesitan?

Talking about traits needed for particular professions

—Bueno, quieren saber qué **habilidades** especiales tengo. Voy a poner que **hablo varios idiomas...** y que **sé usar una computadora...**

Here is a list of qualities and skills (or abilities) that are useful for talking about particular professions. Some of these expressions you already know.

Cualidades

pensar de una manera directa
ser carismático/a
ser compasivo/a (*compassionate*)
ser compulsivo/a
ser emprendedor(a) (*aggressive, enterprising*)
ser físicamente fuerte
ser hábil para las matemáticas

ser honesto/a
ser íntegro/a (*honorable*)
ser listo/a (*clever, smart*)
ser mayor
ser organizado/a
ser paciente
tener don de gentes

Habilidades

hablar otro idioma
saber dibujar
saber escribir bien
saber escuchar
saber expresarse claramente

saber mandar (*to know how to direct others*)
saber usar una computadora
tener habilidad manual (para trabajar con las manos)

Note that **saber** + *infinitive* means *to know how to do something* or *to be able to do something*. Spanish does not normally use **poder** + *infinitive* to talk about being able to do something that is related to talent or knowledge.

Sé escribir bien.	*I know how to write well.*
María **sabe escuchar.**	*María knows how to listen.*

but

María **puede levantar** cien libras fácilmente.	*María can lift a hundred pounds easily.*

ACTIVIDAD D ¿Qué profesional?

La clase entera debe determinar qué profesionales deben tener las siguientes cualidades.

1. Deben pensar de una manera directa.
2. Deben ser emprendedores.
3. Necesitan ser pacientes.
4. Deben ser físicamente fuertes.
5. Necesitan ser hábiles para las matemáticas.
6. Deben ser carismáticos.
7. Deben tener don de gentes.

ACTIVIDAD E Definiciones

El profesor (La profesora) va a dar unas definiciones. ¿De qué cualidad se habla en cada caso?

1... 2... 3... 4... 5...

ACTIVIDAD F ¿Qué cualidades?

COMUNICACIÓN

Paso 1 La clase debe dividirse en grupos de tres. A cada grupo se le va a asignar una profesión.

Paso 2 Cada grupo debe pensar en por lo menos tres de las cualidades que se requieren para practicar esa profesión. Luego debe llenar el siguiente párrafo.

La profesión de que hablamos es _____. En primer lugar, para practicar esta profesión, una persona tiene que _____. También debe _____. Y es muy bueno _____.

Paso 3 Cada grupo va a leer su párrafo a la clase. ¿Están los otros grupos de acuerdo con sus opiniones?

GRAMÁTICA

¿Cómo será nuestra vida?

Introduction to the simple future tense

ser	+	-é
		-ás
		-á
		-á
		-emos
		-éis
		-án
		-án

—Creo que en el siglo XXI **habrá** avances médicos muy importantes. **Tendremos** nuevos métodos científicos y una tecnología capaz de curar enfermedades muy graves.

You already know several ways to express future intent in Spanish.

. Muchos estudiantes **piensan especializarse** en las ciencias computacionales.
La mayoría de la gente **espera llevar** una vida mejor dentro de unos años.
El mundo **va a ser** muy diferente en el próximo siglo.

Spanish also has a simple future tense, equivalent to English *will + verb.*

—¿Qué lenguas **serán** importantes en los negocios del siglo XXI?
—Bueno, el japonés **será** importante.

The *future* tense is formed by adding the endings **-é, -ás, -á, -á, -emos, -éis, -án, -án** to the infinitive of a verb.

cambiar + é = cambiaré (*I will change*)
ver + ás = verás (*you* [tú] *will see*)
vivir + á = vivirá (*he/she/you* [Ud.] *will live*)
ser + emos = seremos (*we will be*)
estudiar + éis = estudiaréis (*you* [vosotros/as] *will study*)
trabajar + án = trabajarán (*they/you* [Uds.] *will work*)

The endings are the same regardless of whether the infinitive ends in **-ar, -er,** or **-ir.** A small number of frequently used verbs have irregular future stems.

decir	**dir-**	diré, dirás, dirá, dirá, diremos, diréis, dirán, dirán
hacer	**har-**	haré, harás, hará, hará, haremos, haréis, harán, harán
poder	**podr-**	podré, podrás, podrá, podrá, podremos, podréis, podrán, podrán
salir	**saldr-**	saldré, saldrás, saldrá, saldrá, saldremos, saldréis, saldrán, saldrán
tener	**tendr-**	tendré, tendrás, tendrá, tendrá, tendremos, tendréis, tendrán, tendrán
haber	**habr-**	habrá (*there will be*)

ACTIVIDAD A ¿Qué predices?°

What do you predict?

Paso 1 A continuación hay una lista de predicciones sobre lo que ocurrirá en los próximos diez años. Indica si estás de acuerdo o no.

	ESTOY DE ACUERDO.	NO ESTOY DE ACUERDO.
1. Habrá la posibilidad de seleccionar un «hijo perfecto» por medio de los avances en la genética.	☐	☐
2. No se podrá encontrar comidas con conservantes artificiales, pues estos serán prohibidos definitivamente.	☐	☐
3. Los latinos serán el grupo mayoratorio de los Estados Unidos.	☐	☐
4. Desarrollarán una vacuna contra el SIDA.	☐	☐
5. Encontrarán el remedio para el cáncer.	☐	☐
6. Se resolverá el problema del cambio climático.	☐	☐
7. El español llegará a ser* la lengua mundial, reemplazando al inglés como la lengua de los negocios y la tecnología.	☐	☐
8. La ropa será cada vez más unisexual. Por eso, empezarán a desaparecer las secciones separadas para hombres y mujeres en los almacenes (*department stores*).	☐	☐

Paso 2 Usando las ideas del **Paso 1,** averigua las opiniones de tus compañeros de clase.

MODELO E1: ¿Crees que una mujer será presidenta de los Estados Unidos?
E2: Creo que sí. (No. No lo creo.)
E1: Bien. ¿Y crees que... ?

***Llegar a ser** means *to become*, in the sense of a process of evolution, promotion, or change over time.

Mercedes **llegó a ser** jefa después de mucho trabajo.
Buenos Aires **llegó a ser** la ciudad más importante de la Argentina.

ACTIVIDAD B ¿Sabías que... ?

Paso 1 Lee la selección **¿Sabías que... ?** Luego contesta las preguntas a continuación.

1. ¿Cuál es el estereotipo de la mujer hispana según la selección?

2. Describe con tus propias palabras lo que está pasando en los países hispanos según lo que has leído y escuchado.

Paso 2 ¿Es la situación en este país igual o diferente de la que se describe en la selección? Los hombres de la clase deben entrevistar a las mujeres, usando las siguientes ideas para formular sus preguntas.

1. la carrera que estudia

2. sus aspiraciones y planes con relación al trabajo y a la vida personal y familiar

Paso 3 Ahora las mujeres deben entrevistar a los hombres, usando las mismas ideas del **Paso 2**. ¿Hay muchas diferencias entre las respuestas de las personas de cada sexo? Después la clase debe comentar lo siguiente y escribir la información en la pizarra.

1. las futuras carreras de los dos sexos

2. planes para el matrimonio u otro tipo de relaciones permanentes con otra persona

3. planes para tener hijos

¿Sabías que...

Una foto de un folleto distribuido por el Ministerio de Asuntos Sociales de España. ¿Por qué carga tantos sombreros esta mujer? ¿Qué representan?

en muchos países de habla española el futuro está en manos de las mujeres? La imagen estereotípica que se tiene de los países hispanohablantes es que son sociedades «machistas», donde el hombre ocupa todas las posiciones importantes y la mujer queda relegada a hacer los trabajos domésticos y a criar a los hijos. Sin embargo, si analizamos las estadísticas de empleo, todo parece indicar que este estereotipo está muy lejos de la realidad. Según algunos, las mujeres en el mundo hispano están consiguiendo nuevos puestos a un ritmo tres veces mayor que los hombres. Además, cada día más mujeres ocupan puestos administrativos y técnicos en los campos que antes eran territorio exclusivo de los hombres.

Parece que esta es una tendencia que continuará en las próximas décadas en todo el mundo hispano. En España, México, Costa Rica, Panamá, el Perú, la Argentina y otros países, las mujeres hispanas están entrando en grandes números en los campos de administración de empresas, derecho, medicina, ingeniería y ciencias. Los investigadores predicen que dentro de pocos años el número de mujeres profesionales empleadas será mayor que el número de hombres.

GRAMÁTICA

¿Es probable? ¿Es posible?

The subjunctive with expressions of uncertainty

(No) Es probable que		
(No) Es posible que		
No es cierto que	**+**	subjuntivo
Es dudoso que		
Dudo que		
No creo que		

—...y **es poco probable que encontremos** una vacuna contra esta enfermedad en los próximos cinco años, pero hay esperanzas para el futuro lejano.

Often we express belief and affirm ideas by using phrases such as "I believe that . . ." and "It's true that . . .", among others.

I believe that a woman will be president in ten years.
It's true that we have never had a woman president.

We can also express the opposite, namely disbelief, doubt, and probability, by using phrases such as "I don't think that . . .", "It's doubtful that . . .", "It's possible or probable that . . .", and so on. When we use such expressions in Spanish, the verb in the second part of the sentence appears in a form called the *subjunctive*. Negation can affect the use of the subjunctive with expressions of doubt, disbelief, and uncertainty.

SUBJUNCTIVE REQUIRED	INDICATIVE REQUIRED
Es dudoso que...	No es dudoso que...
No es cierto que...	Es cierto que...
No creo que...	Creo que...
Dudo que...	No dudo que...

The forms of the present subjunctive are based on the **yo** form of the present indicative (the present tense verb forms with which you have been working).

tomar	**tomo**	**tom-**
conocer	**conozco**	**conozc-**
tener	**tengo**	**teng-**

What makes the subjunctive different from the indicative is that verbs in the subjunctive use the "opposite vowel" in their endings: **-ar** verbs use an **-e-** and **-er/-ir** verbs use an **-a-.** Here are some examples in the third-person singular and plural.

-ar (→ -e)	-er (→ -a)	-ir (→ -a)
tom**e**, tom**en**	com**a**, com**an**	viv**a**, viv**an**
llegu**e**, llegu**en**	teng**a**, teng**an**	salg**a**, salg**an**
pagu**e**, pagu**en**	entiend**a**, entiend**an**	sirv**a**, sirv**an**

Así se dice

Spelling changes in the subjunctive serve to maintain the pronunciation of certain consonants. Remember that to maintain the hard "**g**" of **pager, llegar, entregar,** and other verbs, a **u** is added to the stem before the vowel **e.** To maintain the hard "**c**" of **buscar, indicar,** and other verbs, the **c** is dropped from the stem and **qu** is added before the vowel **e.**

Indicative	Subjunctive
entre**g**o	entre**gu**e
pa**g**o	pa**gu**e
bus**c**o	bus**qu**e
indi**c**o	indi**qu**e

A few verbs in the present subjunctive have irregular forms. Here are the third-person singular and plural forms of some of these verbs.

dar	**dé, den**	ir	**vaya, vayan**
estar	**esté, estén**	saber	**sepa, sepan**
haber	**haya, hayan**	ser	**sea, sean**

ACTIVIDAD C ¿Estás de acuerdo?

Algunas personas dudan de muchas cosas, no sólo de lo que puede (o no puede) ocurrir en el futuro, sino también del estado de ciertas cosas en el presente. Indica si estás de acuerdo con lo siguiente o no. ¿Y qué piensan tus compañeros?

	ESTOY DE ACUERDO.	NO ESTOY DE ACUERDO.
1. Es dudoso que para el año 2015 les encontremos solución a los problemas del medio ambiente.	☐	☐
2. No es muy cierto que en diez años se pueda seleccionar el sexo de los hijos.	☐	☐
3. Es dudoso que en diez años Quebec sea independiente del resto del Canadá.	☐	☐
4. No es cierto que todas las escuelas públicas sean tan malas como lo dicen las noticias.	☐	☐
5. Es muy dudoso que en este momento el gobierno comprenda los problemas de los que no tienen vivienda.	☐	☐

ACTIVIDAD D ¿Qué es probable que ocurra para el año 2020?

Usando la «escala de probabilidades» abajo y el subjuntivo, escribe una nueva oración para indicar lo que opinas sobre cada de las seis ideas en la siguiente página.

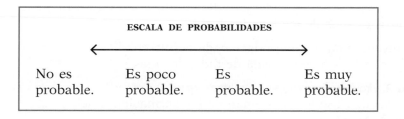

ESCALA DE PROBABILIDADES

No es probable.   Es poco probable.   Es probable.   Es muy probable.

MODELO   Los carros dejarán de contaminar el medio ambiente para el año 2020.
Es poco probable que los carros dejen de contaminar el medio ambiente para el año 2020.

> ### Así se dice
>
> You may already have inferred this from its use throughout *Vistazos,* but to express *by* or *for a certain time,* use **para** and not **por.**
>
> **Para el año 2020,** todos viviremos en una casa «inteligente».
> ¿Estarás listo **para mañana?**
> Hay que entregar la tarea **para el lunes.**

(Continúa en la página 342.)

1. Cada estudiante universitario de este país tendrá una computadora personal.

2. Con la eficiencia dc la tecnología, el ser humano será más perezoso.

3. Todos usaremos teléfonos celulares.

4. No existirá la institución de la Seguridad Social en los Estados Unidos.

5. México mostrará evidencia de transformarse en el poder económico más importante de Latinoamérica.

6. Todos haremos las compras por la Red.

COMUNICACIÓN

ACTIVIDAD E ¿Dudas?

En la actividad anterior, indicaste la probabilidad de ciertos acontecimientos del futuro. En esta actividad, vas a expresar tus dudas aun más.

Paso 1 Con un compañero (una compañera), indica si las expresiones a continuación implican que se tiene una gran duda, una ligera duda o ninguna duda.

1. Dudo…
2. No creo…
3. Creo…
4. Estoy seguro/a…
5. No estoy seguro/a de…
6. No me parece…

Paso 2 Refiriéndote al año 2020, combina las siguientes oraciones con una de las expresiones del **Paso 1**.

MODELO   Creo… / No se venderán libros, sólo vídeos.
Creo que no se venderán libros, sólo vídeos.

1. La energía solar será más común que la energía nuclear.

2. Los carros funcionarán con electricidad y no con gasolina.

3. La temperatura global subirá de forma permanente debido al cambio ambiental (*environment change*).

4. Habrá una guerra en el espacio.

5. Los hispanos llegarán a ser el grupo mayor de este país.

6. El español será considerado idioma oficial en California, Florida y otros estados de los Estados Unidos.

7. (Inventa una oración relacionada con la condición política o social de este país o con la vida de todos los días.)

Paso 3 Usando la expresión **¿Crees que… ?,** pregúntales a dos compañeros/as de clase lo que opinan de las afirmaciones del **Paso 2**. Apunta sus respuestas.

Paso 4 Con tus compañeros/as, escriban siete oraciones en las que describan lo que las otras dos personas y tú creen y lo que no creen.

MODELOS   Todos (no) creemos (dudamos) que…

Yo (no) creo que…, pero mis compañeros lo creen (dudan).

Marta y yo (no) creemos que…, pero Roberto lo cree (duda).

> ## Nota comunicativa
>
> Here are some ways you can express your doubt about or rejection of an idea expressed by someone else.
>
> No lo creo.
> *I don't think so.*
>
> ¿Hablas en serio?
> *Are you serious?*
>
> ¡No puede ser!
> *That can't be!*
>
> A otro perro con ese hueso.
> *Peddle that story somewhere else.*
>
> Sí. Y yo soy el Papa.
> *Sure. And I'm the Pope.*

ACTIVIDAD F En el escenario

Paso 1 Trabajen en grupos de dos. Una persona hará el papel del optimista («Creo que... ») y otra persona será el pesimista («No. Dudo que... »). Inventen un diálogo entre estas dos personas.

Paso 2 Presenten su diálogo al resto de la clase.

✸ INTERCAMBIO

Recomendaciones para elegir una profesión

Propósito: hacer una recomendación de trabajo o profesión basada en una entrevista

Papeles: una persona que entrevista y otra persona entrevistada

Paso 1 Vas a escribirle unas recomendaciones a un compañero (una compañera) de clase con referencia a la profesión que debe seguir. Primero, lee el siguiente párrafo y piensa en los datos que necesitas obtener para hacer las recomendaciones.

> Según nuestra conversación, veo que tú __ __. También he observado que ____. Dices que tus metas personales son ____.
> Entonces, creo que puedes trabajar en los siguientes campos: ____.
> Una profesión ideal para ti sería ____.

Paso 2 Vas a entrevistar a una persona en la clase sobre la siguiente lista de temas. Lee la lista y escribe preguntas para cada tema que te ayuden (*will help*) a obtener los datos que deseas sobre esa persona. Tus preguntas deben ayudarte a saber algo sobre la persona sin hacerle preguntas directas sobre su vida privada.

- ☐ la personalidad de la persona
- ☐ las metas de la persona
- ☐ cómo la persona se relaciona con los demás
- ☐ sus intereses
- ☐ sus aptitudes o habilidades especiales
- ☐ ¿ ?

Paso 3 Ahora entrevista a esa persona y apunta sus respuestas mientras habla. Pídele aclaraciones cuando sea necesario.

Paso 4 Completa el párrafo del **Paso 1** con los datos que obtuviste. Agrega otras ideas según tus apuntes de la entrevista. Antes de entregarle tu párrafo al profesor (a la profesora), muéstraselo a la persona que entrevistaste. ¿Qué piensa de lo que escribiste? ¿Dice que le interesa el campo o profesión que le sugeriste?

El futuro del español en los Estados Unidos

¿Sabías que...

el español es uno de los idiomas más hablados en los Estados Unidos? Los datos del Censo 2000 revelan que actualmente hay más de 28,1 millones de norteamericanos que hablan español en casa. Esta cifra representa el 10% de la población total del país. El español también ha sido el idioma elegido por estudiantes que quieren aprender otra lengua. Por lo general, hay más inscripciones[a] en los cursos de español que en los de cualquier otro idioma.

---

[a]*enrollments*

EL CENSO 2000					
NÚMERO DE HISPANOHABLANTES EN CASA Y SU PROFICIENCIA (AUTOREPORTADA) EN INGLÉS RESIDENTES DE 5 AÑOS DE EDAD EN ADELANTE					
	1980	**%**	**1990**	**%**	**2000**	**%**
Hispanohablantes en casa	11.116.194	100	17.339.172	100	28.101.052	100
Hablan inglés muy bien	5.534.875	49,8	9.033.407	52,1	14.349.796	51,1
Hablan inglés con dificultad	5.581.319	50,2	8.305.765	47,9	13.751.256	48,9

Hoy día hay un gran debate sobre la necesidad de ofrecer educación bilingüe en los Estados Unidos. Varias propuestas se han formulado en el suroeste del país que fomentan el uso exclusivo del inglés en las escuelas públicas.

Otra cuestión relacionada con el futuro del español en los Estados Unidos es la de la inmigración, sobre todo la inmigración ilegal.

Una manifestación en el National Mall en Washington, D.C. (abril de 2006)

You can investigate these cultural topics in more detail on the *Vistazos* Online Learning Center: **www.mhhe.com/vistazos3**.

A pesar de las propuestas para terminar con la educación bilingüe, el número de estudiantes en los Estados Unidos interesados en aprender el español como segunda lengua ha aumentado muchísimo en las últimas décadas. En el año 2000 el *American Council on the Teaching of Foreign Languages* (ACTFL) publicó los resultados de una encuesta sobre las inscripciones en lenguas extranjeras en las escuelas secundarias públicas del país. Como se ve en el cuadro, los estudiantes de las escuelas secundarias se inscriben más en los cursos de español que en los de cualquier otro idioma.

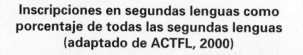

Inscripciones en segundas lenguas como porcentaje de todas las segundas lenguas (adaptado de ACTFL, 2000)

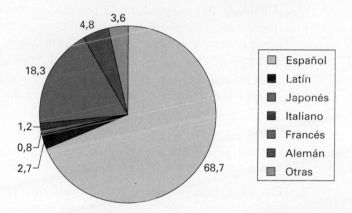

3,6
4,8
18,3
1,2
0,8
2,7
68,7

- Español
- Latín
- Japonés
- Italiano
- Francés
- Alemán
- Otras

Una clase de inmersión total en California

Una celebración mexicana en los Estados Unidos: el Cinco de Mayo, Austin, Texas

ACTIVIDAD ¿Qué recuerdas?

Empareja cada descripción de la columna A con una de las respuestas de la columna B.

A	B
1. _____: número de personas en el país que hablan español en casa	**a.** 14,3 millones
2. _____: idioma que más se estudia como segunda lengua en las escuelas secundarias del país	**b.** 28,1 millones
3. _____: número de norteamericanos que son bilingües (español/inglés)	**c.** el español

NAVEGANDO LA RED

Escoge *uno* de los siguientes proyectos. Luego presenta tus resultados a la clase.

1. La habilidad de hablar y escribir bien el español es una destreza (*skill*) cada día más estimada por las empresas (*businesses*) norteamericanas. Busca anuncios de puestos para profesionales en este país que requieren buen dominio (*proficiency*) del español. Haz lo siguiente.

   a. Menciona tres campos o puestos en los que es necesario saber español y el nivel de dominio que se pide para cada uno.

   b. Indica si los empleados bilingües en español e inglés ganan más que los que sólo hablan inglés.

   c. Basándote en la información que encuentres, da tu opinión sobre el futuro del español en este país.

2. Busca información sobre una escuela que se dedique a enseñar español en este país o en algún país hispano. Haz lo siguiente.

   a. Apunta los datos básicos de la escuela (nombre, dirección, teléfono, etcétera).

   b. Indica los tipos de cursos que se ofrecen (cultura, lengua, español para negocios, etcétera), los horarios de clases y los costos (por curso, de inscripción, etcétera).

   c. Menciona otros detalles que te parezcan interesantes.

 Vamos a ver

Now that you've completed the **Lección final,** watch the corresponding **Vamos a ver** segment on the *Vistazos* DVD or Online Learning Center (**www.mhhe.com/vistazos3**) to further explore the themes presented in this lesson. There are related pre- and post-viewing activities on the Online Learning Center.

Las prendas de vestir	Articles of Clothing
el abrigo	overcoat
los *bluejeans*	jeans
la blusa	blouse
los calcetines	socks
la camisa	shirt
la camiseta	T-shirt
la chaqueta	jacket
la corbata	tie
la falda	skirt
el jersey	pullover
las medias	stockings
los pantalones	pants
los pantalones cortos	shorts
el sombrero	hat
la sudadera	sweats, sweatpants
el suéter	sweater
el traje	suit
el traje de baño	bathing suit
el vestido	dress
los zapatos	shoes
los zapatos de tacón alto	high-heel shoes

llevar	to wear
ponerse (*irreg.*)	to put on (*clothing*)
verse (bien)	to look (good)
vestir (i, i)	to wear
vestirse (i, i) (R)	to dress, get dressed

Las telas y materiales	Fabrics and Materials
el algodón	cotton
el cuero	leather
la lana	wool
el poliéster	polyester
el rayón	rayon
la seda	silk

Palabras útiles	
el diseño	design
barato/a	inexpensive
caro/a	expensive

De viaje	On a Trip
el aeropuerto	airport
el/la agente de viajes	travel agent
el autobús	bus
el/la auxiliar de vuelo	flight attendant
el avión	airplane
el barco	boat

la cabina	cabin
el/la camarero/a	flight attendant
la estación	station
el/la maletero/a	porter, skycap
el/la pasajero/a	passenger
la sala de espera	waiting room
la sección de (no) fumar	(no) smoking section
el tren	train

alquilar	to rent
bajar de	to get off (*a bus, car, plane, etc.*)
facturar el equipaje	to check luggage
hacer autostop	to hitchhike
hacer cola	to stand in line
hacer escala	to make a stop (*flight*)
hacer la maleta	to pack one's suitcase
hacer un viaje	to take a trip
marearse	to get sick (nauseated)
sacar fotos	to take pictures
subir a	to get on/in (*a bus, car, plane, etc.*)
viajar	to travel
al extranjero	abroad

Palabras útiles para los viajes	Useful Words for Trips
el asiento	seat
el boleto (el billete)	ticket
de ida	one-way ticket
de ida y vuelta	round-trip ticket
la clase turística	economy class
la demora	delay
el equipaje	luggage
la llegada	arrival
el pasaje	ticket, passage
la primera clase	first class
la salida	departure
el vuelo	flight

El alojamiento	Lodging
alojarse	to stay, lodge
la cama	bed
matrimonial	double bed
sencilla	twin bed
la habitación	room
con baño (privado)	with a (private) bath
con ducha	with a shower
la pensión	boardinghouse, bed and breakfast
la recepción	front desk
el servicio de cuarto	room service

Campos	Fields
la arquitectura	architecture
la asistencia social	social work
la contabilidad	accounting
el derecho	law
la enseñanza	teaching
la farmacia	pharmacy
el gobierno	government
la medicina	medicine
la moda	fashion
los negocios	business
la política	politics
la terapia física	physical therapy

Profesiones	Professions
el/la abogado/a	lawyer
el actor (la actriz)	actor (actress)
el/la arquitecto/a	architect
el/la asesor(a)	consultant
el/la astrónomo/a	astronomer
el/la atleta	athlete
el/la ayudante	assistant
el/la biólogo/a	biologist
el/la científico/a	scientist
el/la contador(a)	accountant
el/la director(a)	director
el/la diseñador(a)	designer
el/la enfermero/a	nurse
el/la escultor(a)	sculptor
el/la especialista	specialist
el/la farmacéutico/a	pharmacist
el/la físico/a	physicist
el/la fotógrafo/a	photographer
el/la gerente	manager
el/la granjero/a	farmer
el hombre (la mujer) de negocios	businessman (businesswoman)
el/la ingeniero/a	engineer
el/la jefe/a	boss
el/la jugador(a) de...	. . . player (*sports*)
el/la maestro/a	teacher (*elementary school*)
el/la médico/a	doctor
el/la músico	musician
el/la periodista	journalist
el/la pintor(a)	painter
el/la político/a	politician
el/la presidente/a	president
el/la productor(a)	producer
el/la profesional	professional
el/la profesor(a) (R)	professor; teacher
el/la programador(a)	programmer
el/la psicólogo/a	psychologist
el/la químico/a	chemist
el/la representante	representative

el/la senador(a)	senator
el/la técnico	technician
el/la terapeuta físico/a	physical therapist
el/la trabajador(a) social	social worker
el/la veterinario/a	veterinarian

Cualidades y habilidades	Qualities and Abilities
hablar otro idioma	to speak another language
pensar de una manera directa	to think in a direct (*linear*) manner
saber	to know how
dibujar	to draw
escribir (R) bien	to write well
escuchar (R)	to listen
expresarse claramente	to express oneself clearly
mandar	to direct others
usar una computadora	to use a computer
ser	to be
carismático/a	charismatic
compasivo/a	compassionate
compulsivo/a	compulsive
emprendedor(a)	enterprising, aggressive
físicamente fuerte	physically strong
hábil para las matemáticas	good at math
honesto/a (R)	honest
íntegro/a	honorable
listo/a	clever, smart
mayor (R)	older
organizado/a	organized
paciente (R)	patient
tener	to have
don de gentes	a way with people
habilidad manual	the ability to work with one's hands

Las posibilidades y probabilidades del futuro	Future Possibilities and Probabilities
la duda	doubt
dudar	to doubt
(no) creo que...	I (don't) think that . . .
(no) es cierto que...	it's (not) certain that . . .
es dudoso que...	it's doubtful that . . .
(no) es posible que...	it's (not) possible that . . .
(no) es probable que...	it's (not) probable that . . .

Formal Commands

1. Singular and plural formal commands use the **Ud.** and **Uds.** forms of the present subjunctive, respectively. See the FORMS subsection in the section entitled "The Subjunctive" in this grammar summary.

2. Remember that direct and indirect object pronouns and reflexive pronouns are attached to the end of affirmative commands and precede negative commands.

> —Profesora, **¿le entregamos la tarea** ahora?
> *Professor, should we turn in the homework now?*

> —No. **no me la entreguen** ahora.
> **Entréguenmela** al final de la hora.
> *No, don't turn it in now. Turn it in at the end of the hour.*

The Subjunctive

USES

The subjunctive has a variety of uses in Spanish; in *Vistazos* you have focused on the subjunctive with expressions of uncertainty.

dudar que	**(no) es probable que**
es dudoso que	**no creer que**
(no) es posible que	**no es cierto que**

No creo que tengas más días de vacaciones que yo.

Dudamos que ella **salga** esta noche.

Es probable que ellos **sepan** llegar a este lugar.

Note that if **dudar** and **es dudoso** are negated, then these become expressions of certainty and the subjunctive is not used.

No dudo que tu hermana **es** la mejor cantante de todas.

FORMS

As with formal commands, the subjunctive stem is the same as that of the **yo** form of the present indicative. The **nosotros/as** and **vosotros/as** forms of most stem-changing verbs do not have a stem-vowel change.

1. Subjunctive endings take on the "opposite vowel": **-ar** verbs have an **-e-** in the endings and **-er/-ir** verbs have an **-a-**. Spelling changes also appear in the subjunctive in order to maintain pronunciation of certain consonants in the stem (**g → gu, c → qu, z → c**).

	-ar	-er	-ir
(yo)	almuer**ce**	teng**a**	viv**a**
(tú)	almuer**ces**	teng**as**	viv**as**
(Ud.)	almuer**ce**	teng**a**	viv**a**
(él/ella)	almuer**ce**	teng**a**	viv**a**
(nosotros/as)	almorc**emos**	teng**amos**	viv**amos**
(vosotros/as)	almorc**éis**	teng**áis**	viv**áis**
(Uds.)	almuer**cen**	teng**an**	viv**an**
(ellos/ellas)	almuer**cen**	teng**an**	viv**an**

2. Verbs with **-ir** endings that have a stem-vowel change in the third-person preterite have that same stem-vowel change in the **nosotros/as** and **vosotros/as** forms of the present subjunctive.

(yo)	me s**ie**nta	d**ue**rma
(tú)	te s**ie**ntas	d**ue**rmas
(Ud.)	se s**ie**nta	d**ue**rma
(él/ella)	se s**ie**nta	d**ue**rma
(nosotros/as)	nos s**i**ntamos	d**u**rmamos
(vosotros/as)	os s**i**ntáis	d**u**rmáis
(Uds.)	se s**ie**ntan	d**ue**rman
(ellos/ellas)	se s**ie**ntan	d**ue**rman

3. The following verbs have irregular subjunctive stems.

dar	**dé** (but: **des, den,** and so forth)
estar	**esté**
haber	**haya**
ir	**vaya**
saber	**sepa**
ser	**sea**

The Future Tense

1. The Spanish and English future tenses have essentially the same function—to express events that will occur sometime in the future.

> Creo que **estaré** contento.
> *I think I will be happy.*

> Algún día una mujer **será** presidenta de los Estados Unidos.
> *Someday a woman will be president of the United States.*

> ¿**Habrá** clase mañana?
> *Will there be classes tomorrow?*

2. The future is formed like the conditional. The infinitive is used as the stem and the endings shown at the right are added.

		-é
		-ás
estar		**-á**
ser	+	**-á**
vivir		**-emos**
		-éis
		-án
		-án

3. Irregular conditional verb stems are irregular in the future tense as well.

decir	→	**dir-**
hacer	→	**har-**
poder	→	**podr-**
salir	→	**saldr-**
tener	→	**tendr-**
haber	→	**habrá** (*there will be*)

APPENDIX · Verbs

A. Regular Verbs: Simple Tenses

infinitive / present participle / past participle	INDICATIVE present	imperfect	preterite	future	conditional	SUBJUNCTIVE present	imperfect	IMPERATIVE
hablar / hablando / hablado	hablo	hablaba	hablé	hablaré	hablaría	hable	hablara	
	hablas	hablabas	hablaste	hablarás	hablarías	hables	hablaras	habla / no hables
	habla	hablaba	habló	hablará	hablaría	hable	hablara	hable
	hablamos	hablábamos	hablamos	hablaremos	hablaríamos	hablemos	habláramos	hablemos
	habláis	hablabais	hablasteis	hablaréis	hablaríais	habléis	hablarais	hablad / no habléis
	hablan	hablaban	hablaron	hablarán	hablarían	hablen	hablaran	hablen
comer / comiendo / comido	como	comía	comí	comeré	comería	coma	comiera	
	comes	comías	comiste	comerás	comerías	comas	comieras	come / no comas
	come	comía	comió	comerá	comería	coma	comiera	coma
	comemos	comíamos	comimos	comeremos	comeríamos	comamos	comiéramos	comamos
	coméis	comíais	comisteis	comeréis	comeríais	comáis	comierais	comed / no comáis
	comen	comían	comieron	comerán	comerían	coman	comieran	coman
vivir / viviendo / vivido	vivo	vivía	viví	viviré	viviría	viva	viviera	
	vives	vivías	viviste	vivirás	vivirías	vivas	vivieras	vive / no vivas
	vive	vivía	vivió	vivirá	viviría	viva	viviera	viva
	vivimos	vivíamos	vivimos	viviremos	viviríamos	vivamos	viviéramos	vivamos
	vivís	vivíais	vivisteis	viviréis	viviríais	viváis	vivierais	vivid / no viváis
	viven	vivían	vivieron	vivirán	vivirían	vivan	vivieran	vivan

B. Regular Verbs: Perfect Tenses

indicative present perfect		past perfect		preterite perfect		future perfect		conditional perfect		subjunctive present perfect		past perfect	
he	hablado	había	hablado	hube	hablado	habré	hablado	habría	hablado	haya	hablado	hubiera	hablado
has	comido	habías	comido	hubiste	comido	habrás	comido	habrías	comido	hayas	comido	hubieras	comido
ha	vivido	había	vivido	hubo	vivido	habrá	vivido	habría	vivido	haya	vivido	hubiera	vivido
hemos		habíamos		hubimos		habremos		habríamos		hayamos		hubiéramos	
habéis		habíais		hubisteis		habréis		habríais		hayáis		hubierais	
han		habían		hubieron		habrán		habrían		hayan		hubieran	

Appendix: Verbs **A1**

C. Irregular Verbs

infinitive present participle past participle	INDICATIVE					SUBJUNCTIVE		IMPERATIVE
	present	imperfect	preterite	future	conditional	present	imperfect	
andar andando andado	ando andas anda andamos andáis andan	andaba andabas andaba andábamos andabais andaban	anduve anduviste anduvo anduvimos anduvisteis anduvieron	andaré andarás andará andaremos andaréis andarán	andaría andarías andaría andaríamos andaríais andarían	ande andes ande andemos andéis anden	anduviera anduvieras anduviera anduviéramos anduvierais anduvieran	anda / no andes ande andemos andad / no andéis anden
caer cayendo caído	caigo caes cae caemos caéis caen	caía caías caía caíamos caíais caían	caí caíste cayó caímos caísteis cayeron	caeré caerás caerá caeremos caeréis caerán	caería caerías caería caeríamos caeríais caerían	caiga caigas caiga caigamos caigáis caigan	cayera cayeras cayera cayéramos cayerais cayeran	cae / no caigas caiga caigamos caed / no caigáis caigan
dar dando dado	doy das da damos dais dan	daba dabas daba dábamos dabais daban	di diste dio dimos disteis dieron	daré darás dará daremos daréis darán	daría darías daría daríamos daríais darían	dé des dé demos deis den	diera dieras diera diéramos dierais dieran	da / no des dé demos dad / no deis den
decir diciendo dicho	digo dices dice decimos decís dicen	decía decías decía decíamos decíais decían	dije dijiste dijo dijimos dijisteis dijeron	diré dirás dirá diremos diréis dirán	diría dirías diría diríamos diríais dirían	diga digas diga digamos digáis digan	dijera dijeras dijera dijéramos dijerais dijeran	di / no digas diga digamos decid / no digáis digan
estar estando estado	estoy estás está estamos estáis están	estaba estabas estaba estábamos estabais estaban	estuve estuviste estuvo estuvimos estuvisteis estuvieron	estaré estarás estará estaremos estaréis estarán	estaría estarías estaría estaríamos estaríais estarían	esté estés esté estemos estéis estén	estuviera estuvieras estuviera estuviéramos estuvierais estuviera	está / no estés esté estemos estad / no estéis estén
haber habiendo habido	he has ha hemos habéis han	había habías había habíamos habíais habían	hube hubiste hubo hubimos hubisteis hubieron	habré habrás habrá habremos habréis habrán	habría habrías habría habríamos habríais habrían	haya hayas haya hayamos hayáis hayan	hubiera hubieras hubiera hubiéramos hubierais hubieran	
hacer haciendo hecho	hago haces hace hacemos hacéis hacen	hacía hacías hacía hacíamos hacíais hacían	hice hiciste hizo hicimos hicisteis hicieron	haré harás hará haremos haréis harán	haría harías haría haríamos haríais harían	haga hagas haga hagamos hagáis hagan	hiciera hicieras hiciera hiciéramos hicierais hicieran	haz / no hagas haga hagamos haced / no hagáis hagan
ir yendo ido	voy vas va vamos vais van	iba ibas iba íbamos ibais iban	fui fuiste fue fuimos fuisteis fueron	iré irás irá iremos iréis irán	iría irías iría iríamos iríais irían	vaya vayas vaya vayamos vayáis vayan	fuera fueras fuera fuéramos fuerais fueran	ve / no vayas vaya vamos / no vayamos id / no vayáis vayan

C. Irregular Verbs (continued)

infinitive / present participle / past participle	INDICATIVE present	imperfect	preterite	future	conditional	SUBJUNCTIVE present	imperfect	IMPERATIVE
oír oyendo oído	oigo oyes oye oímos oís oyen	oía oías oía oíamos oíais oían	oí oíste oyó oímos oísteis oyeron	oiré oirás oirá oiremos oiréis oirán	oiría oirías oiría oiríamos oiríais oirían	oiga oigas oiga oigamos oigáis oigan	oyera oyeras oyera oyéramos oyerais oyeran	oye / no oigas oiga oigamos oíd / no oigáis oigan
poder pudiendo podido	puedo puedes puede podemos podéis pueden	podía podías podía podíamos podíais podían	pude pudiste pudo pudimos pudisteis pudieron	podré podrás podrá podremos podréis podrán	podría podrías podría podríamos podríais podrían	pueda puedas pueda podamos podáis puedan	pudiera pudieras pudiera pudiéramos pudierais pudieran	
poner poniendo puesto	pongo pones pone ponemos ponéis ponen	ponía ponías ponía poníamos poníais ponían	puse pusiste puso pusimos pusisteis pusieron	pondré pondrás pondrá pondremos pondréis pondrán	pondría pondrías pondría pondríamos pondríais pondrían	ponga pongas ponga pongamos pongáis pongan	pusiera pusieras pusiera pusiéramos pusierais pusieran	pon / no pongas ponga pongamos poned / no pongáis pongan
querer queriendo querido	quiero quieres quiere queremos queréis quieren	quería querías quería queríamos queríais querían	quise quisiste quiso quisimos quisisteis quisieron	querré querrás querrá querremos querréis querrán	querría querrías querría querríamos querríais querrían	quiera quieras quiera queramos queráis quieran	quisiera quisieras quisiera quisiéramos quisierais quisieran	quiere / no quieras quiera queramos quered / no queráis quieran
saber sabiendo sabido	sé sabes sabe sabemos sabéis saben	sabía sabías sabía sabíamos sabíais sabían	supe supiste supo supimos supisteis supieron	sabré sabrás sabrá sabremos sabréis sabrán	sabría sabrías sabría sabríamos sabríais sabrían	sepa sepas sepa sepamos sepáis sepan	supiera supieras supiera supiéramos supierais supieran	sabe / no sepas sepa sepamos sabed / no sepáis sepan
salir saliendo salido	salgo sales sale salimos salís salen	salía salías salía salíamos salíais salían	salí saliste salió salimos salisteis salieron	saldré saldrás saldrá saldremos saldréis saldrán	saldría saldrías saldría saldríamos saldríais saldrían	salga salgas salga salgamos salgáis salgan	saliera salieras saliera saliéramos salierais salieran	sal / no salgas salga salgamos salid / no salgáis salgan
ser siendo sido	soy eres es somos sois son	era eras era éramos erais eran	fui fuiste fue fuimos fuisteis fueron	seré serás será seremos seréis serán	sería serías sería seríamos seríais serían	sea seas sea seamos seáis sean	fuera fueras fuera fuéramos fuerais fueran	sé / no seas sea seamos sed / no seáis sean
tener teniendo tenido	tengo tienes tiene tenemos tenéis tienen	tenía tenías tenía teníamos teníais tenían	tuve tuviste tuvo tuvimos tuvisteis tuvieron	tendré tendrás tendrá tendremos tendréis tendrán	tendría tendrías tendría tendríamos tendríais tendrían	tenga tengas tenga tengamos tengáis tengan	tuviera tuvieras tuviera tuviéramos tuvierais tuvieran	ten / no tengas tenga tengamos tened / no tengáis tengan

C. Irregular Verbs (continued)

infinitive present participle past participle	INDICATIVE					SUBJUNCTIVE		IMPERATIVE
	present	imperfect	preterite	future	conditional	present	imperfect	
traer trayendo traído	traigo traes trae traemos traéis traen	traía traías traía traíamos traíais traían	traje trajiste trajo trajimos trajisteis trajeron	traeré traerás traerá traeremos traeréis traerán	traería traerías traería traeríamos traeríais traerían	traiga traigas traiga traigamos traigáis traigan	trajera trajeras trajera trajéramos trajerais trajeran	trae / no traigas traiga traigamos traed / no traigáis traigan
venir viniendo venido	vengo vienes viene venimos venís vienen	venía venías venía veníamos veníais venían	vine viniste vino vinimos vinisteis vinieron	vendré vendrás vendrá vendremos vendréis vendrán	vendría vendrías vendría vendríamos vendríais vendrían	venga vengas venga vengamos vengáis vengan	viniera vinieras viniera viniéramos vinierais vinieran	ven / no vengas venga vengamos venid / no vengáis vengan
ver viendo visto	veo ves ve vemos veis ven	veía veías veía veíamos veíais veían	vi viste vio vimos visteis vieron	veré verás verá veremos veréis verán	vería verías vería veríamos veríais verían	vea veas vea veamos veáis vean	viera vieras viera viéramos vierais vieran	ve / no veas vea veamos ved / no veáis vean

D. Stem-Changing and Spelling Change Verbs

infinitive present participle past participle	INDICATIVE					SUBJUNCTIVE		IMPERATIVE
	present	imperfect	preterite	future	conditional	present	imperfect	
construir (y) construyendo construido	construyo construyes construye construimos construís construyen	construía construías construía construíamos construíais construían	construí construiste construyó construimos construisteis construyeron	construiré construirás construirá construiremos construiréis construirán	construiría construirías construiría construiríamos construiríais construirían	construya construyas construya construyamos construyáis construyan	construyera construyeras construyera construyéramos construyerais construyeran	construye / no construyas construya construyamos construid / no construyáis construyan
dormir (ue, u) durmiendo dormido	duermo duermes duerme dormimos dormís duermen	dormía dormías dormía dormíamos dormíais dormían	dormí dormiste durmió dormimos dormisteis durmieron	dormiré dormirás dormirá dormiremos dormiréis dormirán	dormiría dormirías dormiría dormiríamos dormiríais dormirían	duerma duermas duerma durmamos durmáis duerman	durmiera durmieras durmiera durmiéramos durmierais durmieran	duerme / no duermas duerma durmamos dormid / no durmáis duerman
pedir (i, i) pidiendo pedido	pido pides pide pedimos pedís piden	pedía pedías pedía pedíamos pedíais pedían	pedí pediste pidió pedimos pedisteis pidieron	pediré pedirás pedirá pediremos pediréis pedirán	pediría pedirías pediría pediríamos pediríais pedirían	pida pidas pida pidamos pidáis pidan	pidiera pidieras pidiera pidiéramos pidierais pidieran	pide / no pidas pida pidamos pedid / no pidáis pidan

D. Stem-Changing and Spelling Change Verbs (*continued*)

infinitive present participle past participle	INDICATIVE					SUBJUNCTIVE		IMPERATIVE
	present	imperfect	preterite	future	conditional	present	imperfect	
pensar (ie) pensando pensado	pienso piensas piensa pensamos pensáis piensan	pensaba pensabas pensaba pensábamos pensabais pensaban	pensé pensaste pensó pensamos pensasteis pensaron	pensaré pensarás pensará pensaremos pensaréis pensarán	pensaría pensarías pensaría pensaríamos pensaríais pensarían	piense pienses piense pensemos penséis piensen	pensara pensaras pensara pensáramos pensarais pensaran	piensa / no pienses piense pensemos pensad / no penséis piensen
producir (zc) produciendo producido	produzco produces produce producimos producís producen	producía producías producía producíamos producíais producían	produje produjiste produjo produjimos produjisteis produjeron	produciré producirás producirá produciremos produciréis producirán	produciría producirías produciría produciríamos produciríais producirían	produzca produzcas produzca produzcamos produzcáis produzcan	produjera produjeras produjera produjéramos produjerais produjeran	produce / no produzcas produzca produzcamos producid / no produzcáis produzcan
reír (i, i) riendo reído	río ríes ríe reímos reís ríen	reía reías reía reíamos reíais reían	reí reíste rió reímos reísteis rieron	reiré reirás reirá reiremos reiréis reirán	reiría reirías reiría reiríamos reiríais reirían	ría rías ría riamos riáis rían	riera rieras riera riéramos rierais rieran	ríe / no rías ría riamos reíd / no riáis rían
seguir (i, i) (g) siguiendo seguido	sigo sigues sigue seguimos seguís siguen	seguía seguías seguía seguíamos seguíais seguían	seguí seguiste siguió seguimos seguisteis siguieron	seguiré seguirás seguirá seguiremos seguiréis seguirán	seguiría seguirías seguiría seguiríamos seguiríais seguirían	siga sigas siga sigamos sigáis sigan	siguiera siguieras siguiera siguiéramos siguierais siguieran	sigue / no sigas siga sigamos seguid / no sigáis sigan
sentir (ie, i) sintiendo sentido	siento sientes siente sentimos sentís sienten	sentía sentías sentía sentíamos sentíais sentían	sentí sentiste sintió sentimos sentisteis sintieron	sentiré sentirás sentirá sentiremos sentiréis sentirán	sentiría sentirías sentiría sentiríamos sentiríais sentirían	sienta sientas sienta sintamos sintáis sientan	sintiera sintieras sintiera sintiéramos sintierais sintieran	siente / no sientas sienta sintamos sentid / no sintáis sientan
volver (ue) volviendo vuelto	vuelvo vuelves vuelve volvemos volvéis vuelven	volvía volvías volvía volvíamos volvíais volvían	volví volviste volvió volvimos volvisteis volvieron	volveré volverás volverá volveremos volveréis volverán	volvería volverías volvería volveríamos volveríais volverían	vuelva vuelvas vuelva volvamos volváis vuelvan	volviera volvieras volviera volviéramos volvierais volvieran	vuelve / no vuelvas vuelva volvamos volved / no volváis vuelvan

The Spanish-English Vocabulary contains all the words that appear in the text, with the following exceptions: (1) most identical cognates that do not appear in the chapter vocabulary lists; (2) verb forms; (3) diminutives ending in **-ito/a;** (4) absolute superlatives ending in **-ísimo/a;** and (5) most adverbs ending in **-mente.** Active vocabulary is indicated by the number of the chapter in which a word or given meaning is first listed (P = **Lección preliminar**). Vocabulary that is glossed in the text is not considered to be active vocabulary, and no chapter number is indicated for it. Only meanings that are used in this text are given. The English-Spanish Vocabulary includes all words and expressions in the end-of-chapter vocabulary lists.

Gender is indicated except for masculine nouns ending in **-o,** feminine nouns ending in **-a,** and invariable adjectives. Stem changes and spelling changes are indicated for verbs: **dormir (ue, u); llegar (gu).**

Because **ch** and **ll** are no longer considered separate letters, words with **ch** and **ll** are alphabetized as they would be in English. The letter **ñ** follows the letter **n: añadir** follows **anuncio,** for example.

The following abbreviations are used:

adj.	adjective	*m.*	masculine
adv.	adverb	*Mex.*	Mexico
Arg.	Argentina	*n.*	noun
aux.	auxiliary	*obj.*	object
conj.	conjunction	*p.p.*	past participle
d.o.	direct object	*pl.*	plural
f.	feminine	*poss.*	possessive
fam.	familiar or colloquial	*prep.*	preposition
form.	formal	*pron.*	pronoun
gram.	grammatical term	*refl.*	reflexive
inf.	infinitive	*rel. pron.*	relative pronoun
inv.	invariable	*s.*	singular
i.o.	indirect object	*Sp.*	Spain
irreg.	irregular	*sub. pron.*	subject pronoun
Lat. Am.	Latin America	*v.*	verb

Spanish-English Vocabulary

A

a to; at (*with time*) (1)
abajo *adv.* below, underneath
abalorio bead
abarcar (qu) to encompass
abeja bee
abierto/a *p.p.* open
abjurar de to renounce
abogado/a lawyer (F)
abogar (gu) to advocate
abrazar (c) to hug (5)

abrigo overcoat (F)
abril *m.* April (2)
abrir (*p.p.* **abierto/a**) to open
absolutamente absolutely
abuelo/a grandfather/ grandmother (4)
aburrido/a boring (P); **estar** *irreg.* **aburrido/a** to be bored (10)
aburrirse *refl.* to get bored (10)
abusar de to abuse (12)
abuso abuse (12)

acabar to complete, finish, end; **acabar de** + *inf.* to have just (*done something*)
academia academy
académico/a academic
acampar to go camping (11)
acaso: por si acaso just in case
acceso access
accidente *m.* accident
acción *f.* action
acecho *m.* watching, observation

aceite *m.* oil; **aceite de maíz** corn oil (7); **aceite de oliva** olive oil (7)
aceleración *f.* acceleration
aceptable acceptable
aceptar to accept
acerca de *prep.* about, on, concerning
ácido *n.* acid; **ácido nucléico** nucleic acid
aclaración *f.* clarification
aclarar to clarify
acomodado/a affluent
acompañar to accompany
acondicionado/a conditioned; **aire** *m.* **acondicionado** air conditioning
acontecimiento event
acordeón *m.* accordion
acortar to shorten
acostar (ue) to put to bed; **acostarse** *refl.* to go to bed (1)
acostumbrado/a accustomed to
acostumbrar to be accustomed (used) to; **acostumbrarse** *refl.* a to get accustomed to; to be (get) used to
actitud *f.* attitude
actividad *f.* activity
activo/a active
acto *m.* act
actor *m.* actor (F)
actriz *f.* actress (F)
actual actual; current
actuar (actúo) to act; to behave; **actuar con naturalidad** to act naturally
acuático/a aquatic
acuerdo agreement; **de acuerdo** in agreement, agreed; **estar** *irreg.* **de acuerdo** to agree; **ponerse** *irreg.* **de acuerdo** to come to an agreement
adaptable adaptable
adaptar to adapt, adjust (5)
adecuado/a adequate; appropriate
adelante *adv.* ahead
ademán *m.* gesture
además *adv.* besides, also; **además de** *prep.* besides, in addition to
adicción *f.* addiction (12); **salir** *irreg.* **de una adicción** to overcome an addiction (12)
adicional additional
adicto/a *n.* addict; **convertirse (ie, i) en adicto/a** to become addicted (12); *adj.* addicted; **ser** *irreg.* **adicto/a** to be addicted (12)
adiós good-bye (P)

aditivo additive
adivinar to guess; to predict
adjetivo adjective; **adjetivo de posesión** possessive adjective
administración *f.* **de empresas** business administration (P)
administrativo/a administrative
admiración *f.* admiration
admirar to admire
admitir to admit
adolescente adolescent
adonde *adv., conj.* where
¿adónde? (to) where?
adoptado/a adopted
adoptar to adopt
adoptivo/a: hijo/a adoptivo/a adopted child
adorar to adore, love
adquirir (ie) to acquire
adquisición *f.* acquisition
aduana *s.* customs
adueñarse de to seize, take possession of
adulto adult
adverbio adverb
aeróbico/a aerobic; **hacer** *irreg.* **ejercicio aeróbico** to do aerobics (1)
aeropuerto airport (F)
afán *m.* preoccupation; urge; enthusiasm; **afán de realización** eagerness to get things done (13)
afectar to affect
afeitar(se) to shave (5)
afeminado/a effeminate
aficionado/a fan
afirmación *f.* affirmation, statement
afirmativo/a affirmative
África Africa
africano/a African
afrocaribeño/a Afro-Caribbean
agalla gill
agave *m.* agave, century plant
agencia agency; **agencia de turismo** travel agency
agente *m., f.* agent; **agente de viajes** travel agent (F)
agobiante *adj.* exhausting
agosto *m.* August (2)
agradar to please
agradecido/a thankful
agrario/a agrarian
agregar (gu) to add (7)
agresividad *f.* aggressivity
agresivo/a aggressive
agrícola *adj. m., f.* agricultural
agricultura agriculture (P)
agrio/a sour (7)

agronomía agriculture (P)
agrupar to group, assemble
agua *f.* (*but* **el agua**) water (7); **agua mineral** mineral water; **esquiar (esquío) en el agua** to water ski (11)
aguacate *m.* avocado (7)
aguantar to bear, put up with, stand
águila *f.* (*but* **el águila**) eagle
ahí *adv.* there
ahogar(se) (gu) to drown
ahora *adv.* now
ahorrar to save
aire *m.* air; **aire acondicionado** air conditioning; **al aire libre** outdoors
aislado/a isolated
ajedrez *m.* chess
ajeno/a of another, belonging to someone else (13)
ajillo: al ajillo cooked in garlic sauce
ajo garlic
al (*contraction of* **a** + **el**) to the; **al** + *inf.* upon, while, when + *verb form*; **al (mes, año)** per (month, year)
alcanzar (c) to reach; to get, obtain; to be sufficient
alcohol *m.* alcohol
alcohólico/a *n., adj.* alcoholic; **bebida alcohólica** alcoholic beverage (9)
alcoholismo alcoholism (12)
alegrar to make happy; **alegrarse** *refl.* to get happy
alegre happy; **sentirse (ie, i) alegre** to feel happy (10)
alegría happiness
alejarse *refl.* to move away; to go far (away)
alemán *m.* German (*language*) (P)
alemán, alemana *n., adj.* German
Alemania Germany
alerta *inv.* alert
alfarería pottery
álgebra *m.* algebra
algo something
algodón *m.* cotton (F)
alguien someone
algún, alguno/a some, any (P); **algunas veces** sometimes
aliento breath
alimentar to feed
alimenticio/a nutritional; **pasta alimenticia** pasta (7)
alimento food; **alimento básico** basic food (7)

alistar to enlist

aliviar to relieve; to lessen

allá *adv.* there; **de aquí para allá** from here to there (15)

allí *adv.* there

almacén *n.* department store; warehouse

almohada pillow

almorzar (ue) (c) to have lunch (1)

almuerzo lunch (7)

alojamiento lodging (F)

alojarse *refl.* to stay, lodge (F)

Alpes *m. pl.* Alps

alpino/a alpine

alquilar to rent (F)

alrededor de *prep.* around

alrededores *n. m. pl.* surroundings

alto/a tall; high; **el/la más alto/a (de)** the tallest (5); **en voz alta** aloud; **más alto/a (que)** taller (than) (5); **zapato de tacón alto** high-heeled shoe (F)

aludir to allude

alumno/a student

amante *m., f.* lover

amar to love (13)

amargo/a bitter (7)

amarillo/a yellow (7)

Amazonia *f.* Amazon region

ambicioso/a ambitious (14)

ambiental environmental

ambiente *m.* surroundings, environment; **medio ambiente** environment, surroundings

ámbito environment

ambos/as *adj.* both

amenazar (c) to threaten

América del Norte North America

América del Sur South America

americano/a American; **fútbol** *m.* **americano** football; **jugar (ue) (gu) al fútbol americano** to play football (2)

amigo/a friend (P)

amistad *f.* friendship

amoldar to mold

amor *m.* love

análisis *m.* analysis

analizar (c) to analyze

anaranjado/a *adj.* orange

ancas *f. pl.* **de rana** frog's legs

ancho/a wide

andaluz(a) *n., adj.* Andalusian

andar *irreg.* to walk (3); to go; **andar en bicicleta** to ride a bicycle (11); **andar en monopatín** to ride a scooter, skateboard (11); **andar en patineta** to skateboard (11)

andino/a *n., adj.* Andean

ángel *m.* angel

anglosajón, anglosajona Anglo-Saxon

animado/a: dibujo animado cartoon

animal *m.* animal; **animal doméstico** domestic animal, pet

animar to vitalize; **animarse** *refl.* to come to life

ánimo spirit; **estado de ánimo** state of mind (10)

anoche *adv.* last night (3)

ansiedad *f.* anxiety

ansioso/a anxious

antepasado ancestor

anterior previous

antes *adv.* before; **antes (de) que** *prep.* before

anticipación *f.*: **con anticipación** in advance; **reservar con (un mes de) anticipación** to reserve (a month) in advance

antiestético/a unaesthetic

antiguamente long ago; formerly

antigüedad *f.* antique

antiguo/a old; ancient

antihéroe *m.* antihero

antónimo *m.* antonym

antropología anthropology (P)

anual *adj.* annual

anular to overturn

anunciar to announce

anuncio advertisement; **anuncio comercial** commercial (ad)

añadir to add

año year; **hace unos años** a few years ago; **los años 20** the twenties (6); **tener** *irreg.* ____ **años** to be ____ years old (4)

aparato apparatus, device, appliance

aparecer (zc) to appear

apariencia appearance

apartamento apartment; **limpiar el apartamento** to clean the apartment (2)

apasionado/a passionate (14)

apático/a apathetic (14)

apechugar (gu) con to put up with

apellido last name (4)

aperitivo appetizer; aperitif

apertura opening

apetecer (zc) to be appetizing (7), to appeal, to be appealing (*food*) (7); **no me apetece** it doesn't appeal to me

aplicado/a *adj.* devoted; *p.p.* applied

aplicar (qu) to apply

apocalipsis *m.* Apocalypse

aportar to bring

apoyar to rest, lean; to support (*emotionally*) (5)

apoyo support

apreciar to esteem; to appreciate

aprender to learn

aprendizaje *m.* learning period

apretar (ie) to tighten; **apretar un botón** to push a button

aprobar (ue) to pass; to approve

aprobatorio/a passing; **calificación** *f.* **mínima aprobatoria** minimum passing grade

apropiado/a appropriate

aprovechar to take advantage of

aproximado/a approximate

aptitud *f.* aptitude, ability

apuntar to jot down

apuntes *m. pl.* notes; **tomar apuntes** to take notes

aquel, aquella *adj.* that; *pron.* that one

aquí *adv.* here (P); **de aquí para allá** from here to there (15)

árabe *m.* Arabic (*language*) (P)

árabe *adj.* Arab

árbol *m.* tree; **árbol genealógico** family tree

área *f.* (*but* **el área**) area

argentino/a Argentine

argumento argument; plot

árido/a arid

arma *f.* (*but* **el arma**) weapon

armado/a armed; **fuerzas armadas** armed forces

armario closet

aroma *m.* aroma

aromaterapia *f.* aromatherapy; **utilizar (c) la aromaterapia** to use aromatherapy (11)

arquitecto/a architect (F)

arquitectura architecture (F)

arrabales *m. pl.* slums

arrancar (qu) to rip out

arreglar to arrange; to fix

arrepentir (ie, i): más vale prevenir que arrepentir an ounce of prevention is worth a pound of cure

arriba *adv.* up above

arriesgado/a daring (13)

arrogante arrogant

arroz *m.* rice (7)

arte *m.* art; **objeto de arte** work of art (P)

artesanía *s.* crafts

artesano/a *n.* artisan

artículo article
artificial artificial
artista *m., f.* artist
artístico/a artistic
artritis *f.* arthritis
arvejas *Sp.* peas
asado/a roast(ed) (7); **(medio) pollo asado** (half a) roasted chicken (7)
ascendencia ancestry
ascensor *m.* elevator
asco: dar *irreg.* **asco** to disgust
asegurar to assure (5)
asentamiento: lugares *m.* **de asentamiento** settling places
asentar (ie) to settle
asesinar to assassinate
asesor(a) consultant (F)
así *adv.* thus, so
Asia Asia
asiático/a Asiatic
asiento seat (F); **tomar asiento** to take a seat
asignar to assign
asignatura subject
asistencia social social work (F)
asistente *m., f.* **asistente social** social worker
asistir (a) to attend (1); to assist
asociación *f.* association
asociar(se) to associate
asombrar to surprise; to astonish
aspecto aspect; appearance
aspiración *f.* aspiration
aspirina aspirin
asqueroso/a disgusting
astilla chip, splinter; **de tal palo, tal astilla** a chip off the old block
astronomía astronomy (P)
astronómico/a astronomical
astrónomo/a astronomer (F)
astuto/a astute (14)
asunto topic, matter
asustado/a afraid (10); **estar** *irreg.* **asustado/a** to be afraid (10)
asustar to frighten (10)
ataque *m.* attack; **ataque cardíaco** heart attack
atención *f.* attention; **llamar la atención** to attract attention; **prestar atención** to pay attention
atender (ie) to wait on (*a customer*) (8)
atentamente attentively
atleta *m., f.* athlete (F)
atmosférico/a: presión *f.* **atmosférica** atmospheric pressure

atractivo/a attractive (P)
atraer (*like* **traer**) to attract
atreverse (a) to dare (to) (13)
atribuir (y) to attribute
atributo attribute
atrocidad *f.* atrocity
atún *m.* tuna (7)
aumentar to increase
aumento *m.* increase
aun *adv.* even
aún *adv.* still, yet
aunque even though
ausente absent
auténtico/a authentic
auto car
autobús *m.* bus (F)
autoestima self-esteem (12)
automático/a automatic; **vendedora automática** vending machine
automóvil *m.* automobile
automovilístico/a *adj.* automobile
autor(a) author
autoreportado/a self-reported
autoritario/a authoritarian
autostop *m.*: **hacer** *irreg.* **autostop** to hitchhike (F)
auxiliar *m., f.* auxiliary; **auxiliar de vuelo** flight attendant (F)
avance *m.* advance
avanzado/a advanced
avanzar (c) to advance
ave *f.* (*but* **el ave**) bird; *pl.* poultry (7)
avena *s.* oats
avenida avenue
aventura adventure
aventurero/a adventurous (5)
avergonzado/a ashamed, embarrassed (10); **sentirse (ie, i) avergonzado/a** to feel ashamed, embarrassed (10)
averiguar (güe) to find out
avión *m.* airplane (F)
ayer *adv.* yesterday (3); **ayer por la mañana/tarde/noche** yesterday morning/afternoon; last night
ayuda help; *pl.* aids
ayudante *m., f.* assistant (F)
ayudar to help
ayuntamiento city hall
azafrán *m.* saffron
azteca *n., adj. m., f.* Aztec
azúcar *m.* sugar (7)
azul blue; **ojos azules** blue eyes (5)

B

bailador(a) dancer
bailar to dance (2)

baile *m.* dance
bajar to lower; to go down; **bajar de** to get off (*a bus, car, plane*) (F)
bajo *prep.* under
bajo/a short (*height*) (5)
balanceado/a balanced
baleares: Islas Baleares Balearic Islands
baloncesto *Sp.* basketball
banana banana (7)
bancario/a banker
banco bank
bandera flag
banquete *m.* banquet
bañar to bathe (*someone or something*) (5); **bañarse** *refl.* to bathe oneself; **bañarse en un jacuzzi** to bathe in a jacuzzi (11)
bañera bathtub
baño bathroom; **habitación** *f.* **con baño privado** room with private bath (F); **traje** *m.* **de baño** bathing suit (F)
bar *m.* bar
barato/a inexpensive (6)
barbacoa barbecue
barbilla chin
barco boat (F); **navegar (gu) en un barco** to sail (11)
barra bar
barrer to sweep
barrio neighborhood
barrita small loaf (*bread*)
basar to base; **basarse en** to base one's opinions on
base *f.* base; **a base de** on the basis of
básico/a basic; **alimento básico** basic food
basquetbol *m.* basketball; **jugar (ue) (gu) al basquetbol** to play basketball (10)
bastante *adj., adv.* enough
bastar to be enough
batalla battle
bebé *m., f.* baby
beber to drink (9)
bebida drink, beverage (9); **bebida alcohólica** alcoholic beverage (9)
béisbol *m.* baseball; **jugar (ue) (gu) al béisbol** to play baseball (10)
beisbolista *m., f.* baseball player
Bélgica Belgium
bello/a beautiful
beneficio benefit
beneficioso/a beneficial
benjamín *m.* youngest son/child

besar to kiss (5)
beso kiss
biblioteca library (1)
bicicleta bicycle; **andar** *irreg.* **en bicicleta** to ride a bicycle (11); **montar en bicicleta** to ride a bicycle
bien *adv.* well; **bien frío** very cold (9); **caer** *irreg.* **bien** to make a good impression (7); to agree with (*food*) (7); **llevarse bien** to get along well (5); **para sentirse (ie, i) bien** to feel well (10); **pasarlo bien** to have a good time; **verse** *irreg.* **bien** to look good (F)
bienes *m. pl.* goods, possessions
bienestar *m.* well-being
bife *m. Arg.* steak
bilingüe bilingual
bilingüismo bilingualism
billete *m.* ticket; **billete de ida** one-way ticket (F); **billete de ida y vuelta** round-trip ticket (F)
biográfico/a biographical
biología biology (P)
biológico/a biological
biólogo/a biologist (F)
biosíntesis *f.* biosynthesis
bistec *m.* steak (7)
Blancanieves Snow White
blanco/a *adj.* white (7); **pan** *m.* **blanco** white bread (7); **vino blanco** white wine (9)
blando/a soft
bluejeans *m. pl.* jeans (F)
blusa blouse (F)
boca mouth (8)
bocacalle *f.* intersection (15)
boda wedding
boga: en boga in vogue, in style
boletín *m.* news bulletin
boleto ticket; **boleto de ida** one-way ticket (F); **boleto de ida y vuelta** round-trip ticket (F)
boliche *m.*: **jugar (ue) (gu) al boliche** to bowl (10)
bollería assorted breads and rolls (7)
bollo roll (7)
bolsa bag; sack; purse; stock market
bolsillo pocket
bolsita para llevar doggie bag (7)
bombilla *small pipe for drinking mate*
bonito/a pretty (P)
bordado/a embroidered
bordo: a bordo on board
borrador *m.* rough draft

bosque *m.* forest (11)
bosquejo outline
botella bottle
botón *m.* button; **apretar (ie) un botón** to push a button
botones *m. s. pl.* bellhop
boxeo boxing
bracero laborer
Brasil: el Brasil Brazil
brazo arm (8)
breve brief
brillante brilliant
bruja witch
brújula compass
bruto: producto nacional bruto Gross National Product
bucear to dive (11)
buen, bueno/a good (P); **buen provecho** enjoy your meal; **(muy) buena idea** a (very) good idea (8); **buenas noches** good evening (P); **buenas tardes** good afternoon (P); **buenos días** good morning (P); **buenos modales** good manners (8); **estar** *irreg.* **de buen humor** to be in a good mood (10); **hace buen tiempo** the weather's good (2); **sacar (qu) una buena nota** to get a good grade (10); **tener** *irreg.* **buena educación** to be well-mannered (8)
buey *m.* ox
bufón, bufona buffoon
búho owl
burdel *m.* brothel
Burdeos Bordeaux
burlarse (de) to make fun (of), laugh (at) (13)
buscar (qu) to look for

C

caballería knighthood; **novelas de caballería** novels about chivalry
caballero gentleman
caballo horse
cabeza head; (**tener** *irreg.*) **dolor de cabeza** (to have a) headache (10)
cabina cabin (F)
cable *m.* cable; **televisión** *f.* **por cable** cable television
cabo end; cape; **al fin y al cabo** in the end, when all is said and done; **llevar a cabo** to carry out
cabra goat
cacahuete *m.*: **mantequilla de cacahuete** peanut butter (7)
cada *inv.* each (2); every
cadena chain; channel (*television*)

caer *irreg.* to fall (down); **caer bien/mal** to make a good/bad impression (7); to (dis)agree with (*food*) (7)
café *m.* coffee (7); **café con leche** coffee with milk (7); **café descafeinado** decaffeinated coffee (9); **color** *m.* **café** brown; **tomar un café** to drink a cup of coffee (2)
cafeína caffeine (9)
cafetería cafeteria
caimán *m.* alligator
calcetín *m.* sock (F)
calcio calcium (7)
calcular to calculate
cálculo calculus (P); calculation
calendario calendar
calentamiento heating, warming
calentar (ie) to warm up
calidad *f.* quality
caliente hot; **bien caliente** very hot (9); **perrito caliente** hot dog
calificación *f.* rating; assessment; grade; **calificación mínima aprobatoria** minimum passing grade
calificar (qu) to rate; to assess
callado/a quiet; **permanecer (zc) callado** to keep quiet (10)
calle *f.* street; **cruce la calle** cross the street (15)
calmado/a calm (13)
calmar to soothe
calor *m.* heat; warmth; **hace (mucho) calor** it's (very) hot (*weather*) (2); **tener** *irreg.* **calor** to be (feel) hot (*person*)
caloría calorie
calórico/a caloric
calvo/a bald (5)
cama bed (F); **cama matrimonial** double bed (F); **cama sencilla** twin bed (F); **hacer** *irreg.* **la cama** to make the bed
cámara camera; chamber; **Cámara de representantes** House of Representatives
camarero/a waiter, waitress (8); flight attendant (F)
camarón *m. Lat. Am.* shrimp (7)
cambiar to change; **cambiar de idea/opinión** to change one's mind
cambio change; **en cambio** on the other hand
caminar to walk (10)
camino road, path
camión *m.* truck; *Mex.* bus

camisa shirt (F)
camiseta T-shirt (F)
campeonato championship
camping: hacer *irreg.* **camping** to go camping (11)
campo country(side); field (F)
campus *m.* campus
Canadá: el Canadá Canada
canadiense *n., adj.* Canadian
canal *m.* channel
cancelar to cancel; to strike out
cáncer *m.* cancer
canción *f.* song
canoso/a gray (hair)
cansado/a tired (10); **estar** *irreg.* **cansado/a** to be tired (10)
cansarse *refl.* to get tired (10)
cantante *m., f.* singer
cantar to sing (10)
cantidad *f.* quantity; **de cantidad** *adj.* quantifying (P)
cantina canteen
caña cane; **caña de azúcar** sugar cane
cañaveral *m.* sugar cane field
caótico/a chaotic (13)
capa cape; layer; **capa de ozono** ozone layer
capacidad *f.* ability; capacity; **capacidad para** ability to
capaz (*pl.* **capaces**) capable; **capaz de dirigir a otros** able to direct others (13)
capital *f.* capital (*city*)
capítulo chapter
captar to capture; to understand
cara face (5)
caracol *m.* snail
carácter *m.* (*pl.* **caracteres**) character
característico/a characteristic; **característica de la personalidad** personality trait (5); **característica física** physical characteristic, trait (5)
caracterizar (c) to characterize
carbohidrato carbohydrate
carcajadas: reír(se) (i, i) a carcajadas to laugh loudly (11)
cardíaco/a cardiac; **ataque** *m.* **cardíaco** heart attack
cardo thistle
cargar (gu) to carry
Caribe *m.* Caribbean (Sea)
caribeño/a *adj.* Caribbean
cariñoso/a affectionate
carismático/a charismatic (F); **ser carismático/a** to be charismatic

carne *f.* meat (7); flesh; **carne de res** beef (7); **carne roja** red meat
carnicería meat, butcher shop
carnívoro/a carnivorous
caro/a expensive (F)
carrera major (P); career; race; **¿qué carrera haces?** what's your major? (P)
carretera highway
carro car
carta letter
cartero/a mail carrier
casa house; home; **limpiar la casa** to clean the house (2); **quedarse en casa** to stay at home (2)
casado/a married (4)
casarse *refl.* to get married
cascabel *f.:* **serpiente** *f.* **de cascabel** rattlesnake
casco helmet
casero/a homemade; domestic
casi *adv.* almost
caso case
castaño/a brown (5); **ojos castaños** brown eyes (5)
castigar (gu) to punish (9)
castigo físico corporal punishment
castillo castle
catalán, catalana *n., adj.* Catalan
Cataluña Catalonia
catastrófico/a catastrophic
categoría category; class
categorizar (c) to categorize
catolicismo Catholicism
católico/a Catholic
catorce fourteen (P)
causa cause; **a causa de** because of
causar to cause; **causar risa** to cause laughter, make laugh (11)
caviar *m.* caviar
cazar (c) to hunt
cebolla onion
ceder to yield
ceja eyebrow
celebración *f.* celebration
célebre famous
celos: tener *irreg.* **celos** to be jealous
celoso/a jealous (13)
celular: (teléfono) celular cell phone
cementerio cemetery
cena dinner (7); **preparar la cena** to prepare dinner (3)
cenar to have dinner (1)
censo census
centavo cent
centígrado/a *adj.* centigrade
centro center; **centro comercial** shopping mall

Centroamérica Central America
centroamericano/a *n., adj.* Central American
cerca (de) near, close (15)
cerdo: chuleta de cerdo pork chop (7)
cereal *m.* cereal, grain (7)
cerebro brain
ceremonia ceremony
cero zero (P)
cerrado/a closed
cerrar (ie) to close
certeza certainty
cerveza beer (9)
champán *m.* champagne
champiñón *m.* mushroom
champú *m.* shampoo
chapulín *m. Mex.* grasshopper
chaqueta jacket (F)
charla *n.* conversation, chat; **sala de charla** chat room
charlar to chat (2)
chatear to chat, participate in a chat room (2)
chau ciao (P)
Checoslovaquia Czechoslovakia
cheque *m.* check
chicle *m.* gum
chico/a boy, girl (P); *adj.* small
chile *m.* pepper
chileno/a *n., adj.* Chilean
chimenea chimney
chimpancé *m.* chimpanzee
chino Chinese (*language*) (P)
chino/a Chinese; **horóscopo chino** Chinese horoscope
chisme *m.* rumor; gossip
chismoso/a gossipy (13)
chiste *m.* joke; **chiste verde** off-color joke; **contar (ue) un chiste** to tell a joke (10)
chistoso/a funny (11)
chocolate *m.* chocolate
chófer *m.* driver
chorizo sausage
chuleta de cerdo pork chop (7)
churro *type of fried dough* (7)
ciberadicción *f.* addiction to the Internet
cibercompra online shopping
cibernauta *m., f. person who spends a lot of time on line surfing the Net*
cien(to) one hundred (6); **por ciento** percent
ciencia science; **ciencia ficción** science fiction; **ciencias** *pl.* **naturales** natural sciences (P); **ciencias** *pl.* **políticas** political
(*continued*)

science (P); **ciencias** *pl.* **sociales** social sciences (P)

científico/a *n.* scientist (F); *adj.* scientific

cierto/a true; certain (5); **(no) es cierto que** ____ it's (not) certain that ____ (F)

cifra number (6); figure

cinco five (P)

cincuenta fifty (6)

cine *m.* movie theater; **ir** *irreg.* **al cine** to go to the movies (2)

circular to circulate; to move

círculo circle

circunstancia circumstance

cita appointment, date

ciudad *f.* city

ciudadano/a citizen

civil civil; **guerra civil** civil war

civilización *f.* civilization

claramente clearly; **expresarse** *refl.* **claramente** to express oneself clearly (F)

clarificación *f.* clarification

clarificar (qu) to clarify

claro *adv.* clearly; **claro que sí** of course; **está claro** it's clear (5)

claro/a *adj.* clear; light

clase *f.* class (P); type, kind; **clase turística** economy class (F); **compañero/a de clase** classmate (P); **primera clase** first class (F)

clásico/a classic

clasificación *f.* classification

clasificar (qu) to classify

claustrofobia claustrophobia

clave *n. f.* key

cliente *m., f.* customer (8)

clima *m.* climate

climático/a climatic

clínica clinic

club *m.* club

cobarde cowardly (14)

cobija blanket

cocaína cocaine

coche *m.* car

cocido/a cooked

cocina kitchen; cuisine

cocinado/a cooked (7)

cocinar to cook

cocinero/a chef, cook (8)

coco coconut

cóctel *m.* cocktail

codo elbow (8)

cognado cognate

cognitivo/a cognitive

coherente coherent

coincidencia coincidence

coincidir to coincide

cola tail; line; **hacer** *irreg.* **cola** to stand in line (F)

colaborar to collaborate

colapso collapse

colectivo/a collective

colega *m., f.* colleague

colesterol *m.* cholesterol

colgar (ue) (gu) to hang (up)

colmena beehive

colocar (qu) to place, arrange

colombiano/a *n., adj.* Colombian

colonia neighborhood; colony

color *m.* color (5); **color café** brown; **¿de qué color es/son** ____? what color is/are ____? (5)

columna column

comandante commander

combatible combative

combatir to fight

combinación *f.* combination

combinar to combine

comentar to comment on

comentario commentary

comenzar (ie) (c) to begin; **comenzar a** + *inf.* to begin to (*do something*)

comer to eat (1); **comerse** *refl.* **las uñas** to bite one's nails (10); **dar** *irreg.* **de comer** to feed; **hábito de comer** eating habit (7)

comercial: anuncio comercial commercial (ad); **centro comercial** shopping mall

comercio commerce

comestible(s) *m.* food

cometer to commit

cómico/a comic(al), funny (P); **tira cómica** comic strip

comida meal (7); food (7); **comida para llevar** food to go (8); **comida rápida** fast food

comienzo beginning

comino: importar un comino not to matter at all

como *prep.* like; **tal como** just as; **tan** ____ **como** as ____ as (6); **tanto/a** ____ **como** as much ____ as (6); **tantos/as** ____ **como** as many ____ as (6)

¿cómo? *adv.* how?; pardon me? (P); **¿cómo te llamas / se llama usted?** what's your name? (P); **¿cómo te sientes** how do you feel? (10); **perdón, ¿cómo se llega a** ____? excuse me, how do you get to ____? (15)

comodidad *f.* convenience, amenity

cómodo/a comfortable

comoquiera *adv.* however

compacto/a: disco compacto compact disc

compañero/a companion; **compañero/a de clase** classmate (P); **compañero/a de cuarto** roommate (P)

compañía company; **hacer** *irreg.* **compañía** to keep company

comparación *f.* comparison (6)

comparado/a (con) compared (with)

comparar to compare

compartir to share

compasivo/a compassionate (F)

competitivo/a competitive

compilar to compile

complejo/a complex

completamente completely

completar to complete

completo/a complete; full, no vacancy; **pensión** *f.* **completa** room and full board

complexión *f.* complexion

complicado/a complicated

comportamiento behavior

comportarse *refl.* to behave (13)

composición *f.* composition; writing (P)

compra *n.* buying; shopping; purchase; **hacer** *irreg.* **las compras** to go shopping; **ir** *irreg.* **de compras** to go shopping (1)

comprar to buy

comprender to understand (5); **no comprendo** I don't understand (P)

comprensivo/a understanding

comprobar (ue) to verify, check; to prove

compuesto/a *p.p.* composed

compulsivo/a compulsive (F)

computación *f.* computer science (P)

computadora computer; **usar una computadora** to use a computer (F)

común common

comunicación *f.* communication; **medios de comunicación** means of communication

comunicarse (qu) *refl.* to communicate

comunicativo/a communicative

comunidad *f.* community

comunista *m., f.* communist

con with (1); **con frecuencia** often (1); **con hielo** with ice (9); **¿con qué frecuencia?** how often? (1); **con quien** with whom

concentrar to concentrate; **concentrarse** *refl.* to be focused
concepto concept
concernir (ie) to concern
concierto concert
concluir (y) to conclude
conclusión *f.* conclusion
concordancia concordance, agreement
concordar (ue) to agree
condensación *f.* condensation
condición *f.* condition
condicional *m. gram.* conditional (*tense*)
condimento condiment (7)
cóndor *m.* condor
conducir *irreg.* to drive (1)
conejo rabbit
conferencia lecture
confesar (ie) to confess
confianza trust; confidence
confidente trustworthy (13)
confirmar to confirm
conflicto conflict
conformidad *f.* conformity
conformista *m., f.* conformist (14)
confrontar to confront
confundir to mix up; to confuse; to mistake
confusión *f.* confusion
congelado/a frozen
congreso congress
conjugar (gu) to conjugate
conmigo with me
connotación *f.* connotation
conocer (zc) to meet; to know (someone) (1)
conocido/a (well-)known
conocimiento knowledge
conquistador(a) conqueror
consecuencia consequence
conseguir (i, i) (g) to get, obtain
consejo advice
conservador(a) conservative (13)
conservar to maintain
consideración *f.* consideration
considerar to consider
consistir en to consist of (12)
consonante *f.* consonant
constantemente constantly
construcción *f.* construction
construir (y) to construct
consumir to consume
consumo consumption
contabilidad *f.* accounting (P)
contacto contact
contador(a) accountant (F)

contagiado/a contagious; infected
contaminar to contaminate, pollute
contar (ue) to count; to tell; **contar con** to count on; **contar un chiste** to tell a joke (10)
contemporáneo/a contemporary
contenido content
contento/a happy (10); content; **ponerse** *irreg.* **contento/a** to be (get) happy (10)
contestar to answer, reply
contigo with you (*fam.*)
continuación *f.*: **a continuación** following
continuar (continúo) to continue
continuo/a continuous
contra *prep.* against
contrario/a *adj.* contrary; opposite; **al contrario** on the contrary
contrastar to contrast
contraste *m.* contrast; **en contraste** in contrast
contrato contract
contribución *f.* contribution
contribuir (y) to contribute
control *m.* control
controlar to control
controversia controversy
convencer (zc) to convince
conversación *f.* conversation
conversar to converse, chat
convertir (ie, i) to convert; **convertirse** *refl.* to become, turn into; **convertirse en adicto/a** to become addicted (12)
convivir to get together; to live together; to coexist
coordinar to coordinate
copa cup; (wine) glass (8); drink
copia copy
copiar to copy
corazón *m.* heart
corbata tie (F)
cordillera mountain range
corona crown
coronel *m.* colonel
corrección *f.* correction
correcto/a correct
corredor(a) runner, jogger
corregir (i, i,) (j) to correct
correo mail; **correo electrónico** e-mail (1)
correr to run (2); **zapato de correr** running shoe
correspondencia correspondence
corresponder to belong to; to correspond

corrido *Mex.* ballad
corriente *f.* current; *adj. m., f.* current, present; ordinary
corrupción *f.* corruption
corrupto/a corrupt
cortar to cut (8); to cut down; to clip
corte *f.* court; **corte suprema** Supreme Court; *m:* cut, cutting
cortés *inv.* polite
cortesía courtesy
corto/a short; **pantalones** *m. pl.* **cortos** shorts (F)
cosa thing; **es cosa sabida** it is a known fact (5)
coser to sew
cosmopolita *adj. m., f.* cosmopolitan (P)
costa coast
costar (ue) to cost; to be difficult
costumbre *f.* custom, habit (8)
cotidiano/a daily
creación *f.* creation
crear to create
creatividad *f.* creativity
creativo/a creative (13)
crecer (zc) to grow (up)
creciente *adj.* growing
crédito credit; **tarjeta de crédito** credit card
creer (y) to believe (5); **(no) creer que ____** I (don't) think that ____ (F); **creo que sí** I think so
cretáceo/a Cretaceous
crianza nurturing; breeding
criar (crío) to raise
criminal: justicia criminal criminal justice (P)
criollo/a Creole
crisis *f.* crisis
crítica criticism
criticar (qu) to criticize
crítico/a critical
cromosoma chromosome
cronológico/a chronological
croqueta croquette, fritter
cruce *m.* crossing
crudo/a raw (7)
cruz *f.* cross
cruzar (c) to cross; **cruce la calle** cross the street (15)
cuadra block (*of houses*) (15)
cuadro painting; square; table
cual *rel. pron.* which; who
¿cuál? which? (4); what? (4); **¿cuál es tu nombre?** what's your (*fam.*) name? (P)
cualidad *f.* quality (F)
cualquier *adj.* any

cuando when; **de vez en cuando** from time to time (1)

¿cuándo? when? (1)

cuanto *adv.* as much as; **en cuanto** as soon as; **en cuanto a** as for; as to

cuanto/a: unos/as cuantos/as a few

¿cuánto/a? how much?

¿cuántos/as? how many? (P)

cuarenta forty (6)

cuarto room (1); **compañero/a de cuarto** roommate (P); **encerrarse (ie)** *refl.* **(en su cuarto)** to shut oneself up (in one's room) (10); **menos cuarto** quarter to (1); **servicio de cuarto** room service (F); **y cuarto** quarter past (1)

cuarto/a fourth

cuatro four (P); **hotel** *m.* **de cuatro estrellas** four-star hotel

cuatrocientos four hundred (6)

cubano/a Cuban

cubiertos *pl.* silverware (8)

cubrir (*p.p.* **cubierto/a**) to cover

cucaracha cockroach

cuchara spoon (8)

cuchillo knife (8)

cuello neck

cuenco (earthenware) bowl (8)

cuenta bill, check (8); count; **darse** *irreg.* **cuenta (de)** to realize (*something*); **pagar (gu) la cuenta** to pay the bill (3); **tomar en cuenta** to take into account

cuento story; **cuento de hadas** fairy tale

cuerda: saltar a la cuerda to jump rope (11)

cuerno horn; **¿para qué cuernos?** why the heck?

cuero leather (F)

cuerpo body

cuestión *f.* question

cuestionario questionnaire

cuidado care; **¡cuidado!** watch out!, careful!; **tener** *irreg.* **cuidado** to be careful (12)

cuidar to take care of

cuido care, minding

culona: hormiga culona fat-bottomed ant

cultivar to cultivate

cultivo cultivation

cultura culture

cumpleaños *m. s.* birthday

cumplido compliment

cuñado/a brother-in-law, sister-in-law (4)

curación *f.* treatment; recovery; cure

curar to cure

curiosidad *f.* curiosity

curioso/a curious (14), strange

curso course (*of study*); **cursos electivos** elective courses

cuy *m. Andean* guinea pig

cuyo/a whose

D

dado/a que given that

dama lady; **primera dama** First Lady

danza dance

dañino/a harmful (12)

daño danger; **daño físico** physical injuries (12); **hacer** *irreg.* **daño** to hurt

dar *irreg.* to give (3); **dar asco** to disgust; **dar de comer** to feed; **dar una fiesta** to throw (have) a party (11); **dar hambre/sed** to make hungry/thirsty; **dar igual** to be all the same to (*someone*), not to care; **dar la mano** to shake hands; **dar miedo** to frighten; **dar pena** to sadden; **dar un paseo** to take a walk (2); **dar un paso** to take a step; **dar vuelta** to turn; **darse cuenta (de)** to realize (*something*)

datar de to date from

dato fact; *pl.* data

de *prep.* of, from (P)

debajo (de) *prep.* below; **por debajo** *adv.* underneath

debate *m.* debate

deber *v.* + *inf.* should, must, ought to (*do something*) (1); **deberse a** to be due to; *n. m.* obligation

debido a due to, because of

debilitar to weaken

década decade (6)

decapitar to decapitate

decidido/a decisive, decided (13)

decidir to decide

decir *irreg.* (*p.p.* **dicho/a**) to say; to tell (3); **es decir** that is; **¿me podría decir ____?** could you tell me ____? (15)

decisión *f.* decision

declaración *f.* declaration

declarar to declare; **declararse** *refl.* to declare oneself

decorativo/a decorative

dedicación *f.* dedication

dedicar (qu) to dedicate

dedo finger

deducir (*like* **conducir**) to deduce

defecto defect

defender (ie) to defend

definición *f.* definition

definido/a defined; **artículo definido** *gram.* definite

definir to define

definitivo/a definitive; **en definitiva** once and for all

dejar to leave; **dejar de** + *inf.* to stop (*doing something*); **dejar propina** to leave a tip (8)

del (*contraction of* **de** + **el**) of, from the

delante de *adv.* in front of

delfín *m.* dolphin

delgado/a thin

delicia delicacy

delicioso/a delicious

demanda demand

demás: los/las demás the others

demasiado/a *adv.* too much

demonio: ¿qué demonios? what the heck?

demora delay (F)

demostrar (ue) to demonstrate, show

demostrativo/a demonstrative

dentista *m., f.* dentist

dentro de *adv.* inside; in; within

denunciar to denounce

depender (de) to depend (on)

dependiente *adj.* dependent

deporte *m.* sport; **practicar (qu) un deporte** to practice, play a sport (2)

depreciarse to depreciate

depresión *f.* depression

deprimido/a depressed (10); **sentirse (ie, i) deprimido/a** to feel depressed

derecha right (8); **a la derecha** to the right

derecho *n.* law (17); right; *adv.* straight; **siga derecho** continue (go) straight (15); *adj.* **derecho/a** right

derramar to spill (8)

derrocar (qu) to defeat

desagradable disagreeable, unpleasant

desamparado/a homeless

desaparecer (zc) to disappear

desarrollar to develop

desarrollo development

desayunar to have breakfast (1)

desayuno breakfast (7)

descafeinado/a decaffeinated; **café descafeinado** decaffeinated coffee (9)

descansar to rest (1)

descanso rest

descender (ie) to go down, descend

descomponer (*like* **poner**) to break down

desconectar to disconnect

desconfiado/a distrusting

desconocido *n.* stranger; **desconocido/a** *adj.* unknown

descremado/a skim, lowfat

describir (*p.p.* **descrito**) to describe

descripción *f.* description

descriptivo/a descriptive

descubrimiento discovery

descubrir (*p.p.* **descubierto**) to discover

desde *prep.* since; from

desear to desire

desempeñar to fulfill, carry out

desempleo unemployment; **tasa de desempleo** unemployment rate

deseo desire

desierto desert (11)

desnacionalizar (c) to denationalize, privatize

desnatado/a skim, lowfat

desocupado/a vacant, unoccupied

despedida leave-taking (P)

despedir(se) (i, i) to say good-bye (5)

despejado/a clear; **está despejado** it's clear (*weather*) (2)

despertador *m.* alarm clock

despertar (ie) (*p.p.* **despierto/a**) to wake; **despertarse** *refl.* to wake up (1)

despierto/a *p.p.* awake; **soñar (ue) despierto/a** to daydream

después *adv.* after, afterward (2)

destacable notable

destacar (qu) to stand out

destino destination

destreza skill, ability

destrucción *f.* destruction

desventaja disadvantage

detalle *m.* detail

detective *m., f.* detective

detergente *m.* detergent

determinado/a definite, specific (14)

determinar to determine

detestar to detest, hate

detrás (de) *adv.* behind (15)

detrimento detriment

deuda debt

devolver (ue) to return (*something*)

día *m.* day; **buenos días** good morning (P); **día de fiesta** holiday (11); **día laboral** workday (1); **hoy (en) día** nowadays, today; **menú** *m.* **del día** daily menu (7); **plato del día** daily special (8); **¿qué día es hoy?** what day is today? (1); **todo el día** all day; **todos los días** every day (1)

diagnóstico diagnosis

diagnóstico/a *adj.* diagnostic

dialectal dialectical

dialecto dialect

diario/a daily

dibujar to draw (11)

dibujo drawing; **dibujo animado** cartoon

diccionario dictionary

diciembre *m.* December (2)

dictador *m.* dictator

diecinueve nineteen

dieciocho eighteen

dieciséis sixteen

diecisiete seventeen

dieta diet

dietético/a *adj.* diet

diez ten

diferencia difference; **a diferencia de** in contrast to

diferente (de) different (from)

difícil difficult

dificultad *f.* difficulty

difundir to diffuse

dinero money; **gastar dinero** to spend money (2)

dinosaurio dinosaur

dios(a) god(dess); **Dios mío** my goodness; **gracias a Dios** thank God

diploma *m.* diploma

dirección *f.* address; direction

directo/a direct; **pensar (ie) de una manera directa** to think in a direct (linear) manner (F)

director(a) director (F)

dirigir (j) to direct; to manage; **capaz de dirigir a otros** able to direct others (13); **dirigirse** *refl.* to address, speak

disciplinado/a disciplined

disco record **disco compacto** compact disc

discoteca discotheque (2)

discrepancia discrepancy

discreto/a discreet (13)

disculpar to excuse, pardon

discusión *f.* discussion; argument

diseñador(a) designer (F)

diseñar to design

diseño design (F)

disfrutar to enjoy

disgusto disagreement

disminución *f.* decrease

disminuir (y) to decrease

disparate *m.* foolish, senseless act

disparo shot

disponer (*like* **poner**) to have available

disponible available

disposición *f.* disposition

distancia distance

distinción *f.* distinction

distinguir (g) to distinguish

distinto/a distinct, different

distraer (*like* **traer**) to distract

distribución *f.* distribution

diversión *f.* diversion, entertainment

divertido/a fun-loving (13); fun

divertir(se) (ie, i) *refl.* to have fun

dividir(se) to divide

divorciado/a divorced

divorciarse to divorce

divorcio divorce

doblar to turn; **doble a la izquierda** turn left (15)

doble double

doce twelve (P)

dócil docile (14)

doctor(a) doctor

doctrina doctrine

documental *m.* documentary (*film*)

dólar *m.* dollar

dolor *m.* pain, ache; (**tener** *irreg.*) **dolor de cabeza** (to have a) headache; (**tener** *irreg.*) **dolor de estómago** (to have a) stomachache

doméstico/a domestic; household; **animal** *m.* **doméstico** domestic animal, pet; **quehacer** *m.* **doméstico** household chore; **tarea doméstica** household chore

domicilio home; **servicio a domicilio** home delivery (8)

dominar to dominate

domingo Sunday (1); **domingo pasado** last Sunday

dominicano/a *n., adj. n.* Dominican; **República Dominicana** Dominican Republic

dominio dominion

don *m. title of respect before a man's first name;* talent; **don de mando** talent for leadership (13); **tener** *irreg.* **don de gentes** to have a way with people (F)

donativo *m.* donation

donde where

¿dónde? where?; **¿de dónde eres tú / es usted?** where are you from? (P); **¿dónde queda___?** where is ___? (15)

donjuan *m.* libertine man

dorado/a golden

dormir (ue, u) to sleep (1); **dormirse** *refl.* to fall asleep (3)

dormitorio bedroom

dos two (P); **a las dos** at two o'clock (1); **dos veces** twice; **los/las dos** *pron.* both; **son las dos** it's two o'clock (1)

doscientos two hundred (6)

dragón *m.* dragon

drama *m.* drama

dramático/a dramatic

drástico/a drastic

droga drug

ducha shower; **con ducha** with a shower (F)

ducharse *refl.* to shower, take a shower

duda doubt (F); **sin duda** without a doubt

dudar to doubt (F)

dudoso/a doubtful; **es dudoso que...** it's doubtful that (F)

dulce *n. m.* candy (7); *adj.* sweet (7)

duplicar (qu) to duplicate

durante during (1)

durar to last

duro/a hard

E

e and (*used instead of* **y** *before words beginning with* **i** *or* **hi**)

echar to throw; **echar de menos** to miss (*someone, something*)

ecológico/a ecological

economía *s.* economics (P); economy

económico/a economic; inexpensive

ecoturismo ecotourism

ecuación *f.* equation

ecuatoriano/a Ecuadorean

edad *f.* age (6); **la Edad Media** Middle Ages

edición *f.* edition

edificio building

educación *f.* education; **educación física** physical education (P); **tener** *irreg.* **buena educación** to be well-mannered (8)

educado/a educated; well-mannered, polite (8)

educar (qu) to educate

educativo/a educational

EE.UU. (Estados Unidos) United States

efecto effect; **efecto invernadero** greenhouse effect

efectuar (efectúo) to carry out

eficiencia efficiency

eficiente efficient

egocéntrico/a egocentric

egoísta egotistical, self-centered (13)

ejecutivo/a executive

ejemplo example; **por ejemplo** for example

ejercer (z) to exercise (*one's rights*); to practice (*a profession*)

ejercicio exercise; **hacer** *irreg.* **ejercicio** to exercise (1); **hacer ejercicio aeróbico** to do aerobics (1)

ejército army; **EZLN: Ejército Zapatista de Liberación Nacional** Zapatista National Liberation Army

el *m. s.* the (P)

él *m. sub. pron.* he (P); *obj. of prep.* him

elaboración *f.* production

elaborar to produce

elástico/a flexible

elección *f.* election; choice

electivo: cursos electivos elective courses

electricidad *f.* electricity

electrónico/a electronic; **correo electrónico** e-mail (1)

elegancia elegance

elegante elegant

elegir (i, i) (j) to elect; to choose

elemento element

eliminar to eliminate

ella *f. sub. pron.* she (P); *obj. of prep.* her

ello *neuter pron.* it

ellos/as *sub. pron.* they; *obj. of prep.* them

elogiado/a praised

embargo: sin embargo however, nevertheless

embarque *m.*: **tarjeta de embarque** boarding pass

emborracharse *refl.* to get drunk

embriagado/a intoxicated, drunk

embrión *m.* embryo

emigración *f.* emigration

emigrar to emigrate

emitir to emit

emoción *f.* emotion

emocional emotional

emparejar to match

emperador *m.* swordfish (7)

empezar (ie) (c) to begin (3)

empleado/a *n.* employee; *adj.* employed

emplear to employ, to use

empleo employment, job

emprendedor(a) enterprising, aggressive (F)

empresa company; **administración** *f.* **de empresas** business administration (P)

empujar to push

encantador(a) charming (13)

encantar to delight, to be extremely pleasing (7); **me encanta(n)** I love

encerrar (ie) to shut or lock in; **encerrarse** *refl.* **(en su cuarto)** to shut oneself up (in one's room) (10)

enciclopedia encyclopedia

encima: por encima on top

encontrar (ue) to find; to meet

encuesta survey; poll

enemigo/a *n., adj.* enemy

energía energy; **energía nuclear** nuclear energy; **energía solar** solar energy

enérgico/a energetic

enero January (2)

enfadado/a angry (10); **ponerse** *irreg.* **enfadado/a** to be (get) angry (10)

enfadar to anger; **enfadarse** *refl.* to get angry

énfasis *m.* emphasis; **poner** *irreg.* **énfasis** to emphasize

enfermedad *f.* illness

enfermería nursing (P)

enfermero/a nurse (F)

enfermo/a ill, sick

enfocarse (qu) to focus

enfoque *m.* focus

enfrentar to confront, face

enfrente (de) in front of (15)

engañar to deceive

engordar to be fattening

enlatado/a canned

enmohecido/a mildewed

enojado/a angry (10); **estar** *irreg.* **enojado/a** to be angry (10)

enojarse *refl.* to get angry (10)

enojo anger

enorme enormous

ensalada salad (7); **ensalada mixta** mixed, tossed salad

ensayar to try

ensayista *m., f.* essayist

ensayo essay
enseñanza teaching
enseñar to teach
ensimismado/a lost in thought
entender (ie) to understand (1); **no entiendo** I don't understand (P)
entero/a entire, whole
entidad *f.* entity
entomología entomology
entonces *adv.* then, next (*in a series*)
entrada entrance
entrar to enter
entre *prep.* between, among
entregar (gu) to give, hand over; **entregarse** *refl.* **(a)** to devote oneself (to)
entrenamiento training
entrenar(se) to train
entrevista interview
entrevistado/a person interviewed
entrevistador(a) interviewer
entrevistar to interview
entusiasmarse *refl.* to be enthused
enviar (envío) to send (1)
envidia: tener *irreg.* **envidia** to be envious
época epoch; age; time (*period*) (6)
equilibrado/a balanced (13)
equipaje *m.* luggage (F); **facturar el equipaje** to check the luggage (F)
equipo team; equipment
equivalencia *n.* equivalent
equivocarse (qu) to make a mistake; to be wrong
error *m.* error, mistake
escala scale; **hacer** *irreg.* **escala** to make a stop (*on a flight*) (F)
escalar montañas to mountain climb (11)
escapar to escape
escarabajo beetle
escaso/a scarce
escena scene
esclavo/a slave
escoger (j) to choose
escolar *adj.* school
esconder to hide
escribir (*p.p.* **escrito/a**) to write (1); **escribir a máquina** to type; **escribir la tarea** to write the assignment; **máquina de escribir** typewriter
escrito/a *p.p.* written
escritor(a) writer
escrupuloso/a scrupulous, particular
escuadrón *m.* squadron; **escuadrón de la muerte** death squad

escuchar to listen (to) (1); **escuchar la radio** to listen to the radio
escuela school; **escuela secundaria** secondary school, high school
escultor(a) sculptor (F)
escultura sculpture
ese/a *adj.* that (P)
ese/a *pron.* that one
esfuerzo effort
eso that, that thing, that fact; **por eso** therefore, that's why
esos/as *adj.* those (P)
esos/as *pron.* those ones
espacial spatial
espacio space, blank
espaguetis *m. pl.* spaghetti (7)
España Spain
español *m.* Spanish (*language*); **hablar español** to speak Spanish (P)
español(a) *n.* Spaniard; *adj.* Spanish; **de habla española** Spanish-speaking
especial special; **en especial** especially
especialidad *f.* specialty
especialización *f.* major (P)
especializarse (c) (en) to specialize (in); to major (in)
especie *f.* species
específico/a specific
espectacular spectacular
espejo mirror
espera: sala de espera waiting room (F)
esperanza hope; **esperanza de vida** life expectancy
esperar to expect; to hope; to wait (for)
espinacas *f. pl.* spinach (7)
espíritu *m.* spirit
espiritual spiritual
espléndido/a splendid
esposo/a husband, wife (4); **esposos** *m. pl.* married couple (4)
esquema *m.* chart, outline
esquí *m.* skiing
esquiar (esquío) to ski (11); **esquiar en el agua** to water ski (11); **esquiar en las montañas** to snow ski (11)
estable *adj.* stable
establecer (zc) to establish
establecimiento establishment; settling place
estación *f.* season (2); station (F)

estadio stadium
estadística statistic; statistics
estado state; **estado de ánimo** state of mind (10)
Estados Unidos United States
estadounidense *n. m., f.* American; *adj.* of or from the United States
estanco monopoly
estándar (*or* **estándard**) standard
estar *irreg.* to be (3); **está claro** it's clear (5); **está despejado** it's clear (*weather*) (2); **está lloviendo** it's raining (2); **está nevando** it's snowing; **está nublado** it's cloudy (2); **estar aburrido/a / asustado/a / cansado/a / enojado/a / nervioso/a / tenso/a** to be bored/afraid/tired/angry/nervous/tense (10); **estar de acuerdo** to agree; **estar de buen/mal humor** to be in a good/bad mood (10); **estar de vacaciones** to be on vacation; **estar listo/a (para)** to be ready (for)
estatua statue
estatura height (5); **de estatura mediana** of medium height (5); **¿qué estatura es?** how tall is he/she/you (*form.*)? (5)
estatus status
este *m.* east (15)
este/a *adj.* this (P); **esta noche** tonight
este/a *pron.* this one
estereotípico/a stereotypical
estereotipo stereotype
estilo style
estimado/a esteemed
estimarse *refl.* to have a high opinion of oneself
estimular to stimulate
esto this, this thing, this matter
estofado/a stewed
estómago stomach; **tener** *irreg.* **dolor de estómago** to have a stomachache
estornudar to sneeze
estrella star; **hotel** *m.* **de cuatro estrellas** four-star hotel
estrés *m.* stress
estructura structure
estructurado/a structured
estructural structural
estudiante *m., f.* student (P); **soy estudiante de _____** I am a(n) _____ student
estudiantil *adj.* student; **residencia estudiantil** student dormitory

estudiar to study (1); **estudio____** I am studying ____ (P); **¿qué estudias?** what are you studying (P)

estudio *n.* study

estudioso/a studious

etapa stage

etimología etymology

étnico/a ethnic

Europa Europe

europeo/a *n., adj.* European

evaluar (evalúo) to evaluate

evento event

evidencia evidence

evidente evident (5)

evitar to avoid; **tendencia a evitar riesgos** tendency to avoid risks (13)

exacerbar to exacerbate

exacto/a *adj.* exact; *adv.* exactly

exagerado/a exaggerated

examen *n.* test (P); **tener** *irreg.* **un examen** to take a test (3)

examinar to examine

excelente excellent

excéntrico/a eccentric

excepción *f.* exception

excepcional exceptional

excepto *adv.* except

exceso excess

exclamar to exclaim

excluir (y) to exclude

exclusivo/a exclusive

excusa excuse

exhibición *f.* exhibition

exiliado/a *n., adj.* exiled

existencia existence

éxito success; **tener** *irreg.* **éxito** to be successful

exótico/a exotic

expediente transcript

experiencia experience

experimental experimental

experimentar to experience; to experiment

experimento experiment

experto/a *n., adj.* expert

explicación *f.* explanation

explicar (qu) to explain

exploración *f.* exploration

explorar to explore

explosivo/a explosive

exportación *f.* exportation

exportar to export

exposición *f.* exposition

expresar to express; **expresarse** *refl.* **claramente** to express oneself clearly (F)

expresión *f.* expression (P)

expropiado/a expropriated

extendido/a extended; **familia extendida** extended family (4)

extensión *f.* extension

extenuar (extenúo) to tire

externo/a external

extinción *f.* extinction

extinguirse (g) to become extinct

extra *inv.* extra

extracción *f.* extraction

extraer (*like* **traer**) to extract

extranjero abroad (F); **extranjero/a** *n.* foreigner; *adj.* foreign; **idioma** *m.* **extranjero** foreign language (P); **lengua extranjera** foreign language (P)

extraño/a strange

extraordinario/a extraordinary

extravagante extravagant

extroversión *f.* extroversion

extrovertido/a extroverted (5)

EZLN: Ejército Zapatista de Liberación Nacional Zapatista National Liberation Army

F

fábrica factory

fabricación *f.* manufacture

fabricar (qu) to manufacture, make

fabuloso/a fabulous

fachada facade

fácil easy

factor *m.* factor

facturar el equipaje to check the luggage (F)

falda skirt (F)

falso/a false

falta lack

faltar to be missing, lacking (10); to be absent; **faltar a** to miss, not go to

fama fame; **tener** *irreg.* **fama de** to have a reputation for

familia family; **familia extendida** extended family (4); **familia nuclear** nuclear family (4)

familiar *n. m.* relative; *adj.* familiar, pertaining to a family

famoso/a famous (P)

fanático/a fan; fanatic

fantástico/a fantastic

farmacéutico/a pharmacist (F)

farmacia pharmacy (F)

fascinante fascinating

fascinar to fascinate

fatal fatal; awful

fauna fauna

favor *m.* favor; **a favor de** in favor of; **por favor** please (P)

favorito/a favorite (P)

faxear to send a fax

febrero February (2)

fecha (*calendar*) date

fechoría villainy, misdeed

fecundación *f.* fertilization

feliz (*pl.* **felices**) happy (5)

femenino/a feminine

fenómeno phenomenon

feo/a ugly (5)

fermentación *f.* fermentation

feroz (*pl.* **feroces**) ferocious

ferroníquel *m.* ferronickel

fertilizante *m.* fertilizer

festival *m.* festival

festividades *pl.* festivities

fibra fiber; **telas de fibras naturales** natural fabrics (F)

ficción *f.* fiction; **ciencia ficción** science fiction

ficticio/a ficticious

fideo noodle

fiesta party (2); **dar** *irreg.* / **hacer** *irreg.* **una fiesta** to throw (have) a party (11); **día** *m.* **de fiesta** holiday (11)

figura figure

figurar to figure, appear

figurativo/a figurative

figurilla figurine

figurina figurine

fijarse to notice

fijo/a fixed

Filipinas Philippines

filosofía philosophy (P)

filosófico/a philosophical

fin *m.* end; **al fin y al cabo** in the end, when all is said and done; **en fin** finally; **fin de semana** weekend (1); **fin de semana pasado** last weekend (3); **por fin** finally

final *m.* end; **al final (de)** at the end (of); *adj.* final

finalista *m., f.* finalist

financiar to finance

financiero/a financial

fino/a fine

firma signature

firmar to sign

firmeza firmness, stability

física physics (P)

físicamente fuerte physically strong (F)

físico/a *n.* physicist (F); *adj.* physical; **característica física** physical characteristic, trait (5); **castigo**

físico corporal punishment; **daño físico** physical injuries (12); **educación** *f*. **física** physical education (P); **rasgo físico** physical trait; **terapia física** physical therapy (F)

fisiología physiology

flamenco *a musical and dance form from the region of Andalusia in Spain*

flan *m*. baked custard (7)

flexibilidad *f*. flexibility

flexible flexible

flor *f*. flower

flora flora

fobia phobia

folclor *m*. folklore

folklórico/a folkloric

folleto pamphlet

fomentar to encourage

forma form; way; **de todas formas** in any case; **en forma** in shape

formación *f*. formation; training, education

formal formal

formar to form

fórmula formula

formular to formulate

formulario form

foro forum

fósil *m*. fossil

foto(grafía) *f*. photo(graph); **sacar (qu) fotos** to take pictures (F)

fotógrafo/a photographer (F)

fracaso failure

fragmento fragment

francés *m*. French (*language*) (P)

francés, francesa *n*. Frenchman, Frenchwoman; *adj*. French

Francia France

franquicia exemption

frase *f*. phrase; sentence

frecuencia frequency; **con frecuencia** often (1); **¿con qué frecuencia?** how often? (1)

frecuentar to frequent

frecuente frequent

frecuentemente frequently (1)

freír (i, i) to fry

frente *prep*. in front of; **frente a** facing; compared with

fresa strawberry (7)

fresco/a fresh (7); cool; **hace fresco** it's cool (*weather*) (2)

frijol *m*. bean (7)

frío cold (9); **bien frío** very cold (9); **hace (mucho) frío** it's (very) cold (*weather*) (2)

frito/a *p.p.* fried; **huevo frito** fried egg (7); **papas fritas** *Lat. Am.* potato chips (7); French fries; **patatas fritas** *Sp.* potato chips (7); French fries

frívolo/a frivolous (14)

frontera border

frustrar to frustrate

fruta fruit (7)

fuente *f*. source; fountain

fuera (de) *adv*. outside (of)

fuerte strong; **físicamente fuerte** physically strong (F); **licor** *m*. **fuerte** hard alcohol (9)

fuerza strength; force; **fuerzas armadas** armed forces

fumar to smoke (9); **sección** *f*. **de (no) fumar** (no) smoking section (F)

función *f*. function

funcionamiento *n*. functioning, operation

funcionar to function, work

fundamento foundation

funeral *m*. funeral

furioso/a furious

fútbol *m*. soccer; **fútbol americano** football; **jugar (ue) (gu) al fútbol** to play soccer (2); **jugar (ue) (gu) al fútbol americano** to play football (2)

futuro *n*. future

futuro/a *adj*. future

G

Galápagos: Islas Galápagos Galapagos Islands

Galicia *region in northwest Spain*

gallego *m*. Galician (*language*)

gallego/a *n., adj*. Galician

galleta cookie (7)

gallina hen

gallo rooster

gamba *Sp*. shrimp

gana desire, wish; **tener** *irreg*. **ganas de** + *inf*. to feel like (*doing something*)

ganar to earn; to win; **ganar peso** to gain weight; **ganarse la vida** to support oneself (*financially*)

garantía guarantee

gasolina gasoline

gastar (dinero) to spend (money) (2)

gasto expense

gastronomía gastronomy

gastronómico/a gastronomical

gato/a cat

gaucho *cowboy of the pampas in Argentina*

gelatina gelatin

gemelo/a *n., adj*. twin (4)

gen *m*. gene

genealógico: árbol *m*. **genealógico** family tree

generación *f*. generation

general general; **en general** in general; **por lo general** generally

generalizar (c) to generalize

generalmente generally (1)

género gender; genre

genética *n*. genetics

genético/a genetic; **herencia genética** genetic inheritance

genio temper; mood; **tener** *irreg*. **mal genio** to have a bad temper

gente *f. s.* people (6); **tener** *irreg*. **don de gentes** to have a way with people (F)

geografía geography (P)

geográfico/a geographical

geométrico/a geometric

gerente *m., f*. manager (F)

gerundio gerund

gesto gesture

gigante *n. m.* giant; *adj*. gigantic, huge

gimnasio gymnasium

gitano/a *n., adj*. Gypsy

glamoroso/a glamorous

globalización *f*. globalization

gnomo gnome

gobernado/a governed

gobernador(a) governor

gobernar to govern

gobierno government (F)

golf *m*. golf; **jugar (ue) (gu) al golf** to golf (11)

golondrina swallow

golpe *m*. blow

gordo/a fat (5)

gorila *m*. gorilla

gótico/a Gothic

gozar (c) to enjoy, have

gracia humor; **hacerle** *irreg*. **gracia a uno** to strike someone as funny (11); **tener** *irreg*. **gracia** to be funny, charming (11)

gracias thank you, thanks (P); **gracias a Dios** thank God

gracioso/a funny, amusing (11)

grado grade, degree

graduado/a: recién graduado recent graduate

graduarse *refl.* **(me gradúo) (de)** to graduate (from)

gráfico *n*. graphic

gráfico/a *adj.* graphic
gramática grammar
gramatical grammatical
gran, grande big (5); impressive, great; **el/la menos grande** the smallest (5); **menos grande (que)** smaller (than) (5)
granja farm
granjero/a farmer (F)
grasa fat (7)
gratis *inv.* free
grave serious (12)
Grecia Greece
gregario/a gregarious (5)
griego *n.* Greek (*language*)
griego/a Greek (*person*)
grifo faucet
gringo/a *n., adj.* American (*often pejorative*)
gris gray
gritar to shout (10)
grupo group
gua gua *f.* baby (*male or female*)
guano fertilizer
guapo/a handsome, pretty
guaraní *m.* Guarani (*an indigenous language*)
guardar to keep; **guardar silencio** to keep quiet
guardia guard
guatemalteco/a *n., adj.* Guatemalan
guerra war; **guerra civil** civil war
guerrero/a warrior
guerrillero/a guerilla
guiado/a guided
guiarse *refl.* **(me guío)** to be guided
guisante *m.* pea (7)
guitarra guitar; **tocar (qu) la guitarra** to play the guitar (1)
gusano worm
gustar to be pleasing; **no me gusta(n) ____** I don't like ____ (P); **no, no me gusta(n) para nada** no, I don't like it (them) at all (P); **sí, me gusta(n) ____** yes, I like ____ (P); **¿te gusta(n) ____?** do you like ____? (P)
gusto taste, preference (7); **al gusto** according to taste; **mucho gusto** pleased to meet you (P)

H

ha *(aux.)* has/have + *p.p.*
haber *irreg.* to have (*aux.*)
hábil para las matemáticas good at math (F)

habilidad *f.* ability (F); **habilidad manual** ability to work with one's hands (F)
habitación *f.* room (F); **habitación con baño privado** room with a private bath (F); **habitación con ducha** room with a shower (F)
habitante *m., f.* inhabitant
habitar to inhabit; to live
hábitat *m.* (*pl.* **hábitats**) habitat
hábito habit; **hábito de comer** eating habit (7)
habitué *n. m., f.* regular; habitual customer
habla *n. f.* (*but* **el habla**) language; **de habla española** Spanish-speaking
hablador(a) talkative (13)
hablante *m., f.* speaker
hablar to speak (1); **hablar español** to speak Spanish (P); **hablar otro idioma** to speak another language (F); **hablar por teléfono** to talk on the telephone (1)
hacendado landed property owner
hacer *irreg.* (*p.p.* **hecho/a**) to do (1); to make (1); **hace** + *time* ____ ago (3); **hace buen/mal tiempo** the weather's good/bad (2); **hace (mucho) calor/frío** it's (very) hot/cold (*weather*) (2); **hace fresco** it's cool (*weather*) (2); **hace sol** it's sunny (2); **hace unos años** a few years ago; **hace varios meses** several months ago; **hace viento** it's windy (2); **hacer autostop** to hitchhike (F); **hacer camping** to go camping (11); **hacer cola** to stand in line (F); **hacer compañía** to keep company; **hacer daño** to hurt; **hacer ejercicio** to exercise (1); **hacer ejercicio aeróbico** to do aerobics (1); **hacer escala** to make a stop (*on a flight*) (F); **hacer la cama** to make the bed; **hacer la maleta** to pack one's suitcase (F); **hacer la tarea** to do the homework/assignment; **hacer las compras** to go shopping; **hacer memoria** to try to remember; **hacer preguntas** to ask questions (4); **hacer reír** to make laugh (11); **hacer ruido** to make noise (10); **hacer un viaje** to take a trip (F); **hacer una fiesta** to throw (have) a party; **hacer yoga** to do yoga (11); **hacerle gracia a uno** to

strike someone as funny (11); **no hacer nada** to do nothing (2); **¿qué carrera haces?** what's your major? (P); **¿qué tiempo hace?** what's the weather like? (2)
hacia *prep.* toward
hada *f.* (*but* **el hada**) fairy; **cuento de hadas** fairy tale
hamaca hammock
hambre *f.* (*but* **el hambre**) hunger; **dar** *irreg.* **hambre** to make hungry; **tener** *irreg.* **hambre** to be hungry (7)
hamburguesa hamburger (7)
han *(aux.)* have + *p.p.*
hasta *adv.* even; *prep.* until; **hasta mañana** see you tomorrow (P); **hasta pronto** see you soon (P); **hasta que** until; **hasta (muy) tarde** until (very) late (2)
hay there is, there are (P); **hay que** it's necessary to (8)
hazaña deed
hecho fact; deed; reason; **de hecho** in fact
hecho/a *p.p.* made, done
helado ice cream (7)
helado/a *p.p.* frozen; iced; **té** *m.* **helado** iced tea (9)
hemisferio hemisphere
hemofilia hemophilia
herbívoro herbivore
heredar to inherit
hereditario/a hereditary
herencia inheritance; **herencia genética** genetic inheritance
herida wound, injury (12)
herir (ie, i) to wound (12)
hermanastro/a stepbrother, stepsister (4)
hermano/a brother, sister (4); *pl.* brothers and sisters, siblings (4); **medio/a hermano/a** half brother, half sister (4)
hidalgo nobleman
hielo ice; **con hielo** with ice (9); **sin hielo** without ice (9)
hierba herb; **té** *m.* **de hierbas** herbal tea (9)
hígado liver
hijo/a son, daughter (4); *pl.* children; **hijo/a adoptivo/a** adopted child; **hijo/a único/a** only child
hilaza yarn
himno nacional national anthem
hipotético/a hypothetical
hispánico/a Hispanic
hispano/a Hispanic

Hispanoamérica Latin America
hispanoamericano/a *n., adj.* Latin American
hispanohablante *m., f.* Spanish speaker; *adj.* Spanish-speaking
historia history (P); story
histórico/a historical
hogar *m.* home
hoja sheet (*of paper*); leaf
hola hello (P)
hombre *m.* man; **hombre de negocios** businessman (F)
honestidad *f.* honorableness, honesty
honesto/a upright, honorable, honest
honorable honorable, honest
hora hour; time; **¿a qué hora?** at what time? (1); **hora límite** time limit; **¿qué hora es?** what time is it? (1)
horario schedule
hormiga ant; **hormiga culona** fat-bottomed ant
hormona hormone
horno: al horno baked (7)
horóscopo horoscope; **horóscopo chino** Chinese horoscope
hospital *m.* hospital
hotel *m.* hotel; **hotel de cuatro estrellas** four-star hotel; **hotel de lujo** luxury hotel
hoy *adv.* today (1); **hoy (en) día** nowadays, today; **hoy es ____** today is ____ (1); **¿qué día es hoy?** what day is today? (1)
huele a it smells like
hueso bone
huésped(a) guest
huevo egg (7); **huevo frito** fried egg (7); **huevo revuelto** scrambled egg (7)
huir (y) to flee
humanidad *f.* humanity; *pl.* humanities (P)
humano/a human; **raza humana** human race; **ser** *m.* **humano** human being
humedad *f.* humidity
húmedo/a humid
humilde humble (13)
humor *m.* humor; mood; **estar** *irreg.* **de buen/mal humor** to be in a good/bad mood (10)

I

ida: boleto/billete *m.* **de ida** one-way ticket (F); **boleto/billete** *m.* **de ida y vuelta** round-trip ticket (F)

idea idea; **(muy) buena idea** a (very) good idea (8); **cambiar de idea** to change one's mind (8)
ideal *n. m.* ideal; *adj. m., f.* ideal
idealista *n. m., f.* idealist; *adj. m., f.* idealistic
idéntico/a identical
identidad *f.* identity
identificar (qu) to identify
ideología ideology
idioma *m.* language (P); **hablar otro idioma** to speak another language (F); **idioma extranjero** foreign language (P)
iglesia church; **ir** *irreg.* **a la iglesia** to go to church (2)
igual equal, same; **dar** *irreg.* **igual** to be all the same to (*someone*), not to care; **por igual** equally, the same (P)
igualmente likewise (P)
ilógico/a illogical
iluminación *f.* illumination
imagen *f.* image
imaginación *f.* imagination
imaginar to imagine
imaginativo/a imaginative
imitar to imitate
impaciente impatient
impacto impact
imperfecto *gram.* imperfect (*tense*)
imperio empire
impersonal impersonal
impetuoso/a impetuous
implicar (qu) to implicate
imponer (*like* **poner**) to impose (5)
importación *f.* importation
importancia importance
importante important
importar to be important (7); to matter (7); to import; **importar un comino** not to matter at all
imposible impossible
imprescindible essential (8)
impresión *f.* impression
impresionante impressive
impresionar to impress
imprimir to print
impuesto tax
impulsividad *f.* impulsiveness
impulsivo/a impulsive
impulso impulse
inapropiado/a inappropriate
inca *n. m., f.* Inca; *adj.* Incan
incendio fire
incesante incessant
incidencia incidence
incierto/a uncertain (14)

inclinación *f.* inclination
inclinado/a inclined
incluir (y) to include
inclusive including
incluso *adv.* even
inconformidad *f.* nonconformity
incontrolable uncontrollable
incorporar to incorporate; **incorporarse** *refl.* to join
incorrecto/a incorrect
incrementar to increase
indeciso/a indecisive (13)
indefinido/a indefinite
independencia independence
independiente independent
independizarse (c) *refl.* to become independent
India India
indicación *f.* indication
indicar (qu) to indicate
indicativo *gram.* indicative (*mood*)
indiferente indifferent (14)
indígena *n. m., f.* indigenous person; *adj. m., f.* indigenous
indirecto/a indirect
indispensable indispensable, essential
individual *adj.* individual
individualista individualistic (14)
individuo *n.* individual
indudable without a doubt (5)
indumentaria apparel
industria industry
inesperado/a unexpected
inestabilidad *f.* instability
inevitable unavoidable
infancia infancy; childhood
infante/a *any son or daughter of a king of Spain or Portugal, except the eldest*
infierno hell
infinitivo *gram.* infinitive
inflado/a inflated
influencia influence
influido/a influenced
influir (y) to influence
información *f.* information
informar to inform
informática computer science (P)
informe *m.* report
ingeniería engineering (P)
ingeniero/a engineer (F)
ingenioso/a ingenious, clever
ingenuo/a naive (13)
ingerir (ie, i) to ingest, eat
Inglaterra England
inglés *m.* English (*language*) (P)
inglés, inglesa *adj.* English

ingrato/a ungrateful
ingrediente *m.* ingredient
ingreso income
iniciar to initiate
iniciativa initiative
injusticia injustice
inmediato/a immediate
inmenso/a immense
inmigración *f.* immigration
inmigrante *m., f.* immigrant
inmigrar to immigrate
inmortalidad *f.* immortality
inmunología immunology
innato/a innate
innecesario/a unnecessary
inocente innocent
inquieto/a restless (13)
insatisfacción *f.* dissatisfaction
inscribir (*p.p.* **inscrito/a**) to enroll in
inscripción *f.* enrollment
insecto insect
inseguro/a insecure (13)
insensible insensitive (13)
insincero/a insincere (P)
insistir to insist
insomnio insomnia
inspeccionar to inspect
inspirar to inspire
instantánea *n.* snapshot
instante *m.* instant
instintivo/a instinctive
instinto instinct
institución *f.* institution
instituto institute
instrucción *f.* instruction; *pl.* directions
instrumento instrument
insultar to insult
integral: pan *m.* **integral** whole-wheat bread (7)
integrar to integrate
íntegro/a honorable (F)
intelectual intellectual
inteligencia intelligence
inteligente intelligent (P)
intención *f.* intention
intensidad *f.* intensity
intenso/a intense
intentar to try, attempt
intento attempt
interacción *f.* interaction
intercambiar to exchange
intercambio exchange
interés *m.* interest
interesante interesting (P)
interesar to interest, be interesting (7)
internacional international
interno/a internal

interpretación *f.* interpretation
interrumpir to interrupt
íntimo/a close
intricado/a intricate
introducción *f.* introduction
introducir (*like* **conducir**) to introduce, bring in; to put (into)
introvertido/a introverted
inundación *f.* flood
inventar to invent
invento invention
invernadero: efecto invernadero greenhouse effect
invernal *adj.* winter; **síndrome** *m.* **invernal** winter syndrome (*depression*)
inversión *f.* investment
inversionista *m., f.* investor
invertido/a invested
investigación *f.* investigation
investigador(a) investigator
investigar (gu) to investigate
invierno winter
invitado/a *n.* guest
invitar to invite; to treat (pay) (8)
involucrado/a involved
involuntariamente involuntarily
ir *irreg.* to go; **ir a la iglesia** to go to church (2); **ir al cine** to go to the movies; **ir al teatro** to go to the theater (11); **ir de compras** to go shopping (1)
irritado/a irritated
irritarse to be (get) irritated (10)
isla island; **Islas Baleares** Balearic Islands; **Islas Galápagos** Galapagos Islands
Italia Italy
italiano *n.* Italian (*language*) (P)
italiano/a *n., adj.* Italian
itinerario itinerary
izquierda *f.* left; **doble a la izquierda** turn left (15)
izquierdo/a left (8)

J

¡ja! ha!
jabón *m.* soap
jactarse *refl.* **(de)** to boast, brag (about)
jacuzzi *m.* jacuzzi; **bañarse** *refl.* **en un jacuzzi** to bathe in a jacuzzi (11)
jaguar *m.* jaguar
jamás never (2)
jamón *m.* ham (7); **jamón serrano** *cured Spanish ham*
Jánuca *m.* Hanukkah

Japón *m.* Japan
japonés *m.* Japanese (*language*) (P)
japonés, japonesa *n., adj.* Japanese
jardín *m.* garden; yard; **trabajar en el jardín** to garden (11)
jarra pitcher (8)
jefe/a boss (F)
jerarquía hierarchy
jerez *m.* (*pl.* **jereces**) sherry
jirafa giraffe
Jitomate *m. Mex.* tomato
joven *n. m., f.* young person; *adj.* young (5)
joyería jewelry store
jubilado/a retired
jubilarse *refl.* to retire
judía bean; **judía verde** green bean (7)
juego game
jueves Thursday (1)
jugador(a) player (F)
jugar (ue) (gu) to play (*sports*) (1); **jugar a los naipes** to play cards (11); **jugar a los videojuegos** to play video games (3); **jugar al basquetbol** to play basketball (10); **jugar al béisbol** to play baseball (10); **jugar al boliche** to bowl (10); **jugar al fútbol** to play soccer (2); **jugar al fútbol americano** to play football (2); **jugar al golf** to golf (11); **jugar al tenis** to play tennis (10); **jugar al voleibol** to play volleyball (11)
jugo juice (7); **jugo de limón** lemon juice; **jugo de manzana** apple juice (9); **jugo de naranja** orange juice (7); **jugo de tomate** tomato juice (9); **jugo de toronja** grapefruit juice
juicio judgment, sanity: **perder el juicio** to lose one's mind; **recobrar el juicio** to recover one's sanity
julio July (2)
junio June (2)
junto *adv.* near; **junto con** together with
junto/a *adj.* together
justicia justice; **justicia criminal** criminal justice (P)
justo/a just, fair (14)
juzgar (gu) to judge

K

kilo kilogram
kilómetro kilometer

L

la *f. s.* the; *d.o. f. s.* you (*form.*); her; it
labio lip
laboral *adj.* labor; work; **día laboral** workday (1)
laboratorio laboratory (1)
labrar to work
lacio/a straight (*hair*) (5)
lácteo/a: producto lácteo dairy product (7)
lado side; **al lado (de)** next to, alongside (15); **por otro lado** on the other hand; **por un lado** on the one hand
ladrar to bark
lago lake (11)
lágrima tear
lámpara lamp
lana wool (F)
las *f. pl.* the; *d.o. f. pl.* you (*form.*); them
latino/a Hispanic; Latin
Latinoamérica Latin America
latinoamericano/a *n., adj.* Latin American
lavabo bathroom sink
lavar to wash; **lavar la ropa** to wash clothes (2); **lavar los platos** to wash the dishes (8)
lazo tie (*link*)
le *i.o. s.* to/for him, her, it, you (*form.*)
leal loyal (13)
lección *f.* lesson
leche *f.* milk (7); **café** *m.* **con leche** coffee with milk (7); **leche semidescremada** 2% milk
lechuga lettuce (7)
lector(a) reader (*person*)
lectura *n.* reading
leer (y) to read (1)
legalización *f.* legalization
legalizar (c) to legalize
legislatura legislature
legumbre *f.* vegetable
lejano/a faraway; remote, distant
lejos (de) far away (from) (15)
lengua tongue; language; **lengua extranjera** foreign language (P)
lenguado sole (*fish*)
lenguaje *m.* language
lentamente *adv.* slowly
lenteja lentil (7)
león, leona lion, lioness
les *i.o. pl.* to/for you (*form.*); them
lesión *f.* wound, injury (12)
letargo lethargy
letra letter; handwriting; lyrics; *pl.* letters (*humanities*) (P)

levantamiento de pesas weightlifting
levantar to raise; to lift; **levantar la mesa** to clear the table (8); **levantar pesas** to lift weights (10); **levantarse** *refl.* to get up (1)
léxico/a lexical
ley *f.* law
leyenda legend
liberación *f.* liberation
libertad *f.* liberty
libertino/a libertine
libra pound
libre free; **al aire libre** outdoors; **tiempo libre** free (spare) time (11)
librería bookstore
libro book (P)
licencia license; **licencia de manejar** driver's license
licenciatura bachelor's degree
licor *m.* liquor; **licor fuerte** hard alcohol (9)
líder *m.* leader
liga league
ligero/a light
lima lime
limitar(se) to limit (oneself)
límite *m.* limit; boundary; **hora límite** time limit
limón *m.* lemon (7); **jugo de limón** lemon juice
limonada lemonade
limosidad *f.* muddiness, sliminess
limoso/a muddy, slimy
limpiar to clean; **limpiar la casa / el apartamento** to clean the house/apartment (2)
limpieza: mujer *f.* **de limpieza** cleaning lady
limpio/a clean
lindo/a pretty
línea line; **patinar en línea** to inline skate (11)
lingüístico/a linguistic
líquido liquid
lista list
listo/a clever; smart (F); **estar** *irreg.* **listo/a (para)** to be ready (for)
literario/a literary
literatura literature; **literatura mágico realista** magic realist literature
litro liter
llamada call; **llamada telefónica** telephone call
llamar to call; **¿cómo se llama usted?** what's your (*form.*) name? (P); **¿cómo te llamas?** what's your (*fam.*) name? (P); **llamar la**

atención to attract attention; **llamar por teléfono** to call on the phone (3); **llamarse** *refl.* to be called, named; **me llamo** my name is (P); **se llama** his, her name is (P)
llave *f.* key
llegada arrival (F)
llegar (gu) to arrive (3); to reach; **llegar a ser** to become; **perdón, ¿cómo se llega a___?** excuse me, how do you get to ___? (15)
llenar to fill; to fill out
llevar to carry (5); to keep; to wear (F) **bolsita para llevar** doggie bag (7); **comida para llevar** food to go (8); **llevar a cabo** to carry out; **llevar una vida** to lead a life; **llevarse bien/mal** to get along well/poorly (5)
llorar to cry (10)
llover (ue) to rain; **está lloviendo** it's raining (2); **llueve** it's raining (2)
lluvia rain
lo *d.o. m. s.* you (*form.*); him; it; **por lo general** generally; **por lo menos** at least; **por lo tanto** therefore
lobo wolf
loco/a *n.* crazy person; *adj.* crazy
locura crazy, insane action
lodo mud
lógico/a logical
lograr to attain, achieve
lomo back (*of an animal*)
Londres *m.* London
los *m. pl.* the; *d.o. m. pl.* you (*form.*); them
lotería lottery
lucha fight
luchador(a) fighter (14)
luchar to fight, struggle
lucrativo/a lucrative
luego then, therefore (2)
lugar *m.* place (11); **en primer lugar** in the first place; **lugares de asentamiento** settling places
lujo luxury; **hotel** *m.* **de lujo** luxury hotel
luna moon
lunes *m.* Monday (1)
luz *f.* (*pl.* **luces**) light

M

madera wood
madrastra stepmother (4)
madre *f.* mother (4); **madre soltera** single mother (4)

madrugada dawn; early morning

maestro/a teacher (*elementary or secondary school*) (F); master

mágico/a magical

mágico realista: literatura mágico realista magic realist literature

magnífico/a magnificent

magnitud *f.* magnitude

maíz *m.* corn (7); **aceite** *m.* **de maíz** corn oil (7)

mal *n. m.* evil; damage; *adv.* badly

mal, malo/a *adj.* bad (P); **caer** *irreg.* **mal** to make a bad impression (7); to disagree with (*food*) (7); **estar** *irreg.* **de mal humor** to be in a bad mood (10); **hace mal tiempo** the weather's bad (2); **llevarse mal** to get along poorly (5); **pasarlo (muy) mal** to have a (very) bad time (10); **sacar (qu) una mala nota** to get a bad grade (10)

malestar *m.* malaise, indisposition

maleta suitcase; **hacer** *irreg.* **la maleta** to pack one's suitcase (F)

maletero/a porter; skycap (F)

malévolo/a evil (14)

malicioso/a malicious

mamá mom, mother

manada herd, pack

mandar to send (1); to direct others (F); to lead, command

mandato order; command

mando command, leadership; control, order (13); **don** *m.* **de mando** talent for leadership (13)

manejar to drive (1); to manage; **licencia de manejar** driver's license

manera manner; way; **de tal manera** in such a manner; **pensar (ie) de una manera directa** to think in a direct (linear) manner (F)

manga sleeve

manifestar (ie) to manifest, show

manipular to manipulate

mano *f.* hand (8); **dar** *irreg.* **la mano** to shake hands

manta blanket

mantel *m.* tablecloth (8)

mantener (*like* **tener**) to maintain; to support (*financially*) (5); **mantenerse** *refl.* to support oneself

mantequilla butter (7); **mantequilla de cacahuete** peanut butter (7)

manual *n. m.* manual; *adj. m., f.* manual; **habilidad** *f.* **manual** ability to work with one's hands (F)

manzana apple (7); block (*of houses*) (15); **jugo de manzana** apple juice (9)

mañana morning; tomorrow (1); **ayer por la mañana** yesterday morning; **hasta mañana** see you tomorrow (P); **mañana es ____** tomorrow is ____ (1); **por la mañana** in the morning (1); **todas las mañanas** every morning (1)

mapa *m.* mapa

maquiladora *U.S.-owned factory in Mexico along the border between Mexico and the United States*

maquillarse *refl.* to make oneself up (*with makeup*)

máquina machine; **escribir a máquina** to type; **máquina de escribir** typewriter; **máquina vendedora** vending machine (7)

mar *m.* sea (11)

marca brand; mark

marcado/a marked

marcar (qu) to mark

marchar to go, proceed; **marcharse** *refl.* to leave

marearse *refl.* to get dizzy, sick, nauseated

margen *m.* margin

marido husband (4)

marihuana marijuana

mariposa butterfly

marisco shellfish (7)

marrón (dark) brown (7)

Marte *m.* Mars

martes *m.* Tuesday (1)

marzo March (2)

más more (1); **el/la más alto/a (de)** the tallest (5); **más alto/a (que)** taller (than) (5); **más o menos** more or less; **más tarde** later; **más vale prevenir que arrepentir** an ounce of prevention is worth a pound of cure; **es más** what's more, moreover

mascota pet

masculino/a masculine

masticar (qu) to chew

matar to kill

mate *m. an herbal tea typical of Argentina*

matemáticas *pl.* mathematics (P); **hábil para las matemáticas** good at math (F)

materia subject (P); material

material *m.* material (F)

materno/a maternal

matrimonial: cama matrimonial double bed (F)

matrimonio marriage; married couple

máximo *n.* maximum

máximo/a *adj.* maximum

maya *n. m.* Mayan (*language*); *n., adj. m., f.* Mayan

mayo May (2)

mayonesa mayonnaise (7)

mayor older (4); greater; main; **el/la mayor** the older, oldest (4); **la mayor parte** majority

mayoría majority

me *d.o.* me; *i.o.* to/for me; *refl. pron.* myself

media: ____ y media half past (1)

mediano/a *adj.* medium; middle; **de estatura mediana** of medium height (5)

medianoche *f.* midnight

mediante by means of, through

medias *pl.* stockings (F)

medicina medicine (F)

médico/a *n.* doctor (F); *adj.* medical

medida measure, measurement; **a medida que** as

medieval medieval, about the Middle Ages

medio *n.* half; *pl.* means; resources; **medio ambiente** environment, surroundings; **medios de comunicación** means of communication; **por medio de** by means of

medio/a *adj.* half; **la Edad Media** Middle Ages; **media pensión** room and breakfast (*often with one other meal*); **medio pollo asado** half a roasted chicken (7)

meditar to meditate

mediterráneo/a Mediterranean

mejilla cheek (5)

mejillón *m.* mussel

mejor better; **el/la mejor** the best

mejorana marjoram

mejorar to improve

melón *m.* melon

memoria memory; **hacer** *irreg.* **memoria** to try to remember

memorizar (c) to memorize

mencionar to mention

menos less (1); least; **al menos** at least; **echar de menos** to miss (*someone, something*); **el/la menos grande** the smallest (5); **más o menos** more or less; **menos cuarto** quarter to (1); **menos**

grande (que) smaller (than) (5); **por lo menos** at least

mensaje *m.* (e-mail) message (1)

mente *f.:* **tener** *irreg.* **en mente** to keep in mind

mentir (ie, i) to lie

mentira lie

mentón *m.* chin (5)

menú *m.* menu; **menú del día** daily menu (7)

menudo: a menudo often

mercadeo marketing (P)

mercado market

merendar (ie) to snack (on) (7); **¿qué meriendas?** what do you snack on? (7)

merienda snack (7)

mermelada jam, marmalade (7)

mes *m.* month (2); **hace varios meses** several months ago

mesa table (8); **levantar la mesa** to clear the table (8); **poner** *irreg.* **la mesa** to set the table (8)

mesero/a waiter, waitress (8)

mestizaje the mixing of races

meta goal

metabolismo metabolism

meter to put; **meterse** *refl.* to involve oneself; **meterse en lo suyo** to do one's own thing

metereológico/a meteorological

metódico/a methodical

metro subway; meter

mexicano/a *n., adj.* Mexican

México Mexico

mezcla mixture

mí *obj. of prep.* me

mi(s) *poss.* my (P)

microondas *m.s.* microwave oven

miedo fear; **dar** *irreg.* **miedo** to frighten; **tener** *irreg.* **miedo** to be afraid (10)

miel *f.* honey

miembro member

mientras *adv.* while; **mientras tanto** meanwhile

miércoles *m.* Wednesday (1)

mil one thousand (6)

militar *m.* soldier; *adj.* military; **servicio militar** military service

milla mile

millón *m.* million

mina mine

mineral: agua *f.* (*but* **el agua**) **mineral** mineral water

minería *n.* mining

minero/a *adj.* mining

mínimo *m.* minimum

mínimo/a *adj.* minimum; **calificación** *f.* **mínima aprobatoria** minimum passing grade

ministerio ministry (*government*)

minoría minority

minoritario/a *adj.* minority

minuto *n.* minute

mío/a *poss.* mine, of mine; **Dios mío** my goodness

mirar to look, look at, watch; **mirar la televisión** to look at, watch TV (1); **mirar un vídeo** to watch a video; **mirar una película** to watch a movie; **mirarse** *refl.* to look at oneself

misa mass (*religious*)

misión *f.* mission

mismo/a same

misterio mystery

mitad *f.* half

mito myth

mixto/a mixed; **ensalada mixta** mixed, tossed salad

moda fashion (F)

modales *m. pl.* manners (8); **buenos modales** good manners (8)

modelado/a modeled

modelo *m.* model; *m., f.* fashion model

moderación *f.* moderation

moderado/a moderate

modernismo modernism

modernista modernist

modernización *f.* modernization

moderno/a modern

modificación *f.* modification

modificar (qu) to modify

modismo slang

modo manner

molestar to bother, annoy

molino windmill

momento moment

moneda coin; **moneda nacional** national currency

mono monkey

monopatín scooter; skateboard (11); **andar** *irreg.* **en monopatín** to ride a scooter, skateboard (11)

monopolio monopoly

monotonía monotony

monótono/a monotonous

montaña mountain (11); **escalar montañas** to mountain climb (11); **esquiar (esquío) en las montañas** to snow ski (11)

montar to ride; **montar en bicicleta/motocicleta** to ride a bicycle/motorcycle

monumento monument

morado/a purple

moraleja moral (*of a story*)

morder (ue) to bite

moreno/a dark (5); dark-haired (5); dark-skinned (5)

morir (ue, u) (*p.p.* **muerto/a**) to die; **ya murió** he (she) already died (4)

moro Moor

mostaza mustard (7)

mostrar (ue) to show

motel *m.* motel

motivo motive, reason

motocicleta motorcycle; **montar en motocicleta** to ride a motorcycle

moverse to move

movimiento movement

mozo bellhop

mucho *adv.* a lot (P)

mucho/a much (P); **mucho gusto** pleased to meet you (P)

mudarme to move

muerte *f.* death; **escuadrón** *m.* **de la muerte** death squad

muerto/a *p.p.* dead (4); died

muestra indication

mujer *f.* woman; wife (4); **mujer de limpieza** cleaning lady; **mujer de negocios** businesswoman (F); **mujer policía** female police officer; **mujer político** female politician; **mujer soldado** female soldier

multinacional multinational

multiplicarse (qu) to multiply

mundial *adj.* world

mundo *n.* world

muñeca doll; wrist

muñeco stuffed animal

museo museum

música music (P)

músico/a *n.* musician (F)

muy very (P); **muy tarde** very late (1); **muy temprano** very early (1)

N

nacer (zc) to be born

nacido/a *p.p.* born

nacimiento birth

nación *f.* nation

nacional national; **himno nacional** national anthem; **moneda nacional** national currency; **vuelo nacional** domestic flight

nacionalista *m., f.* nationalist

nacionalización *f.* nationalization

nada nothing, not anything (2); **no hacer nada** to do nothing (2); **no, no me gusta(n) para nada** no, I don't like it (them) at all (P)

nadar to swim (2)

nadie no one, not anyone (5)

naipe *m.* playing card; **jugar (ue) (gu) a los naipes** to play cards (11)

naranja *n.* orange (7); **jugo de naranja** orange juice (7)

narcisista *adj. m., f.* narcissistic

narcotraficante *m., f.* drug dealer

nariz *f.* (*pl.* **narices**) nose (5)

narración *f.* narration, story

narrar to tell, recount

narrativa narrative

nata whipped cream

natación *f.* swimming

nativo/a native

natural natural; plain; **ciencias naturales** natural sciences (P); **telas de fibras naturales** natural fabrics (F)

naturaleza nature

naturalidad: actuar (actúo) con naturalidad to act naturally

navegar (gu) to navigate; **navegar en un barco** to sail (11); **navegar la Red** to surf the Web (World Wide Web) / net (Internet) (1)

Navidad *f.* Christmas

navideño/a *adj.* Christmas

necesario/a necessary (8); **es necesario** it's necessary (8)

necesidad *f.* necessity

necesitar to need

negación *f.* negation (2)

negativo/a negative

negocio business (F); **hombre** *m.*, **mujer** *f.* **de negocios** businessman, businesswoman (F)

negro/a black (5)

nene/a baby; small child

nervioso/a nervous (10); **estar** *irreg.* **nervioso/a** to be nervous (10)

nevar (ie) to snow; **está nevando** it's snowing (2); **nieva** it's snowing (2)

ni neither; nor

nicaragüense *n., adj. m., f.* Nicaraguan

nieto/a grandson, granddaughter (4); *m. pl.* grandchildren (4)

ningún, ninguno/a none, not any (2); **ninguna parte** nowhere

niñez *f.* childhood

niño/a boy, girl, child

nivel *m.* level

no no, not (P)

nobleza nobility

noche *f.* night; **ayer por la noche** last night; **buenas noches** good evening (P); **esta noche** tonight; **por la noche** in the evening, at night (1); **todas las noches** every night (1)

nocturno/a nocturnal

nombrar to name

nombre *m.* name; **¿cuál es tu nombre?** what's your (*fam.*) name? (P); **mi nombre es ____** my name is ____ (P); **su nombre es ____** his (her) name is ____ (P)

nórdico/a Nordic

noreste *m.* northeast (1)

norte *m.* north (15); **América del Norte** North America

Norteamérica North America

norteamericano/a *n., adj.* North American

nos *d.o.* us; *i.o.* to/for us; *refl. pron.* ourselves; **nos vemos** we'll be seeing each other (P)

nosotros/as we (P)

nota note; grade; **sacar (qu) una buena (mala) nota** to get a good (bad) grade (10)

notar to notice; to jot down

noticia(s) news

novecientos/as nine hundred (6)

novela *n.* novel; **novelas de caballería** novels about chivalry

noventa ninety (6)

noviembre *m.* November (2)

novio/a boyfriend, girlfriend

nublado/a cloudy; **está nublado** it's cloudy (2)

nuclear: energía nuclear nuclear energy; **familia nuclear** nuclear family (4)

nucléico/a: ácido nucléico nucleic acid

nuestro/a *poss.* our

nueve nine (P)

nuez *f.* (*pl.* **nueces**) nut (7)

numérico/a numerical

número number; **número de teléfono** telephone number

numeroso/a numerous

nunca never (1)

nutricionista *m., f.* nutritionist

nutritivo/a nutritious

Ñ

ñoquis *m. pl.* gnocchi

O

o or (P)

obedecer (zc) to obey

objetivo objective

objeto object; **objeto de arte** work of art (P)

obligación *f.* obligation

obligar (gu) to obligate

obligatorio/a obligatory

obra work; **obra de teatro** play

observación *f.* observation

observador(a) *n.* observer; *adj.* observant

observar to observe

obsesión *f.* obsession

obsesionarse *refl.* to be obsessed

obstante: no obstante nevertheless

obtener (*like* **tener)** to obtain

obvio/a obvious

ocasión *f.* occasion

occidental western

océano ocean (11)

ochenta eighty (6)

ochocientos eight hundred (6)

ocio leisure; leisure time

octubre October (2)

ocupación *f.* occupation

ocupar to occupy; **ocuparse de** to take charge of

ocurrencia occurrence

ocurrir(se) to occur

odiar to hate

oeste *m.* west (15)

ofenderse *refl.* to be (get) offended (10)

oficina office; **oficina de turismo** tourism office

oficio job

ofrecer (zc) to offer

oír *irreg.* to hear

ojo eye; **¡ojo!** careful!, watch out!; **ojos azules/castaños/verdes** blue/brown/green eyes (5)

oliva olive; **aceite** *m.* **de oliva** olive oil (7)

olor *m.* smell, odor

oloroso/a odorous

olvidar to forget

once eleven (P)

onza ounce

opción *f.* option

ópera opera

opinar to think, have the opinion (5)

opinión *f.* opinion; **cambiar de opinión** to change one's mind

oponente *m., f.* opponent

oportunidad *f.* opportunity

opresión *f.* oppression

optar to choose
optativo/a optional
optimista *n. m., f.* optimist; *adj. m., f.* optimistic (P)
opuesto/a opposite
oración *f.* sentence
oratoria speech (*school subject*) (P)
orden *m.* order
ordenado/a orderly, tidy
ordenador *m. Sp.* computer
ordenar to order (8); to put in order
orégano oregano
oreja ear (5)
orfebrería goldsmithery, silversmithing
organismo organism
organización *f.* organization
organizado/a organized (F)
organizar (c) to organize
órgano organ
orgulloso/a proud (10); **sentirse (ie, i) orgulloso/a** to feel proud (10)
orientación *f.* orientation, direction
oriental eastern, from the Orient
orientar to orientate; **orientarse** *refl.* to get one's bearings; to stay on course
oriente *m.* east
origen *m.* origin
originarse originate
oro gold
os *d.o. pl. Sp.* you (*fam.*); *i.o. pl. Sp.* to/for you (*fam.*); *refl. pron. pl. Sp.* yourselves (*fam.*)
oscuro/a dark
oso bear
ostra oyster
otoño fall, autumn (2)
otro/a other; another; **capaz** (*pl.* **capaces**) **de dirigir a otros** able to direct others (13); **hablar otro idioma** to speak another language (F); **otra parte** somewhere else; **otra vez, por favor** again, please (P); **por otra parte / otro lado** on the other hand; **el/la uno/a al / a la otro/a** each other
oveja sheep
ozono ozone; **capa de ozono** ozone layer

P

paciencia patience
paciente *n., adj. m., f.* patient (F)
pacífico/a peaceful, pacific
padecer (zc) to suffer

padrastro stepfather (4)
padre *m.* father (4); *pl.* parents (4); **padre soltero** single father (4)
paella *Valencian rice dish with meat, fish, or shellfish and vegetables*
pagar (gu) to pay (3); **pagar la cuenta** to pay the bill (3)
página page
país *m.* country (P)
pájaro bird
palabra word (P); **palabras útiles** useful words
palacio palace
paleontología paleontology
palo stick; **de tal palo, tal astilla** a chip off the old block
paloma pigeon, dove
palomitas *pl.* popcorn (7)
pampa grassy plain
pan *m.* bread; **pan blanco** white bread (7); **pan integral** whole-wheat bread (7); **pan tostado** toast (7)
panqueque *m.* pancake (7)
pantalones *m. pl.* pants (F); **pantalones cortos** shorts (F)
papa *Lat. Am.* potato (7); **papas fritas** *Lat. Am.* potato chips (7); French fries (7); **puré** *m.* **de papas** mashed potatoes (7)
papá *m. fam.* Dad
papalote *m. Mex.* kite
papel *m.* paper; role
par *m.* pair; couple
para *prep.* for (1); in order to; **bolsita para llevar** doggie bag (8); **capacidad** *f.* **para** ability to; **comida para llevar** food to go (8); **de aquí para allá** from here to there (15); **hábil para las matemáticas** good at math (F); **no, no me gusta(n) para nada** no, I don't like it (them) at all (P); **para que** so that; **¿para qué cuernos?** Why the heck?; **¿y para tomar?** and to drink? (7)
paracaídas *m. s.* parachute
paracaidismo *n.* skydiving
parador *m.* inn
paraguas *m. s.* umbrella
paramilitar paramilitary
parar to stop
parcialmente partially
parecer (zc) to seem, appear (5); **parecerse** *refl.* to resemble, look alike
parecido/a similar (5)
pared *f.* wall

pareja couple (4); partner (4)
pariente *m.* relative (4)
parmesano/a Parmesan (cheese)
parque *m.* park (11); **parque zoológico** zoo
párrafo paragraph
parrillada *Arg.* mixed grill
parte *f.* part; **la mayor parte** majority; **ninguna parte** nowhere; **otra parte** somewhere else; **por otra parte** on the other hand; **por todas partes** everywhere
participante *n. m., f.* participant
participar to participate
partícula particle
particular personal; private; particular
partido game; **partido político** political party
pasado/a *adj.* last; past; spoiled, old (7); **fin** *m.* **de semana pasado** last weekend (3); **sábado (domingo) pasado** last Saturday (Sunday) (11); **semana pasada** last week (3); **siglo pasado** last century (6)
pasaje *m.* ticket, passage (F)
pasajero/a passenger (F)
pasar to spend (time) (1); to happen; to pass; **pasar tiempo** to spend time; **pasarlo bien** to have a good time; **pasarlo (muy) mal** to have a (very) bad time (10); **¿qué te pasa?** what's the matter? (10)
pasatiempo pastime, hobby (2)
paseo walk; avenue; **dar** *irreg.* **un paseo** to take a walk (2)
pasillo hallway
pasivo/a passive
paso step; passage (*time*); **dar** *irreg.* **un paso** to take a step
pasta alimenticia pasta (7)
pastel *m.* pastry (7); pie
pastilla pill
pata paw; leg (*of an animal*)
patata *Sp.* potato (7); **patatas fritas** *Sp.* potato chips (7); French fries (7)
paterno/a paternal
patín *m.* skate
patinar to skate; **patinar en línea** to inline skate (11)
patineta skateboard; **andar** *irreg.* **en patineta** to skateboard (11)
paulatinamente slowly
pavo turkey; teetotaler
paz *f.* (*pl.* **paces**) peace
peca freckle (5)

pedalear to pedal (*a bike*)
pedaleo *n.* pedaling
pedir (i, i) to ask for; request (1); to order (8)
peinar to comb; **peinarse** *refl.* to comb one's hair; to do up one's hair
peleón, peleona quarrelsome
película film, movie; **mirar una película** to watch a movie
peligro danger (12)
peligroso/a dangerous (12)
pelirrojo/a redheaded (5)
pelo hair (5); **tomarle el pelo a uno** to pull someone's leg
pelota ball
pena: dar *irreg.* **pena** to sadden
pensamiento thought
pensar (ie) (en) to think (about) (1); **pensar de una manera directa** to think in a direct (linear) manner (F)
pensión *f.* boardinghouse, bed and breakfast (F); **media pensión** room and breakfast (*often with one other meal*); **pensión completa** room and full board
peor worse; **lo peor** the worst thing
pequeño/a small (4)
perder (ie) to lose; **perder el juicio** to lose one's mind; **perderse** *refl.* to get lost
perdón *m.* pardon; excuse me; **perdón, ¿cómo se llega a ____?** excuse me, how do you get to ____? (15)
perezoso/a lazy
perfección *f.* perfection
perfeccionista *n., adj. m., f.* perfectionist
perfecto/a perfect
perfil *m.* profile
periódico newspaper (1)
periodismo journalism (P)
periodista *m., f.* journalist (F)
período period
perjudicar (qu) to jeopardize
permanecer (zc) to stay, remain; **permanecer callado/a** to keep quiet (10)
permanente permanent
permisivo/a permissive
permitir to permit, allow (9)
pero *conj.* but (1)
perplejo/a perplexed
perrito caliente hot dog
perro/a dog (4)
persecución *f.* persecution

perseguir (i, i) (g) to pursue; to chase
persistente persistent
persona person
personaje *m.* character
personalidad *f.* personality; **característica de la personalidad** personality trait (5)
pertenecer (zc) to belong
peruano/a *n., adj.* Peruvian
pesa weight; **levantamiento de pesas** weightlifting; **levantar pesas** to lift weights (10)
pesar to weigh; **a pesar de** in spite of
pescado fish (*food*) (7)
pescar (qu) to fish (11)
pesimista *n., m., f.* pessimist; *adj. m., f.* pessimistic (P)
peso weight; burden; **ganar peso** to gain weight
pesquero/a *adj.* fishing
petróleo petroleum, oil
pez *m.* (*pl.* **peces**) fish (*alive*)
picante spicy, hot
picar (qu) to nibble
pie *m.* foot
piedad *f.* pity, compassion
piel *f.* skin
pierna leg
pilotar to pilot
piloto *m., f.* pilot
pimentero pepper shaker (8)
pimienta pepper (7)
pintar to paint (10)
pintor(a) painter (F)
pintura *n.* paint; painting
pionero/a pioneer
piscina swimming pool
piso apartment; floor
pistola pistol
pizarra chalkboard
pizzería pizza parlor
placer *m.* pleasure
plan *m.* plan
plancha: a la plancha grilled
planeta *m.* planet
plano city map
plano/a *adj.* plain
planta plant
plata silver
plátano banana; plantain
platillo saucer (8)
plato plate (8); dish; **lavar los platos** to wash the dishes (8); **plato de sopa** soup bowl (8); **plato del día** daily special (8); **plato principal** main dish (8); **primer (segundo, tercer) plato** the first (second, third) course (7)

playa beach
plaza plaza, square
población *f.* population
pobre *n. m.* poor person; *adj.* poor
pobrecito/a poor thing
pobreza poverty
poco/a little (P); **pocas veces** rarely (2)
poder *v. irreg.* to be able, can (1); **¿me podría decir ____?** could you tell me ____? (15); **¿me podría traer ____?** could you bring me ____? (8); **no se puede ____ sin ____** you (one) can't ____ without ____ (8)
poema *m.* poem
poesía poetry
poeta *m., f.* poet
policía *f.* the police
policía *m.,* **mujer** *f.* **policía** female police officer
poliéster *m.* polyester (F)
política *s.* politics (F)
político *m.,* **una mujer** *f.* **político** female politician (F)
político/a political; **ciencias** *pl.* **políticas** political science (P); **partido político** political party
pollo chicken (7); **(medio) pollo asado** (half a) roasted chicken (7)
Polonia Poland
polvo: en polvo powdered
pomelo grapefruit
poner *irreg.* to put, place (7); **poner el televisor** to turn on the TV; **poner énfasis** to emphasize; **poner la mesa** to set the table (8); **ponerse** *refl.* to put on (*clothing*) (F); **ponerse contento/a / enfadado/a / triste** to be (get) happy/angry/sad (10); **ponerse de acuerdo** to come to an agreement; **ponerse rojo/a** to blush (10)
poniente *m.* west
popular popular
popularidad *f.* popularity
popularizar (c) to popularize
por *prep.* for (1); by; through; during (1); on account of; per; **ayer**
por la mañana/tarde/noche yesterday morning/afternoon; last night; **otra vez, por favor** again, please (P); **por ciento** percent; **por ejemplo** for example; **por encima** on top; **por eso** therefore, that's why; **por favor** please (P); **por fin** finally; **por igual** equally, the same (P); **por la**

mañana/tarde/noche in the morning / afternoon / evening, night (1); **por lo general** generally; **por lo menos** at least; **por lo tanto** therefore; **por medio de** by means of; **por otra parte / otro lado** on the other hand; **por primera vez** for the first time; **¿por qué?** why?; **por supuesto** of course; **por todas partes** everywhere; **por última vez** for the last time; **por último** finally; **por un lado** on the one hand; **repita, por favor** repeat, please (P); **siga (Ud.) por** continue, follow (15)

porcentaje *m.* percentage
porción *f.* portion
porque because (1)
portarse to behave (13)
portugués *m.* Portuguese (*language*) (P)
poseer (y) to possess
posesión *f.*: **adjetivo de posesión** possessive adjective (P)
posesivo/a possessive
posibilidad *f.* possibility
posible possible; **(no) es posible que** ____ it's (not) possible that ____ (F)
posición *f.* position
positivo/a positive
postre *m.* dessert (7)
postura posture
pozole *Mexican dish made of hominy and pork*
práctica *n.* practice
practicar (qu) to practice; **practicar un deporte** to practice, play a sport (2)
práctico/a practical (14)
precaución *f.* precaution
preceder to precede
preciado/a esteemed
precio price
precioso/a precious
preciso/a necessary (8); **es preciso** it's necessary (8)
precolombino/a pre-Columbian
predecir *irreg.* to predict
predeterminado/a predetermined
predicción *f.* prediction
predominar to predominate
preferencia preference
preferentemente preferably
preferible preferable
preferido/a favorite
preferir (ie, i) to prefer (1)

pregunta question; **hacer** *irreg.* **preguntas** to ask questions (4); **tengo una pregunta, por favor** I have a question, please (P)
preguntar to ask a question (1)
prehispánico/a prehispanic (*before the arrival of the Spanish in the New World*)
prehispano/a prehispanic (*before the arrival of the Spanish in the New World*)
prehistórico/a prehistoric
preliminar *adj.* preliminary
premio prize
prenda garment; **prenda de ropa** article of clothing; **prenda de vestir** article of clothing (F)
prender to turn on (*switch, light*)
preocupación *f.* worry; preoccupation
preocupado/a worried
preocuparse *refl.* to worry, get worried (10)
preparación *f.* preparation
preparado/a prepared
preparar to prepare; **preparar la cena** to prepare dinner (3)
preparatoria high school
preposición *f.* preposition
presencia presence
presentación *f.* presentation
presentar to present, to introduce
presente *n. m.; adj. m., f.* present
presidente/a president (F)
presión *f.* pressure; **presión atmosférica** atmospheric pressure
presionar to press, push
prestar to lend; to render; **prestar atención** to pay attention
prestigio prestige
prestigioso/a prestigious
pretérito *gram.* preterite, past (*tense*)
prevenir (*like* **venir**): **más vale prevenir que arrepentir** an ounce of prevention is worth a pound of cure
previo/a previous
primaria primary (*school*)
primavera spring (2)
primer, primero/a first; **en primer lugar** in the first place; **por primera vez** for the first time; **primer plato** first course (7); **primera clase** first class (F); **primera dama** First Lady
primitivo/a primitive
primo/a cousin (4)

principal main, principal; **plato principal** main dish (8)
principalmente mainly
príncipe *m.* prince
principio *n.* beginning; principle
privado/a private; **con baño privado** with a private bath (F); **vida privada** privacy
privilegio privilege
probabilidad *f.* probability
probable probable; **(no) es probable que** ____ it is (not) probable that ____ (F)
probar (ue) to try, taste (8); **probarse** *refl.* to try on (*clothes*)
problema *m.* problem
problemático/a problematic
proceso process
producción *f.* production
producir (*like* **conducir**) to produce
productivo/a productive
producto product; **producto lácteo** dairy product (7)
productor(a) producer (F)
profecía prophecy
profesión *f.* profession (F)
profesional *n., adj. m., f.* professional (F)
profesor(a) professor (P)
proficiencia proficiency
profundo/a profound; deep
programa *m.* program
programador(a) programmer (F)
progresista *adj. m., f.* progressive
progreso progress
prohibición *f.* prohibition
prohibir (prohíbo) to prohibit (9)
promedio average (6); **tamaño promedio** average size
prometer to promise
promiscuo/a promiscuous
pronombre *m.* pronoun (P)
pronóstico prediction; **pronóstico del tiempo** weather forecast
pronto soon; **hasta pronto** see you soon (P); **tan pronto como** as soon as
pronunciar to pronounce
propina tip (8); **dejar propina** to leave a tip (8)
propio/a *adj.* own
proponer (*like* **poner**) to propose
propósito purpose; **a propósito** on purpose; by the way
propuesta *n.* proposal
propuesto/a (*p.p. of* **proponer**) *adj.* proposed
prórroga extension

prosa prose
prospero/a prosperous
prospectivista *m., f.* futurist
protección *f.* protection
proteger (j) to protect
protegido/a protected
proteína protein (7)
protestar to protest
provecho: buen provecho enjoy your meal
provenir (*like* **venir**) to originate
proverbio proverb
provincia province
provocar (qu) to provoke; to cause
próximo/a next
proyecto project
prudente prudent
prueba proof; test, quiz; **prueba de sorpresa** pop quiz
psicoanálisis *m.* psychoanalysis
psicología psychology (P)
psicológico/a psychological
psicólogo/a psychologist (F)
psiquiatra *m., f.* psychiatrist
psiquiatría psychiatry
publicación *f.* publication
publicado/a published
publicar (qu) to publish
publicidad *f.* publicity
público *n.* public
público/a public; **transporte** *m.* **público** public transportation
pueblo town; people
puerco pig
puerta door
puerto port
puertorriqueño/a *n., adj.* Puerto Rican
pues... well ...
puesta de sol sunset
puesto position, job
pulgada inch
pulpo octopus
punto point; period; **punto de vista** point of view
puré *m.* **de papas** mashed potatoes (7)
puro/a pure
púrpura purple

Q

que *rel. pron.* that, which (P); *conj.* that; **hay que** it's necessary to (8)
¿qué? what? (P); which? **¿a qué hora?** at what time? (1); **¿con qué frecuencia?** how often? (2); **¿de qué color es/son _____?** what color is/are _____? (5) **¿por qué?** why?; **¿qué carrera haces?** what's your major? (P); **¿qué demonios?** what the heck?; **¿qué día es hoy?** what day is today? (1); **¿qué estatura es?** how tall is he/she/you (*form.*)? (5); **¿qué hora es?** what time is it? (1); **¿qué meriendas?** what do you (*fam.*) snack on? (7); **¿qué tal?** what's up? (P); **¿qué te pasa?** what's the matter? (10); **¿qué tiempo hace?** what's the weather like? (2)
quedar to be remaining (10); to be located (15); **¿dónde queda _____?** where is _____? (15); **quedarse** *refl.* to stay (2); **quedarse en casa** to stay at home (2)
quehacer *m.* **doméstico** household chore
quejarse *refl.* **(de)** to complain (about) (10)
querer *irreg.* to want (1); to like, love
queso cheese (7)
quien *rel. pron.* who, whom; **con quien** with whom; **¿quién(es)?** who?, whom? (P); **¿a quién?** to whom?
química chemistry (P)
químico/a chemist (F); *adj.* chemical
quince fifteen (P)
quinientos/as five hundred (6)
quitar to remove, take away (7); **quitarse** *refl.* to take off
quizás perhaps

R

rábano radish
radio *f.* radio (*broadcasting*); *m.* radio (*set*); **escuchar la radio** to listen to the radio
radio *m.* radius
raíz *f.* (*pl.* **raíces**) root
rana frog; **ancas** *pl.* **de rana** frog's legs
ranchero/a *n.* rancher; *adj.* ranch
rango rank
rápido rapid, fast; **comida rápida** fast food
raqueta racket
raquetbol *m.* racquetball
raro/a strange (P); **raras veces** rarely (1)
rasgo trait (5); **rasgo físico** physical trait
rata rat
rato little while, short time (3)

rayón *m.* rayon (F)
raza breed, race; **raza humana** human race
razón *f.*: **tener** *irreg.* **razón** to be right
razonable reasonable
reacción *f.* reaction (10)
reaccionar to react
real real; royal
realidad *f.* reality; **en realidad** in fact, actually
realismo *m.* realism
realista *n. m., f.* realist; *adj. m., f.* realistic (P)
realización *f.*: **afán** *m.* **de realización** eagerness to get things done (13)
realizar (c) to carry out; to achieve; **realizarse** *refl.* to happen; to take place
realmente really
rebanada slice
rebelarse *refl.* to rebel
rebelde rebellious (13)
rebelión *f.* rebellion
recepción *f.* front desk (F)
recepcionista *m., f.* receptionist
recesión *f.* recession
receta recipe
rechazar (c) to refuse
recibir to receive (1)
recién *adv.* recently; **recién graduado** recent graduate
reciente recent
recíproco/a reciprocal
recobrar to recover; **recobrar el juicio** to recover one's sanity
recoger (j) to pick up; to retrieve
recomendación *f.* recommendation
recomendar (ie) to recommend
reconocido/a recognized
récord *m.* record (*sports*)
recordar (ue) to remember (3)
recorrido journey
recto: siga recto continue (go) straight (15)
recuerdo souvenir; memory
recuperar to regain; **recuperarse** *refl.* to recover
recurrir to resort to
recurso resource
red *f.* network; net; World Wide Web, Internet; **navegar (gu) la Red** to surf the Web (World Wide Web) / Net (Internet) (1)
redacción *f.* editing, revising
reducir (*like* **conducir**) to reduce
reemplazar (c) to replace
reescribir (*like* **escribir**) to rewrite

referencia reference
referéndum *m.* referendum
referirse (ie, i) *refl.* a to refer to
reflejar to reflect
reflexivo/a *gram.* reflexive
reforma reform
refresco soft drink (7)
refrigerador *m.* refrigerator
refugiado/a refugee
refutar to refute
regalo gift
regazo lap
régimen *m.* regime
región *f.* region
regla rule
regresar to return (*to a place*) (1)
regular to regulate
regularmente regularly;
    usually (1)
rehabilitación *f.* rehabilitation
reina queen
reinterpretación *f.* reinterpretation
reír(se) (i, i) to laugh (10); hacer
    irreg. reír to make laugh (11);
    reír(se) a caracajadas to laugh
    loudly (11)
relación *f.* relation; relationship
relacionar to relate; to associate
relajación *f.* relaxation
relajado/a relaxed (10); sentirse
    (ie, i) relajado/a to feel
    relaxed (10)
relajarse *refl.* to relax (10)
relativo/a *adj.* relative
relato story
relegado/a relegated
relevante relevant
religión *f.* religion (P)
religioso/a religious
relleno/a stuffed; filled
reloj *m.* clock; watch
remedio cure
remolacha sugar beet
remontar a to date back to
renegado/a renegade
repasar to review
repaso review
repente: de repente suddenly
repetir (i, i) to repeat; repita, por
    favor repeat, please (P)
repetitivo/a repetitive
réplica replica
reponerse (*like* poner) to recover
reportado/a reported
reportar to report
reportero/a reporter
reposo rest
representación *f.* representation

representante *m., f.* representative
    (F); Cámara de representantes
    House of Representatives
representar to represent
reptil *m.* reptile
república republic; República Domi-
    nicana Dominican Republic
republicano/a republican
repugnante disgusting
requerir (ie, i) to require
requisito requirement
res *f.*: carne *f.* de res beef (7)
reseña review (*restaurant, book, etc.*)
reserva reservation
reservación *f.* reservation
reservado/a reserved (5)
reservar to reserve; reservar con
    (un mes de) anticipación to
    reserve (a month) in advance
resfriado *n.* cold (*illness*)
residencia residency; dormitory;
    residencia estudiantil student
    dormitory
resignar to resign; resignarse *refl.* a
    to resign oneself to
resistir to be able to withstand
resolver (ue) (*p.p.* resuelto/a) to
    resolve
respectivo/a respective
respecto: al respecto about the
    matter; (con) respecto a with
    respect to, concerning
respetar to respect
respetuoso/a respectful
responder to respond
responsabilidad *f.* responsibility
responsable responsible
respuesta answer
restaurante *m.* restaurant
resto rest, remainder
restricción *f.* restriction
restrictivo/a restrictive
resultado result
resultar to result; to turn out
resumen *m.* summary
resumir to summarize
retirar to remove, withdraw;
    retirarse *refl.* to leave
retórica rhetoric
retraído/a solitary, reclusive (13)
retraimiento reclusiveness
reunir (reúno) to assemble, unite
revelado/a revealed
revelar to reveal
revisar to review
revisión *f.* revision
revista magazine
revolución *f.* revolution

revolucionario/a revolutionary
revuelto: huevo revuelto scrambled
    egg (7)
rey *m.* king
rezar (c) to pray
rico/a rich; delicious
ricurita *fam.* beautiful girl
ridículo/a ridiculous
riesgo: tendencia a evitar riesgos
    tendency to avoid risks (13)
rifle *m.* rifle
río river (11)
risa laugh, laughter (11); causar
    risa to cause laughter, make
    laugh (11)
rítmico/a rhythmical
ritmo rhythm
rizado/a curly (5)
robótica *s.* robotics
roca rock
rocín *m.* nag, old workhorse
rodear to surround
rojo/a red (7); carne *f.* roja red
    meat; ponerse *irreg.* rojo/a to
    blush (10)
romano/a Roman
romántico/a romantic
ron *m.* rum
ropa clothes; lavar la ropa to wash
    clothes (2); prenda de ropa
    article of clothing
rosado/a pink (7)
rosbif *m.* roast beef
rosquilla donut
roto/a *p.p.* broken
rueda wheel
ruido noise; hacer *irreg.* ruido to
    make noise (10)
ruina ruin
Rusia Russia
ruta route
rutina routine (11)

S
sábado Saturday (1); sábado
    pasado last Saturday (11)
sábana sheet (*bed*)
saber *irreg.* to know (*facts, informa-
    tion*) (3); no lo sé todavía I don't
    know yet (P); no sé I don't know
    (P); que yo sepa as far as I know;
    sabe a ____ it tastes like (7);
    saber expresarse *refl.* clara-
    mente to know how to express
    oneself clearly (F); saber + *inf.* to
    know how (*to do something*) (F);
    supe que ____ I found out that
    ____

sabido/a: es cosa sabida it is a known fact (5)

sabio/a wise

sabor *m.* taste, flavor (7)

sabroso/a tasty, delicious

sacar (qu) to take out; to rent (2); **sacar fotos** to take pictures (F); **sacar una buena (mala) nota** to get a good (bad) grade (10); **sacar vídeos** to rent videos

sacerdote *m.* priest

sacrificarse (qu) *refl.* to sacrifice oneself

sagrado/a sacred

sal *f.* salt (7)

sala room; **sala de charla** chat room; **sala de espera** waiting room (F)

salado/a salty

salamandra salamander

salchicha sausage (7)

saldo balance (*of money*)

salero salt shaker (8)

salida departure (F); exit

salir *irreg.* to go out, leave (1); to come out; **salir de una adicción** to overcome an addiction (12)

salsa sauce; salsa (*music*); **salsa de tomate** ketchup (7)

saltar to jump; to spring; **saltar a la cuerda** to jump rope (11)

salud *f.* health

saludable healthy

saludar to greet (5)

saludo greeting (P)

salvar to save

san *apocopated form of* **Santo**

sándwich *m.* sandwich (7)

sangre *f.* blood

santo/a saint

satélite *m.* satellite

satira satire

satisfacción *f.* satisfaction

satisfecho/a *p.p.* satisfied

se *refl. pron.* yourself (*form.*); himself, herself, yourselves (*form.*); themselves; (*impersonal*) one

sección *f.* section; **sección de (no) fumar** (no) smoking section (F)

secretario/a secretary

secreto *n.* secret

secreto/a *adj.* secret

secuencia: en secuencia in sequence

secuestro kidnapping

secundaria secondary; **escuela secundaria** secondary school, high school

sed *f.* thirst; (**dar** *irreg.* **sed** to make thirsty; **tener** *irreg.* **sed** to be thirsty (9)

seda silk (Γ)

sedentario/a sedentary

seductor(a) seductive (14)

sefardí, sefardita *adj.* Sephardic

segmento segment

seguido/a followed; **en seguida** right away

seguir (i, i) (g) to follow; to continue; **siga (Ud.) por ____** continue, follow ____ (15); **siga derecho (recto)** continue (go) straight (15)

según according to

segundo *n.* second

segundo/a *adj.* second; **segundo plato** second course (7)

seguro/a sure, secure (13)

seis six (P)

seiscientos six hundred (6)

selección *f.* selection

seleccionar to select, choose

semáforo traffic light (15)

semana week; **fin** *m.* **de semana** weekend (1); **fin** *m.* **de semana pasado** last weekend (3); **semana pasada** last week (3)

semanal weekly

semejante similar

semejanza similarity

semestre *m.* semester

semidescremado/a: leche *f.* **semidescremada** 2% milk

senador(a) senator (F)

sencillo/a simple; **cama sencilla** twin bed (F)

sensible sensitive (13)

sentarse (ie) *refl.* to sit down

sentido sense

sentimiento feeling

sentir (ie, i) to feel; to feel sorry; **sentirse** *refl.* to feel (10); **¿cómo te sientes?** how do you feel? (10); **para sentirse bien** to feel well (10); **sentirse alegre / avergonzado/a / deprimido/a / orgulloso /a / relajado/a** to feel happy/ ashamed, embarrassed/depressed/ proud/relaxed (10)

señor *m.* sir, Mr.; man

señora ma'am, Mrs.; woman

separado/a separated

separar to separate

septiembre *m.* September (2)

sequía drought

ser *irreg.* to be (P); **¿de dónde eres tú / es usted?** where are you

from? (P); **¿de qué color es/son ____?** what color is/are ____? (5); **es decir** that is; **es la una** it's one o'clock (1); **es más** what's more, moreover; **llegar (gu) a ser** to become; **o sea** that is to say; **¿qué estatura es?** how tall is he/she/ you (*form.*)? (5); **sea lo que sea** be that as it may; **ser adicto/a** to be addicted (12); **ser carismático/a** to be charismatic (F); **si no fuera por** if it weren't for; **son las dos (tres)** it's two (three) o'clock (1); **soy** I am (P); **soy de** I'm from (P); **soy estudiante de ____** I am a(n) ____ student (P)

ser *n. m.* being; **ser humano** human being

serie *f.* series

serio/a serious (P); **en serio** seriously

serpiente *f.* snake; **serpiente de cascabel** rattlesnake

serrano/a *adj.* mountain; **jamón** *m.* **serrano** *cured Spanish ham*

servicio service; **servicio a domicilio** home delivery (8); **servicio de cuarto** room service (F); **servicio militar** military service

servilleta napkin (8)

servir (i, i) to serve

sesenta sixty (6)

setecientos seven hundred (6)

setenta seventy (6)

sexo sex

si if

sí yes (P); **claro que sí** of course; **creo que sí** I think so

SIDA *m.* AIDS

siempre always (1)

siete seven (P)

siglo century; **siglo pasado** last century (6)

significado meaning

significar (qu) to mean

signo sign

siguiente following, next

silbar to whistle (10)

silencio silence; **guardar silencio** to keep quiet

silla chair

símbolo symbol

simpatía congeniality, friendliness

simpático/a nice, pleasant (4)

simplemente simply; merely

sin *prep.* without; **no se puede ____ sin ____** you (one) can't ____ without ____ (8); **sin duda** without a doubt; **sin embargo**

however, nevertheless; **sin hielo** without ice (9)

sincero/a sincere (P)

sincretismo synthesis

síndrome *m.* syndrome; **síndrome invernal** winter syndrome (*depression*)

sinfonía symphony

sino *conj.* but, instead

sinónimo synonym

síntesis *f.* synthesis

sintético/a synthetic

síntoma *m.* symptom

siquiera *adv.* even; **ni siquiera** not even

sirviente/a servant

sistema *m.* system

sitio place

situación *f.* situation

situarse *refl.* to be located

sobras *pl.* leftovers

sobre *prep.* about; on; **sobre todo** above all

sobreevaluado/a overvalued

sobresaliente outstanding

sobrevalorado/a overvalued

sobrino/a nephew, niece (4)

social social; **asistencia social** social work (F); **asistente** *m., f.* **social** social worker; **ciencias** *pl.* **sociales** social sciences (P); **trabajador(a) social** social worker (F)

socialista *m., f.* socialist

socializar (c) to socialize

sociedad *f.* society

sociología sociology (P)

sociológico/a sociological

sol *m.* sun; **hace sol** it's sunny (2); **puesta de sol** sunset; **tomar el sol** to sunbathe

solamente only

solar: energía solar solar energy

soldado: mujer *f.* **soldado** female soldier

soleado/a sunny

soler (ue) + *inf.* to be in the habit of (*doing something*) (1)

solicitante *m., f.* person surveyed (*opinion poll*)

solitario/a solitary

sólo *adv.* only

solo/a alone; single, sole; **a solas** alone

soltero/a *adj.* single (4); **madre** *f.* **soltera** single mother (4); **padre** *m.* **soltero** single father (4)

solución *f.* solution

sombrero hat (F)

sonar (ue) to sound; to ring

sonido sound

sonreír (i, i) to smile (10)

sonrojarse *refl.* to blush (10)

soñador(a) *n., adj.* dreamer (14)

soñar (ue) to dream; **soñar despierto /a** to daydream

sopa soup; **plato de sopa** soup bowl (8)

sorber to taste

sorprendente surprising

sorprender to surprise

sorpresa surprise; **prueba de sorpresa** pop quiz

sospechar to suspect

sostener (*like* **tener**) to sustain, hold up

su(s) *poss.* his, her, its, your (*form. pl., s.*), their (P)

suave soft

subir to go up; to lift up; **subir a** to get on/in (*a bus, car, plane, etc.*)

subjuntivo *gram.* subjunctive

sublevar to stir up; to incite to anger or rebellion; **sublevarse** *refl.* to rise up, rebel

subproducto byproduct

subrayar to underline

subsección *f.* subsection

sucio/a dirty

sudadera *s.* sweats (*clothing*) (F)

Sudamérica South America

sudamericano/a *n., adj.* South American

sudar to sweat

suegro/a father-in-law, mother-in-law (4); *m. pl.* in-laws (4)

sueldo salary

suelo ground; floor

sueño dream

suerte *f.* luck; **tener** *irreg.* **suerte** to be lucky

suéter *m.* sweater (F)

suficiente sufficient

sufijo *gram.* suffix

sufrir to suffer (12); to experience (12)

sugerencia suggestion

sugerir (ie, i) to suggest

sujeto subject

superficial superficial (13)

superfluo/a superfluous, unnecessarily excessive

supermercado supermarket

supremo/a supreme; **corte** *f.* **suprema** Supreme Court

supuesto: por supuesto of course

sur *m.* south (15); **América del Sur** South America

Suráfrica South Africa

Suramérica South America

suramericano/a *n., adj.* South American

surgir (j) to spring up, present itself

suroeste *m.* southwest

suspender to suspend; to fail (*an exam*)

suspenso suspense

sustantivo *gram.* noun

sustituir (y) to substitute

suyo/a your, yours (*form. pl., s.*); his, of his, her, of hers; its; their, of theirs; **meterse en lo suyo** to do one's own thing

T

tabaco tobacco

tabernero/a tavern keeper

tabla table

tacaño/a stingy (13)

tacón *m.* heel; **zapato de tacón alto** high-heeled shoe (F)

tal such; **de tal manera** in such a manner; **de tal palo, tal astilla** a chip off the old block; **¿qué tal?** what's up (P); **tal como** just as; **tal vez** perhaps

talento talent

tamaño size (6); **tamaño promedio** average size

tampoco neither; not either (2)

tan as, so; **tan ____ como** as ____ as (6)

tanto/a as much, so much; **mientras tanto** meanwhile; **por lo tanto** therefore; **tanto/a ____ como** as much ____ as (6)

tantos/as as many; so many; **tantos/as ____ como** as many ____ as (6)

tapa *Sp.* snack, appetizer

tapiz *m.* (*pl.* **tapices**) tapestries

tardar to take a long time

tarde *n. f.* afternoon; *adv.* late; **ayer por la tarde** yesterday afternoon; **buenas tardes** good afternoon (P); **hasta (muy) tarde** until (very) late (2); **más tarde** later; **(muy) tarde** (very) late (1); **por la tarde** in the afternoon (1); **todas las tardes** every afternoon (1)

tarea homework (1); **escribir la tarea** to write the assignment; **hacer** *irreg.* **la tarea** to do the (*continued*) homework/assignment; **tarea doméstica** household chore

tarjeta card; **tarjeta de embarque** boarding pass; **tarjeta de crédito** credit card

tarta pie (7)

tasa rate; **tasa de desempleo** unemployment rate

taxi *m.* taxi

taxista *m., f.* taxi driver

taza cup (8)

te *d.o.* you (*fam. s.*); *i.o.* for you (*fam. s.*); *refl. pron.* yourself (*fam. s.*)

té *m.* tea (7); **té de hierbas** herbal tea (9); **té helado** iced tea (9)

teatral theatrical

teatro theater (P); **ir** *irreg.* **al teatro** to go to the theater (11); **obra de teatro** play

técnica technique

técnico/a *n.* technician (17); *adj.* technical

tecnología technology

tecnólogo/a technologist

tejano/a *n., adj.* Texan

tejido fabric

tela fabric (F); **telas de fibras naturales** natural fabrics (F)

tele *f.* (*colloquial*) TV

telefónico/a: llamada telefónica telephone call

teléfono telephone; **hablar por teléfono** to talk on the phone (1); **llamar por teléfono** to call on the phone (3); **número de teléfono** telephone number; **teléfono celular** cell phone

telenovela soap opera; **ver** *irreg.* **una telenovela** to watch a soap opera (3)

telescopio telescope

televidente *m., f.* television viewer

televisión *f.* television; **mirar la televisión** to look at, watch TV (1); **televisión por cable** cable TV; **ver** *irreg.* **la televisión** to watch television (2)

televisor *m.* television (*set*); **poner** *irreg.* **el televisor** to turn on the TV

tema *m.* topic, theme

temperamento temperament

temperatura temperature (2)

templo temple

temporada season

temprano/a early (1); **(muy) temprano** (very) early (1)

tenaz (*pl.* **tenaces**) tenacious (14)

tendencia tendency; **tendencia a evitar riesgos** tendency to avoid risks (13)

tenedor *m.* fork (8)

tener *irreg.* to have (1); **tener ____ años** to be ____ years old (4); **tener buena educación** to be well-mannered (8); **tener calor** to be (feel) hot (*person*); **tener celos** to be jealous; **tener cuidado** to be careful (12); **tener dolor de cabeza** to have a headache (10); **tener dolor de estómago** to have a stomachache; **tener don de gentes** to have a way with people (F); **tener en mente** to keep in mind; **tener envidia** to be envious; **tener éxito** to be successful; **tener fama de** to have a reputation for; **tener ganas de** + *inf.* to feel like (*doing something*); **tener gracia** to be funny, charming (11); **tener habilidad manual** to have the ability to work with one's hands (F); **tener hambre** to be hungry (7); **tener mal genio** to have a bad temper; **tener miedo** to be afraid (10); **tener que** + *inf.* to have to (*do something*) (1); **tener que ver con** to have to do with; to concern; **tener razón** to be right; **tener sed** to be thirsty (9); **tener suerte** to be lucky; **tener un examen** to take a test (3); **tener vergüenza** to be ashamed, embarrassed (10); **tener vista** to have a view (16); **tengo** I have (P); **tengo una pregunta, por favor** I have a question, please (P); **tienes** you have (P)

tenis *m.* tennis; **jugar (ue) (gu) al tenis** to play tennis (10); **zapato de tenis** tennis shoe

tenista *m., f.* tennis player

tensión *f.* tension

tenso/a tense (10); **estar tenso/a** to be tense (10)

tentación *f.* temptation

tentativo/a tentative

tequila *m.* tequila

terapeuta *m., f.* physical therapist (F)

terapia therapy; **terapia física** physical therapy (F)

tercer, tercero/a third; **tercer plato** third course (8)

terminar to finish, end

término term; end

ternera veal (7)

terraza terrace

terremoto earthquake

territorio territory

terrorista *m., f.* terrorist

tesis *f.* thesis

tesoro treasure

testarudo/a stubborn (13)

textiles *pl.* textiles

texto text

textura texture

tez *f.* (*pl.* **teces**) complexion

ti *obj. of prep.* you (*fam. s.*)

tiburón *m.* shark

tiempo time; weather; tense; **hace buen/mal tiempo** the weather's good/bad (2); **pasar tiempo** to spend time; **pronóstico del tiempo** weather forecast; **¿qué tiempo hace?** what's the weather like? (2); **tiempo libre** free (spare) time (11)

tienda store

tierra land; earth; *pl.* lands

tigre *m.* tiger

timidez *f.* timidity

tímido/a timid, shy (5)

tinto/a: vino tinto red wine (9)

tío/a uncle, aunt (4); *pl.* aunts and uncles (4)

típico/a typical

tipo type

tira cómica comic strip

titulado/a titled

título title

toalla towel (F)

tobillo ankle

tocar (qu) to touch; to play; to knock; to toll; **tocar la guitarra** to play the guitar (1); **tocarle a uno** to be one's turn

tocino bacon (7)

todavía *adv.* yet, still; **no lo sé todavía** I don't know yet (P)

todo/a all, every; **de todas formas** in any case; **por todas partes** everywhere; **sobre todo** above all; **todas las mañanas/tardes/noches** every morning/afternoon/night (1); **todo el día** all day; **todos los días** every day (1)

tolerancia tolerance

tomar to take; to drink (7); **tomar apuntes** to take notes; **tomar asiento** to take a seat; **tomar el sol** to sunbathe; **tomar en cuenta** to take into account; **tomar un café** to drink a cup of coffee (2);

tomar unas vacaciones to take a vacation; **tomarle el pelo a uno** to pull someone's leg; **¿y para tomar?** and to drink? (7)

tomate *m.* tomato (7); **jugo de tomate** tomato juice (9); **salsa de tomate** ketchup (7)

tonelada ton

tono tone

tonto/a foolish (P)

tormenta storm

torneo tournament

toronja: jugo de toronja grapefruit juice

torpe clumsy

torrencial torrential

torta cake

tortilla *Lat. Am.* tortilla; *Sp.* omelette (7)

tortuga turtle

tostada toast (7)

tostado/a toasted; **pan** *m.* **tostado** toast (7)

total *m.* total

trabajador(a) worker; **trabajador(a) social** social worker (F)

trabajar to work (1); **trabajar en el jardín** to garden (11)

trabajo work; job

tradición *f.* tradition

tradicional traditional

traducir (*like* **conducir**) to translate; to express

traer *irreg.* to bring (8); **¿me podría traer ____?** could you bring me ____? (8); **¿qué trae ____?** what does ____ come with? (8)

tráfico traffic

tragar (gu) to swallow

trágico/a tragic

trago drink

traje *m.* suit (F); costume; **traje de baño** bathing suit (F)

tranquilidad *f.* tranquility

tranquilizante *m.* tranquilizer

tranquilo/a tranquil, calm

transformarse *refl.* to become transformed

transición *f.* transition

transmitir to transmit

transporte *m.* transport, transportation; **transporte público** public transportation

tratamiento treatment

tratar to treat; to discuss; **tratar de** to try; to speak about

trato treatment

través: a través de through

trece thirteen (P)

treinta thirty (6)

tremendo/a tremendous

tren *m.* train (F)

tres three (P)

trescientos/as three hundred (6)

tribu *f.* tribe

trimestre *m.* trimester

triste sad (10); **ponerse** *irreg.* **triste** to be (get) sad (10)

tristeza sadness

triunfar to be successful

triunfo triumph

trompeta trumpet

tropas *pl.* troops

tropezarse (ie) (c) *refl.* **con** to trip over

trucha trout

truco trick

túnel *m.* tunnel

turismo: agencia de turismo travel agency; **oficina de turismo** tourism office

turista *n. m., f.* tourist

turístico/a: clase *f.* **turística** economy class (F)

tutear *to address with the familiar form* **tú**

tuyo/a *poss.* your, of yours (*fam. s.*)

U

u or (*used instead of* **o** *before words beginning with* **o** *or* **ho**)

Ud. *form. s.* you (P)

Uds. *form. pl.* you (P)

último/a last; highest; **por última vez** for the last time (3); **por último** finally

un, uno/a one, an (P); **a la una** at one o'clock (1); **el/la uno/a al / a la otro/a** each other; **es la una** it's one o'clock (1)

único/a only; unique; **hijo/a único/a** only child

unidad *f.* unit

unido/a united, close-knit; **Estados Unidos** United States

uniforme *m.* uniform

unisexo unisex

universidad *f.* university

universitario/a *n.* university student; *adj.* university

unos/as some (P); **unos/as cuantos/as** a few

uña fingernail; **comerse** *refl.* **las uñas** to bite one's nails (10)

urbano/a urban

usar to use; **usar una computadora** to use a computer (F)

uso use

usuario/a user

útil useful; **palabras útiles** useful words

utilizar (c) to use; **utilizar la aromaterapia** to use aromatherapy (11)

uva grape (7)

V

vacaciones *f. pl.* vacation; **estar** *irreg.* **de vacaciones** to be on vacation; **tomar unas vacaciones** to take a vacation

vacilón, vacilona funny

vacuna vaccine

valer *irreg.* to be worth; **más vale prevenir que arrepentir** an ounce of prevention is worth a pound of cure

valle *m.* valley

valor *m.* value; courage

vanidoso/a vain

vapor *m.*: **al vapor** steamed (7)

variación *f.* variation

variado/a varied

variar (varío) to vary

variedad *f.* variety

varios/as *pl.* various, several; **hace varios meses** several months ago

vasco/a *n., adj. m., f.* Basque; *m.* Basque (*language*); **País Vasco** Basque Provinces

vaso (water) glass (8)

vasto/a vast

vecino/a neighbor

vegetariano/a *n., adj.* vegetarian

veinte twenty (P)

veinticinco twenty-five (P)

veinticuatro twenty-four (P)

veintidós twenty-two (P)

veintinueve twenty-nine (P)

veintiocho twenty-eight (P)

veintiséis twenty-six (P)

veintisiete twenty-seven (P)

veintitrés twenty-three (P)

veintiún, veintiuno/a twenty-one (P)

vendedor(a) salesperson; **máquina vendedora** vending machine (7); **vendedora automática** vending machine

vender to sell

venir *irreg.* to come (1)

venta sale

ventaja advantage (18)

ventana window

ver *irreg.* (*p.p.* **visto/a**) to see; **verse** *refl.* **(bien)** to look (good) (F); **a ver** let's see; **nos vemos** we'll be seeing each other (P); **tener** *irreg.* **que ver con** to have to do with; to concern; **ver la televisión** to watch television (2); **ver una telenovela** to watch a soap opera (3)

verano summer (2)

veras: de veras truly, really

verbo verb (P)

verdad *f.* truth

verdadero/a true

verde green; **chiste verde** off-color joke; **judía verde** green bean (7); **ojos verdes** green eyes (5)

verdeo: de verdeo unripened

verdura vegetable (7)

vergonzoso/a shameful

vergüenza: tener *irreg.* **vergüenza** to be ashamed, embarrassed (10)

verídico/a true

verificar (qu) to verify; to check

versión *f.* version

vestido dress (F)

vestimenta apparel

vestir (i, i) to wear (F); **prenda de vestir** article of clothing (F); **vestirse** *refl.* to dress, get dressed

veterinario/a veterinarian (F)

vez *f.* (*pl.* **veces**) time; **a veces** sometimes; **a la vez** at the same time; **algunas veces** sometimes; **de vez en cuando** from time to time (P); **en vez de** instead of; **otra vez, por favor** again, please (P); **pocas (raras) veces** rarely; **tal vez** perhaps; **última vez** last time (3); **una vez** once (3)

viajar to travel (F)

viaje *m.* trip (F); **agente** *m., f.* **de viajes** travel agent (F); **hacer** *irreg.* **un viaje** to take a trip (F)

vicepresidente/a vice president

viceversa vice versa

vicio vice, bad habit

víctima *m., f.* victim

vida life; **esperanza de vida** life expectancy; **ganarse la vida** to support oneself (*financially*); **llevar una vida** to lead a life; **vida privada** privacy

vídeo video; **mirar un vídeo** to watch a video; **sacar (qu) vídeos** to rent videos

videocasetera videocassette recorder (VCR)

videoclub *m.* video rental store

videojuego video game; **jugar (ue) (gu) a los videojuegos** to play video games (3)

viejo/a *n.* old person; *adj.* old (6)

viento wind; **hace viento** it's windy (2)

vientre *m.* belly

viernes *m.* Friday (1)

villa municipality

vinagre *m.* vinegar

vinculado/a connected

vino wine (7); **vino blanco** white wine (9); **vino tinto** red wine (9)

violencia violence

violento/a violent

violín *m.* violin

virreinato viceroyalty

viruela smallpox

virus *m. pl., s.* virus(es)

visibilidad *f.* visibility

visita visit

visitar to visit

vista view; **punto de vista** point of view; **tener** *irreg.* **vista** to have a view

vistazo glance

vitamina vitamin (7)

viudo/a widower; widow (4)

vivienda housing; house

vivo/a alive (4); vivid

vocabulario vocabulary

voleibol *m.* volleyball; **jugar (ue) (gu) al voleibol** to play volleyball (11)

volumen *m.* volume; size

voluminoso/a voluminous

voluntario/a *n.* volunteer; *adj.* voluntary

volver (ue) to return (*to a place*) (1); **volver a** + *inf.* to do (*something*) again; **volverse** *refl.* to become; to turn

vomitar to vomit

vos *s. fam.* you (*used instead of* **tú** *in certain countries of Central and South America*)

vosotros/as *pl. fam.* you *Sp.* (P)

votar to vote

voto vote

voz *f.* (*pl.* **voces**) voice; **en voz alta** aloud

vudú *m.* voodoo

vuelo flight (F); **auxiliar** *m., f.* **de vuelo** flight attendant (F); **vuelo nacional** domestic flight

vuelta turn; return; **boleto/billete** *m.* **de ida y vuelta** round-trip ticket (F); **dar** *irreg.* **vuelta** to turn

vulnerabilidad *f.* vulnerability

Y

y and (P); **y cuarto/media** quarter/half past (1); **¿y tú/usted?** and you? (P)

ya now, already; **ya murió** he (she) already died (4)

yo *sub. pron.* I (P)

yoga *m.* yoga; **hacer** *irreg.* **yoga** to do yoga

yogur *m.* yogurt (7)

Z

zanahoria carrot (7)

Zapatista: EZLN: Ejército Zapatista de Liberación Nacional Zapatista National Liberation Movement

zapato shoe (F); **zapato de correr** running shoe; **zapato de tacón alto** high-heeled shoe (F); **zapato de tenis** tennis shoe

zona zone

zoológico zoo; **parque** *m.* **zoológico** zoo

English-Spanish Vocabulary

A

a **un(a)** (P)

ability to work with one's hands **habilidad** *f.* **manual** (F)

able **capaz** (*pl.* **capaces**); able to direct (others) **capaz de dirigir (a otros)** (13); to be able **poder** *irreg.* (1)

about **sobre** (P)

abroad **extranjero** (F)

abuse *n.* **abuso** (12); *v.* **abusar de** (12); drug abuse **abuso de las drogas** (12)

accountant **contador(a)** (F)

accounting **contabilidad** *f.* (P) (F)

actor **actor** *m.* (F)

actress **actriz** *f.* (F)

adapt **adaptar** (5)

add **agregar** (7)

addicted: to be addicted **ser** *irreg.* **adicto/a** (12); to become addicted **convertirse (ie, i) en adicto/a** (12)

addiction **adicción** (12); to overcome an addiction **salir** *irreg.* **de una adicción** (12)

adjective **adjetivo** (P); demonstrative adjective **adjetivo demostrativo** (P); descriptive adjective **adjetivo descriptivo** (P); possessive adjective **adjetivo de posesión** (P); quantifying adjective **adjetivo de cantidad** (P)

adjust **adaptar** (5)

adventurous **aventurero/a** (5)

aerobic **aeróbico;** to do aerobics **hacer** *irreg.* **ejercicio aeróbico** (1)

afraid: to be afraid **estar** *(irreg.)* **asustado/a** (10); **tener** *irreg.* **miedo** (10)

after *adv.* **después** (2)

afternoon **tarde** *f.* (1); every afternoon **todas las tardes** (1); good afternoon **buenas tardes** (P); in the afternoon **por la tarde** (10)

again **otra vez** (P), again, please **otra vez, por favor** (P)

age **edad** *f.* (F)

agent **agente** *m., f.* (16); travel agent **agente de viajes** (F)

ago: ____ ago **hace** + *time* (3)

agriculture **agricultura** (P), **agronomía** (P)

airplane **avión** *m.* (F)

airport **aeropuerto** (F)

alcohol: hard alcohol **licor** *m.* **fuerte** (9)

alcoholism **alcoholismo** (12)

alive **vivo/a** (4)

alongside **al lado (de)** (15)

also **también** (2)

always **siempre** (1)

ambicious **ambicioso/a** (14)

an **un(a)** (P)

and **y** (P); and you? **¿y tú?** (P); and you? **¿y usted?** (P)

angry **enojado/a** (10), **enfadado/a** (10); to be angry **estar** *irreg.* **enojado** (10), **ponerse** *irreg.* **enfadado/a** (10); to get angry **enojarse** (10)

another: to speak another language **hablar otro idioma** *m.* (F)

anthropology **antropología** (P)

any: not any **ninguno/a** (2)

anyone: not anyone **nadie** (2)

anything: not anything **nada** (2)

apartment **apartamento** (2)

apathetic **apático/a** (14)

to be appetizing *(appealing)* **apetecer (zc)** (7)

apple **manzana** (7); apple juice **jugo de manzana** (9)

April **abril** (2)

Arabic *(language)* **árabe** *m.* (P)

architecture **arquitectura** (F)

arm **brazo** (8)

aromatherapy **aromaterapia** (11); to use aromatherapy **utilizar (c) la aromaterapia** (11)

arquitect **arquitecto/a** (F)

arrival **llegada** (F)

arrive **llegar (gu)** (3)

art **arte** *m.* (P)

article **artículo** (P); article of clothing **prenda de vestir** (F); definite article **artículo definido** (P); indefinite article **artículo indefinido** (P)

as … as **tan… como** (6); as many … as **tantos/as… como** (6); as much … as **tanto/a… como** (6)

ashamed: to be ashamed **tener** *irreg.* **vergüenza** (10); to feel ashamed **sentirse (ie, i) avergonzado/a** (10)

ask *(a question)* **preguntar** (1); to ask a question **hacer** *irreg.* **una pregunta** (4); to ask for **pedir (i, i)** (1)

asleep: to fall asleep **dormirse (ue, u)** *refl.* (3)

assistant **ayudante** *m., f.* (F)

astronomer **astrónomo/a** (F)

astronomy **astronomía** (P)

astute **astuto/a** (14)

at **en** (1); at home **en casa** (1); at night **por la noche** (1); at one o'clock **a la una** (1); at three o'clock **a las tres** (1); at two o'clock **a las dos** (1); at what time? **¿a qué hora?** (1)

athlete **atleta** *m., f.* (F)

attend **asistir (a)** (1)

attendant: flight attendant **auxiliar** *m., f.* **de vuelo** (F), **camarero/a** (F)

attractive **atractivo/a** (P)

August **agosto** (2)

aunt **tía** (4); aunts and uncles **tíos** (4)

autumn **otoño** (2)

average **promedio** (6)

avocado **aguacate** *m.* (7)

away: to take away **quitar** (7)

B

bacon **tocino** (7)

bad **malo/a** (P); to be in a bad mood **estar** *irreg.* **de mal humor** *m.* (10); to get a bad grade **sacar (qu) una mala nota** (10); to have a bad time **pasarlo mal** (10); to make a bad impression **caer** *irreg.* **mal** (7)

baked **al horno** (7); baked custard **flan** *m.* (7)

balanced **equilibrado/a** (13)

bald **calvo/a** (5)

banana **banana** (7)

baseball **béisbol** *m.* (10); to play baseball **jugar (ue) (gu) al béisbol** (10)

basic **básico/a** (7)

basketball **basquetbol** *m.* (10); to play basketball **jugar (ue) (gu) al basquetbol** *m.* (10)

bathe *(someone or something)* **bañar** (5); to bathe oneself **bañarse** *refl.* (11); to bathe in a jacuzzi **bañarse** *refl.* **en el jacuzzi** (11)

bathing suit **traje** *m.* **de baño** (F)

bathroom **baño** (F); room with a private bath **habitación** *f.* **con baño privado** (16)

be **ser** *irreg.* (P); **estar** *irreg.* (3); to be able **poder** *irreg.* (1); to be addicted **ser** *irreg.* **adicto/a** (12); to be afraid **estar** *irreg.* **asustado/a** (10), **tener** *irreg.* **miedo** (10); to be angry **estar** *irreg.* **enojado/a** (10), **ponerse** *irreg.* **enfadado/a** (10); to be appetizing/appealing **apetecer (zc)** (7); to be ashamed of **tener** *irreg.* **vergüenza** (10); to be bored **estar** *irreg.* **aburrido** (10); to be careful **tener** *irreg.* **cuidado** (12); to be charming **tener** *irreg.* **gracia** (11); to be embarrassed **tener** *irreg.* **vergüenza** (10); to be happy **ponerse** *irreg.* **contento/a** (10); to be hungry **tener** *irreg.* **hambre** *f.* (7); to be important **importar** (7); to be in a good (bad) mood **estar** *irreg.* **de buen (mal) humor** *m.* (10); to be interesting **interesar** (7); to be in the habit of *(doing something)* **soler (ue)** (+ *inf.*) (1); to be irritated **irritarse** (10); to be *(continued)* located **quedar** (15); to be missing/lacking **faltar** (10); to be nervous **estar** *irreg.* **nervioso/a** (10); to be offended **ofenderse** (10); to be remaining **quedar** (10); to be (get) sad **ponerse** *irreg.* **triste** (10); to be tense **estar** *irreg.* **tenso/a** (10); to be thirsty **tener** *irreg.* **sed** *f.* (9); to be tired **estar** *irreg.* **cansado/a** (10); to be very/extremely pleasing **encantar** (7); to be well-mannered **tener** *irreg.* **buena educación** (8); to be ____ years old **tener** *irreg.* ____ **años** (4)

bean **frijol** *m.* (7); green bean **judía verde** (7)

because **porque** (1)

become addicted **convertirse (ie, i) en adicto/a** (12); to become nauseated **marearse** (F)

bed **cama** (F); bed and breakfast **pensión** *f.* (F); double bed **cama matrimonial** (F); to go to bed **acostarse (ue)** (1); twin bed **cama sencilla** (F)

beef **carne** *f.* **de res** (7)

beer **cerveza** (7)

begin **empezar (ie) (c)** (3)

behave **comportarse** (13), **portarse** (13)

behind **detrás (de)** (15)

believe **creer (y)** (5)

beverage **bebida** (9); alcoholic beverage **bebida alcohólica** (9)

bicycle: to ride a bicycle **andar** *irreg.* **en bicicleta** (11)

big **grande** (5)

bill **cuenta** (3); to pay the bill **pagar (ue) la cuenta** (3)

biologist **biólogo/a** (F)

biology **biología** (P)

bite one's fingernails **comerse** *refl.* **las uñas** (10)

bitter **amargo/a** (7)

black **negro/a** (5); black hair **pelo negro**

block (*of houses*) **cuadra, manzana** *Sp., Central America* (15)

blond hair **rubio/a** (5)

blouse **blusa** (F)

blue **azul** (5)

blush *v.* **ponerse** *irreg.* **rojo/a** (10), **sonrojarse** (10)

boardinghouse **pensión** *f.* (F)

boast (about) **jactarse (de)** (13)

boat **barco** (F)

bold **arriesgado/a** (13)

book **libro** (P)

bored: to be bored **estar** *irreg.* **aburrido/a;** to get bored **aburrirse** (10)

boring **aburrido/a** (P) (14)

boss **jefe/a** (F)

bowl *v.* **jugar (ue) (gu) al boliche** (10); *n.* (*earthenware*) **cuenco** (8)

boy **chico** (P)

brag (about) **jactarse (de)** (13)

bread: assorted breads and rolls **bollería** (7); white bread **pan** *m.* **blanco** (7); whole-wheat bread **pan** *m.* **integral** (7)

breakfast **desayuno** (7); bed and breakfast **pensión** *f.* (F); to have breakfast **desayunar** (1)

bring **traer** *irreg.* (8); could you bring me ____ ? **¿me podría traer... ?** (8)

brother **hermano** (4); brothers and sisters, siblings **hermanos** (4); half brother **medio hermano** (4)

brother-in-law **cuñado** (4)

brown **castaño/a** (5); brown eyes **ojos castaños** (5); dark brown **marrón** (7)

bus **autobús** *m.* (F)

business **negocios** (F); business administration **administración** *f.* **de empresas** (P)

businessman **hombre** *m.* **de negocios** (F)

businesswoman **mujer** *f.* **de negocios** (F)

but **pero** (1)

butter **mantequilla** (7); peanut butter **mantequilla de cacahuete** (7)

C

cabin **cabina** (F)

caffeine **cafeína** (9)

calcium **calcio** (7)

calculus **cálculo** (P)

call **llamar** (3); to call on the phone **llamar por teléfono** (3)

calm **calmado/a** (13)

camping: to go camping **acampar** (11), **hacer** *irreg.* **cámping** (11)

can *v.:* one/you (*impersonal*) can't ____ without ____ **no se puede** ____ **sin** ____ (8)

candy **dulce** *m.* (7)

carbohydrate **carbohidrato** (7)

card (*playing*) **naipe** *m.* (11); to play cards **jugar (ue) (gu) a los naipes** (11)

careful: to be careful **tener** *irreg.* **cuidado** (12)

carrot **zanahoria** (7)

carry **llevar** (5)

cause laughter **causar risa** (11)

century **siglo;** last century **siglo pasado** (6)

cereal **cereal** *m.* (7)

certain **cierto/a** (5); it's (not) certain that **(no) es cierto que** (F)

charismatic **carismático/a** (F)

charming **encantador(a)** (13); to be charming **tener** *irreg.* **gracia** (11)

chat **charlar** (2); to chat, participate in a chat room **chatear** (2)

check *n.* (*restaurant*) **cuenta** (8); *v.* to check luggage **facturar el equipaje** (F)

cheek **mejilla** (5)

cheese **queso** (7)

chef **cocinero/a** (8)

chemist **químico/a** (F)

chemistry **química** (P)

chicken **pollo** (7); (half a) roasted chicken **(medio) pollo asado** (7)

children **hijos** (4)

chin **mentón** *m.* (5)

Chinese (*language*) **chino** (P)

chips: potato chips **papas fritas** *Lat. Am.* (7), **patatas fritas** *Sp.* (7)

chop: pork chop **chuleta de cerdo** (7)

church **iglesia;** to go to church **ir** *irreg.* **a la iglesia** (2)

ciao **chau** (P)

class **clase** *f.* (P); economy class **clase turística** (F); first class **primera clase** (F); in class **en la clase** (P)

classmate **compañero/a de clase** (P)

clean (the apartment) **limpiar (el apartamento)** (2)

clear *v.:* to clear the table **levantar la mesa** (8); *adj.* it's clear (*obvious*) **está claro** (5); (*weather*) **está despejado** (2)

clever **listo/a** (F)

climb: to mountain climb **escalar montañas** (11)

close **cerca (de)** (15)

clothes: to wash clothes **lavar la ropa** (2)

clothing: article of clothing **prenda de vestir** (F)

coffee **café** *m.* (2); coffee with milk **café con leche** (7); decaffeinated coffee **café descafeinado** (9)

cognate **cognado** (P)

cold **frío** (9); it's cold (*weather*) **hace frío** (2); very cold **bien frío** (9)

color **color** *m.* (5); what color is/are
____? **¿de qué color es/son**
____? (5)
come **venir** *irreg.* (1); what does ____
come with? **¿qué trae** ____? (8)
comic(al) **cómico/a** (P)
communications **comunicaciones** *f.*
(P)
compassionate **compasivo/a** (F)
complain (about) **quejarse (de)** (10)
compulsive **compulsivo/a** (F)
computer: computer science **computación** *f.* (P), **informática** (P);
to use a computer **usar una computadora** (F)
conformist **conformista** (14)
consequence **consecuencia** (12)
conservative **conservador(a)** (13)
consist of **consistir en** (12)
consultant **asesor(a)** (F)
continue: continue ____ **siga (Ud.)
por** ____ (15); continue straight
siga derecho/recto (15)
cook *n.* **cocinero/a** (8)
cooked **cocinado/a** (7)
cookie **galleta** (7)
cool: it's cool (*weather*) **hace fresco**
(2)
corn **maíz** *m.* (7); corn oil **aceite**
m. **de maíz** (7)
corner **esquina** (15)
cosmopolitan **cosmopolita** (P)
cotton **algodón** *m.* (F)
could: could you bring me … ? **¿me
podría traer… ?** (8); could you
tell me ____? **¿me podría decir**
____? (15)
country **país** *m.* (P)
couple **pareja** (4); married couple
esposos (4)
courageous **valiente** (14)
course (*meal*) **plato** (7); first/second/
third course **primer/segundo/
tercer plato** (7)
cousin **primo/a** (4)
coward, cowardly **cobarde** (14)
cream: ice cream **helado** (7)
creative **creativo/a** (13)
criminal justice **justicia criminal** (P)
cross the street **cruce la calle** (15)
cry *v.* **llorar** (10)
cup **taza** (8)
curious **curioso/a** (14)
curly hair **pelo rizado/a** (5)
custard: baked custard **flan** *m.* (7)
custom **costumbre** *f.* (8)
customer **cliente** *m., f.* (8)
cut *v.* **cortar** (8)

D

daily: daily menu **menú** *m.* **del día**
(7); daily special **plato del día** (8)
dairy product **producto lácteo** (7)
dance **bailar** (2)
danger **peligro** (12)
dangerous **peligroso/a** (12)
dare (to) (*do something*) **atreverse
(a)** + *inf.* (13)
daring **arriesgado/a** (13)
dark: dark brown **marrón** (7); dark-
haired **moreno/a** (5); dark-
skinned **moreno/a** (5)
day **día** *m.* (1); good morning, good
day **buenos días** (P); every day
todos los días (1); what day is it
today? **¿qué día es hoy?** (1)
dead **muerto/a** (4)
decade **década** (6)
decaffeinated **descafeinado** (9);
decaffeinated coffee **café** *m.* **descafeinado** (9)
December **diciembre** (2)
decided; decisive **decidido/a** (13)
definite article **artículo definido** (P)
delay *n.* **demora** (F)
delight *v.* **encantar** (7)
delivery; home delivery **servicio a
domicilio** (8)
depressed **deprimido/a** (10); to feel
depressed **sentirse (ie, i) depri-
mido/a** (10)
describe **describir** (5)
descriptive adjective **adjetivo descriptivo** (P)
desert **desierto** (11)
design **diseño** (F)
designer **diseñador(a)** (F)
desk: front desk **recepción** *f.* (F)
dessert **postre** *m.* (7)
determined **determinado/a** (14)
died: he/she already died **ya murió** (4)
dinner **cena** (3); to have dinner
cenar (1); to prepare dinner **preparar la cena** (3)
direct: to be able to direct (others)
capaz de dirigir (a otros) (13)
director **director(a)** (F)
disagree: to disagree with (*food*)
caer *irreg.* **mal** (7)
discotheque **discoteca** (2)
discreet **discreto/a** (13)
dish **plato** (8); main dish **plato
principal** (8); to wash the dishes
lavar los platos (8)
dive (*scuba*) *v.* **bucear** (11)
divorced: he/she is divorced **está
divorciado/a** (4)

do **hacer** *irreg.* (1); to do aerobics
hacer ejercicio aeróbico (1); to
do nothing **no hacer nada** (2); do
yoga **hacer yoga** (11); do you like
____? **¿te gusta(n)** ____? (P)
docile **dócil** (14)
doctor **médico/a** (F)
dog **perro** (4)
doggie bag **bolsita para llevar** (8)
double bed **cama matrimonial** (F)
doubt *n.* **duda** (F); *v.* **dudar** (F); it is
without a doubt **es indudable** (5)
doubtful: it's doubtful that ____ **es
dudoso que** ____ (F)
dough: *type of fried dough* **churro** (7)
draw **dibujar** (11)
dreamer **soñador(a)** (14)
dress *n.* **vestido** (16); *v. refl.* **vestirse
(i, i)** (1); to get dressed **vestirse
(i, i)** (1)
drink *n.* soft drink **refresco** (7); *v.*
tomar (2), **beber** (9); to drink a
cup of coffee **tomar un café** (2);
and to drink? **¿y para tomar?**
(7)
drive **conducir** *irreg. Sp.* (1), **manejar** (1)
during **por** (1)

E

each **cada** (2); we'll be seeing each
other **nos vemos** (P)
eagerness to get things done **afán** *m.*
de realización (13)
ear **oreja** (5)
early **temprano** (1); very early **muy
temprano** (1)
earthenware bowl **cuenco** (8)
east **este** *m.* (15)
eat **comer** (1); to eat breakfast
desayunar (1)
eating habit **hábito de comer** (7)
eccentric **excéntrico/a** (14)
economics **economía** (P)
economy class **clase** *f.* **turística** (F)
education: physical education **educación** *f.* **física** (P)
egg **huevo** (7); fried egg **huevo frito**
(7); scrambled egg **huevo
revuelto** (7)
egotistical **egoísta** (13)
eight **ocho** (P)
eight hundred **ochocientos** (6)
eighteen **dieciocho** (P)
eighty **ochenta** (6)
either: not either **tampoco** (2)
elbow **codo** (8)
eleven **once** (P)

embarrassed: to be embarrassed **tener** *irreg.* **vergüenza** (10); to feel embarrassed **sentirse (ie, i) avergonzado/a** (10)

embarrassment **vergüenza** (10)

e-mail message **mensaje** *m.* (1)

engineer **ingeniero/a** (F)

engineering **ingeniería** (P)

English (*language*) **inglés** *m.* (P)

enterprising **emprendedor(a)** (F)

essential: it's essential **es imprescindible** (8)

evening: good evening **buenas noches** (P); in the evening **por la noche** (1)

every: every afternoon **todas las tardes** (1); every morning **todas las mañanas** (1); every night **todas las noches** (1)

everyday life **la vida de todos los días** (1)

everything: is everything OK? **¿está todo bien?** (8)

evident: it is evident **es evidente** (5)

evil **malévolo/a** (14)

excuse: excuse me, how do you get to … ? **¿perdón, ¿cómo se llega a… ?** (15)

exercise *v.* **hacer** *irreg.* **ejercicio** (1); to do aerobics **hacer** *irreg.* **ejercicio aeróbico** (1)

exit **salida** (F)

expensive **caro/a** (F)

experience *v.* **sufrir** (12)

express oneself clearly **expresarse claramente** (F)

expression **expresión** *f.* (P)

extroverted **extrovertido/a** (5)

eye **ojo** (5); blue/brown/green eyes **ojos azules/castaños/verdes** (5)

F

fabric **tela** (F)

face **cara** (5)

fact: it's a known fact **es cosa sabida** (5)

fair **justo/a** (14)

fall *n.* (*season*) **otoño** (2); *v.* to fall asleep **dormirse (ue, u)** *refl.* (3)

family **familia** (4); extended family **familia extendida** (4); nuclear family **familia nuclear** (4)

famous **famoso/a** (P)

far (from) **lejos (de)** (15)

farmer **granjero/a** (F)

fashion **moda** (F)

fat *adj.* **gordo/a** (5); *n.* **grasa** (7)

father **padre** *m.* (4)

father-in-law **suegro** (4)

favorite **favorito/a** (P)

fear **miedo** (10)

February **febrero** (2)

feel **sentirse (ie, i)** (10); how do you feel? **¿cómo te sientes?** (10); to feel ashamed (depressed, embarrassed, happy, proud, relaxed) **sentirse (ie, i) avergonzado/a (deprimido/a, avergonzado/a, alegre, orgulloso/a, relajado/a)** (10); to feel like (*doing something*) **tener** *irreg.* **ganas de** (+ *inf.*) (10); to feel well **para sentirse (ie, i) bien** (10)

few **pocos/as** (P)

fiber **fibra** (7)

field **campo** (F)

fifteen **quince** (P)

fifty **cincuenta** (6)

fighter **luchador(a)** (14)

film **cine** *m.* (F)

fingernails **uñas** (10); to bite one's nails **comerse** *refl.* **las uñas** (10)

first **primero/a (primer)** (7); first class **primera clase** *f.* (16); first course **primer plato** (7)

fish *n.* **pescado** (*food*) (7); *v.* **pescar (qu)** (11)

five **cinco** (P)

five hundred **quinientos** (6)

flavor **sabor** *m.* (7)

flight **vuelo** (F); flight attendant **auxiliar** *m., f.* **de vuelo** (F), **camarero/a** (F)

follow ____ **siga (Ud.) por** ____ (15)

food **alimento** (7); food to go **comida para llevar** (8)

foolish **tonto/a** (P)

football **fútbol** *m.* **americano** (2); to play football **jugar (ue) (gu) al fútbol americano** (2)

for **para** (1); **por** (1)

foreign language **lengua extranjera** (P)

forest **bosque** *m.* (11)

fork **tenedor** *m.* (8)

forty **cuarenta** (6)

four **cuatro** (P)

four hundred **cuatrocientos** (6)

fourteen **catorce** (P)

freckle **peca** (5)

French (*language*) **francés** *m.* (P)

French fries **papas fritas** *Lat. Am.* (7); **patatas fritas** *Sp.* (7)

frequently **con frecuencia** (1), **frecuentemente** (1)

fresh **fresco/a** (7)

Friday **viernes** *m.* (1)

fried egg **huevo frito** (7)

friend **amigo/a** (P); to go out with friends **salir** *irreg.* **con los amigos** (10)

fries: French fries **papas fritas** *Lat. Am.* (7); **patatas fritas** *Sp.* (7)

frighten **asustar** (10)

frivolous **frívolo/a** (14)

from **de** (P); from here to there **de aquí para allá** (15); I'm from ____ **soy de** ____ (P); where are you from? **¿de dónde eres?** (P), **¿de dónde es usted?** (P)

front: front desk **recepción** *f.* (F); in front (of) **enfrente (de)** (15)

fruit **fruta** (7)

fun: to make fun (of) **burlarse (de)** (13); fun-loving **divertido/a** (13)

funny **chistoso/a** (11); **cómico/a** (P); **gracioso/a** (11); to be funny **tener** *irreg.* **gracia** (11); to strike someone as funny **hacerle** *irreg.* **gracia a uno** (11)

future **futuro** (F)

G

garden **trabajar en el jardín** (11)

generally **generalmente** (1)

geography **geografía** (P)

German (*language*) **alemán** *m.* (P)

get: to get a good (bad) grade **sacar (qu) una buena (mala) nota** (10); to get along well (poorly) **llevarse bien (mal)** (5); to get angry **enojarse** (10); to get bored **aburrirse** *refl.* (10); to get dressed **vestirse (i, i)** (1); to get happy **alegrarse** (10), **ponerse** *irreg.* **contento/a** (10); to get mad **ponerse** *irreg.* **enfadado/a** (10); to get nauseated **marearse** (F); to get off / out of (*a bus, car, plane, etc.*) **bajar de** (F); to get on/in (*a bus, car, plane, etc.*) **subir a** (F); to get sad **ponerse** *irreg.* **triste** (10); to get sick **marearse** (F); to get tired **cansarse** (10); to get up **levantarse** *refl.* (1)

girl **chica** (P)

give **dar** *irreg.* (3); to give opinions **para dar opiniones** (5)

glass: water glass **vaso** (8); wine glass **copa** (8)

go **ir** *irreg.* (1); food to go **comida para llevar** (8); go straight **siga derecho/recto** (F); to go camping acampar (11), hacer *irreg.* **cámping** (11); to go out (with friends) **salir** *irreg.* **(con los amigos)** (1); to go shopping **ir de compras** (1); to go to bed **acostarse (ue)** *refl.* (1); to go to church **ir a la iglesia** (2); to go to the movies **ir al cine** (2); to go to the theater **ir al teatro** (2)

golf: to play golf **jugar (ue) (gu) al golf** (11)

good **bueno/a (buen)** (P); good afternoon **buenas tardes** (P); good at math **hábil para las matemáticas** (F); good-bye **adiós** (P); good evening **buenas noches** (P); good manners **buenos modales** (8); good morning **buenos días** (P); it's a good idea **es buena idea** (8); to be in a good mood **estar** *irreg.* **de buen humor** (10); to get a good grade **sacar (qu) una buena nota** (10); to look good **verse** *irreg. refl.* **bien** (F); to make a good impression **caer** *irreg.* **bien** (7); to say good-bye **despedir (i, i) (de)** (5)

good-bye **adiós** (P)

good-looking **guapo/a** (5)

gossipy **chismoso/a** (13)

government **gobierno** (F)

grade **nota** (10); to get a good (bad) grade **sacar (qu) una buena (mala) nota** (10)

grains **cereales** *m.* (7)

grandchildren **nietos** (4)

granddaughter **nieta** (4)

grandfather **abuelo** (4)

grandmother **abuela** (4)

grandparents **abuelos** (4)

grandson **nieto** (4)

grape **uva** (7)

grapefruit **toronja** (7)

gray hair **canoso/a** (5)

green (*color*) **verde** (5); green bean **judía verde** (7); green eyes **ojos verdes** (5)

greet **saludar** (5)

greetings **saludos** (P)

gregarious **gregario/a** (5)

guitar: to play the guitar **tocar (qu) la guitarra** (1)

H

habit **costumbre** *f.* (8); eating habit **hábito de comer** (7); to be in the habit of (*doing something*) **soler (ue)** (+ *inf.*) (1)

hair **pelo** (5); gray/dark/black/blond hair **pelo canoso/moreno/negro/rubio** (5); straight/curly hair **pelo lacio/rizado** (5)

half: half a roasted chicken **medio pollo asado** (7); half brother / half sister **medio/a hermano/a** (4); half past **y media** (1)

ham **jamón** *m.* (7)

hamburger **hamburguesa** (7)

hand **mano** *f.* (8); ability to work with one's hands **habilidad** *f.* **manual** (F)

happy **alegre** (10), **contento/a** (10), **feliz** (*pl.* **felices**) (5); to be happy **ponerse** *irreg.* **contento/a** (10); to feel happy **sentirse (ie, i) alegre** (10); to get happy **alegrarse** (10), **ponerse** *irreg.* **contento/a** (10)

hard alcohol **licor** *m.* **fuerte** (9)

hard-working **trabajador(a)** (13)

harmful **dañino/a** (12)

hat **sombrero** (F)

have **tener** *irreg.* (1); I have a question, please **tengo una pregunta, por favor** (P); to have a bad time **pasarlo mal** (10); to have a headache **tener dolor de cabeza** (10); to have a party **dar** *irreg.* **una fiesta** (11); to have a picnic **tener un picnic** (11); to have a way with people **tener don de gentes** (F); to have breakfast **desayunar** (1); to have dinner **cenar** (1); to have just (*done something*) **acabar de** (+ *inf.*) (10); to have lunch **almorzar (ue) (c)** (1); to have the opinion **opinar** (5); to have to (*do something*) **tener que** (+ *inf.*) (1)

he **él** (P)

headache **dolor** *m.* **de cabeza** (10); to have a headache **tener** *irreg.* **dolor de cabeza** (10)

heel **tacón** *m.* (F); high heel **tacón alto** (F)

height **estatura** (5)

her *poss.* **su(s)** (P)

herbal tea **té** *m.* **de hierbas** (9)

here **aquí** (P); from here to there **de aquí para allá** (15)

his *poss.* **su(s)** (P)

history **historia** (P)

hitchhike **hacer** *irreg.* **autostop** (F)

home: at home **en casa** (2); home delivery **servicio a domicilio** (8); to stay at home **quedarse en casa** (2)

homework **tarea** (1)

honest **honesto/a** (F)

honorable **íntegro/a** (F)

hot **caliente** (9); it's (very) hot (*weather*) **hace (mucho) calor** (2); very hot **bien caliente** (9)

house **casa** (2); boardinghouse **pensión** *f.* (F)

how **¿cómo?** (4); how are you? **¿qué tal?** (P); how do you feel? **¿cómo te sientes?** (10); how do you get to ____? **¿cómo se llega a ____?** (15); how do you say ____ in Spanish? **¿cómo se dice ____ en español?** (P); how many? **¿cuántos/as?** (P); how often? **¿con qué frecuencia?** (1); how's it going? **¿qué tal?** (P)

hug *v.* **abrazar (c)** (5)

humanities **humanidades** *f.* (P)

humble **humilde** (13)

hungry: to be hungry **tener** *irreg.* **hambre** *f.* (7)

husband **esposo** (4), **marido** (4)

I

I **yo** (P)

ice **hielo** (9); ice cream **helado** (7); iced tea **té** *m.* **helado** (9); with ice **con hielo** (9); without ice **sin hielo** (9)

iced tea **té** *m.* **helado** (9)

idea: it's a good idea **es buena idea** (8)

important: to be important **importar** (7)

impose **imponer** (*like* **poner**) (5)

impression: to make a good impression **caer** *irreg.* **bien** (7)

in **en** (1); in class **en la clase** *f.* (P); in front (of) **enfrente (de)** (15); in the morning/afternoon/evening **por la mañana/tarde/noche** (1)

indecisive **indeciso/a** (13)

indefinite article **artículo indefinido** (P)

indifferent **indiferente** (14)

individualistic **individualista** *m. f.* (14)

inexpensive **barato/a** (F)

injury **herida** (12), **lesión** *f.* (12); **daño físico** (12)

in-laws **suegros** (4)

inline skate *v.* **patinar en línea** (11); *n. pl.* **patines en línea** (11)

insecure **inseguro/a** (13)

insensitive **insensible** (13)

insincere **insincero/a** (P)

intelligent **inteligente** (P)

interesting **interesante** (P); to be interesting (*to someone*) **interesarle (a alguien)** (7)

intersection **bocacalle** *f.* (15)

invite (to treat, pay) **invitar** (8)

irritated: to be (get) irritated **irritarse** (10)

Italian (*language*) **italiano** (P)

J

jacket **chaqueta** (F)

jacuzzi **jacuzzi** *m.* (11); to bathe in a jacuzzi **bañarse** *refl.* **en el jacuzzi** (11)

jam **mermelada** (7)

January **enero** (2)

Japanese (*language*) **japonés** *m.* (P)

jealous **celoso/a** (13)

jeans *bluejeans* *m. pl.* (F)

joke **chiste** *m.* (10); to tell a joke **contar (ue) un chiste** (10)

journalism **periodismo** (P)

journalist **periodista** *m., f.* (F)

juice **jugo** (7); apple juice **jugo de manzana** (9); orange juice **jugo de naranja** (7); tomato juice **jugo de tomate** (9)

July **julio** (2)

jump *v.* **saltar** (11); to jump rope **saltar a la cuerda** (11)

June **junio** (2)

just: to have just (*done something*) **acabar de** (+ *inf.*) (10)

K

keep quiet **permanecer (zc) callado/a** (10)

ketchup **salsa de tomate** (7)

kiss *v.* **besar** (5)

knife **cuchillo** (8)

know (*facts, information*) **saber** *irreg.* (3); it is a known fact **es cosa sabida** (5); to know (*someone*) **conocer (zc)**

L

laboratory **laboratorio** (1)

lacking: to be lacking **faltar** (10)

lake **lago** (11)

language **idioma** *m.* (P); foreign language **lengua extranjera** (P); to speak another language **hablar otro idioma** *m.* (F)

last: last century **siglo pasado** (6); last name **apellido** (4); last night **anoche** (3); last time **última vez** (3); last week **semana pasada**

(3); last weekend **fin** *m.* **de semana pasado** (3)

late **tarde** (1); until (very) late **hasta (muy) tarde** (2); very late **muy tarde**

laugh *n.* **risa** (11); *v.* **reírse (i, i)** (10); to laugh (at) **burlarse (de)** (13); to laugh loudly **reírse (i, i) a carcajadas** (11); to make laugh **causar risa** (11), **hacer** *irreg.* **reír** (11)

laughter **risa** (11); to cause laughter **causar risa** (11)

law **derecho** (F)

lawyer **abogado/a** (F)

leadership: talent for leadership **don** *m.* **de mando** (13)

leather **cuero** (F)

leave **salir** *irreg.* (1); to leave a tip **dejar propina** (8); leave-takings **despedidas** (P)

left *adj.* **izquierdo/a** (8); turn left **doble a la izquierda** (15)

lemon **limón** *m.* (7)

lentils **lentejas** (7)

less **menos** (1)

letters **letras** (P)

lettuce **lechuga** (7)

life: everyday life **la vida de todos los días** (1)

lift weights **levantar pesas** (10)

like: do you like ____? **¿te gusta(n) ____?** (P); I don't like it (them) at all **no me gusta(n) para nada** (P); to look like **parecerse (zc)** (5); to feel like (*doing something*) **tener** *irreg.* **ganas de** (+ *inf.*) (10); what are you like? **¿cómo eres?** (13)

likewise **igualmente** (P)

line: to stand in line **hacer** *irreg.* **cola** (F)

linear: to think in a linear (direct) manner **pensar (ie) de una manera directa** (F)

listen (to) **escuchar** (1)

literature **literatura** (P)

little **poco/a** (P); little while **un rato** (3)

located: to be located **quedar** (15)

lodge *v.* **alojarse** (F)

lodging **alojamiento** (F)

look: to look (good) **verse** *irreg. refl.* **(bien)** (F) to look at **mirar** (1); to look for **buscar (qu)** (3); to look like **parecerse (zc)** (5); what does he/she look like? **¿cómo es?** (5)

lot: a lot **mucho** (P)

loudly: to laugh loudly **reírse (ie, i) a carcajadas** (11)

loyal **leal** (13)

luggage **equipaje** *m.* (F); to check luggage **facturar el equipaje** (F)

lunch *n.* **almuerzo** (7); to have lunch **almorzar (ue) (c)** (1)

M

machine: vending machine **máquina vendedora** (7)

main dish **plato principal** (8)

major **carrera** (P), **especialización** (P); what is your major? **¿qué carrera haces?** (P)

make **hacer** *irreg.* to make a good (bad) impression **caer** *irreg.* **bien (mal)** (7); to make a stop (*on a flight*) **hacer escala** (F); to make fun (of) **burlarse (de)** (13); to make laugh **causar risa** (11), **hacer reír** (11); to make noise **hacer ruido** (10)

manager **gerente** *m., f.* (F)

manner: good manners **buenos modales** (8); to think in a direct (linear) manner **pensar (ie) de una manera directa** (F)

manual: ability to work with one's hands **habilidad** *f.* **manual** (F)

many **muchos/as** (P); how many? **¿cuántos/as?** (P)

March **marzo** (2)

marketing **mercadeo** (P)

marmalade **mermelada** (7)

married: he/she is married **está casado/a** (4); married couple **esposos** (4)

material **material** *m.* (F)

math(ematics) **matemáticas** *pl.* (P); good at math **hábil para las matemáticas** (F)

matter *v.* **importar** (7); what's the matter (with you)? **¿qué te pasa?** (10)

May **mayo** (2)

mayonnaise **mayonesa** (7)

meal **comida** (7)

meat **carne** *f.* (7)

medicine **medicina** (F)

meditate **meditar** (11)

medium: of medium height **de estatura mediana** (5)

meet: pleased to meet you **encantado/a** (P), **mucho gusto** (P)

melancholy **melancólico/a** (14)

menu **menú** *m.* (7); daily menu **menú del día** (7)

message, e-mail message **mensaje** *m.* (1)

messy **caótico/a** (13)
methodical **metódico/a** (13)
milk **leche** *f.* (7)
mind: state of mind **estado de ánimo** (10)
missing: to be missing (*lacking*) **faltar** (10)
Monday **lunes** *m.* (1)
month **mes** *m.* (2)
mood: to be in a good (bad) mood **estar** *irreg.* **de buen (mal) humor** *m.* (10)
more **más** (1)
morning: **mañana** (1); every morning **todas las mañanas** (1); good morning **buenos días** (P); in the morning **por la mañana** (1)
mother **madre** *f.* (4); single mother **madre soltera** (4)
mother-in-law **suegra** (4)
mountain **montaña** (11); to mountain climb **escalar montañas** (11)
mouth **boca** (8)
movie **cine** *m.* (2); to go to the movies **ir** *irreg.* **al cine** (2)
much **mucho/a** (P); very much **mucho** (P)
museum **museo** (11)
music **música** (P)
musician **músico** *m., f.* (F)
mustard **mostaza** (7)
my *poss.* **mi(s)** (P)

N

nails: to bite one's nails **comerse** *refl.* **las uñas** (10)
naive **ingenuo/a** (13)
name **nombre** *m.* (P); his/her name is _____ **se llama** _____ (P), **su nombre es** _____ (P); last name **apellido** (4); my name is _____ **me llamo** (P), **mi nombre es** _____ (P); what's your name? **¿cómo te llamas?** (P), **¿como se llama usted?** (P), **¿cuál es tu/su nombre?** (P)
napkin **servilleta** (8)
natural fabric **tela de fibras naturales** (F)
natural sciences **ciencias naturales** (P)
nauseated: to get nauseated **marearse** (F)
near **cerca (de)** (15)
necessary **necesario/a** (8); it's necessary **es necesario** (8), **es preciso** (8); **hay que** (8)
need *v.* **necesitar** (1)

negation: word of negation **palabra de negación** (2)
neither **tampoco** (2)
nephew **sobrino** (4)
nervous **nervioso/a** (10); to be nervous **estar** *irreg.* **nervioso/a** (10)
net **red** *f.* (1)
never **jamás** (2), **nunca** (2)
new **nuevo/a** (4)
newspaper **periódico** (1)
next **luego** (2); next to **al lado (de)** (15)
niece **sobrina** (4)
night: at night **por la noche** (1); every night **todas las noches** (1); last night **anoche** (3)
nine **nueve** (P)
nine hundred **novecientos** (6)
nineteen **diecinueve** (P)
ninety **noventa** (6)
no **no** (P); no one **nadie** (2)
noise **ruido** (10); to make noise **hacer** *irreg.* **ruido** (10)
none, not any **ninguno/a** (2)
normally **normalmente** (1)
north **norte** *m.* (15)
nose **nariz** *f.* (5)
nothing **nada** (2)
November **noviembre** (2)
number **cifra** (6), **número** (P)
nurse **enfermero/a** (F)
nursing **enfermería** (P)
nut **nuez** *f.* (*pl.* **nueces**) (7)

O

obligation **obligación** *f.* (8); impersonal obligation **obligación impersonal** (8)
obvious: it is obvious **es obvio** (5)
ocean **océano** (11)
o'clock: at one o'clock **a la una** (10); at two (three) o'clock **a las dos (tres)** (1); it's one o'clock **es la una** (1); it's two (three) o'clock **son las dos (tres)** (1)
October **octubre** (2)
of **de** (1); of medium height **de estatura mediana** (5)
off: to get off (*a bus, car, plane, etc.*) **bajar de** (F); to take off (*clothing*) **quitarse** *refl.* (F)
offended: to be (get) offended **ofenderse** (10)
often **con frecuencia** (1); how often? **¿con qué frecuencia?** (1)
oil **aceite** *m.* (7); corn oil **aceite de maíz** (7); olive oil **aceite de oliva** (7)

OK: is everything OK? **¿está todo bien?** (8)
old **viejo/a** (5); to be _____ years old **tener** *irreg.* _____ **años** (4)
older **mayor** (4)
oldest **el/la mayor** (4)
olive oil **aceite** *m.* **de oliva** (7)
omelette *Sp.* **tortilla** (7)
on: to get on (*a bus, car, plane, etc.*) **subir a** (F); to put on (*clothing*) **ponerse** *irreg.* (F)
once **una vez** (3)
one **uno** (P); at one o'clock **a la una** (1); it's one o'clock **es la una** (1)
one hundred **cien(to)** (6)
one thousand **mil** (6)
one-way ticket *Lat. Am.* **boleto de ida** (16), *Sp.* **billete** *m.* **de ida** (F)
opera: soap opera **telenovela** (3)
opinion **opinión** *f.* (5); to give opinions **para dar opiniones** (5); to have the opinion **opinar** (5)
optimist **optimista** *m., f.* (P)
optimistic **optimista** *adj.* (P)
or **o** (P)
orange **naranja** (7); orange juice **jugo de naranja** (7)
order (*in a restaurant*) **ordenar** (8), **pedir (i, i)** (8)
organized **organizado/a** (F)
other **otro** (P)
ought to (*do something*) **deber** (+ *inf.*) (1)
overcoat **abrigo** (F)
overcome an addiction **salir** *irreg.* **de una adicción** (12)

P

pack one's suitcase **hacer** *irreg.* **la maleta** (F)
paint *v.* **pintar** (10)
painter **pintor(a)** (F)
pancake **panqueque** *m.* (7)
pants **pantalones** *m.* (F)
pardon me? **¿cómo?** (P)
parents **padres** *m. pl.* (4)
park **parque** *m.* (11)
participate: to chat, participate in a chat room **chatear** (2)
partner **pareja** (4)
party **fiesta** (2); to throw/have a party **dar** *irreg.* **una fiesta** (11)
passage **pasaje** *m.* (F)
passenger **pasajero/a** (F)
passionate **apasionado/a** (14)
past: half past **y media** (1); quarter past **y cuarto** (1)
pasta **pasta alimenticia** (7)

pastry **pastel** *m.* (7)
patient **paciente** (F)
pay **pagar (gu)** (3); to pay the bill **pagar la cuenta** (3)
peanut butter **mantequilla de cacahuete** (7)
peas **guisantes** *m.* (7)
people **gente** *f.* (6); to have a way with people **tener** *irreg.* **don de gentes** (F)
pepper **pimienta** *m.* (7)
pepper shaker **pimentero** (8)
permit **permitir** (9)
personality **personalidad** *f.* (5); personality trait **característica de la personalidad** (5)
pessimist **pesimista** *m., f.* (P)
pessimistic **pesimista** *adj.* (P)
pharmacist **farmacéutico/a** (F)
pharmacy **farmacia** (F)
philosophy **filosofía** (P)
phone: to call on the phone **llamar por teléfono** (3)
photographer **fotógrafo/a** (F)
physical **físico/a;** physical characteristic **característica física** (5); physical education **educación** *f.* **física** (P); physical injury **daño físico** (12); physical therapy **terapia física** (F)
physically strong **físicamente fuerte** (F)
physicist **físico/a** (F)
physics **física** (P)
picnic: to have a picnic **tener** *irreg.* **un picnic** (11)
picture: to take pictures **sacar (qu) fotos** (F)
pie **tarta** (7)
pink **rosado/a** (7)
pitcher **jarra** (8)
place **lugar** *m.* (11); *v.* **poner** *irreg.* (7)
plate **plato** (8)
play (*sports*) **jugar (ue) (gu)** (1), **practicar (qu);** (*an instrument*) **tocar (qu)** (1); to play basketball/baseball/golf/soccer/volleyball **jugar al basquetbol** (10) / **béisbol** (10) / **golf** (11) / **fútbol** (2) / **voleibol** (11); to play cards **jugar a los naipes** (11); to play football **jugar al fútbol americano** (2); to play the guitar **tocar (qu) la guitarra** (1); to play video games **jugar a los videojuegos** (3)
player: _____ player **jugador(a) de...** (F)

pleasant **simpático/a** (4)
please *v.* **agradar** (7); *adv.* **por favor** (P); again, please **otra vez, por favor** (P); I have a question, please **tengo una pregunta, por favor** (P); repeat, please **repita, por favor** (P)
pleased to meet you **encantado/a** (P), **mucho gusto** (P)
pleasing: to be very/extremely pleasing **encantar** (7)
polite **educado/a** (8)
political science **ciencias políticas** *pl.* (P)
politician **político/a** (F)
politics **política** (F)
polyester **poliéster** *m.* (F)
poorly **mal** (5); to get along poorly **llevarse mal** (5)
popcorn **palomitas** (7)
pork chop **chuleta de cerdo** (7)
porter **maletero/a** (F)
Portuguese (*language*) **portugués** *m.* (P)
possessive adjective **adjetivo de posesión** (P)
possibility **posibilidad** *f.* (F)
possible: it's (not) possible that _____ **(no) es posible que** _____ (F)
potato **papa** *Lat. Am.* (7), **patata** (7) *Sp.;* French fries (*potatoes*) **papas fritas** *Lat. Am.* (7), **patatas fritas** *Sp.* (7); mashed potatoes **puré** *m.* **de papas** (7); potato chips **papas fritas** *Lat. Am.* (7), **patatas fritas** *Sp.* (7)
poultry **aves** *f. pl.* (7)
practical **práctico/a** (14)
practice **practicar (qu)** (2); to practice (*play*) (*a sport*) **practicar (qu) un deporte** (2)
prefer **preferir (ie, i) (1)**
preferences **preferencias** (P)
prepare **preparar;** to prepare dinner **preparar la cena** (3)
president **presidente/a** (F)
pretty **bonito/a** (P)
private: room with a private bath **habitación** *f.* **con baño privado** (F)
probability **probabilidad** *f.* (F)
probable: it's (not) probable that _____ **(no) es probable que** _____ (F)
producer **productor(a)** (F)
professor **profesor(a)** (P)
profession **profesión** *f.* (F)
professional **profesional** *m., f.* (F)
programmer **programador(a)** (F)
prohibit **prohibir (prohíbo)** (9)

pronoun **pronombre** *m.* (P); subject pronoun **pronombre de sujeto** (P)
proteins **proteínas** (7)
proud **orgulloso/a** (10); to feel proud **sentirse (ie, i) orgulloso/a** (10)
psychologist **psicólogo/a** (F)
psychology **psicología** (P)
pullover **jersey** *m.* (F)
punish **castigar (gu)** (9)
put **poner** *irreg.* (7); to put on (*clothing*) **ponerse** (F)

Q

quality **qualidad** *f.* (F)
quantifying adjective **adjetivo de cantidad** (P)
quarter: quarter to **menos cuarto** (1); quarter past **y cuarto** (1)
question: I have a question, please **tengo una pregunta, por favor** (P); to ask a question **hacer** *irreg.* **una pregunta** (4)
quiet: to keep quiet **permanecer (zc) callado/a** (10)

R

rain *v.:* it's raining **llueve** (2), **está lloviendo** (2)
rare **raro/a** (P)
rarely **pocas veces** (1), **raras veces** (1)
raw **crudo/a** (7)
rayon **rayón** *m.* (F)
read **leer (y)** (1)
realistic **realista** (P)
realize (*something*) **darse** *irreg.* **cuenta (de)** (13)
rebellious **rebelde** (13)
receive **recibir** (1)
red **rojo/a** (7); red wine **vino tinto** (9)
redheaded **pelirrojo/a** (5)
regularly **regularmente** (1)
related (to) **relacionado/a (con)** (9)
relative **pariente** *m.* (4)
relax **relajarse** (10); to feel relaxed **sentirse (ie, i) relajado/a** (10)
religion **religión** *f.* (P)
remaining: to be remaining **quedar** (10)
remember **recordar (ue)** (3)
remove **quitar** (7)
rent **alquilar** (F); to rent videos **sacar (qu) vídeos** (2)
repeat, please **repita, por favor** (P)
representative *n.* **representante** *m., f.* (F)

request *v.* **pedir (i, i)** (1)
resemble **parecerse (zc)** (5)
reserved **reservado/a** (5)
rest *v.* **descansar** (1)
restaurant **restaurante** *m.* (8)
restless **inquieto/a** (13)
return (*to a place*) **regresar** (1), **volver (ue)** (1)
rice **arroz** *m.* (7)
ride: to ride a bicycle **andar** *irreg.* **en bicicleta** (11); to ride a skateboard **andar** *irreg.* **en patineta** (11); to ride a scooter, skateboard **andar** *irreg.* **en monopatín** (11)
right (*direction*) *adj.* **derecho/a** (8); turn right **doble a la derecha** (15)
risk: tendency to avoid risks **tendencia a evitar riesgos** (13)
river **río** (11)
roast(ed) **asado/a** (7); (half a) roasted chicken **(medio) pollo asado** (7)
roll **bollo** (7); assorted breads and rolls **bollería** (7)
room **cuarto** (1), **habitación** *f.* (F) room service **servicio de cuarto** (F); room with a (private) bath **habitación con baño (privado)** (F); room with a shower **habitación con ducha** (F); to chat, participate in a chat room **chatear** (2); to shut oneself up in one's room **encerrarse (ie) en su cuarto** (10); waiting room **sala de espera** (F)
roommate **compañero/a de cuarto** (P)
rope: to jump rope **saltar a la cuerda** (11)
round-trip ticket **boleto de ida y vuelta** *Lat. Am.* (F); **billete** *m.* **de ida y vuelta** *Sp.* (F)
routine **rutina** (1)
run **correr** (2)

S

sad **triste** (5); to be (get) sad **ponerse** *irreg.* **triste** (10)
sail *v.* **navegar (gu) en un barco** (11)
salad **ensalada** (7)
salt **sal** *f.* (7)
salt shaker **salero** (8)
sandwich **sándwich** *m.* (7)
Saturday **sábado** (1)
saucer **platillo** (8)
sausage **salchicha** (7)
say **decir** *irreg.* (3); to say good-bye **despedirse (i, i) (de)** (5); how do

you say ____ in Spanish? **¿cómo se dice ____ en español?** (P); what did you say? **¿cómo dice?** (P)
scary **espantoso/a** (P)
science **ciencia** (P); computer science **computación** *f.* (P), **informática** (P); natural sciences **ciencias naturales** (P); political science **ciencias políticas** *pl.* (P); social sciences **ciencias sociales** (P)
scientist **científico/a** (F)
scooter **monopatín** *m.* (11); to ride a scooter **andar** *irreg.* **en monopatín** (11)
scrambled egg **huevo revuelto** (7)
sculptor **escultor(a)** (F)
sea **mar** *m.* (11)
season (*of the year*) **estación** *f.* (2)
seat **asiento** (F)
second course **segundo plato** (7)
section: (no) smoking section **sección** *f.* **de (no) fumar** (F)
secure **seguro/a** (13)
seductive **seductor(a)** (14)
see **ver** *irreg.* (2); see you soon **hasta pronto** (P); see you tomorrow **hasta mañana** (P); we'll be seeing each other **nos vemos** (P)
seem **parecer (zc)** (5)
self-centered **egoísta** (13)
self-esteem **autoestima** (12)
senator **senador(a)** (F)
send **enviar (envío)** (1), **mandar** (1)
sensitive **sensible** (13)
September **septiembre** (2)
serious (*person*) **serio/a** (P); (*situation*) **grave** (12)
service: room service **servicio de cuarto** (F)
set the table **poner** *irreg.* **la mesa** (8)
seven **siete** (P)
seven hundred **setecientos** (6)
seventeen **diecisiete** (P)
seventy **setenta** (6)
shaker: pepper shaker **pimentero** (8); salt shaker **salero** (8)
shame **vergüenza** (10)
shave (*someone*) **afeitar** (5)
she *pron.* **ella** (P)
shellfish **mariscos** *m. pl.* (7)
shirt **camisa** (F)
shoe **zapato** (16); high-heeled shoe **zapato de tacón alto** (F)
shopping: to go shopping **ir** *irreg.* **de compras** (1)

short **bajo/a** (5); short time **un rato** (3)
shorts **pantalones cortos** *pl.* (F)
should (*do something*) **deber** (+ *inf.*) (1); one/you (*impersonal*) should **se debe** (8)
shout *v.* **gritar** (10)
shower: room with a shower **habitación** *f.* **con ducha** (F)
shrimp **camarones** *m. pl.* (7)
shut oneself up in one's room **encerrarse (ie)** *refl.* **en su cuarto** (10)
shy **tímido/a** (13)
sick: to get sick (*nauseated*) **marearse** (F)
silk **seda** (F)
silverware **cubiertos** *pl.* (8)
similar **parecido/a** (5)
sincere **sincero/a** (P)
sing **cantar** (10)
single: he/she is single **es soltero/a** (4); single father **padre** *m.* **soltero** (4); single mother **madre** *f.* **soltera** (4)
sister **hermana** (4); half sister **media hermana** (4); sisters and brothers, siblings **hermanos** (4)
sister-in-law **cuñada** (4)
six **seis** (P)
six hundred **seiscientos** (6)
sixteen **dieciséis** (P)
sixty **sesenta** (6)
size **tamaño** (6)
skate **patín** *m.* (*pl.* **patines**) (11); inline skates **patines en línea;** *v.* **patinar;** to inline skate **patinar en línea** (11)
skateboard *n.* **patineta** (11); *v.* **andar** *irreg.* **en patineta/monopatín** (11)
ski: to snow ski **esquiar (esquío) en las montañas** (11); to water ski **esquiar en el agua** (11)
skin **pelo;** dark-skinned **moreno/a** (5)
skirt **falda** (F)
skycap **maletero/a** (F)
sleep **dormir (ue, u)** (1)
small **pequeño/a** (4)
smaller (than) **menos grande (que)** (5)
smart **listo/a** (F)
smile *v.* **sonreír (i, i)** (10)
smoke **fumar** (9)
smoking: (no) smoking section **sección** *f.* **de (no) fumar** (F)
snack *n.* **merienda** (7); *v.* to snack on **merendar (ie)** (7)

snow: *v.* it's snowing **nieva** (2), **está nevando** (2); to snow ski **esquiar (esquío) en las montañas** (11)

soap opera **telenovela** (3); to watch a soap opera **ver** *irreg.* **una telenovela** (3)

soccer **fútbol** *m.* (2); to play soccer **jugar (ue) (gu) al fútbol** (2)

social **social** (P); social sciences **ciencias sociales** (P); social work **asistencia social** (F); social worker **trabajador(a) social** (F)

sociology **sociología** (P)

sock (*for foot*) **calcetín** *m.* (*pl.* **calcetines**) (F)

soft drink **refresco** (7)

solitary **retraído/a** (5)

some **algunos/as** (P), **unos/as** (P)

sometimes **a veces** (1)

son **hijo** (4)

soon: see you soon **hasta pronto** (P)

soup bowl **plato de sopa** (8)

sour **agrio/a**

south **sur** *m.* (15)

spaghetti **espaguetis** *m. pl.* (7)

Spanish (*language*) **español** *m.* (P); how do you say ____ in Spanish? **¿cómo se dice ____ en español?** (P)

speak **hablar** (1); to speak another language **hablar otro idioma** *m.* (F)

special: daily special **plato del día** (8)

specialist (*in something*) **especialista** *m., f.* **(en algo)** (F)

speech (*school subject*) **oratoria** (P)

spend (*money*) **gastar** (2); (*time*) **pasar** (1)

spill **derramar** (8)

spinach **espinacas** *pl.* (7)

spoiled **pasado/a** (7)

spoon **cuchara** (8)

sport **deporte** *m.*; to play/practice a sport **jugar (ue) (gu) un deporte** (1), **practicar (qu) un deporte** (2)

spring (*season*) **primavera** (2)

stand in line **hacer** *irreg.* **cola** (F)

state of mind **estado de ánimo** (10)

station **estación** *f.* (F)

stay **quedarse** (2); (*in a hotel or boardinghouse*) **alojarse** (F); to stay at home **quedarse en casa** (2)

steak **bistec** *m.* (7)

steamed **al vapor** (7)

stepbrother **hermanastro** (4)

stepfather **padrastro** (4)

stepmother **madrastra** (4)

stepsister **hermanastra** (4)

stingy **tacaño/a** (13)

stockings **medias** (F)

stop: to make a stop (*on a flight*) **hacer** *irreg.* **escala** (F)

straight **derecho** (15), **recto** (15); continue/go straight **siga derecho/recto** (15); straight hair **pelo lacio** (5)

strange **raro/a** (P)

strawberry **fresa** (7)

street **calle** *f.* (15); cross the street **cruce la calle** (15)

strike someone as funny **hacerle** *irreg.* **gracia a uno** (11)

strong **fuerte** (17); physically strong **físicamente fuerte** (F)

stubborn **testarudo/a** (13)

student **estudiante** *m., f.* (P); I am a(n) ____ student **soy estudiante de ____** (P)

study **estudiar** (1); I'm studying ____ **estudio ____** (P); what are you studying? **¿qué estudias?** (P)

subject (*class*) **materia** (P); subject pronoun **pronombre** *m.* **de sujeto** (P)

suffer (*experience*) **sufrir** (12)

sugar **azúcar** *m.* (7)

suit **traje** *m.* (F); bathing suit **traje de baño** (F)

suitcase **maleta** (F); to pack one's suitcase **hacer** *irreg.* **la maleta** (F)

summer **verano** (2)

Sunday **domingo** (1)

superficial **superficial** (14)

support *v.* (*emotionally*) **apoyar** (5); (*financially*) **mantener** (*like* **tener**) (5)

surf the Web (*Internet*) **navegar (gu) la Red** (1)

sweater **suéter** *m.* (F)

sweats, sweat pants **sudadera** (F)

sweet *adj.* **dulce** (7)

swim **nadar** (2)

swordfish **emperador** *m.* (7)

synthetic fabric **tela de fibras sintéticas** (F)

T

table **mesa** (8); to clear the table **levantar la mesa** (8); to set the table **poner** *irreg.* **la mesa** (8)

tablecloth **mantel** *m.* (8)

take: to take a test **tener** *irreg.* **un examen** (3); to take a trip **hacer** *irreg.* **un viaje** (F); to take a walk **dar** *irreg.* **un paseo** (2); to take

away **quitar** (7); to take pictures **sacar (qu) fotos** (F)

talent for leadership **don** *m.* **de mando** (13)

talk *v.* **hablar**; to talk on the phone **hablar por teléfono** (1)

talkative **hablador(a)** (13)

tall **alto/a** (5)

taller (than) **más alto/a (que)** (5)

tallest **el/la más alto/a (de)** (5)

taste *n.* (*flavor*) **sabor** *m.* (7); (*preference*) **gusto** (7)

taste *v.* (*sample, try*) **probar (ue)** (8); it tastes like ____ **sabe a ____** (7)

tea **té** *m.* (7); herbal tea **té de hierbas** (9); iced tea **té helado** (9)

teacher (*elementary school*) **maestro/a** (F)

teaching (*profession*) **enseñanza** (F)

technician **técnico** *m., f.* (F)

telephone **teléfono** (3); to talk on the phone **hablar por teléfono** (1)

television **televisión** *f.* (1)

tell **decir** *irreg.* (3); could you tell me ____? **¿me podría decir ____?** (15); to tell a joke **contar (ue) un chiste** (10)

temperature **temperatura** (2)

ten **diez** (P)

tenacious **tenaz** (14)

tendency to avoid risks **tendencia a evitar riesgos** (13)

tennis **tenis** *m.* (10); to play tennis **jugar (ue) (gu) al tenis** (10)

tense **tenso/a** (10); to be tense **estar** *irreg.* **tenso/a** (10)

test **examen** *m.* (*pl.* **exámenes**) (P); to take a test **tener** *irreg.* **un examen** (3)

thank you, thanks **gracias** (P)

that **ese/a** *adj.* (P); **que** *conj.* (P)

the **el** *m. s.* (P); **la** *f. s.* (P); **los** *m. pl.* (P); **las** *f. pl.* (P)

theater (*school subject*) **teatro** (P); to go to the theater **ir** *irreg.* **al teatro** (11)

their *poss.* **su(s)** (P)

then **luego** (2)

therapist **terapeuta** *m., f.* (F)

there: from here to there **de aquí para allá** (15); there is, there are **hay** (P)

these **estos/as** *adj.* (P)

they *pron.* **ellos/as** (P)

thin **delgado/a** (5)

thing **cosa** (5)

think **pensar (ie)** (1); (*have the opinion*) **opinar** (5); to think about pensar (ie) en (1); to think in a direct (linear) manner pensar (ie) de una manera directa (F); I (don't) think that ____ (no) creo que ____ (F)

third course tercer plato (7)

thirsty: to be thirsty tener irreg. sed f. (9)

thirteen trece (P)

thirty treinta (P)

this este/a adj. (P)

those esos/as adj. (P)

three tres (P); at three o'clock a las tres (1); it's three o'clock son las tres (1)

three hundred trescientos (6)

throw (have) a party dar irreg. una fiesta (11)

Thursday jueves m. (1)

ticket billete m. Sp. (F), boleto Lat. Am. (F), pasaje m. (F); one-way ticket billete/boleto de ida (F); round-trip ticket billete/boleto de ida y vuelta (F)

tie corbata (F)

time: at what time? ¿a qué hora? (1); from time to time de vez en cuando (2); last time última vez (3); short time un rato (3); time period época (6); to have a (very) bad time pasarlo (muy) mal (10); what time is it? ¿qué hora es? (1)

timid tímido/a (5)

tip n. propina (8); to leave a tip dejar propina (8)

tired cansado/a (10); to be tired estar irreg. cansado/a (10); to get tired cansarse (10)

toast pan m. tostado (7), tostada (7)

today hoy (1); today is ____ hoy es ____ (1)

tomato tomate m. (7); tomato juice jugo de tomate (9)

tomorrow mañana (1); see you tomorrow hasta mañana (P); tomorrow is ____ mañana es ____ (1)

traffic light semáforo (15)

train tren m. (F)

trait característica (5), (usually facial features) rasgo (5); personality trait característica de la personalidad (5); physical characteristic característica física (5)

travel viajar (F)

travel agent agente m., f. de viajes (F)

treat v. (pay for someone) invitar (8)

trip n. viaje m. (F); on a trip de viaje (F); to take a trip hacer irreg. un viaje (F)

trustworthy confidente (13)

try (taste) probar (ue) (8)

T-shirt camiseta (F)

Tuesday martes m. (1)

tuna atún m. (7)

turn right/left doble a la derecha/ izquierda (15)

twelve doce (P)

twenties los años 20 (6)

twenty veinte (P)

twenty-eight veintiocho (P)

twenty-five veinticinco (P)

twenty-four veinticuatro (P)

twenty-nine veintinueve (P)

twenty-one m. veintiún (P), veintiuno (P); f. veintiuna (P)

twenty-seven veintisiete (P)

twenty-six veintiséis (P)

twenty-three veintitrés (P)

twenty-two veintidós (P)

twin gemelo/a (4); twin bed cama sencilla (F)

two dos (P); at two o'clock a las dos (1); it's two o'clock son las dos (1) two hundred doscientos (6)

U

ugly feo/a (5)

uncertain incierto/a (14)

uncle/aunt tío/a (4)

understand comprender (5), entender (ie) (1); I don't understand no comprendo (P), no entiendo (P)

until (very) late hasta (muy) tarde (2)

up: to get up levantarse refl. (1) what's up? ¿qué tal? (P)

use: to use a computer usar una computadora (F); to use aromatherapy utilizar (c) la aromaterapia (11)

V

vacancy: no vacancy completo/a (F)

veal ternera (7)

vegetable verdura (7)

vending machine máquina vendedora (7)

verb verbo (P)

very muy (P); very cold bien frío/a (9); very hot bien caliente (9)

veterinarian veterinario/a (F)

video vídeo (2); to rent videos sacar (qu) vídeos (2)

video game videojuego (3); to play video games jugar (ue) (gu) a los videojuegos (3)

visionary visionario/a (14)

vitamin vitamina (7)

vocabulary vocabulario (P)

volleyball: to play volleyball jugar (ue) (gu) al voleibol (11)

W

wait on (a customer) atender (ie) (8)

waiter camarero (8), mesero (8)

waiting room sala de espera (F)

waitress camarera (8), mesera (8)

wake up despertarse (ie) refl. (1)

walk andar irreg. (3), caminar (10); to take a walk dar irreg. un paseo (2)

want v. querer irreg. (1)

wash v.: to wash clothes lavar la ropa (2); to wash the dishes lavar los platos (8)

watch v. mirar (1), ver irreg. (2); to watch a soap opera ver irreg. una telenovela (3); to watch television mirar la televisión (1), ver irreg. la televisión (2)

water agua f. (but el agua) (7); to water ski esquiar (esquío) en el agua (11); water glass vaso (8)

way: one-way ticket billete m./ boleto de ida (F); to have a way with people tener irreg. don de gentes (F)

we pron. nosotros/as (P); we'll be seeing each other nos vemos (P)

wear llevar (F), vestir (i, i) (F)

weather tiempo (2); the weather's bad hace mal tiempo (2); the weather's good hace buen tiempo (2); what's the weather like? ¿qué tiempo hace? (2)

Wednesday miércoles (1)

week semana (3); last week semana pasada (3)

weekend fin m. de semana (1); last weekend fin de semana pasado (3); weekend activities actividades f. para el fin de semana (2)

weights: to lift weights levantar pesas (10)

well bien (5); to feel well para sentirse (ie, i) bien (10); to get along well llevarse bien (5)

well-mannered educado (8); to be well-mannered tener irreg. buena educación (8) west **oeste** *m.* (15)

what? **¿qué?** (P); **¿cuál(es)?** (4); what are you like? **¿cómo eres?** (13); what are you studying? **¿qué estudias?** (P); what color is/are ____? **¿de qué color es/son ____?** (5); what did you say? **¿cómo dice?** (P); what does ____ come with? **¿qué trae ____?** (8); what does he/she look like? **¿cómo es?** (5); what height is he/she? **¿de qué estatura es?** (5); what is your major? **¿qué carrera haces?** (P); what time is it? **¿qué hora es?** (1); what's on the table? **¿qué hay en la mesa?** (8); what's the matter with you? **¿qué te pasa?** (10); what's up? **¿qué tal?** (P); what's your name? **¿cómo te llamas?** (P), **¿cómo se llama usted?** (P), **¿cuál es tu/su nombre?** (P)

wheat: whole-wheat bread **pan** *m.* **integral** (7)

when? **¿cuándo?** (1); **¿a qué hora?** (1)

where? **¿dónde?** (1); where are you from? **¿de dónde eres?** (P), **¿de dónde es usted?** (P); where is ____? **¿dónde está ____?** (15), **¿dónde queda ____?** (15)

which? **¿cuál(es)?** (4); **¿qué?** (4)

while: little while **un rato** (3)

whistle *v.* **silbar** (10)

white **blanco/a** (7); white bread **pan** *m.* **blanco** (7); white wine **vino blanco** (9)

who/whom **¿quién(es)?** (P)

whole-wheat bread **pan** *m.* **integral** (7)

widow: she is a widow **es viuda** (4)

widower: he is a widower **es viudo** (4)

wife **esposa** (4), **mujer** *f.* (4)

windy: it's windy **hace viento** (2)

wine **vino** (7); red/white wine **vino tinto/blanco** (9); wine glass **copa** (8)

winter **invierno** (2)

wise **sabio/a** (13)

with **con** (1); with ice **con hielo** (9)

without **sin** (9); without a doubt **indudable** (5); one/you (*impersonal*) can't ____ without ____ **no se puede ____ sin ____** (8); without ice **sin hielo** (9)

wool **lana** (F)

word **palabra** (P)

work *v.* **trabajar** (1); ability to work with one's hands **habilidad** *f.* **manual** (F); *n.* social work **asistencia social** (F)

workday **día** *m.* **de trabajo** (1), **día laboral** (1)

worry *v.* **preocuparse (por)** (10)

wound *n.* **herida** (12), **lesión** (12); *v.* **herir (ie, i)** (12)

write **escribir** (1)

writing *n.* **composición** *f.* (P)

Y

year **año** (2); to be ____ years old **tener** *irreg.* ____ **años** (4)

yellow **amarillo/a** (7)

yes **sí** (P)

yesterday **ayer** (3)

yoga **yoga** (11); to do/practice yoga **hacer** *irreg.* **yoga** (11)

yogurt **yogur** *m.* (7)

you *pron.* **tú** *fam. s.* (P), **usted (Ud.)** *form. s.* (P), **ustedes (Uds.)** *form. pl.*, **vosotros/as** *fam. pl. Sp.*; and you? **¿y tú?** (P), **¿y usted?** (P)

young **joven** *m., f.* (*pl.* **jóvenes**) (6)

younger **menor** (4)

youngest **el/la menor** (4)

your (*form. s., pl.*) his, her, their **su(s)** (P)

your **tu(s)** *fam. poss.* (P), **su(s)** *form. s., pl. poss.* (P)

Z

zero **cero** (P)

Grateful acknowledgment is made for use of the following:

Photos

Page 1 © Rhoda Sidney/Stock Boston; **p. 24** *(top)* © Banco de Mexico Trust. The Bus (El Camión), 1929. Oil on canvas, 26 × 55 cm. Fundación Dolores Olmedo, Mexico/Schalkwijk/Art Resource, NY, *(bottom)* © Bettmann/Corbis; **p. 25** Frerck/Odyssey/Chicago; **p. 36** © Photodisc/Getty Images; **p. 46** © Frerck/Odyssey/Chicago; **p. 65** © Kristi J. Black/Corbis; **p. 78** © Photo by CBS Photo Archive/Courtesy of Getty Images; **p. 82** © Bob Daemmrich/Stock Boston; **p. 83** © Marco Cristofori/Corbis; **p. 90** *(top)* © Courtesy of the Marlborough Gallery, *(bottom)* © Eric Robert/VIP Production/Corbis; **p. 91** © Ulrike Welsch; **p. 96** Ulrike Welsch; **p. 106** Kahlo, Frida (1907–1954) © Banco de Mexico Trust. My Grandparents, My Parents, and I (Family Tree), 1936. Oil and tempera on metal panel, 12 1/8 × 13 5/8". Gift of Allan Roos, M.D., and B. Mathieu Roos. (102.1976) The Museum of Modern Art, New York, NY, U.S.A./Digital Image © The Museum of Modern Art/Licensed by Scala/Art Resource, NY; **p. 112** © Ariel Skelley/Corbis; **p. 115** *(top left)* © Jeremy Horner/Corbis, *(top right)* David Simson/ Stock Boston, *(bottom left)* © LWA-Sharie Kennedy/Corbis, *(bottom right)* © Jan Butchofsky-Houser/Corbis; **p. 117** *(left)* © Nick Stockbridge/Camera Press/Retna, *(right)* © Sainlous/Retna; **p. 126** © Beryl Goldberg; **p. 130** © David Wells/The Image Works; **p. 131** © Stuart Cohen; **p. 132** © Jay Dickman/Corbis; **p. 145** *(top left)* © Frerck/Odyssey/Chicago, *(top right)* © Dave Houser/Corbis, *(bottom left)* © Bob Krist/Corbis, *(bottom right)* © Ulrike Welsch/Stock Boston; **p. 150** *(top)* © Diana Bryer, *(bottom)* © Lynn Lown; **p. 151** © Nik Wheeler/Corbis; **p. 167** © Dennis Gottlieb/FoodPix/ Jupiter Images; **p. 177** © Frerck/Odyssey/Chicago; **p. 185** © Kevin Sanchez/Cole Group/Getty Images; **p. 187** © Stuart Cohen; **p. 193** © Schulle/BASF/DDB Stock Photo; **p. 198** © Beryl Goldberg; **p. 201** © Douglas Peebles/Corbis; **p. 202** *(top)* © John Burwell/FoodPix/Jupiter Images, *(bottom left)* © Wolfgang Kaehler/Corbis, *(bottom right)* © Ben Fink/FoodPix/Jupiter Images; **p. 203** *(top)* © AFP/Getty Images, *(bottom)* © Jan Butchofsky-Houser/Corbis; **p. 208** *(top & bottom)* © Courtesy of Ramón Lombarte; **p. 209** © Frerck/Odyssey/Chicago; **p. 218** © Stuart Cohen; **p. 230** © David Stoecklein/Corbis; **p. 236** © Reuters New Media/Corbis; **p. 237** © Peter Menzel; **p. 246** © Frerck/Odyssey/Chicago; **p. 248** © Photodisc/Getty Images; **p. 250** © Rick Gómez/Corbis; **p. 255** © Peter Menzel/Stock Boston; **p. 262** *(left)* © Robert van der Hilst/Corbis, *(right)* © Robert van der Hilst/Corbis; **p. 263** *(top)* © Gregory Bull/AP Photo, *(bottom)* © Alfredo Aldai/Corbis; **p. 270** *(top)* © Cecilia Concepción Álvarez, *(bottom)* © Courtesy of Cecilia Concepción Álvarez. Photo: Albert Smalls; **p. 271** © José Luis Peláez Inc./Corbis; **p. 285** © Filmtcam/DDB Stock Photo; **p. 290** © Collection Kipa/Corbis; **p. 294** Rue des Archives/The Granger Collection, New York; **p. 306** © Courtesy of Pedro Alfonso Ochoa Ledesma; **p. 316** © Staffan Widstrand/Corbis; **p. 317** *(top)* © Wolfgang Kaehler/Corbis, *(bottom)* © Kevin Schafer/Corbis; **p. 323** © Fernando Alda/Corbis; **p. 324** *(top left)* © Corbis, *(top middle)* © Scala/Art Resource, NY, *(top right)* © Erick Lessing/Art Resource, NY, *(bottom left)* © Rob Levine/Corbis, *(bottom middle)* © Will and Deni McIntyre/Photo Researchers, Inc., *(bottom right)* © Sergio Carmona/Corbis; **p. 329** *(left)* © Buddy Mays/Corbis, *(right)* © Michael Busselle/Corbis; **p. 344** © Jeff Hutchens/Getty Images News; **p. 345** *(left)* © Rachel Epstein/PhotoEdit, Inc., *(right)* © Bob Daemmrich/Stock Boston

Realia

Page 117 *Miami Mensual*; **p. 162** Reprinted with permission of The Quaker Oats Company; **p. 180** *Tú*; **p. 221** *Muy Interesante*, No. 104, January 1990, p. 116; **p. 254** © Quino/Quipos; **p. 332** © Quino/Quipos

Literature

Page 157 © *Noticias*, Editorial Perfil, Argentina; **p. 257** *Tú*; **p. 260** Reprinted with permission of International Editors Co.

This index is divided into two parts: Part I (Grammar) covers topics in grammar, structure, and usage. Part II (Topics) lists cultural topics, everyday language (functional topics), maps, and vocabulary topics treated in the text. Topics in Part II appear as groups; they are not cross-referenced.

Part I: Grammar

Part II: Topics

Culture

Vocabulary